LIVING

DICCIONARIO
DE INGLES

INGLES–ESPAÑOL
ESPAÑOL–INGLES

REVISADO Y
MODERNIZADO

THE LIVING LANGUAGE® SERIES

Living Language Basic Courses,
  Revised & Updated

Spanish*	Japanese*
French*	Russian
German*	Italian*
Portuguese (Brazilian)	
Portuguese (Continental)	
Inglés/English for Spanish Speakers	

Living Language Intermediate
  Courses

Spanish 2	French 2
German 2	Italian 2

Living Language Advanced Courses,
  Revised & Updated

Spanish 3	French 3

Living Language Ultimate™
  (formerly **All the Way™**)

Spanish*	Spanish 2*
French*	French 2*
German*	German 2*
Italian*	Italian 2*
Russian*	Russian 2*
Japanese*	Japanese 2*
Inglés/English for Spanish Speakers*	
Inglés/English for Spanish Speakers 2*	
Chinese (1999)	

Living Language® Essential Language
  Guides

Essential Spanish for Healthcare
Essential Spanish for Social Services
Essential Spanish for Law Enforcement
Essential Language Guide for Hotel &
  Restaurant Employees

Living Language Children's Courses

Spanish	French

Living Language Conversational
  English

for Chinese Speakers
for Japanese Speakers
for Korean Speakers
for Spanish Speakers
for Russian Speakers

Living Language Fast & Easy™

Spanish	Italian	Portuguese
French	Russian	Czech
German	Polish	Hungarian
Japanese	Korean	Mandarin
Arabic	Hebrew	(Chinese)
Inglés/English for Spanish Speakers		

Living Language All Audio™

Spanish	French	Italian	German

Living Language Speak Up!®
  Accent Elimination Courses

Spanish   American Regional
Asian, Indian and Middle Eastern

Fodor's Languages for Travelers

Spanish	French	Italian	German

Living Language® Parent/Child
  Activity Kits

Learn French in the Kitchen
Learn Italian in the Kitchen
Learn Spanish in the Kitchen
Learn French in the Car
Learn Italian in the Car
Learn Spanish in the Car

*Available on Cassette and Compact Disc

DICCIONARIO DE INGLES

INGLES–ESPAÑOL
ESPAÑOL–INGLES

REVISADO Y MODERNIZADO

REVISADO POR KATHLEEN OSSIP

◆

Basado en la versión original de
Genevieve A. Martin y Adolfo Alfaro

LIVING LANGUAGE®
A Random House Company

This work was previously published under the title *Living Language*™ *Common Usage Dictionary—Inglés* by Genevieve A. Martin and Adolfo Alfaro, based on the dictionary developed by Ralph Weiman.

Published by Living Language, A Random House Company, 201 East 50th Street, New York, New York 10022.

Random House, Inc. New York, Toronto, London, Sydney, Auckland

www.livinglanguage.com

LIVING LANGUAGE is a registered trademark of Crown Publishers, Inc.

Printed in the United States of America

Library of Congress Catalog Card Number: 65-22296

ISBN 0-609-80296-8

10 9 8 7 6 5 4 3 2

INDICE

Introducción   vi
Notas Explicativas   viii

Diccionario Inglés-Español   3
Lista de Nombres Propios   140
Lista de Vocablos Geográficos   141

Diccionario Español-Inglés   145
Lista de Nombres Propios   227
Lista de Vocablos Geográficos   228

INTRODUCCION

El *Living Language*® *Diccionario de Inglés* contiene más de 15,000 palabras frecuentemente usadas, da el significado de cada una, así como la explicación para su uso. Esta edición revisada contiene frases y expresiones usadas actualmente, también las relacionadas con los negocios, la tecnología, la prensa, la radio y la televisión de hoy día.

1. Más de 1,000 palabras básicas están escritas con letra mayúscula para encontrarlas con facilidad.

2. Numerosas definiciones están aclaradas por medio de frases, oraciones, y modismos. Si una palabra en inglés no tiene un equivalente exacto en español, o si dicho equivalente tiene varios significados, el contexto de las oraciones illustrativas ayuda a clarificar el concepto.

3. El *Living Language*® *Diccionario de Inglés* sirve también como compendio de frases y guía de conversación, ya que contiene miles de términos prácticos de uso diario. El diccionario es útil para los principiantes que tratan de aumentar su vocabulario, como también para los estudiantes que quieren perfeccionar su inglés coloquial.

4. Las expresiones inglesas (particularmente los modismos y las coloquiales) han sido traducidas a su equivalente an español: a pesar de esto, hay también una traducción literal para ayudar a los principiantes. Por ejemplo, bajo *hand,* mano, encontrará: *to have one's hands full,* tener mucho que hacer. Por este doble objectivo, el diccionario es útil para trabajo de traducción, tambien.

NOTAS EXPLICATIVAS

Las traducciones literales están en paréntesis. Las expresiones coloquiales muestran la abreviación *col.*

El género es indicado con *m.* para el masculino y *f.* para el femenino.

Los posesivos son abreviados con *pos.*, los pronombres con *pron.*, los adjetivos con *adj.*, los substantivos con *s.* y las preposiciones con *prep.*

Inglés-Español

A

A (AN) un, uno, una
   a man un hombre
   an angel un ángel
   a woman una mujer
abandon (to) abandonar
abandonment abandono
abbreviate (to) abreviar
abbreviation abreviación
abdicate (to) abdicar
abdomen abdomen
ability capacidad, poder
able capaz, apto
ABLE (to be) poder
aboard a bordo
   to go aboard ir a bordo
abolish (to) abolir, suprimir
abortion aborto
ABOUT casi; alrededor; como; más o menos;
   cerca de; acerca de; con respecto a; a punto
   de; sobre
   About how much will it cost? ¿Cuánto me
     costará, más o menos?
   He has written a book about Mexico. Ha
     escrito un libro sobre México.
   I have about twenty dollars. Tengo
     alrededor de veinte dólares.
   The book is about this size. El libro es como
     de este tamaño.
   We were about to leave. Estábamos a punto
     de salir.
   What do you think about that? ¿Qué opina
     Ud. acerca de eso?
ABOVE sobre; encima de; arriba
   above all sobre todo
   above the trees encima de los árboles
   to be above something estar por encima de
ABROAD fuera del país, en el extranjero
absence ausencia
absent ausente
   absent-minded distraído
absolute absoluto
absolutely absolutamente
absolve (to) absolver
absorb (to) absorber
abstain (to) abstener
abstract abstracto
absurd absurdo
abundant abundante
abuse abuso
abuse (to) abusar de, maltratar
academy academia
accelerate (to) acelerar
accelerator acelerador
accent acento
accent (to) acentuar
accept (to) aceptar

acceptance aceptación
access acceso; entrada
accessory accesorio
ACCIDENT accidente, casualidad
   by accident por casualidad
accommodate (to) acomodar, ajustar
accommodation facilidades, servicio
accomplish (to) efectuar, realizar, llevar a cabo
accomplishment logro, resultado; cualidad
ACCORDING TO según, conforme a
ACCOUNT cuenta; relación, narración
   current account cuenta corriente
   of no account de poca monta
   on account of a causa de
   on my own account por mi cuenta
   on no account de ninguna manera
   to keep an account llevar cuenta
   to take into account tener en cuenta
   Charge it to my account. Apúntemelo en mi
     cuenta.
   He gave an account of what happened.
     Hizo una relación del suceso.
   What's the balance of my account? ¿Cuál
     es el saldo de mi cuenta?
account (to) tener por, considerar
accountant contador
accumulate (to) acumular
accumulation acumulación
accuracy exactitud
accurate exacto
accurately con exactitud
accusation acusación
accuse (to) acusar
accustom (to) acostumbrar
accustomed acostumbrado, de costumbre
ace as
ACHE dolor
   I have a headache. Tengo dolor de cabeza.
ache (to) doler
achieve (to) llevar a cabo; lograr
achievement realización, logro
acid ácido
acidity acidez
ACKNOWLEDGE (to) reconocer, confesar
   to acknowledge receipt acusar recibo
acknowledgment reconocimiento; confesión;
   acuse de recibo
ACQUAINT (to) enterar, informar, familiarizar
   to acquaint oneself with ponerse al corriente
   de
acquaintance conocimiento; conocido
acquainted conocido
   to be acquainted with conocer
acquire (to) adquirir, obtener
acquit (to) absolver
ACROSS a través (de)
   across the street al otro lado de la calle
   to come across, to run across encontrarse con

act acto, hecho, acción
act (to) actuar, obrar; conducirse; representar
acting *s:* representación, actuación
action acción, acto, obra, actividad, argumento
   in action en movimiento
active activo
activity actividad
actor actor, protagonista
actress actriz
actual real, efectivo
actuality realidad, actualidad
actually realmente, en realidad
acute agudo, ingenioso, vivo, fino
acutely agudamente
acuteness agudeza, perspicacia, violencia
   (enfermedad)
adapt (to) adaptar
adaptable adaptable
adaptation adaptación
add (to) añadir
   to add up sumar
addicted adicto
   addicted to apasionado por
addition adición
   in addition to además de
additional adicional
additionally adicionalmente
address dirección, señas
address (to) dirigirse
addressee destinatario
adequate adecuado
adequately adecuadamente
adhere (to) adherirse
adherent adherente
adhesive tape cinta adhesiva, esparadrapo
adjacent adyacente
adjective adjetivo
adjoining contiguo
adjourn (to) diferir
adjust (to) ajustar, arreglar
adjustment arreglo
administer (to) administrar
administration administración
administrative administrativo
administrator administrador
admirable admirable
admiral almirante
admiration admiración
admire (to) admirar
admirer admirador
admission admisión; entrada
   Admission free. Entrada gratis.
admit (to) admitir, confesar, reconocer
admittance entrada
   No admittance. Se prohibe la entrada.
admonish (to) amonestar
adopt (to) adoptar
adoption adopción

adoptive adoptivo
adorable adorable
adore (to) adorar
adult adulto
advance anticipo, adelanto
   in advance en adelante
advance (to) avanzar, adelantar
advantage ventaja, superioridad
   to have the advantage of llevar ventaja a
   to take advantage of aprovechar
advantageous provechoso, ventajoso
adventure aventura
adventurer aventurero
adverb adverbio
adversary adversario
adversity adversidad
advertise (to) anunciar
ADVERTISEMENT anuncio, aviso
   classified advertisement aviso clasificado
advertising la publicidad
   advertising agency la agencia de publicidad
   advertising media los medios de publicidad
advice consejo, aviso, noticia
   to seek advice pedir consejo
advisable aconsejable, deseable, conveniente
advise (to) aconsejar, avisar, informar, notificar
adviser consejero
aerial aéreo
affair asunto, negocio
affect (to) afectar
affectation afectación
affection afecto, cariño
affectionate afectuoso
affectionately afectuosamente
affirm (to) afirmar
affirmative afirmativo
affirmatively afirmativamente
afford (to) deparar
   I can't afford to buy it. No tengo con que
     comprarlo.
afloat a bordo, flotante
AFRAID miedoso, atemorizado, temeroso
AFTER después
   What happened after that? ¿Qué pasó
     después de eso?
AFTERNOON tarde
   Good afternoon! ¡Buenas tardes!
afterwards después
AGAIN otra vez, de nuevo
   again and again muchas veces
   never again nunca más
   now and again a veces, de vez en cuando
   Come again. Vuelva Usted.
AGAINST contra, enfrente de
AGE edad; época
   Golden Age Siglo de Oro
   Middle Ages Edad Media
   to be of age ser mayor de edad

age (to) envejecer
aged viejo, anciano
agency agencia
agenda agenda, memorándum
agent agente
aggravate (to) agraviar; irritar
aggravating agravante; irritante
aggravation agravio; irritación
aggregate (to) agregar
aggression agresión
aggressive agresivo
aggressively agresivamente
aggressor agresor
agitate (to) agitar, inquietar
agitation agitación
AGO hace, ha
    a long time ago hace mucho tiempo
    How long ago? ¿Cuánto tiempo hace?
    They came back a month ago. Volvieron
    hace un mes.
agonize (to) atormentar
agony agonía
AGREE (to) acordar, concordar, convenir
    Alcohol does not agree with me. El alcohol
    me hace daño.
    This climate agrees with me. Este clima me
    sienta bien.
    We agreed on the price. Convenimos en el
    precio.
agreeable agradable
agreed convenido
agreement convenio, acuerdo
agriculture agricultura
AHEAD adelante, delante
    to be ahead ir adelante
    Go ahead! ¡Adelante!
AIDS SIDA
aid ayuda, auxilio
    first aid primeros auxilios
aid (to) ayudar
ailment dolencia
aim puntería, encaro
aim (to) apuntar; dirigir, tener por fin
AIR aire
    air conditioned aire acondicionado
    air cooling enfriamiento por aire
    air force fuerza aérea
    air mail correo aéreo
    air proof hermético
airplane aeroplano, avión
airport aeropuerto
airway ruta de aviación
aisle pasillo
alarm alarma
    alarm clock despertador
alarm (to) alarmar
album álbum
alcohol alcohol

alien ajeno, extranjero
alike igual, semejante
alimony pensión, asistencia de divorcio o
    separación
alive vivo
ALL todo
    all day todo el día
    all over terminado
    all right está bien, bueno
    all the same igual, lo mismo
alliance alianza
allied aliado; relacionado
allocation colocación
ALLOW (to) permitir, conceder
    Allow me. Permítame.
allowance pensión; asignación
alloy mezcla
alluring seductivo
ally (to) unir
almond almendra
ALMOST casi
aloft arriba
alone solo; solamente
ALONG a lo largo de; al lado de
    all along constantemente
    along with junto con
    to get along hallarse
    to get along with llevarse bien con
    to go along with acompañar
alongside al costado
aloud en voz alta
alphabet alfabeto
ALREADY ya
ALSO también, además; igualmente
altar altar
alter (to) alterar, cambiar, modificar
alternate (to) alternar
alternately alternativamente
alternative alternativa
alternatively alternativamente
although aunque
altitude altura
altogether enteramente, conjunto
aluminum aluminio
ALWAYS siempre
amaze (to) asombrar
amazed atónito
amazing asombroso
ambassador embajador
amber ámbar
ambiguous ambiguo
ambition ambición
ambitious ambicioso
ambulance ambulancia
ambush emboscada
amelioration mejora
amend (to) enmendar
amendment enmienda

American americano; norteamericano; estadounidense
amiability amabilidad
amiable amable
AMONG entre
amount cantidad; suma
amount to (to) costar, valer
ample amplio
amuse (to) divertir, distraer
amusement diversión
amusing divertido
analysis análisis
anarchy anarquía
anatomy anatomía
ancestor antecesor
anchor ancla
    to weigh anchor levar el ancla
anchovy anchoa
ancient antiguo
AND y, e
    I will try and speak to her. Trataré de hablarle.
    You must go and see. Debe ir a ver.
anecdote anécdota
anemia anemia
anew de nuevo, otra vez
angel ángel
anger ira, cólera
angle ángulo
angle (to) pescar con caña
angler pescador de caña
angrily coléricamente
angry enojado, enfadado
    to get angry enojarse, enfadarse
anguish angustia
animal animal
animate (to) animar
animated animado
animation animación
ankle tobillo
annex anexo
annex (to) anexar
annihilate (to) aniquilar
anniversary aniversario
annotate (to) anotar
annotation anotación
announce (to) anunciar
announcement anuncio, aviso; participación *(de boda)*
announcer anunciador
annoy (to) molestar, fastidiar
annoyance molestia, incomodidad
annoying fastidioso
annual anual
annually anualmente
annuity anualidad
anonymous anónimo
another otro

answer respuesta, contestación
ANSWER (to) responder, contestar
ant hormiga
anterior anterior
anteriority anterioridad
anthem antífona
anti contra
anticipate (to) anticiparse, esperar
anticipation anticipación
antidote antídoto
antipathy antipatía
antiquated anticuado
antique antiguo
antiquity antigüedad
anxiety ansia, ansiedad
anxious ansioso
anxiously ansiosamente
anxiousness ansiedad, solicitud
ANY algún, alguno, alguien, cualquier, cualquiera
    any farther más lejos
    any longer más tiempo
    in any case de todos modos
    not any more ya no
    Do you have any cigarettes? ¿Tiene Ud. cigarrillos?
    No, I don't have any. No, no tengo ningunos.
anybody alguno, alguien, cualquiera
    Has anybody called? ¿Llamó alguien?
anyhow de cualquier modo, de todos modos
anyone alguno, alguien, cualquiera
anything algo, cualquier cosa
    Did he say anything? ¿Dijo algo?
    No, he didn't say anything. No, no dijo nada.
anyway de cualquier modo; sin embargo
    I'll come at 7:00 P.M. anyway. De todos modos, vendré a las siete.
anywhere dondequiera, en todas partes
    Put it anywhere. Póngalo dondequiera.
apart aparte, separadamente
    He took his radio apart. El desarmó su radio.
apartment apartamento; piso
apiece por persona; cada uno
apologies excusas
apologize (to) disculparse, excusarse
    Let me apologize to you. Permítame ofrecerle mis excusas.
apology apología
apparatus aparato
apparel vestidos, ropa
    wearing apparel vestidos, ropa
apparent aparente
apparently aparentemente
apparition aparición
appeal atracción; súplica; apelación; simpatía
appeal (to) apelar, recurrir; atraer, interesar

This is very **appealing** to me. Esto me atrae
mucho.
appear (to) aparecer, comparecer
appearance apariencia
appease (to) aplacar, calmar
apellation nombre
appendix apéndice, suplemento
appetite apetito
appetizer aperitivo
appetizing apetitoso
applaud (to) aplaudir
applause aplauso
APPLE manzana
    apple pie pastel de manzana
    apple tree manzano
applesauce compota de manzana
appliance instrumento, utensilio, aparato
    kitchen appliances utensilios de cocina
applicant suplicante, candidato
application aplicación; súplica, solicitud
    I filled out my **application**. Llené mi
    solicitud.
apply (to) aplicar, solicitar
    He **applied** for a job. Solicitó un empleo.
appoint (to) designar, nombrar
    He has been **appointed** by the government.
    El ha sido designado por el gobierno.
APPOINTMENT nombramiento, puesto; cita,
    compromiso
    I have a dental **appointment** at 3 P.M. Tengo
    una cita con el dentista a las tres.
appraisal evaluación, valuación, valoración
appraise (to) valuar, apreciar
appreciable apreciable
appreciate (to) apreciar
appreciation apreciación, valuación;
    reconocimiento
appreciative apreciativo
apprehend (to) aprehender
apprehension aprehensión
approach acercamiento, aceso; proximidad
approach (to) aproximarse, acercarse
    He did not know how to **approach** her. No
    sabía acercarse a ella.
approbation aprobación
appropriate (to) apropiar
appropriate apropiado
appropriation apropiación
approval aprobación; consentimiento
approve (to) aprobar, sancionar, confirmar
    Her parents do not **approve** of him. Sus
    padres no lo aprueban.
approximate próximo; aproximado
approximately aproximadamente
approximation aproximación
apricot albaricoque
April abril
    April Fools' Day el Día de los Inocentes

apron delantal
Arabian árabe
Arabic árabe *(idioma)*
arbitrary arbitrario
arbitrate (to) arbitrar
arbitration arbitraje
arbitrator árbitro
arc arco
arcade arcada
archaic arcaico
archbishop arzobispo
archeology arqueología
architect arquitecto
architecture arquitectura
ardently ardientemente
area code prefijo de zona
Argentinian argentino
argue (to) disputar, discutir
argument argumento, controversia
argumentation argumentación
arid árido
arise (to) subir, elevarse
aristocracy aristocracia
aristocrat aristócrata
arithmetic aritmética
ARM brazo; arma
    firearms armas de fuego
arm (to) armar
armchair sillón
armistice armisticio
armory armería
ARMY ejército
aroma aroma
AROUND alrededor, a la redonda
    He lives **around** here. Vive cerca de aquí.
    I'll call you **around** 11:00 A.M. Le llamaré
    alrededor de las once de la mañana.
arouse (to) despertar; mover
arrange (to) arreglar, acomodar
arrangement arreglo, disposición
arrest arresto, aprehensión
    under arrest arrestado
arrest (to) detener, arrestar
arrival llegada
ARRIVE (to) llegar
    He just **arrived** in town. Acaba de llegar a la
    ciudad.
arrogant arrogante
arrow flecha
art arte
    arts and crafts artes y oficios
artichoke alcachofa
article artículo
articulate (to) articular
articulation articulación
artificial artificial
artificially artificialmente
artillery artillería

artist artista
artistic artístico
artistically artísticamente
AS como; cuando
   as far as hasta
   as it were por decirlo así
   as little as tan poco como
   as long as mientras
   as much tanto, tan
   as much as tanto como
   His sister is as tall as he is. Su hermana es
     tan alta como él.
   We saw him as he came in. Lo vimos entrar.
ascend (to) ascender; subir
ascendant ascendiente, influjo
ascertain (to) averiguar, aseguarar
ashamed avergonzado
   to be ashamed avergonzarse
ashes ceniza
ashtray cenicero
aside a un lado, al lado, aparte
ASK (to) preguntar; pedir, solicitar, suplicar
   to ask a question hacer una pregunta
asleep dormido, durmiendo
   to fall asleep dormirse, quedarse dormido
   He's asleep. Está durmiendo.
asparagus espárrago
aspect aspecto; aparencia
aspire (to) aspirar, ambicionar
aspirin aspirina
ass asno
assail (to) asaltar, atacar
assailant asaltador
assassin asesino
assassinate (to) asesinar
assassination asesinato
assault asalto
assay (to) probar, examinar, investigar
assemble (to) juntar, reunir; montar
assembly reunión; asemblea
assert (to) afirmar, asegurar
assertion aserción
asset posesión; ventaja, haberes
   He has many assets. El tiene muchas
     ventajas.
assign (to) asignar; destinar
assignation asignación, consignación
assignment asignación; tarea; comisión
   The teacher gave us a long assignment. El
     maestro nos dio una tarea larga.
assimilate (to) asimilar
assist (to) asistir, ayudar
assistance auxilio, ayuda
assistant ayudante, asistente
associate socio
associate (to) asociar, unir, juntar
association asociación
assorted variado, mezclado

assortment clasificación, surtido rico
assume (to) presumir, asumir
assumption suposición
assurance seguridad, certeza
assure (to) asegurar
assuredly ciertamente, indudablemente
astonish (to) asombrar
astonishing asombroso, sorprendente
astonishment asombro, sorpresa
astound (to) sorprender, confundir
astounding asombroso, sorprednte
astringent astringente
astrology astrología
astronaut astronauta
astronomy astronomía
asylum asilo, refugio
AT a; en; con; de; por
   at first al principio
   at last al fin, por fin
   at once inmediatamente, de una vez
   at that time en aquel tiempo; entonces
   at the same time a la vez, a un tiempo
   at two o'clock a las dos
   at work trabajando
   I am at your disposal. Estoy a su
     disposición.
   I bought it at Macy's. Lo compré en Macy's.
   We were surprised at his behavior.
     Quedamos sorprendidos de su conducta.
atheist ateo
athlete atleta
athletic atlético
athletics atléticos
atmosphere atmósfera, ambiente
atom átomo
   atom bomb bomba atómica
atrocious atroz
atrocity atrocidad
attach (to) pegar, juntar, unir
attachment unión, adhesión
attack ataque
   heart attack ataque al corazón; síncope
     cardiaco
attack (to) atacar
attempt intento, tentativa
attempt (to) atentar, intentar
attend (to) atender, asistir
   to attend on servir a
attendance presencia, asistencia
attendant sirviente; acompañante, cortesano
attention atención
   Attention! ¡Cuidado!
attentive atento, aplicado; obsequioso
attest (to) atestiguar, atestar
attestation testimonio, confirmación
attic desván; buhardilla
attire atavío
attitude actitud

attorney abogado
attract (to) atraer
attraction atracción
attractive atractivo
attribute atributo
attribute (to) atribuir
auction almoneda, remate
audacious osado, audaz
audaciously audazmente
audible audible
audience auditorio; audencia
audition audición
auditor auditor; escucha
auditorium anfiteatro
augmentation aumento
August agosto
aunt tía
aurora aurora
authentic auténtico
author autor, escritor
authority autoridad
authorize (to) autorizar
autograph autógrafo
automobile automóvil
autumn otoño
avail (to) aprovechar
   to avail oneself of aprovecharse
available disponible
avenue avenida
average promedio
   on an average por término medio
avocado aguacate
avoid (to) evitar
await (to) esperar
awake (to) despertar
award laudo, premio
award (to) otorgar, conceder
AWARE enterado
   I was not aware of it. No estaba enterado de
     eso.
AWAY lejos, fuera, ausente
   to go away marcharse
   He is away. Está fuera.
awe temor
awful tremendo, terrible
awfully terriblemente; excessivamente
awkward desmañado; torpe, embarazoso
awkwardly torpemente; desmañadamente
awning toldo, persiana
ax hacha
axis eje

B

babble (to) balbucear; parlotear
babbler charlador

baby nene, criatura
bachelor soltero
back espalda, espinazo; respaldo; posterior
   behind one's back a espaldas de uno
BACK atrás, detrás
   back and forth de una parte a otra
   back door la puerta de atrás
   to be back estar de vuelta
   to come back volver
   to get back volver
   to give back devolver
   to go back volver
back (to) apoyar
   to back up a car dar marcha atrás
background fondo; educación; antecedentes
backward atrasado; tardo; retrógado
   to go backwards andar de espaldas
bacon tocino
BAD mal, malo, perverso
badge insignia
badly mal
baffle (to) impedir, frustrar
bag saco; bolsa
baggage equipaje
bail caución, fianza
bait cebo
bake (to) cocer en horno
baker panadero
bakery panadéría
baking powder levandura
balance balanza; equilibrio; balance
balance (to) equilibrar, contrapesar
balcony balcón
bald calvo
baldness calvicie
ball bola, pelota; baile
ballet ballet
balloon globo
ballot voto
bamboo bambú
banana banana, plátano
band banda, venda
bandage vendaje, venda
bandit bandido
banish (to) desterrar, deportar
banister baranda
BANK banco; orilla, ribera
   bank account cuenta de banco
   bank note billete de banco
banker banquero
bankrupt fallido
bankrupt (to) arruinar
bankruptcy bancarrota, quiebra
banner bandera
banquet banquete
baptize (to) bautizar
bar bar; barra; medida (*mús.*)
barbarian bárbaro

barber barbero, peluquero
barbershop barbería, peluquería
bare desnudo; liso
barefoot descalzo
barely solamente
bareness desnudez
BARGAIN convenio, negocio, ganga
    bargain day día de barata
    to make a bargain hacer un convenio
bargain (to) negociar, tratar
barge barcaza
bark corteza; ladrido
bark (to) ladrar
barley cebada
barn pajar, establo
barometer barómetro
barracks cuartel; barraca
barrel barril
barren estéril, árido
barricade barricada
bartender tabernero
base base, fundamento
base (to) basar; fundar
basement basamento; cuarto bajo
bashful vergonzoso, tímido
basic fundamental, básico
basin palangana
basis base, fundamento
basket cesta, canasta
bat garrote, palo; murciélago
batch paquete
bath baño
    bathroom cuarto de baño
    bathtub tina
bathe (to) bañar, lavar
    bathing suit traje de baño
battalion batallón
batter batido
battery batería; pila
battle batalla
battle (to) batallar
battleship acorazado
bay bahía
BE (to) ser; estar
    to be hungry tener hambre
    to be right tener razón
    to be sleepy tener sueño
    to be slow ser lento, estar atrasado
    to be sorry sentir
    to be thirsty tener sed
    to be used to estar acostumbrado
    to be wrong estar equivocado
    Be good. Sé bueno.
    How are you? ¿Cómo está Ud.?
    How is it? ¿Cómo es?
    I am going to the station. Voy a la estación.
    It's mine. Es mío.
    It's two o'clock. Son las dos.

    The house is being built. La casa se está
        construyendo.
    There are two people waiting. Hay dos
        personas que esperan.
beach playa
beacon faro
bead cuenta, canutillo
    to tell one's beads rezar el rosario
beak pico
beam viga, madero; rayo, destello
beaming radiante
bean frijol, haba, habichuela
bear oso
bear (to) aguantar, sufrir, soportar, portar,
    producir
    to bear a child dar a luz
    to bear a grudge guardar rencor
    to bear in mind tener presente
bearer portador
bearing porte presencia; cojinete (*mec.*)
    to find one's bearings orientarse
beast bestia
beastly bestial
beat (to) latir, batir, palpitar; golpear; pegar;
    tocar; ganar
    He beat me at poker. Me pegó (*derrotó*) en
        el poker.
    He beat the record. Rompió el record.
    The cook beats the eggs. La cocinera bate
        los huevos.
    They beat him up. Le pegaron.
beat golpe, pulsación, latido
beating paliza, zurra; latido
beautiful bello
beautifully bellamente
beautify (to) hermosear, embellecer
beauty hermosura, belleza
    beauty parlor salón de belleza
beaver castor
BECAUSE porque
    I could not come because of the rain. No
        pude venir debido a la lluvia.
BECOME (to) llegar a ser, convertirse
    to become angry enojarse
    This is very becoming to her. Esto le queda
        bien.
    What will become of her? ¿Qué será de ella?
BED cama, lecho
bedclothes ropa de cama
bedding colchones
bedroom alcoba, cuarto de dormir; recámara
bedside lado de cama
bedspread cubrecama
bedtime hora de acostarse
bee abeja
beef carne de res
beehive colmena
beer cerveza

beet remolacha, betabel
beetle escarabajo
BEFORE antes, antes que; ante, delante de, enfrente de
   Call me before eleven. Llámeme antes de las once.
beforehand de antemano, previamente
beg (to) mendigar, rogar
beggar mendigo
BEGIN (to) empezar, comenzar
beginning principio, comienzo
behalf, on behalf of a favor, en nombre
behave (to) conducirse, comportarse
   Behave! ¡Pórtate bien!
behavior conducta
BEHIND atrás, detrás
   He remained behind. Se quedó atrás.
behold (to) contemplar
belfry companario
Belgian belga
belief creencia; opinión
believe (to) creer; opinar
   He believes in his success. Cree en su éxito.
believer creyente
bell campana; campanilla
   Ring the bell. Toque la campanilla.
bellows fuelle
belly vientre, barriga
BELONG (to) pertenecer
beloved caro, querido
BELOW abajo, debajo
belt cinturón
beneath bajo, debajo, abajo
bench banco
bend (to) doblar, plegar
benediction bendición
benefactor benefactor
benefit beneficio
benefit (to) beneficiar
bequeath (to) legar
berth litera; camarote
beset (to) acosar
BESIDE al lado de, contiguo, cerca
   He was beside himself. Estaba fuera de sí.
besides además de, por otra parte
BEST mejor
   best of all mejor que los demás
   He was at his best. Estaba en su máximo.
bestow (to) conferir, otorgar
bet apuesta
bet (to) apostar
betray (to) traicionar
betrayal traición
BETTER mejor; más bien
   better and better mejor y mejor
   I'm better off that way. Me siento mejor de esa manera.
   So much the better! ¡Tanto mejor!

   This is better than that. Esto es mejor que eso.
better (to) mejorar
BETWEEN entre; en medio de
   between you and me entre nos
beverage bebida
beware (to) guardarse
   Beware! ¡Cuídese!
BEYOND más allá
   beyond doubt fuera de duda
bias sesgo
bib babero
Bible Biblia
bicarbonate bicarbonato
bicycle bicicleta
bid postura
bid (to) pujar
BIG grande, voluminoso
BILL cuenta; factura
   bill of fare menú
billfold billetera
billiards billar
billion mil millones
bind (to) atar, unir
binding encuadernación
biography biografía
biology biología
bird ave, pájaro
birth nacimiento
   birth rate natalidad
   by birth de nacimiento
   to give birth dar a luz
birthday cumpleaños
biscuit bizcocho
bishop obispo
bit pizca, pedacito
   not a bit nada
bite mordedura
bite (to) morder, picar
biting penetrante, picante, cáustico
bitter amargo, satírico
bitterly amargamente
bitterness amargura
BLACK negro
   He is the black sheep of his family. Es la oveja negra de la familia.
blackbird mirlo
blackboard pizarra
blacken (to) ennegrecer
blackmail chantaje
blacksmith herrero
blade hoja
   razor blades navajas de rasurar
blame reprobación, culpa
blame (to) culpar
bland blando
blank en blanco; vacío
blanket manta, frazada, cobija

blast ráfaga
   in full blast en pleno ejercicio
blaze llama, ardor
   in a blaze resplandeciente
blaze (to) resplander
bleach blanqueador
bleach (to) blanquear, descolorar
bleed (to) sangrar
bleeding sangría
blemish tacha
blemish (to) manchar, infamar
blend mezcia
blend (to) mezclar
BLESS (to) bendecir
   God bless you! ¡Que Dios lo bendiga!
blessed bendito
blessing bendición
BLIND ciego; ignorante; *s:* persiana
blind (to) cegar
blindfold (to) despistar, ofuscar
blindly ciegamente
blindness ceguera
blink pestañeo
blink (to) pestañear
bliss felicidad
blissful dichoso
blissfulness suprema felicidad, dicha
blister ampolla
blithe alegre
blizzard ventisca
BLOCK bloque, trozo; cuadra, manzana *(casas)*
   The post office is four blocks away. El
      correo está a dos cuadras.
block (to) obstruir
blockhead tonto
blond rubio
blonde rubia
BLOOD sangre
   cold blood sangre fría
bloodily cruentamente
bloom floración
   The roses are in full bloom. Las rosas están
      en plena floración.
blooming lozano; próspero
blossom flor
   in blossom en florecimiento
blot borrón, mancha
blot (to) emborronar
   to blot out borrar
blotter secante
blouse blusa
blow soplo; golpe
   blow out pinchazo
   It was a terrible blow for her. Fue un golpe
      terrible para ella.
   They came to blows. Se vinieron a las
      manos.
BLOW (to) soplar, inflar

   to blow out apagar
   to blow up estallar
   The wind blows the leaves off. El viento
      arrastra las hojas.
BLUE azul; triste
   She is feeling blue. Está triste.
blueprint heliografía, proyecto
blues esplín
bluestocking marisabidilla, sabelotodo
bluff fanfarronada
bluff (to) alardear
bluish azulado
blunder disparate
blunt embotado
blur trazo borroso
blur (to) opacar, embotar, desvanecer
blush rubor
blush (to) ruborizarse
BOARD tabla; pensión; junta, consejo; tablero
   on board a bordo
   room and board habitación y comida
   the board of directors la junta directiva
   the board of health la junta de sanidad
board (to) abordar
boarder huésped, pensionista
boarding house pensión, casa de huéspedes
boast jactancia
boast (to) ostentar, jactarse
boaster fanfarrón
boastful jactancioso
BOAT barco, bote, barca, buque
boatman barquero
bodice corpiño
BODY cuerpo
boil (to) hervir
   boiled eggs huevos pasados por agua
   boiled water agua hervida
   to boil over hervir hasta rebosar
boiler caldera
boiling hervor, ebullición
   boiling point punto de ebullición
   boiling water agua hervida
boisterous turbulento
bold audaz, temerario
boldly audazmente
boldness intrepidez
bolster almohadón
bolt cerrojo
bolt (to) cerrar con pestillo
bomb bomba
bomb (to) bombear
bonbon dulce, bombón
bond lazo; ligazón
   in bond en depósito
bond (to) conectar
BONE hueso
bone (to) desosar
boneless sin huesos

BOOK libro
bookbinding encuadernación
bookcase librero
bookish pedante
bookkeeper tenedor de libros
booklet libretín
bookseller librero
bookstore librería
boom auge
boom (to) dar bombo
boot bota
bootblack limpiabotas
booth garita, casilla
bootlegger contrabandista de licores
BORDER orilla; frontera; límite; borde; ribete
border (to) confinar, orlar, colindar
bore taladro; pelmazo; persona pesada
bore (to) taladrar; aburrir
boredom aburrimiento
boring aburrido, latoso
born nacido
born (to be) nacer
borough barrio
borrow (to) pedir prestado
    May I borrow a book from you? ¿Puede prestarme un libro suyo?
bosom seno, pecho
    bosom friend amigo íntimo
boss jefe
boss (to) regentear
bossy dominante, mandón
BOTH ambos
    both of them ellos dos, los dos
bother molestia
bother (to) incomodar, molestar
bottle botella; frasco
bottle (to) embotellar; envasar
BOTTOM fondo
    to be at the bottom of llegar hasta el fondo de
    to touch bottom tocar fondo
bough rama
boulevard bulevar
bounce salto, brinco, rebote
bounce (to) rebotar; brincar
bouncing fuerte, vigoroso
bound límite, término
bound atado, amarrado
bound for con destino a, destinado; con rumbo a
boundary límite, término
boundless ilimitado
bouquet ramillete de flores
bow arco, saludo, reverencia; proa
bow (to) inclinar, saludar, someterse
bowel intestino
bowl escudilla, tazón
bowling juego de bolos
bowman arquero

BOX caja; palco; casilla; compartimento
    box office taquilla
box (to) abofetear
boxer boxeador
boxing boxeo
BOY muchacho, niño; hijo varón
boyish amuchachado
brace traba, abrazadera
brace (to) ligar, asegurar
bracelet pulsera
bracket puntal, codillo; paréntesis
brag (to) jactarse, fanfarronear
braggart jactancioso
braid galón, trenza
brain cerebro
    brains sesos
    to have some brains ser inteligente
brake freno
    to put the brakes on frenar
bran salvado, afrecho
branch rama; ramal; sucursal
brand marca
    brand-new enteramente nuevo, flamante
brass latón
brassiere sostén
brassy de latón, descarado
brat mocoso
brave bravo, valiente
brave (to) arrostrar
bravely valerosamente
brawl alboroto
brawl (to) alborotar
brawler pendenciero
braze (to) soldar
brazen descarado
brazenness descaro
Brazilian brasileño
breach rotura, fractura, violación
BREAD pan
    bread and butter pan con mantequilla
breadth anchura
breadthwise a lo ancho
break ruptura, interrupción
BREAK (to) romper, quebrar, violar
    to break down destruir
    to break in forzar
    to break in pieces despedazar
    to break open abrir a la fuerza
    to break the ice romper el hielo (*cobrar confianza*)
    to break the record romper el récord
    They broke up. Rompieron sus relaciones.
breakable quebradizo
breakage fractura, rotura
breakdown caída; agotamiento
    She had a nervous breakdown. Ella tuvo un colapso nervioso.
BREAKFAST desayuno

breaking rompimiento
breast pecho, seno, pechuga
breath aliento, respiración
    out of breath sin aliento
breathe (to) respirar, vivir, descansar
breathing respiración
breathless sin aliento; intenso
breed (to) criar, engendrar
breeding cría
breeze brisa
breezy ventilado
brevity brevedad; concisión
brewery cervecería
bribe soborno
bribe (to) sobornar
bribery soborno
brick ladrillo
bricklayer albañil
bridal nupcial
bride novia
bridegroom novio
bridesmaid dama de honor
BRIDGE puente; juego de cartas
bridle brida
    bridle path camino de herradura
brief breve, corto
briefcase cartera
briefly brevemente
briefness brevedad
bright claro; radiante; inteligente
brighten (to) aclarar; alegrar; dar vida, avivarse
brightness lustre, brillantez
brilliant brillante, luminoso
brilliantine brillantina
brilliantly brillantemente
brim ala (*sombrero*), borde
    He filled the glass up to the brim. Lienó el vaso hasta el borde.
BRING (to) traer; llevar; aportar; producir
    to bring about efectuar
    to bring back devolver
    to bring down bajar
    to bring forth producir
    to bring together juntar, reunir
    to bring up criar, educar
bringing up educación
British británico
BROAD ancho, vasto, general
    broad-minded tolerante
broadcast radiodifusión
broadcast (to) radiodifundir, esparcir
broadcasting radiodifundiendo
    broadcasting station radioemisora
brocade brocado
brochure folleto
broil (to) asar
    broiled steak bistec asado
broiler parrilla

broke pelado
broken roto, quebrado
bronze bronce
brook arroyo
broom escoba
broth caldo
BROTHER hermano; cofrade
brotherhood fraternidad
brother-in-law cuñado
brotherly fraternal
BROWN pardo, castaño, moreno
browse (to) curiosear
bruise contusión
bruise (to) magullar, golpear
brunette morena
BRUSH cepillo, brocha
    clothesbrush cepillo para la ropa
    toothbrush cepillo para los dientes
brush (to) cepillar
    He has to brush up on his English for the test. Tiene que repasar su inglés para la prueba.
brutal brutal
brute bruto
bubble burbuja; pompa
bubble (to) burbujear
buck gamo
bucket cubo, balde
buckle hebilla
bud yema, botón, capullo
budge (to) mover
budget presupuesto
buffet aparador; bufet
bug insecto
bugle canutillo
BUILD (to) edificar, fabricar
building edificio, casa, fábrica
bulb cebolla; bombilla; foco; bulbo
bulk volumen, tronco
bull toro
bullet bala
bulletin boletín
bullfighter torero
bum vago
bump topetazo, corcova, choque
bump (to) topear, chocar
bumper tope
bun panecillo; bollo
bunch manojo, montón
    a bunch of grapes un racimo de uvas
bundle atado, bulto
bunny conejito
buoy boya, baliza
buoyancy fluctuación, animación
burden carga; agobio
bureau tocador; oficina; negocionado
burglar ladrón

burial entierro
burlesque burlesco
BURN (to) quemar, incendiar
    The house was completely burned. La casa
    se quemó por completo.
burner quemador
burst (to) reventar, estallar
    to burst out prorrumpir
    He burst out laughing. Soltó una carcajada.
bury (to) enterrar
BUS ómnibus, autobús, camión *(Mex.)*
bush arbusto
bushel fanega
BUSINESS negocio; ocupación; asunto
    a businessman un hombre de negocios
    a business woman una mujer de negocios
    Business is business. Los negocios son
    negocios.
    How's business? ¿Qué tal van sus negocios?
    Mind your own business. No se meta en lo
    que no le importa.
    What business are you in? ¿A qué negocio
    se dedica Ud.?
BUSY ocupado
    to be busy estar ocupado
BUT pero, sino
    But it's not so. Pero no es así.
    I cannot but agree with him. Tengo que
    estar de acuerdo con él.
    No buts. No hay pero que valga. Sin peros.
    No one but you can do it. Nadie puede
    hacerlo sino tú.
butcher carnicero
    butcher's, butcher shop carnicería
butler despensero, mayordomo
butt cabo, punta
    cigarette butt colilla
BUTTER mantequilla, manteca *(Spain)*
butter (to) poner mantequilla
butterfly mariposa
buttermilk suero de leche
button botón
button (to) abotonar
buttonhole ojal
BUY (to) comprar
    to buy for cash comprar al contado
    to buy on credit comprar a crédito
    to buy secondhand comprar de segunda
    mano
buyer comprador
buzz zumbido
buzz (to) zumbar
BY por; a; en; de; para; junto a; cerca de
    by and by poco a poco
    by hand a mano
    by reason of por razón de
    by that time para entonces
    by the way de paso

    by then para entonces
    by virtue of en virtud de
    Finish it by Sunday. Termínelo para el
    domingo.
    Send it by air mail. Envíelo por correo
    aéreo.
byte ocho bits *(informática)*, byte
byway camino desviado

C

cab taxi, coche de alquiler
cabaret cabaret
cabbage col, repollo
cabin cabaña, camarote
cabinet gabinete, vitrina
cabinetmaker ebanista
cable cable
cablegram cablegrama
cacao cacao
cactus cacto
cadaver cadáver
café café
cafeteria restaurante sin meseros, donde uno se
    sirve a sí mismo
cage jaula
CAKE pastel, torta
    a cake of soap una pastilla de jabón
calculate (to) calcular
calendar calendario
calf becerro
CALL (to) llamar; convocar; citar; visitar
    to be called llamarse
    to call back mandar volver
    to call forth llamar a
    to call out gritar
    Call me tomorrow. Llámeme por teléfono
    mañana.
    I'll call for you at 6:00 P.M. Pasaré por Ud. a
    las seis de la tarde.
    Our neighbors called on us last night.
    Nuestros vecinos nos visitaron anoche.
call llamada, visita
    phone call llamada telefónica
    The doctor has several calls to make. El
    doctor tiene que hacer unas visitas.
callous calloso
callus callo
calm calmo, tranquilo; *s:* calma, tranquilidad
calm (to) calmar
    Please calm down! ¡Por favor, cálmate!
calorie caloría
calumniate (to) calumniar
calumny calumnia
camel camello
camellia camelia

camera cámara fotográfica
cameraman fotógrafo de cinematógrafo
camp campo, campamento
camp (to) acampar
campaign campaña; propaganda
　　His political campaign helped him win the election. Su campaña política le ayudó a ganar las elecciones.
camphor alcanfor
campus patio de un colegio en los EE.UU.
can lata, bote
CAN poder; saber; enlatar
　　Can you play golf? ¿Sabe Ud. jugar al golf?
　　That can't be! ¡No puede ser!
　　What can I do for you? ¿En qué puedo servirle?
canal canal
canary (bird) canario
CANCEL (to) cancelar, revocar, anular
　　Please cancel my reservation. Hágame el favor de cancelar mi reservación.
cancellation cancelación, rescisión
cancer cáncer
candid cándido, sincero
candidate candidato
candle vela, candela, bujía
candlestick candelero
candy bombón, dulce
cane caña, bastón
　　cane sugar azúcar de caña
canned goods conservas
cannon cañón
　　cannonball bala de cañón
can opener abrelatas
canopy dosel, pabellón
cantaloupe melón
canteen cantina
canvas lona; cañamazo
cap gorra, gorro; tapa, cima
capable capaz
capacity capacidad
cape cabo, manteleta
caper alcaparra
capital capital; principal; mayúscula
capitol capitolio
capitulate (to) capitular
capitulation capitulación
caprice capricho
capricious caprichoso
capsule cápsula
captain capitán
caption encabezamiento; título
captivate (to) cautivar, fascinar
captivating encantador, seductor
captivity cautividad
capture captura
capture (to) capturar, apresar
CAR coche, automóvil

caramel caramelo, candy
carat quilate
carbon carbono, papel carbón
　　carbon copy copia en papel carbón
CARD tarjeta; naipe, baraja
　　post card tarjeta postal
cardboard cartón
cardinal cardinal
CARE cuidado, custodia; cautela
　　in care of (c/o) al cuidado de (a/c)
　　to take care of cuidar de
　　Take good care of yourself! ¡Cuídese Ud.!
CARE (to) tener cuidado, importar, interesarse
　　He cares about his appearance. Se cuida de su aspecto.
　　I don't care. No me importa.
　　I don't care about it. Me tiene sin cuidado.
　　I don't care at all. No me importa nada.
　　I don't care for it. No me interesa.
　　I don't care for wine. No me gusta el vino.
　　Would you care for some dessert? ¿Querría Ud. postre?
career carrera
CAREFUL cuidadoso
　　Be careful! ¡Tenga Ud. cuidado!
careless descuidado
carelessly descuidadamente
caress caricia
caress (to) acariciar
caretaker curador, guardián
cargo carga
caricature caricatura
carnation clavel
carol canto alegre
　　Christmas carols cantos de Navidad
carousel tiovivo
carpenter carpintero
carpet alfombra
carpeting alfombrado
carriage carruaje, coche, vehículo
carrier portador
carrot zanahoria
CARRY (to) llevar, conducir, portar, traer
　　to carry away llevarse
　　to carry on continuar, conducir
　　to carry out llevar a cabo
　　After twenty lessons he was able to carry on a conversation. Después de veinte lecciones, podía sostener una conversación.
　　He carried off the prize. Se llevó el premio.
cart carreta, carretón
carve (to) tajar, trinchar, talar
　　carved work entallado
carving escultura, entalladura
CASE caso; estuche; caja
　　in any case en todo caso
　　in case of en caso de

CASH efectivo, numerario
   cash payment pago al contado
   cash register caja registradora
   He always pays cash. Siempre paga al
     contado.
cash (to) cobrar un cheque, hacer efectivo un
   cheque
   I have to cash a check. Tengo que cobrar un
     cheque.
cashier cajero
cassette casete
cask tonel, barril
CAST lanzamiento, fundición; reparto
   cast iron hierro colado
   In this play the cast was excellent. En esta
     obra el reparto fue excelente.
cast (to) fundir; tirar, lanzar; repartir papeles
   The die is cast. Al hecho pecho.
   The director has to cast the new play. El
     director tiene que repartir los papeles para
     la nueva obra.
casting vaciado, invención, distribución
castle castillo
CASUAL casual, fortuito
casually casualmente
casualty accidente, desastre
CAT gato
catalog(ue) catálogo
catch presa, captura
CATCH (to) coger, agarrar
   to catch cold resfriarse
   to catch on comprender
   to catch (on) fire encenderse
   to catch up alcanzar
   I caught sight of him. Lo vi.
category categoría, clase
caterer proveedor
caterpillar oruga, gusano
cathedral catedral
Catholic católico
CATTLE ganado
cauliflower coliflor
cause causa; razón; motivo
cause (to) causar
caustic cáustico
caution cautela, precaución
caution (to) caucionar, amonestar
cautious cauto, prudente
cautiously cautamente
cavalier caballero, jinete
cavalry caballería
cave cueva, caverna
cavern caverna
cavity cavidad
cease (to) cesar
ceiling techo
celebrate (to) celebrar
celebrity celebridad

celebration celebración
celerity celeridad
celery apio
celibrate célibe
cell celda; célula
cellar sótano
   wine cellar bodega
cello violoncelo
cement cemento
cement (to) pegar, aglutinar
cemetery cementerio, panteón
censor censor; crítico
censorship censura
censure censura, reprimenda
CENT centavo
centennial centenario
CENTER centro
   center of gravity centro de gravedad
centimeter centímetro
central central, céntrico
centralize (to) centralizar
century siglo; centuria
cereal cereal
cerebral cerebral
ceremonial ceremonial
ceremonious ceremonioso
ceremoniously ceremoniosamente
ceremony ceremonia, formulismo, cumplido
CERTAIN cierto, seguro, claro, evidente
certainly ciertamente, sin duda, seguramente
certainty certeza
certificate certificado
   certificate of baptism fe de bautismo
   vaccination certificate certificado de vacuna
certify (to) certificar
cessation cese, suspensión
cession cesión
chain cadena
   chain store cadena de tiendas
chain (to) encadenar
CHAIR silla
chairman presidente *(de una junta)*
chalk tiza
challenge desafío, recusación
challenge (to) desafiar
chamber cámara; gabinete *(gobernación)*
   chamber music música de cámara
   chamber of commerce cámara de comercio
chambermaid camarera
chamois ante, gamuza
champagne champaña
champion campeón
CHANCE azar, acaso, casualidad, oportunidad;
   probabilidad; riesgo
   by chance por casualidad
   to take a chance correr un riesgo, aventurarse
   The chances are against it. No hay mucha
     probabilidad.

chandelier araña
CHANGE cambio, suelto, alteración, substitución
   for a change por cambiar
   I don't have any small change. No tengo suelto.
   Keep the change. Quédese con el cambio.
change (to) cambiar, alterar, convertir
changeable variable; alterable
channel canal, estrecho
   English Channel Canal de la Mancha
chaos caos
chap tipo
chapel capilla
chaplain capellán
chapter capítulo
character carácter, genio; persona; protagonista
   What a character! ¡Qué tipo!
characteristic característico, típico
charcoal carbón
CHARGE carga; orden, mandato; costo; cargo; acusación; ataque
   in charge encargado
   What's the charge for that? ¿Cuánto cobran por eso?
CHARGE (to) cargar; llevar, costar, cobrar; acusar
   to charge to an account cargar en cuenta
   He was charged with murder. Fue acusado de asesinato.
   How much do you charge for that? ¿Cuánto cobra Ud. por eso?
   Is it cash or charge? ¿Al contado o a cuenta?
charges gastos; partes; instrucciones
   The charges were laid against him. La acusación fue contra él.
charity caridad
charm encanto; talismán
charm (to) encantar
charming encantador
chart carta *(para navegación);* mapa; cuadro, gráfico
charter (to) fletar
chase persecución
chase (to) perseguir
chassis chasis
chat plática, charla
chat (to) charlar, platicar
chauffeur chauffeur; chófer *(fam.)*
CHEAP barato
cheaply a precio bajo
cheat trampa, engaño
cheat (to) engañar
CHECK cheque; talón *(de reclamo);* contraseña; cuenta *(restaurante);* control; inspección restricción; jaquel *(tela);* verificación, comprobación
   checkbook libreta de cheques

   Bring me the check, please. Tráigame la cuenta, por favor.
Present this check when you claim your baggage. Presente este talón al reclamar su equipaje.
The doctor gave him a complete checkup. El doctor le hizo un examen general.
CHECK (to) examinar; verificar; facturar *(equipaje);* marcar; dar jaque a
   I checked my baggage at the station. Registré mi equipaje en la estación.
   The foreman checked the work. El capataz comprobó el trabajo.
   They checked in at the Waldorf. Se registraron en el Waldorf.
   We have to check up on this. Tenemos que revisarlo.
checkerboard tablero de damas
checkers damas *(juego)*
cheek mejilla
cheekbone pómulo
cheer alegría, vivas, aplausos
cheer (to) alegrar
   to cheer up animar, cobrar ánimo
   Cheer up! ¡Ánimo!
cheerful alegre, animado
cheerfully alegremente
cheerfulness alegría
cheese queso
chemical químico
chemist químico; farmacéutico (Brit.)
chemistry química
cherish (to) apreciar; acariciar
cherry cereza
chess ajedrez
chest pecho; arca, cofre
chestnut castaña
chew (to) mascar, masticar
chewing gum chicle
chic elegante
chicken pollo
chicken pox varicela
chief principal; *s.* jefe
chiefly principalmente
CHILD niño, niña; hijo, hija
childhood infancia, niñez
Chilean chileno
chill frío, escalofrío
chill (to) enfriar, resfriar
chilly frío
   It's very chilly today. Hace mucho frío hoy.
chime campaneo
chime (to) repicar
chimney chimenea
chin barba
china porcelana, loza
Chinese chino
chip brizna; ficha

chip (to) desmenuzar; astillar
chiropodist pedicuro
chiropractor quiropráctico
chlorine cloro
chocolate chocolate
CHOICE escogido, selecto; *s:* elección, opción; lo selecto
choke (to) ahogar, agarrotar
CHOOSE (to) elegir, escoger
choosing escogimiento, elección
chop chuleta; costilla
    lamb chops chuletas de cordero
    pork chops chuletas de puerco
    veal chops chuletas de ternera
chop (to) cortar, picar
    chopped meat carne picada
chord cuerda, acorde
chorus coro
chowder sopa de pescado
christening bautismo
Christian cristiano
Christmas Navidad
    Christmas Eve nochebuena
    Christmas tree árbol de Navidad
    Merry Christmas! ¡Feliz Navidad!
chrome cromo
chronic crónico
chronicle crónica
chronology cronología
chubby gordito
chuckle risa
chum camarada
chunk pedazo
church iglesia
churchyard cementerio
cicatrice cicatriz
cider sidra
cigar cigarro, puro
cigarette cigarrillo
    cigarette case cigarrera
    cigarette holder boquilla
    cigarette lighter encendedor
cinema cine
cinnamon canela
circle círculo
circuit circuito
circular circular
circulate (to) circular, propalar
circulation circulación
circumscription circunscripción
circumspect circunspecto
circumstance circunstancia
circumstantial circunstancial
circus circo
citadel ciudadela
citizen ciudadano
citizenship ciudadanía
CITY ciudad

    city hall ayuntamiento
civic cívico
civil civil
    civil service servicio civil oficial
civilian paisano *(no militar)*
civilization civilización
civilize (to) civilizar
CLAIM demanda, petición; pretensión; título, derecho
CLAIM (to) demandar, reclamar, sostener, pretender
    He claims he is innocent. El sostiene que él es inocente.
clam almeja
clamor clamor
clandestine clandestino
clap golpe seco, palmoteo
clap (to) golpear, batir
    to clap the hands aplaudir
clarify (to) clarificar
clarity claridad
clash choque
clash (to) chocar
clasp broche, gafete
clasp (to) abrochar, enganchar
CLASS clase, categoría
classical clásico
classify (to) clasificar
clause cláusula
clavichord clavicordio
claw garra; garfa
clay arcilla
CLEAN limpio; puro, neto
    clean-cut bien definido
CLEAN (to) limpiar
    to clean out vaciar
    to clean up desembarazar
cleaner's tintorería
cleaning limpieza
cleanliness limpieza, aseo
cleanly limpiamente
cleanser limpiador
CLEAR claro, neto
    to make something clear poner en claro
CLEAR (to) aclarar; despejar; absolver; liquidar; quitar *(la mesa)*
    to clear out vaciar
    I want to clear up the situation. Quiero aclarar la situación.
    The maid clears off the table. La criada levanta la mesa.
clearance espacio libre; realización
    clearance sale liquidación, ganga
clearly claramente
cleave (to) rajar
clemency clemencia
clerk empleado; clérigo
CLEVER listo; hábil; inteligente

client cliente
cliff risco, escarpa
climate clima
climax clímax; culminación
climb (to) trepar, subir, escalar
    mountain climbing alpinismo
climber escalador
cling (to) adherir, pegar
clinic clínica
clink (to) retiñir
clip trasquila
clip (to) esquilar, cortar
clipper esquilador
clipping recorte, retazo
CLOCK reloj
clod terrón
clog (to) obstruir
cloister claustro; monasterio
CLOSE cerca; junto a
    close by muy cerca
CLOSE (to) cerrar; terminar; saldar
    to close out saldar por ventas
    to close up cerrar por completo
closed cerrado
    Closed for repairs. Cerrado por reformas.
    The stores will be closed tomorrow. Las
        tiendas estarán cerradas mañana.
closely contiguamente, cuidadosamente
closet ropero; alacena
close-up fotografía de cerca
clot grumo, cuajarón
clot (to) coagularse
CLOTH tela, paño
clothe (to) vestir
clothes ropa, vestido
    evening clothes traje de etiqueta
    ready-made clothes ropa hecha
    I have to change my clothes. Tengo que
        mudarme de ropa.
clothesline tendedera
clothespin pinza de tendedera
clothing vestidos, ropa
cloud nube, nublado
cloudy nublado
clove clavo
cloven hendido
clover trébol
clown payaso
club club, círculo; porra; bastón
club (to) escotar
clue guía, indicio, pista
clumsy chabacano, chapucero
cluster grupo, racimo
clutch agarre, embrague
clutch (to) agarrar, embragar
coach coche
    coach car coche ordinario (ferrocarril)
coal carbón

    coal mine yacimiento de carbón
coarse basto, ordinario
COAST costa
    coast guard guarda costas
    The coast is clear. Ha pasado el peligro.
COAT abrigo, saco
    coat of arms escudo de armas
coating revestimiento
cocoa cacao
coconut coco
cod bacalao
    cod-liver oil aceite de hígado de bacalao
code código
COFFEE café
    coffee bean grano de café
coffeepot cafetera
coffin ataúd, féretro
coherent coherente
cohesion cohesión
coil rollo, bobina
coil (to) enrollar
coin moneda
coincide (to) coincidir
coincidence coincidencia; casualidad
    by coincidence por casualidad
    What a coincidence! ¡Qué casualidad!
COLD frío
    cold-blooded de sangre fría
    cold cream crema (cosmético)
    cold meat carne fría
    I am cold. Tengo frío.
    It's cold. Hace frío.
coldness frialdad
coleslaw ensalada de col
collaborate (to) colaborar
collaborator colaborador
collapse (to) aplastar
collar cuello
collect (to) recoger, coleccionar, cobrar
collector colector; cobrador
collection colección; colecta
collective colectivo
college colegio
collide (to) chocar
collision colisión
colloquial familiar
colon dos puntos
    semicolon punto y coma
colonel coronel
colonial colonial
colony colonia
COLOR color, colorido
    color-blind daltoniano
colored de color; negro
colorful vívido
colt potro
Columbian (Colombian) colombiano
column columna; pilar

COMB peine
comb (to) peinar
combination combinación
combine (to) combinar
combustible combustible
COME (to) venir
    to come across encontrarse con
    to come back volver
    to come downstairs bajar
    to come for venir por
    to come forward adelanter
    to come home volver a casa
    to come in entrar
    to come to an end acabarse
    to come true realizarse
    to come upstairs subir
    Come on! ¡Vamos!
comedian cómico, actor
comedy comedia
comet cometa
comfort confort, comodidad; consuelo
comfort (to) confortar
comfortable cómodo
    to be comfortable estar a gusto
comical cómico; gracioso
comically cómicamente
comity cortesía, deferencia
comma coma
command orden; mando, comando
command (to) mandar, ordenar
commencement principio, comienzo
comment comentario, observación
comment (to) comentar, discutir
commentary comentario
commentator comentador
commerce comercio
commercial comercial
commissar comisario
commissary comisaría
commission comisión
commission (to) comisionar, encargar
commissioner comisario
commit (to) cometer, perpetrar
    to commit oneself comprometerse
commitment compromiso
committee comisión, diputación
commodity comodidad, conveniencia
common común, corriente
commonly comúnmente, usualmente
commonplace común, vulgar
commune comuna
communicate (to) comunicar, notificar
communion comunión
communiqué comunicación
communism comunismo
communist comunista
community comunidad
commutation mudanza, conmutación

    commutation ticket billete de abono
commute (to) conmutar; ir a trabajar a la ciudad
    diariamente
commuter persona que va a trabajar a la ciudad
    diariamente
compact compacto
    compact disc disco compacto
companion compañero
company compañia, visitante, huéspedes
    We have company. Tenemos visitas.
comparative comparativo
comparatively relativamente
COMPARE (to) comparar
comparison comparación
    beyond comparison incomparable
    by comparison en comparación
compartment compartimiento; cajoncito
compass compás, brújula
compel (to) obligar; someter
compensate (to) compensar, remunerar
compensation compensación; remuneración
compete (to) competir
competence competencia
competent competente
competition concurso; competencia
COMPLAIN (to) quejarse, lamentarse
complaint queja; lamento
complete completo
complete (to) completar
complex complejo
complexion cutis, tez; aspecto
complexity complejidad
complicate (to) complicar
complicated complicado
complication complicación
complicity complicidad
compliment galantería; cumplimiento; cumplido
compliment (to) galantear; obsequiar;
    cumplimentar
complimentary lisonjero, galante
comply with (to) cumplir
compose (to) componer; redactar
composed sereno
composer compositor, autor
composite compuesto
composition composición
composure compostura
compound mezcla, mixtura, preparación
comprehend (to) comprender
comprehensible comprensible
compress compresa
compress (to) comprimir
comprise (to) contener, comprender, abarcar
compromise arreglo, componenda
compromise (to) transigir; arreglar;
    comprometer
computation computación, cálculo
compute (to) computar, calcular

computer la computadora, el ordenador
  computer input datos entradas a la computadora, entrada de datos al ordenador
  computer language el lenguaje de computación, el lenguaje informático
  computer program el programa informático
  computer science informática
comrade camarada
CONCEAL (to) ocultar, disimular
conceit presunción
conceited vanidoso, engreído
conceive (to) concebir; engendrar
concentrate (to) concentrar
concentration concentración
concept concepto, noción, idea
conception concepción, noción, idea
concern asunto, negocio; interés, incumbencia; empresa; ansiedad, inquietud
concern (to) importar, concernir; interesarse, preocuparse
concerned interesado
  as far as I am concerned en cuanto a mí
  concerning respecto a
concert concierto
concession concesión
conciliate (to) conciliar, propiciar
conciliation conciliación
concise conciso, breve
CONCLUDE (to) concluir, inferir, finalizar
conclusion conclusión, decisión
conclusive concluyente, terminate
concord concordia
concordance concordancia
concordant concordante
concourse concurso
concrete hormigón, concreto
  reinforced concrete cemento armado
concretely concretamente
concurrent concurrente
condemn (to) condenar, prohibir
condemnation condenación
condensation condensación
condense (to) condensar
condescend (to) condescender
condescending condescendiente
condiment condimiento
CONDITION condición, estado, circunstancia
  in good condition en buen estado
conditional condicional
conditionally condicionalmente
conditioned condicionado
  air conditioned aire acondicionado
conduct conducta; manejo, dirección
conduct (to) conducir, manejar, guiar; portarse
conductor conductor; director de orquesta
confection confitura, dulces
confectioner confitero

confectionery dulces, dulcería
confederacy confederación
confederate confederado
confederation confederación
CONFER (to) conferir; conferenciar; tratar, consultar
conference conferencia, junta
confess (to) confesar
confession confesión
confide (to) confiar; fiar
confidence confianza
confident confiado, cierto
confidential confidencial, en confianza
confine (to) confinar, limitar
confinement prisión; sobreparto
CONFIRM (to) confirmar, verificar, asegurar
confirmation confirmación
confirmed comprobado
confiscate (to) confiscar
conflict conflicto
conform (to) conformar, concordar
conformation conformación
conformity conformidad
confound (to) confundir, desconcertar
CONFUSE (to) confundir
confused confuso, azorado
  I am all confused. Estoy completamente confundido.
confusedly confusamente
confusion confusión, azoramiento
congenial de buen carácter
  He is a very congenial fellow. Es un hombre muy simpático.
CONGRATULATE (to) congratular, felicitar
  Let me congratulate you. Permítame que le felicite.
congratulations congratulaciones, felicitaciones
  Congratulations! ¡Felicitaciones!
congregation congregación
congress congreso
congressman en los EE.UU., miembro de la cámara de senadores o representants
conjugate (to) conjugar
conjugation conjugación
conjunction conjunción
CONNECT (to) juntar, unir, relacionar, conectar
  Please connect me with the main office. Conécteme con la oficina central.
connection conexión
  in connection with con respecto a
  in this connection respecto a esto
  We have a very bad connection. Tenemos muy mala conexión.
connecting comunicante
  I'd like two connecting rooms. Quisiera dos habitaciones comunicadas.
conquer (to) conquistar, vencer

conqueror conquistador, vencedor
conquest conquista
conscience conciencia
conscientious escrupuloso
conscientiously escrupulosamente
CONSCIOUS consciente
   I am conscious of being wrong. Me doy
      cuenta de que estoy equivocado.
consciously conscientemente
consecutive consecutivo
consent consentimiento, permiso
   **She did not get her father's consent to her
      marriage.** Ella no obtuvo el
      consentimiento de su padre para casarse.
consequence consecuencia
consequent consecuente, consiguiente
consequently por consiguiente, por lo tanto
conservative conservador; moderado
   He has very conservative ideas. Tiene ideas
      muy conservadoras.
conserve (to) conservar
consider (to) considerar, examinar, reflexionar
   I may consider your proposition.
      Posiblemente consideraré su proposición.
considerable considerable
considerate considerado
consideration consideración
   He did it out of consideration for her. Lo
      hizo por consideración a ella.
considering teniendo en cuenta, considerando
   **Considering his background, he is doing
      very well.** Considerando sus
      conocimientos, lo está haciendo muy
      bien.
CONSIST (to) consistir
   to consist of constar de, componerse de
consistency consistencia; permanencia
consistent consecuente, consistente
   They are very consistent in their ideas. Son
      muy consecuentes con sus ideas.
consistently consistentemente
   He consistently refused. El rehusó
      constantemente.
consolation consolación
console (to) consolar, confortar
consolidate (to) consolidar
consolidation consolidación
consommé caldo
consonant consonante
consort consorte
consort (to) asociarse
conspiracy conspiración
conspirator conspirador
conspire (to) conspirar
constable alguacil
constant constante
constantly constantemente
constitute (to) constituir, formar

constitution constitución
constitutional constitucional
constitutionally constitucionalmente
constraint constreñimiento
construct (to) construir, fabricar
construction construcción, estructura
constructive constructivo
   Do something constructive. Haga algo
      constructivo.
consul cónsul
consular consular
   consular invoice factura consular
consulate consulado
consult (to) consultar, examinar
consume (to) consumir
consumer consumidor
consumption consumo, consunción, tisis
contact contacto, relaciones
   He has good contacts in this field. Tiene
      buenas relaciones en este campo.
contact (to) hacer contacto; entrar en contacto
   **I have to contact some friends in New
      York.** Tengo que ponerme en contacto
      con algunos amigos en Nueva York.
contagion contagio
contagious contagioso
   a contagious disease una enfermedad
      contagiosa
CONTAIN (to) contener, abarcar
container envase, recipiente
contaminate (to) contaminar
contamination contaminación
contemplate (to) contemplar, meditar, proyectar
   I am contemplating a trip to Spain.
      Proyecto un viaje a España.
contemporary contemporáneo
contempt desprecio
   to have contempt for despreciar
contemptible despreciable
contemptuous despreciativo
contemptuously desdeñosamente
contend (to) contender; afirmar
content, contented contento, satisfecho
CONTENT(S) contenido, capacidad
   table of contents índice de materias
contest contienda; debate; pugna; concurso
   She won a beauty contest. Ella ganó un
      concurso de belleza.
contest (to) disputar; competir
contestant contendiente
context texto, contenido
contiguous contiguo
continent continente, moderado; *s:* continente
continental continental; de la Europa continental
continual continuo, incesante
continually continuamente
continuation continuación
continue (to) continuar

continued continuo, continuado
    to be continued on page 27 continuará en la
      página 27
CONTRACT contrato
contract (to) contraer, contratar
    He contracted the measles. Contrajo el
      sarampión.
contractor contratista
contradict (to) contradecir, contrariar
contradiction contradicción
contradictory contradictorio
CONTRARY contrario
    on the contrary al contrario
    to the contrary en contrario
contrast contraste
contrast (to) contrastar
contribute (to) contribuir
contribution contribución; cooperación
control control, mando, dirección
control (to) controlar; dominar; dirigir; verificar
controller contralor, director
    controller general contralor general
controversy controversia; disputa
convalescent convaleciente
CONVENIENCE conveniencia, comodidad
    at your convenience cuando le convenga
    Please do it at your earliest convenience.
      Por favor hágalo tan pronto como le sea
      posible.
convenient conveniente
    if it is convenient to you si le parece bien
convent convento
convention convención, asamblea, junta,
    congreso
conventional convencional
conversation conversación
converse (to) conversar
conversion conversión
convert (to) convertir; transformar
convertible convertible
    He has a brand new convertible. Tiene un
      nuevo convertible.
convey (to) transportar, transferir; comunicar
convict convicto
convict (to) convencer, condenar
    He was convicted of murder. Fue convicto
      por asesinato.
conviction convicción
CONVINCE (to) convencer, persuadir
convincing convincente
convincingly convincentemente
convocation convocación
convoke (to) convocar
convoy convoy
convulsion convulsión
convulsive convulsivo
cook cocinero, cocinera
COOK (to) cocinar

cookie galleta
COOL fresco; tibio; indiferente; chévere, brutal,
    bárbaro *(colo.)*
cool (to) enfriar, resfriar
    Cool before serving. Enfríese antes de
      servirse.
cooler enfriador, refrigerador
coolly fríamente
coolness fresco; frialdad, tibieza
co-operate (to) cooperar
co-operation cooperación
co-operative cooperativo; cooperante
co-ordinate coordenado
cope with (to) hacer frente a
copper cobre
COPY copia; ejemplar
    Do you have a copy of this new novel?
      ¿Tiene un ejemplar de esta nueva novela?
copy (to) copiar
copyright derechos de autor
cord cordel, cuerda
cordial cordial
cordiality cordialidad
corduroy pana
core centro, corazón; núcleo
    He ate his apple to the core. Comió hasta el
      corazón de la manzana.
cork corcho, tapón
    corkscrew tirabuzón
CORN maíz, grano
    corn meal harina de maíz
    cornfield maizal
    corn mill molino harinero
    cornstarch almidón de maíz, maicena
CORNER esquina; rincón
    around the corner a la vuelta de la esquina
    cornerstone piedra angular
    to turn the corner doblar la esquina
corporation corporación; sociedad anónima
corpse cadáver
corpulence corpulencia
CORRECT correcto, exacto, justo
correct (to) corregir, rectificar
correction corrección, rectificación; castigo
correctly correctamente
correspond (to) corresponder
correspondence correspondencia
correspondent corresponsal
corresponding correspondiente
corridor pasillo
corroborate (to) corroborar, confirmar
corrosive corrosivo
corrupt (to) corromper, podrirse
corruption corrupción
corruptly corruptamente
corsage ramillete
corset corsé; faja
COST costo, precio

24

at all costs cueste lo que cueste
cost price precio de costo
COST (to) costar
    How much does this cost? ¿Cuánto cuesta esto?
Costa Rican costarricense, costarriqueño
costly costoso, caro
costume traje, vestido
COTTON algodón
couch diván
cough tos
    cough drops pastillas para la tos
cough (to) toser
council concilio; junta; consejo
count conde
COUNT (to) contar, numerar
    I count on you. Cuento con Ud.
countenance semblante, talante
counter mostrador
counterfeit (to) falsear, falsificar, forjar
counterfeiter falsario, falsificador
countess condesa
countless innumerable, sin cuento
COUNTRY país; campo, patria
    Mexico is his native country. México es su país.
countryman compatriota, paisano
county condado, distrito
couple par, pareja
coupon cupón, talón
courage coraje, valor
courageous animoso, valiente, valeroso
COURSE curso, marcha; estadio; plato; rumbo
    a four-course dinner una comida de cuatro platos
    a matter of course cosa corriente
    in the course of time en el correr del tiempo
    of course por supuesto
court tribunal, corte
    She went to court. Ella fue al tribunal.
    The soldier was court-martialed. El soledado fue sometido al consejo de guerra.
courteous cortés
courtesy cortesía
COUSIN primo, prima
    first cousin primo hermano
cover cubierta, tapa, tapadera
    under cover bajo techado
    Is there any cover charge? ¿Hay algún precio de admisión?
COVER (to) cubrir, tapar; recorrer (una distancia); abarcar
    He covered the whole subject in a few weeks. El desarrolló el asunto en unas semanas.
    They covered the distance in one hour. Ellos recorrieron la distancia en una hora.

COW vaca
coward cobarde
cowardice cobardía
cowboy vaquero
cowhide cuero
coy rectado, tímido
cozy cómodo, agradable, íntimo
crab cangrejo
crack hendidura
crack (to) hendir; chasquear; romper
    crack-brained alelado
    to crack a joke decir un chiste
cracker galleta
crackle (to) crujir
cradle cuna
craft artificio, habilidad
craftsman artesano
cramp calambre
cranberry arándano
crane grulla; grúa
crank manubrio
cranky (fam.) chiflado
CRASH estallido, estrépito, estruendo, quiebra, bancarrota
    a crash landing un aterrizaje violento
crash (to) romperse con estrépito; estrellarse
    The plane crashed into the sea. El aeroplano se estrelló en el mar.
crate canasto, huacal
    an old crate (fam.) una carraca
crave (to) anhelar, desear
    I have a craving for fruit. Se me antoja la fruta.
craven cobarde
crawfish langostino
crawl (to) arrastrarse
crazy loco
creak (to) crujir, chirriar
CREAM nata, crema
    cream cheese queso de crema
creamy cremoso
crease pliegue
crease (to) plegar
create (to) crear; ocasionar
    It created an incident. Ocasionó un incidente.
creation creación
creature criatura, ser
creative creativo
credentials credenciales
CREDIT crédito, reputación
    on credit al fiado
    to give credit dar crédito
creditor acreedor
creep (to) arrastrarse, serpear
cremate (to) incinerar
crescent creciente
crest cresta

crew cuadrilla, tripulación
crib cuna
cricket grillo
crime crimen; delito
criminal criminal
crimp (to) encrespar
crimson carmesí
cripple lisiado, cojo, manco
cripple (to) lisiar
crippled lisiado
crisis crisis
crisp, crispy quebradizo, rizado
crispness rizado, crespo
crisscross cruzado, entrelazado
critic crítico; crítica
critical crítico
criticism crítica
criticize (to) criticar
crook gancho, curvatura; fullero *(fam.)*
crooked torcido; deshonesto
crop cosecha
cross cruz
    cross-examination interrogatorio
    cross-eyed bizco
    cross-section sección transversal
CROSS (to) cruzar; atravesar
    to cross out tachar
    to cross over pasar al otro lado
crossing cruce; intersección; travesía *(mar)*;
    paso, vado
    We had a rough crossing. Tuvimos una
    mala travesía.
crossroads encrucijada
crow cuervo
CROWD gentío, multitud
    What a crowd! ¡Qué gentío!
crowded apiñado, lleno
crown corona
crown (to) coronar
crucial decisivo
    the crucial point el punto crucial
crude crudo
cruel cruel
cruelty crueldad
cruet vinagrera
cruise gira, viaje por mar
cruise (to) cruzar
crumb miga
crumble (to) desmigajar
crumbling derrumbe
crush estrujamiento
crush (to) aplastar, quebrantar
    crushed pineapple piña picada
crust costra
crusty brusco
crutch muleta, horquilla
cry grito; llanto
CRY (to) gritar; llorar

    to cry for clamar
    to cry out exclamar
    She cried her eyes out. Lloró amargamente.
crying llanto
crystal cristal
Cuban cubano
cube cubo
    ice cube cubo de hielo
cucumber pepino
cue cola, rabo; punto, pie *(teatro)*
    to make the cue hacer cola
    Give me the cue. Déme el punto.
cuff puño, trompada
    cuff links yugos
cultivate (to) cultivar
cultural cultural
culture cultura
cultured culto
cunning astuto
CUP taza
    Give me a cup of coffee. Déme una taza de
    café.
cupboard aparador
curb (to) refrenar, contener
    Curb your dog. Sujete su perro.
curdle (to) cuajarse, coagular
cure cura, remedio
CURE (to) curar, sanar
    He is cured of his illness. Sanó de su
    enfermedad.
curious curioso
curiosity curiosidad
curl rizo, bucle
curl (to) rizar, encrespar, ondear
    I want my hair curled. Quiero un rizado.
curly rizado
currant grosella
currency moneda
current corriente; común
    current account cuenta corriente
    current events sucesos del día
currently corrientemente
curse maldición, anatema
curse (to) maldecir, anatematizar
curt corto, brusco
CURTAIN cortina
curve curva
curve (to) encorvar
CUSHION almohadilla
custard flan, natilla
custodian custodio
CUSTOM costumbre
customary usual
customer cliente, parroquiano
customhouse aduana
customs (duties) derechos de aduana
    I have to go through customs. Tengo que
    pasar por la aduana.

customs officer official de la aduana
cut corte; cortadura; reducción; rebaja
    a haircut un corte de pelo
    a short cut un atajo
    I don't like the cut of that dress. No me gusta el corte de ese vestido.
    I got a cut on the price. Obtuve una rebaja en el precio.
CUT (to) cortar; rebanar; tallar
    to cut across cortar al través
    Cut it out! ¡Deja eso!
    He cut into the conversation. Interrumpió la conversación.
    The baby is cutting teeth. Le salen los dientes al nene.
    They cut down on their expenses. Rebajaran sus gastos.
cute mono; gracioso
cutlet chuleta
cycle ciclo
cyclone ciclón
cylinder cilindro
cynic cínico

D

dabble (to) rociar, salpicar
    He dabbles in politics. Se mete en la política.
daddy papá
dagger daga, puñal
DAILY diario, cotidiano
    daily newspaper diario
dainty delicado
dairy lechería
dairyman lechero
daisy margarita
dam dique, presa
DAMAGE daño, perjuicio
damage (to) dañar, perjudicar
damn (to) condenar, maldecir
damp húmedo
dampen (to) humedecer
dance danza, baile
dance (to) bailar, danzar
dancer bailarín, bailarina
dancing baile
DANGER peligro
    There is no danger. No hay peligro.
dangerous peligroso
Danish danés
DARE (to) osar, atreverse, arrostrar
    How dare you do that? ¿Cómo te atreves a hacerlo?
daring osado, atrevido, temerario
DARK obscuro, negro
    It's getting dark. Se está oscureciendo.

darkness obscuridad
darling querido
dart dardo, flecha
dash arremetida, guión
dash (to) arrojar, precipitarse
    He just dashed out. Acaba de salir precipitadamente.
date data, fecha, cita; dátil
    What's the date today? ¿En qué fecha estamos hoy?
date (to) datar, poner la fecha; dar una cita
DAUGHTER hija
daughter-in-law nuera
dawn madruga, alba, aurora
    at dawn de madrugada, al amanecer
dawn (to) amanecer, asomar
    It dawned on me. Ya caigo en la cuenta.
DAY día
    day after day día tras día
    day after tomorrow pasado mañana
    day before víspera
    day before yesterday anteayer
    day by day día por día
    every day todos los días
    every other day un día sí y otro no.
    from day to day de día en día
    in the daytime de día
    on the following day al día siguiente
    I'll be home all day. Estaré en casa todo el día.
daybreak alba
daydream ensueño
daydream (to) ensoñar
daylight luz del día, luz natural
daytime día
    in the daytime de día
daze deslumbramiento, ofuscamiento
daze (to) ofuscar, aturdir
dazzle (to) deslumbrar, ofuscar
DEAD muerto; inanimado, inactivo
    dead end extremo cerrado
    to be dead estar muerto
    I'm dead tired. Estoy muerto de cansancio.
deadly mortal
deaf sordo
deaf-mute sordomudo
deafness sordera
deal convenio, pacto
    a good deal, a great deal mucho
DEAL (to) distribuir, repartir *(barajas)*
    to deal with tratar con
dealer vendedor, comerciante
dean decano
DEAR querido, amado
dearly cariñosamente
DEATH muerte
    death certificate certificado de defunción
    death rate mortalidad

debate discusión, debate
debate (to) disputar; controvertir; discutir, debatir
debt deuda
debtor deudor
debutante principiante
decade década
decay deterioro, decadencia, mengua, podredumbre
decay (to) decaer, declinar; deteriorarse, pudrirse, dañarse, picarse, cariarse
decease muerte
deceased muerto
deceit engaño
deceitful engañoso
deceive (to) engañar
DECEMBER diciembre
decency decencia
decent decente
decently decentemente
deception decepción
DECIDE (to) decidir, determinar, resolver
decided decidido, resuelto
decidedly decididamente
decision decisión, resolución
decisive decisivo, concluyente
decisively decisivamente
deck puente; baraja; cubierta
declare (to) declarar
declaration declaración
decline (to) declinar; rehusar, rechazar
    We declined their invitation. Rehusamos su invitación.
decorate (to) decorar, adornar, condecorar
decoration decoración, ornamento, condecoración
decrease decreción, disminución
decrease (to) decrecer, disminuir
decree decreto, edicto
decree (to) decretar, ordenar
dedicate (to) dedicar
dedication dedicación
deduce (to) deducir, derivar
deduct (to) deducir, descontar
deduction deducción, descuento
DEED acto, hecho
DEEP profundo, hondo, intenso; profundamente
    deep-sea de las profundidas del mar
    He is deep in thought. Está absorto en sus pensamientos.
deepen (to) profundizar; ahondar
deeply profundamente, sumamente
deepness profundidad
deer venado
defeat derrota, rechazamiento
defeat (to) derrotar, vencer
defect defecto; omisión
defection defección, deserción

defective defectuoso; defectivo
defend (to) defender, sostener
defendant defensor, acusado
defense defensa, justificación
defensive defensivo
defer (to) diferir, remitir
deference deferencia
defiance desafío
deficiency defecto, deficiencia
deficient deficiente; defectuoso
deficiently deficientemente
define (to) definir
definite definido, preciso
    I don't have any definite plans. No tengo planes definidos.
definitively definidamente, ciertamente
definition definición
definite definitivo
defy (to) desafiar, retar
degenerate (to) degenerar
degenerate degenerado
DEGREE grado, diploma
    by degrees gradualmente
    to get a degree graduarse
DELAY tardanza, demora, retraso
delay (to) tardar, demorarse; retardar, diferir
delegate delegado, comisario
delegate (to) delegar
delegation delegación
delete (to) suprimir
DELIBERATE circunspecto, cauto, pensado, premeditado, deliberado
    He was very deliberate in his opinion. El fue muy circunspecto en su opinión.
deliberate (to) deliberar
deliberately deliberadamente
delicacy delicadeza; golosina
delicate delicado
delicately delicadamente
delicious delicioso
deliciously deliciosamente
delight deleite, encanto, gusto, placer
delight (to) encantar, deleitar
delighted encantado
    I'll be delighted to do it. Tendré mucho gusto en hacerlo.
delightful delicioso, deleitable
deliver (to) entregar; librar de; pronunciar
    to be delivered of (a child) dar a luz
delivery entrega, capacidad; liberación
deluge diluvio
demand demanda
demand (to) exigir, reclamar
democracy democracia
democrat demócrata
demolish (to) demoler, arruinar
demonstrate (to) demostrar
demonstration demostración

denial negación
denomination denominación
denote (to) denotar
denounce (to) denunciar
dense denso, cerrado
density densidad
dentist dentista
dentition dentadura
denunciate (to) denunciar
denunciation denunciación
deny (to) negar; rehusar
deodorant desodorizante
deodorize (to) desodorizar
depart (to) irse, partir, salir
department departamento
    department store gran almacén
DEPEND (to) depender
    It depends on the situation. Depende de la
    situación.
dependence dependencia; posesión
dependent dependiente, sujeto, pendiente; s:
    persona que depende de otra para su
    manutención
depending pendiente, dependiente
    depending on the circumstances según las
    circunstancias
depict (to) pintar
deplorable deplorable, lamentable
deplore (to) deplorar
deport (to) deportar
deportation deportación
depose (to) deponer, destituir
deposit (to) depositar
deposition deposición
depositor depositante
depository depósito
depreciate (to) depreciar, rebajar
depreciation depreciación
depress (to) deprimir
    She is very depressed. Está muy
    desanimada.
deprive (to) privar, destituir
DEPTH profundidad, fondo
    lower depths bajos fondos
deputy diputado
derivation derivación
derive (to) derivar, deducir
descend (to) descender, bajar
descendant descendiente
descent descenso; bajada; descendencia
    She is of French descent. Ella es
    descendiente de franceses.
describe (to) describir
description descripción
desert desierto
desert (to) desertar, abandonar
deserve (to) merecer
deserving meritorio, digno

He is a very deserving person. Es una
    persona muy de merito.
design proyecto, cálculo, plano; dibujo
design (to) idear, inventar
designate (to) designar, apuntar, nombrar
designation designación, título
designer dibujante; proyectista
desirable deseable
desire deseo
desire (to) desear
desirous deseoso
DESK escritorio
desolate desolado, desierto, solitario
despair desesperación
despair (to) desesperar
desperate desesperado
desperately desesperadamente
despise (to) despreciar
despite a pesar de, a despecho de; s: despecho,
    aversión
    Despite the bad weather we went out. A
    despecho del mal tiempo, salimos.
dessert postre
destination destino
destiny destino
destitute destituído
destroy (to) destruir
destruction destrucción
destructive destructor, destructivo
detach (to) separar; despegar, desprender;
    destacar
DETAIL detalle
detail (to) detallar
detain (to) detener, retardar
    I was detained at the office. Me detuve en la
    oficina.
detect (to) descubrir, hallar
detective detective
detergent detergente
deteriorate (to) deteriorar
determination determinación
determine (to) determinar
detest (to) detestar
detour vuelta, rodeo
detract (to) detraer, denigrar
detriment detrimento
devastate (to) devastar
devastation devastación
develop (to) desarrollar; revelar
development desarrollo; evolución; revelación
deviation desviación
device invento, invención, proyecto
devil diablo, demonio
devise (to) idear, inventar, proyectar
devote (to) dedicar
devoted devoto, afecto
devotion devoción
devour (to) devorar, engullir

devout devoto, pío
dew sereno, rocío
dexterity destreza
diagnostic diagnóstico
DIAL cuadrante, esfera
dial (to) marcar
    I dialed the wrong number. Marqué el
      número equivocado.
dialect dialecto
dialogue diálogo
diamond diamante; oros *(barajas)*
diaper pañal
diary diario
dice dados
    to shoot dice tirar los dados
dictate (to) dictar
dictation dictado
dictator dictador
diction dicción
dictionary diccionario
DIE (to) morir, morirse
    to be dying agonizar
    I am dying of curiosity. Estoy muriéndome
      de curiosidad.
    The noise is dying away. El ruido se va
      muriendo.
diet dieta, régimen alimenticio
    a weight-loss diet una dieta para reducir
differ (to) diferenciarse, diferir
    to differ from diferir de
difference diferencia, distinción
different diferente
differential diferencial
differentiate (to) diferenciar
differently diferentemente
DIFFICULT difícil
difficulty dificultad
diffuse (to) difundir
    a diffused light una luz difusa
DIG (to) cavar, excavar, extraer
digest (to) digerir; abreviar, clasificar
digestion digestión
dignified serio, grave
dignitary dignitario
dignity dignidad
digress (to) divagar
digression digresión
diligent diligente, activo
dilute (to) diluir
dim obscuro, confuso
dime moneda de 10 centavos (EE.UU.)
dimension dimensión
diminish (to) disminuir
diminutive diminuto, diminutivo
dimly obscuramente
dimmer reductor de intensidad
dimness obscuridad
dimple hoyuelo

dine (to) comer *(la comida principal);* cenar
dining car coche comedor
dining room comedor
DINNER comida *(principal);* cena
dint eficacia, mella
    by dint of por medio de
DIP inmersión
dip (to) sumergir, meter en el agua
diploma diploma
diplomacy diplomacia
diplomat diplomático
diplomatic diplomático
DIRECT directo, derecho
    direct current corriente directa
direct (to) dirigir
DIRECTION dirección; instrucciones
    directions for use instrucciones para su
      empleo
    opposite direction dirección opuesta
    under the direction of bajo la dirección de
directly directamente
director director
directory directorio, guía comercial
dirt mugre; suciedad, tierra
dirty sucio; indecente
disability inhabilidad; incapacidad
disabled incapacitado, lisiado
disadvantage desventaja, menoscabo,
    detrimento
disagree (to) disentir, diferir
    to disagree with no estar de acuerdo con
disagreeable desagradable, descortés
disagreement discordia
disappear (to) desaparecer
disappearance desaparición
disappoint (to) desilusionar, defraudar,
    desengañar
disappointment decepción, desengano, chasco
disapprove (to) desaprobar
disapprobation, disapproval desaprobación
disarm (to) desarmar
disarrange (to) desarreglar
disaster desastre
disastrous desastroso, funesto
disbelief incredulidad
discard (to) descartar
discern (to) discernir, percibir
discharge (to) descargar, relevar, licenciar, dar
    de baja
    He has been discharged from the army.
      Fue licenciado del ejército.
discipline disciplina
discipline (to) disciplinar
discomfort incomodidad
disconnect (to) desunir, desconectar
discontent descontento, desagrado
discontinue (to) interrumpir, suspender
discord discordia

discoteque discoteca
DISCOUNT descuento, rebaja
    This store offers a 25 per cent discount.
        Esta tienda ofrece un 25 por ciento de
        descuento.
discourage (to) desanimar
discouragement desánimo
discover (to) descubrir
discovery descubrimiento
discreet discreto
discretion discreción
discrepancy discrepancia, diferencia
discriminate (to) discernir, distinguir,
    diferenciar
discrimination discernimiento, distinción
discuss (to) discutir; tratar
discussion discusión; argumento
disdain desdén, desprecio
disdain (to) desdeñar
DISEASE enfermedad
disengage (to) desunir, soltar, desenganchar
disgrace afrenta, deshonra
disgrace (to) deshonrar
disgraceful vergonzoso
disguise (to) disfrazar, desfigurar
disgust repugnancia, asco
disgusting repugnante, odioso
disgust (to) disgustar, repugnar
DISH plato
    It's a delicious dish. Es un plato delicioso.
dishonest deshonesto
dishonor deshonor, deshonra
dishonor (to) deshonrar
dish towel secador
disillusion desilusión
dislike aversión
dislike (to) no gustar a uno
dislocate (to) dislocar
disloyal desleal
dismiss (to) destituir; licenciar a
dismissal destitución
disobey (to) desobedecer
disk disco
    disk drive dispositivo de disco
    floppy disk disquete
disorderly desordenado, desarreglado
disorganize (to) desorganizar
disown (to) repudiar, desconocer
disparage (to) rebajar
disparate desigual, diferente
disparity disparidad
dispatch despacho
dispatch (to) despachar
dispensary dispensario
dispensation distribución
dispense (to) distribuir, repartir; excusar
    to dispense with renunciar a
disperse (to) dispersar, disipar

dispersion dispersión
displace (to) remover; desalojar
DISPLAY muestra; manifestación
display (to) desplegar, exhibir
displeasing desagradable
displease (to) desagradar
disposal disposición; distribución
    I am at your disposal. Estoy a sus órdenes.
dispose (to) disponer, arreglar
    Can I dispose of this? ¿Puedo disponer de
    esto?
disposition disposición, arreglo
dispossess (to) desposeer
disproportion desproporción
disproportionate desproporcionado
disputable disputable
dispute (to) disputar, discutir
disqualify (to) inhabilitar, descalificar
disregard (to) descuidar, despreciar, no hacer
    caso de
    He disregarded my orders. El no hizo caso
    de mis órdenes.
disrespect desatención
disrupt (to) romper; desorganizar
disruptive destructor, desgarrador
dissatisfaction descontento
dissatisfy (to) descontentar
disseminate (to) diseminar
dissension disensión, discordia
dissident disidente
dissimilarity disimilitud
dissimulate (to) disimular
dissimulation disimulación
dissipate (to) disipar
dissociate (to) disociar
dissolute disoluto
dissolve (to) disolver; disipar
dissuade (to) disuadir
distance distancia; intervalo
    at a distance desde lejos, remoto
    in the distance a lo lejos
    to keep one's distance mantenerse a
    distancia
distant distante, lejano, remoto
    He was very distant with me. Me trató con
    frialdad.
distantly de lejos
distaste fastidio, aversión, disgusto
distasteful desabrido, desagradable
DISTINCT distinto, claro
distinction distinción
distinctive distintivo
distinguish (to) distinguir, diferenciar
distinguished distinguido
distort (to) torcer; falsear, tergiversar
DISTRACT (to) distraer, perturbar
distraction distracción
DISTRESS pena, dolor, angustia

to be distressed estar desesperado
distribute (to) distribuir, repartir
distribution distribución, disposición
DISTRICT distrito, región
    district attorney fiscal de un distrito judicial
distrust desconfianza
distrust (to) desconfiar, recelar
DISTURB (to) estorbar; turbar; inquietar; molestar; distraer
    Do not disturb. No molestar.
    I hope I am not disturbing you. Espero que no lo estoy molestando.
    She was very disturbed by the news. Las noticias la inquietaron mucho.
disturbance disturbio, molestia
disuse desuso
    This word has fallen into disuse. Esta palabra ha caído en desuso.
ditch zanja, foso
DIVE (to) zambullirse; sumergirse; picar; hacer clavados
dive zambullida; clavado; picada
diverse diverso, variado
divide (to) dividir; separar
divided dividido, separado
dividend dividendo
divine divino
divinity divinidad
diving board trampolín
division división; sección
divorce divorcio
divorce (to) divorciar
divulge (to) divulgar
dizziness vértigo, desvanecimiento
DIZZY mareado, aturdido
DO (to) 1. auxiliar para formar el negativo, interrogativo y enfático 2. hacer
    Do you go? ¿Va Ud.?
    I don't go. No voy.
    Did you go? ¿Fue Ud.?
    I did not go. No fui.
    I did go! ¡Sí fui!
    Do come. Venga sin falta.
    How do you do? ¿Cómo está Ud.?
    That will do. Eso sirve.
    He's doing his best. Hace todo lo posible.
    I can't do without it. No puedo sin ello.
    We have nothing to do with them. No tenemos nada que ver con ellos.
    I have a lot to do. Tengo mucho que hacer.
    Do as you please. Haga Ud. lo que quiera.
    Don't do it this way. No lo haga de esta manera.
dock muelle
DOCTOR doctor; médico
DOCUMENT documento
doe hembra
doeskin ante

DOG perro
    a dog's life una vida de perro
dogma dogma
dogmatic(al) dogmático
doing acción, hecho
    Nothing doing. Nada de eso.
    That's his own doing. Son sus hechos.
doll muñeca
DOLLAR dólar
dolly remachador
dome cúpula
domestic doméstico, casero, del país, nacional
domesticate (to) domesticar
domicile domicilio
dominate (to) dominar
domination dominación
domineer (to) dominar
Dominican dominicano
dominion dominio
domino dominó
donate (to) donar, contribuir
donkey asno, burro
donor donador
    blood donor donador de sangre
doom sentencia, juicio
doom (to) destinar, condenar
DOOR puerta
    doorbell timbre, campanilla
    doorknob tirador, botón de puerta
    doormat estera
doorman portero
doorway entrada
dope narcótico
dope (to) entorpecer
dormitory dormitorio
dose dosis
dot punto
dotage chochera, chochez
dotted punteado
    dotted line linea de puntos
DOUBLE doble; ambiguo
    a double-breasted coat un saco cruzado
    double boiler baño de María
    double-dealer traidor
double (to) doblar, redoblar, duplicar
    to double-cross traicionar
doubt duda
doubt (to) dudar
doubtful dudoso
dough masa, pasta
doughnut buñuelo, dona
dove paloma
dowager viuda
DOWN abajo, hacia abajo
    down the river río abajo
    to go down bajar
    Come down! ¡Baje!
    Down with the traitor! ¡Abajo el traidor!

They marked down their prices. Rebajaron sus precios.

down plumón

downcast inclinado, deprimido

downfall caída; ruina

downhearted abatido, descorazonado

downhill cuesta abajo

downright claramente; completamente

DOWNSTAIRS abajo, en el piso de abajo
   He went downstairs. El bajó.

downstream aguas abajo

downtown en la parte céntrica de la ciudad; centro *(ciudad)*
   I have to go downtown. Tengo que ir al centro.

downward descendente; hacia abajo

dowry dote; dotación

doze (to) dormitar

DOZEN docena

DRAFT corriente de aire; letra de cambio; giro; quinta, conscripción; borrador; anteproyecto
   Close the window; there is a draft. Cierre la ventana; hay una corriente de aire.
   I'll first make a draft of the letter. Primero haré un borrador de la carta.
   I'll give you a draft on my bank. Le daré un giro sobre mi banco.

DRAFT (to) redactar, escribir; hacer un borrador; reclutar; quintar

drag (to) arrastrar, tirar
   What a drag! ¡Qué abburido! *(coloquial)*

drain desagüe, drenaje

drain (to) desaguar, agotar
   to drain off vaciar

drainage desagüe, desaguadero

drainpipe tubo de desagüe

drama drama

dramatist dramaturgo

drape (to) colgar, vestir

drapery cortinas, ropaje

DRAW (to) dibujar; sacar; descorrer; librar; girar; cobrar; tirar; redactar; sortear
   to draw a line trazar una línea
   to draw back reintegrarse, retroceder
to draw off retirarse
   to draw out sacar
   Draw a card. Tome una carta.
   He drew a prize. Se sacó un premio.
   I'll draw a check on my bank. Giraré un cheque sobre mi banco.

drawback desventaja

drawer cajón, gaveta

DRAWING dibujo, tiro
   drawing paper papel de dibujo
   He is very good at drawing. Es muy bueno para el dibujo.

dread miedo, terror, pavor

dread (to) temer

dreadful espantoso, terrible

DREAM sueño

dream (to) soñar
   I dreamed of him. Soñé con él.

dreamer soñador

dregs hez, sedimento

drench (to) ensopar, empapar

DRESS vestido, traje
   dress circle galerí *(teatro)*
   dress rehearsal ensayo
   dress suit traje de etiqueta

DRESS (to) vestirse, adornar; vendar
   She is all dressed up. Está elegantemente vestida.
   The doctor dressed the wound. El doctor vendó la herida.

dresser tocador; aparador

dressing adorno; relleno
   dressing room cuarto de tocador; camerín

dressmaker modista, costurera

dressmaking arte de modista

dressy elegante

dried seco
   dried plums ciruelas pasas

drift rumbo, tendencia, impulsión

drift (to) impeler, llevar; derivar, flotar

drill taladro, barrena, ejercicio

drill (to) taladrar, ejercitar

DRINK bebida; trago; copa
   Let's have a drink. Vamos a beber una copa.

DRINK (to) beber, tomar
   to drink to the health of brindar a la salud de

drinker bebedor
   He is a heavy drinker. Es un gran bebedor

drinking acción de beber
   drinking water agua potable

drip gotera; chorrera
   drip coffee café expreso

DRIP (to) gotear, chorrear

drive jornada, paseo; vuelta; campaña
   Let's go for a drive. Vamos a dar una vuelta.

DRIVE (to) conducir, guiar; ir en coche; manejar; clavar
   He drove away. Se fue.
   He'll drive back to Chicago. El regresará manejando a Chicago.
   She can't drive. No puede manejar.
   The children drive me crazy. Los niños me vuelven loco.
   What are you driving at? ¿Qué quieres decir?

drive-in theater autocinema, cine al aire libre

driver chófer, conductor
   He is a very good driver. El es un buen conductor.
   She is a back-seat driver. Ella maneja desde atrás.

driving conducción, manejo

drizzle llovizna
drizzle (to) rociar, lloviznar
DROP gota, pizca; caída, baja
    cough drops pastillas para la tos
    Just add a drop of water. Añada una gota de
    agua.
DROP (to) soltar; dejar caer; verter a gotas;
    abandonar; dejar
    Drop the subject. Cambie de tema.
    I'll have to drop him a line. Tendré que
    escribirle una línea.
    They dropped in last night. Ellos vinieron
    anoche de paso.
dropper cuentagotas
drown (to) ahogar
drowse (to) adormecer
drowsily soñolientatemente
drowsy soñoliento
drudge (to) afanarse
DRUG droga, medicina, medicamento
druggist droguero, farmacéutico
drugstore botica, farmacia; droguería
drum dimbal
    eardrum tímpano
drumstick palillo de tambor; pierna *(ave*
    cocinada)
drunk borracho, ebrio
drunkard borrachín; borracho
drunkenness borrachera, embriaguez
DRY seco, árido, pobre
    dry-clean limpieza en seco
    dry goods mercancías generales
    dry weight peso seco
    dry wine vino seco
    It was a very dry speech. Fue un discurso
    muy seco.
    Keep dry. Consérvese seco.
    My throat is dry. Tengo la garganta seca.
DRY (to) secar; pasar
    to dry-clean limpiar en seco
    to dry the dishes secar los platos
    to dry up secarse completamente
dryer secador
dryness sequedad
dub (to) doblar; apellidar
dubbing doblando
duchess duquesa
duck pato
DUE debido, pagadero; vencido
    due to the circumstances debido a las
    circunstancias
    in due time a su debido tiempo
duel duelo
duet dúo
duke duque
DULL opaco; pesado; aburrido; embotado,
    obtuso
    He is a very dull person. El es una persona

    muy aburrida.
    It's a very dull day. Es un día muy nublado.
    What a dull color! ¡Qué color tan opaco!
DUMB mudo; estúpido
    dumb show pantomima
dumfounded, dumbfounded confundido
dummy maniquí, personaje fingido
dump (to) descargar; verter
    No dumping. No arrojar basura.
duplicate duplicado, doble
duplicate (to) duplicar, reproducir
durable duradero
duration duración
DURING durante
    during the day durante el día
dusk crepúsculo
DUST polvo
dust (to) quitar el polvo, sacudir
dustcloth ropa de trabajo
dustpan pala
dusty empolvado
Dutch holandés
dutiful deferente, respetuoso
dutifully obedientemente
DUTY deber, obligación; derechos *(aduana);*
    arancel
    duty-free franco; libre de impuestos
    How much is the duty on this? ¿Cuántos
    son los derechos por esto?
    We have to do our duty. Tenemos que llevar
    a cabo nuestro deber.
dwarf enano
dwell (to) habitar, residir
dwelling habitación, morada
dye tinte, tintura
dye (to) tinturar, teñir
dyer tintorero
dynamic dinámico, eficaz
dynasty dinastía

E

EACH cada
    each one cada uno
    each other el uno al otro, unos a otros
    They dislike each other. No se gustan uno a
    otro.
eager ansioso
    He is very eager to go. El está muy ansioso
    de ir.
eagle águila
EAR oído, oreja; mazorca, espiga
    by ear de oído
    He has a very good ear. El tiene muy buen
    oído.
    I want two ears of corn. Quiero dos mazorcas.

EARLY temprano; avanzado
   early fruit fruto temprano
   early riser madrugador
   It's too early yet. Es demasiado temprano
     aún.
   We left early in the morning. Salimos por la
     mañana temprano.
EARN (to) ganar; merecer
earnest serio; ansioso
   in earnest de buena fe; en serio
earnings salario, paga
earring arete, pendiente
EARTH tierra; suelo
earthly terreno
earthquake temblor de tierra, terremoto
EASE tranquilidad; facilidad
   at ease cómodamente, con desahogo
   I want to put her mind at ease. Quiero
     tranquilizarla.
ease (to) aliviar, mitigar
easel caballete de pintor
EASILY fácilmente
   You will easily find out. Lo encontrarás
     fácilmente.
easiness facilidad
east este, oriente
   We're going east. Vamos hacia el este.
Easter Pascua florida
   Easter Day día de Pascua
eastern oriental
EASY fácil, holgado
   easy chair butaca
   He is a very easy-going person. Es muy
     calmado.
EAT (to) comer
   to eat breakfast desayunarse
   to eat dinner cenar
   to eat lunch almorzar
eatable comestible
eating comidas
   good eating buena comida
eavesdrop (to) fisgonear
ebb marea menguante
   the ebb and flow el flujo y el reflujo
eccentric excéntrico
echo eco
echo (to) repercutir
economic(al) económico
economize (to) economizar
economy economía
Ecuadorian ecuatoriano
EDGE orilla, borde, canto, filo
edict edicto
edit (to) redactar; corregir; editar
edition edición
editing redacción; corrección
editor redactor, compilator
editorial editorial

education educación
educational educativo
educator educador, pedagogo
eel anguila
EFFECT efecto, impresión, eficiencia
   in effect en operación; vigente
   of no effect sin resultado, vano
effect (to) efectuar
effective efectivo, eficaz
effectively efectivamente
effectual eficaz
effectuate (to) efectuar
effeminate afeminado
efficacious eficaz
efficiency eficacia, eficiencia
efficient eficiente, eficaz
efficiently eficientemente
effort esfuerzo, empeño
effusion efusión
EGG huevo
   fried eggs huevos fritos
   hard-boiled eggs huevos duros
   scrambled eggs huevos revueltos
   soft-boiled eggs huevos pasados por agua
eggplant berenjena
eggshell cascarón
egoism egoísmo
Egyptian egipcio
eider ganso
eiderdown edredón
EIGHT ocho
EIGHTEEN dieciocho
eighteenth decimoctavo
eightieth ochentavo
eighth octavo
EIGHTY ochenta
EITHER o, u; uno u otro; el uno o el otro;
   cualquiera de los dos; uno y otro; tampoco
   I don't either. A mí tampoco.
   I don't like either of them. No me gusta ni
     uno ni otro.
   Which one do you want?--Either one.
     ¿Cuál desea?--Cualquiera.
elaborate elaborado
elaborate (to) elaborar
elapse (to) pasar
elastic elástico
elasticity elasticidad
ELBOW codo
   at one's elbow a la mano
elder mayor
   He is the elder of the two brothers. Es el
     mayor de los dos hermanos.
elderly mayor, de edad
   an elderly person una persona mayor
elect (to) elegir
elected electo, elegido
election elección

elector elector
electric(al) eléctrico
 electric chair silla eléctrica
 electrical engineer ingenerio electricista
electrician electricista
electricity electricidad
electrify (to) electrizar
elegance elegancia
elegant elegante
element elemento; medio ambiente
elementary elemental
elephant elefante
elevate (to) elevar; alzar
elevated elevado, alzado
elevation elevación
elevator ascensor; elevador
ELEVEN once
eleventh undécimo
eligible elegible
eliminate (to) eliminar
elimination eliminación
elope (to) escapar
elopement fuga
eloquence elocuencia
eloquently elocuentemente
ELSE otro; más; además
 nobody else ningún otro
 nothing else nada más
 or else o bien, si no
 something else algo más
 Do you want anything else? ¿Quiere Ud.
  algo más?
 What else? ¿Qué más?
 elsewhere en alguna otra parte, en otro lugar
elude (to) eludir, esquivar
elusive evasivo
emancipate (to) emancipar
emancipation emancipación
embark (to) embarcar
embarrass (to) abochornar, desconcertar
embarrassment vergüenza; bochorno
embarrassing embarazoso; bochornoso
 I am in an embarrassing situation. Estoy en
  un situación comprometedora.
embassy embajada
embellish (to) embellecer
embezzle (to) desfalcar
embezzlement desfalco
emblem emblema
embodiment personificación
embody (to) encarnar; dar cuerpo; englobar
embrace (to) abrazar
embrace abrazo
embroidery bordado
emerge (to) surgir
EMERGENCY emergencia, aprieto, apuro
 an emergency case un caso de emergencia
emigrant emigrante

emigrate (to) emigrar
emigration emigración
eminent eminente, supremo
eminency eminencia
emissary emisivo
EMOTION emoción
emotional emocional, impresionable
emotive impresionable, emocionante
emperor emperador
emphasis énfasis
emphasize (to) acentuar, recalcar
emphatic enfático; categórico
emphatically enfáticamente
empire imperio
EMPLOY (to) emplear
employee empleado
employer patrono, patrón
employment empleo
 employment agency agencia de empleo
empower (to) autorizar
empress emperatriz
emptiness vaciedad
EMPTY vacío
empty (to) vaciar
emulation emulación
emulsify (to) emulsionar
enable (to) permitir, habilitar
 His savings enable him to buy a house. Sus
  ahorros le permiten comprar una casa.
enamel esmalte
enamel (to) esmaltar
enamored enamorado
encircle (to) circuir
ENCLOSE (to) cercar; incluir
 Enclosed please find your bill. Adjunto
  sírvase encontrar su billete.
enclosure cercamiento; incluso
encore repetición *(teatro)*
encore (to) pedir la repetición
encounter encuentro
encounter (to) encontrar
encourage (to) animar, incitar
encouragement estímulo, aliento
encumber (to) abrumar
encyclopedia enciclopedia
END fin, final; extremidad
 at the end of the month al fin de mes
 end to end cabeza con cabeza
 in the end al fin
 to make an end of acabar con
 to make both ends meet pasar con lo que se
  tiene
 to the end that a fin de que
 with this end con este fin
endeavor esfuerzo
endeavor (to) esforzarse
ending fin, conclusión
 happy ending final feliz

endless sin fin, infinito
endorse (to) endosar
endure (to) soportar; resistir
enemy enemigo
energetic enérgico
energy energía
enervate (to) enervar
enforce (to) hacer cumplir; poner en vigor; forzar; compeler
ENGAGE (to) ajustar; emplear; alquilar; trabar
   He is engaged in a conversation. El está ocupado en una conversación.
   I want to engage a servant. Quiero contratar una sirvienta.
   She is engaged. Ella está comprometida.
ENGAGEMENT compromiso, cita; contrato
   He has en engagement on Broadway. El tiene un contrato en Broadway.
   I have an important engagement at 6 P.M. Tengo un compromiso muy importante a las seis de la tarde.
   She broke her engagement. Ella rompió su compromiso.
ENGINE máquina; locomotora
engineer ingeniero, maquinista
ENGLISH inglés
Englishman inglés
engrave (to) grabar; tallar; esculpir
engraver grabador
engraving grabado, estampa
engross (to) absorber, embarcar
enhance (to) mejorar
enigma enigma
enigmatic enigmático
ENJOY (to) gozar, disfrutar
   to enjoy oneself divertirse
   He enjoys good health. Goza de buena salud.
   I enjoy the show very much. El espectáculo me divierte mucho.
enjoyable deleitable, agradable
enjoyment goce, disfrute, placer
enlace (to) enlazar
enlarge (to) aumentar; agradar; ampliar
enlargement ampliación
enlighten (to) iluminar; instruir; informar
enlightenment esclarecimiento
enlist (to) alistarse
enlistment alistamiento
enliven (to) vivificar
enmity enemistad
enormous enorme
ENOUGH bastante, suficiente
   I don't have enough money with me. No llevo suficiente dinero.
   This is good enough. Esto está bastante bien.
enrich (to) enriquecer; fertilizar
enroll (to) alistar; enrollar; matricularse

enrollment alistamiento, matriculación
entangle (to) enredar, embrollar
entanglement enredo, embrollo
ENTER (to) entrar; anotar; registrar; entablar; ingresar; matricularse; afiliarse
   I entered the room without knocking. Entré en el cuarto sin tocar.
   She entered the university. Ella ingresó en la universidad.
   We entered into a long conversation. Entablamos una larga conversación.
enterprise empresa
ENTERTAIN (to) tener invitados; agasajar; entretener; acriciar; abrigar; divertir; recibir
   I must entertain my guests. Debo agasajar a mis invitados.
   She entertained herself with music. Ella se entretuvó con la música.
   They are entertaining a lot this season. Ellos tienen muchas fiestas esta temporada.
ENTERTAINMENT convite; entretenimiento; diversión; pasatiempo
   Cards are his favorite entertainment. La baraja es su pasatiempo favorito.
entertaining divertido, entretenido
   This book is very entertaining. Este libro es muy divertido.
enthusiasm entusiasmo
enthusiastic entusiasta; entusiástico
entice (to) tentar, seducir
entire entero
entirely enteramente
entitle (to) titular; poner un título; autorizar; dar derechos
   This card entitles you to . . . Esta tarjeta le autoriza para . . .
entity entidad
ENTRANCE entrada
entrust (to) entregar, confiar
entry entrada; ingreso
   We have to make a separate entry for this. Tenemos que hacer una entrada aparte para esto.
enumerate (to) enumerar
enumeration enumeración
enunciate (to) enunciar
enunciation enunciación
envelop (to) envolver, forrar
envelope sobre; envoltura
enviable envidiable
envious envidioso
environment cercanía; medio ambiente
   His environment influences him very much. Su medio ambiente le influencia mucho.
epidemic epidemia
epidemic(al) epidémico

episcopal obispal
episode episodio
episodic episódico
epoch época
EQUAL igual, parejo
    to be equal to ser capaz de
equal (to) igualar, ser igual a
    Two and two equal four. Dos y dos son
        cuatro.
equality igualdad
equally igualmente
equation ecuación
equator ecuador
equilibrate (to) equilibrar
equilibrium equilibrio
equip (to) equipar, aprestar
equipment equipo, armamento
equitable equitativo
equity equidad
equivalence (equivalency) equivalencia
era era, edad, época
erase (to) borrar; tachar
eraser borrador; goma *(de borrar)*
erect (to) eregir
erection erección; instalación
err (to) errar, equivocarse
errand recado, mandado
    errand boy mandadero
    to run errands ir de compras
ERROR error
    to make an error equivocarse
erudition erudición
escalator escalera movible
escape escapada; fuga
escape (to) escapar
    He escaped from prison. Se escapó de la
        cárcel.
escort escolta; acompañante
    Your escort is waiting. Su pareja está
        esperando.
especially especialmente
espionage espionaje
essay ensayo; composición
essence esencia
essential esencial; indispensable
essentially esencialmente
establish (to) establecer; fundar
establishment establecimiento; institución
estate bienes, propiedades; finca, hacienda
    real estate bienes raíces
    He is the caretaker of his uncle's estate. Es
        el guardián de la hacienda de su tío.
    He lives on a beautiful estate. Vive en una
        hermosa finca.
esteem estimación, aprecio
esteem (to) estimar, apreciar
esthetic estético
estimate presupuesto, opinión

estimate (to) apreciar, calcular
estimation cálculo; suposición
etching grabado al agua fuerte
eternal eterno
eternity eternidad
ether éter
ethical ético
ethics ética
European europeo
evacuate (to) evacuar; vaciar
evaporate (to) evaporar
eve vigilia, víspera
EVEN aun; hasta; no obstante; llano; plano; liso;
    igual
    even as así como
    even if aun cuando
    even so aun así
    even that hasta eso
    even though aun cuando
    not even that ni siquiera eso
    to make even igualar
    I am even with him. Estamos en paz.
    I'll get even with him. Me vengaré de él.
EVENING tarde
    evening clothes traje de etiqueta
    tomorrow evening mañana por la tarde
    yesterday evening ayer por la tarde
    Good evening! ¡Buenas tardes!
evenly igualmente
EVENT suceso, éxito
    in any event en todo caso
    in the event that en el caso de
    That was the event of the season. Ese fue el
        suceso de la temporada.
eventual eventual, fortuito
eventually eventualmente
EVER siempre; jamás
    as ever como siempre
    ever since desde entonces
    forever and ever por siempre jamás
    Have you ever been to Los Angeles? ¿Ha
        estado Ud. alguna vez en Los Angeles?
    I hardly ever see him. Casi nunca lo veo.
    Thank you ever so much. Muchísimas
        gracias.
everlasting eterno, sempiterno
EVERY cada; todo
    every day todo los días
    every now and then de vez en cuando
    every once in a while de cuando en cuando
    every one cada uno
    every other day un dia sí y otro no
    every time cada vez
    I enjoyed every bit of it. Disfruté hasta el
        último detalle.
EVERYBODY todos; todo el mundo; cada cual
EVERYDAY diario; todos los días
    everyday life la rutina diaria

I see him every day. Lo veo cada día.
EVERYONE todos; todo el mundo; cada cual
EVERYTHING todo
EVERYWHERE en todas partes
evict (to) desahuciar; expulsar
eviction desahucio
evidence evidencia, prueba
    to be in evidence mostrarse
    to give evidence dar testimonio, deponer
evident evidente
evidently evidentemente
EVIL malo; mal; maligno
    evil fame mala reputación
    evil-minded malicioso
evoke (to) evocar; llamar
evolution evolución, desarrollo
ewe oveja
EXACT exacto, preciso
exactitude exactitud
exaggerate (to) exagerar
exaggeration exageración
exalt (to) exaltar, glorificar
exaltation exaltación
exalted exaltado
examination examinación, examen, inspección
    to fail an examination fallar un examen
    to pass an examination pasar un examen
    to take an examination tomar un examen
examine (to) examinar; inspeccionar
examiner examinador
example ejemplo
exasperate (to) exasperar, irritar
exasperation exasperación, provocación
excavate (to) excavar
excavation excavación
EXCEED (to) exceder, sobrepujar
exceedingly sumamente
excel (to) aventajar, sobresalir
    He excels in sports. El sobresale en los
      deportes.
excellence, excellency excelencia
    His Excellency Su Excelencia
EXCELLENT excelente
EXCEPT excepto; menos; sino; a menos que
    Everybody understood the joke except me.
      Todos comprendieron el chiste menos yo.
except (to) exceptuar; excluir
exception excepción
    to make an exception hacer una excepción
exceptional excepcional
exceptionally excepcionalmente
    The meal was exceptionally good. La
      comida fue excepcionalmente buena.
excerpt extracto; trozo
EXCESS exceso
    excess baggage exceso de equipaje
    in excess en exceso
EXCESSIVE excesivo, demasiado

excessively excesivamente
EXCHANGE cambio; centro; sector telefónico
    stock exchange bolsa de valores
    What is the rate of exchange? ¿Cuál es el
      tipo de cambio?
    exchange (to) cambiar
    to exchange cards intercambiar tarjetas
    to exchange words cambiar algunas palabras
excite (to) excitar; provocar; acalorar
    Don't get so excited. No se excite Ud.
    He is all excited about the plans. El está
      muy animado con los planes.
excitement excitación, conmoción
exclaim (to) exclamar
exclamation exclamación
    exclamation mark punto de admiración
exclude (to) excluir, desechar
exclusion exclusión; expulsión
exclusive exclusivo
    This is a very exclusive design. Este es un
      diseño muy exclusivo.
exclusiveness exclusiva
excursion excursión
excusable excusable
EXCUSE excusa; disculpa; pretexto
    to make excuses pedir disculpas
excuse (to) excusar; dispensar; disculpar;
    perdonar
    Excuse me. Dispénseme.
execute (to) ejecutar
execution ejecución; complimiento
executive ejecutivo
exemplar ejemplar
exempt exento, libre, franco
    tax exempt libre de impuestos
exempt (to) eximir
exemption exención, dispensa
exercise ejercicio
exercise (to) ejercer; hacer ejercicios; ejercitar
exhaust (to) agotar, acabar, extraer, apurar
    I am completely exhausted. Estoy
      completamente agotado.
exhaustive agotador, completo, exhaustivo
EXHIBIT exposición; artículo expuesto en una
    exhibición
exhibit (to) exhibir, mostrar
exhibition exhibición, exposición
exhort (to) exhortar
exhume (to) exhumar
EXILE destierro, exilio
exile (to) expatriar, desterrar
exist (to) existir
existence existencia
EXIT salida
    No exit. Salida prohibida.
exonerate (to) exonerar
exotic exótico
expand (to) extender(se); ensanchar(se);
    dilatar(se), desarrollarse

They are expanding their business. Están ensanchando sus negocios.

expansion expansión, prolongación

expansive expansivo

expatriate (to) expatriar

EXPECT (to) esperar, aguardar

He is expecting me at four o'clock. Me espera a las cuatro.

She is expecting a child. Ella espera un niño.

They expect to succeed. Ellos esperan tener éxito.

expectation espectativa, esperanza

She lives in expectation of his return. Ella vive en espera de su regreso.

expedient oportuno, propio; expediente, medio

expedition expedición; despacho

expel (to) expulsar

expend (to) expender

EXPENSE gasto, costo

at any expense a toda costa

at one's expense a costa de uno

EXPENSIVE caro, costoso

This is a very expensive place. Es un lugar muy caro.

experience experiencia; práctica

experience (to) experimentar

He experienced many sad disappointments. Pasó por muchas disilusiones difíciles.

Experienced secretary wanted. Se necesita secretaria con experiencia.

experiment experimento

experiment (to) experimentar

experimental experimental

expert experto; perito

expire (to) expirar

EXPLAIN (to) explicar

explanation explicación

explanatory explicativo

explanatory notice nota aclaratoria

expletive expletivo; s: interjección

explode (to) estallar

exploit hazaña, proeza

exploit (to) explotar, sacar partido

exploration exploración

explore (to) explorar

explorer explorador

explosion explosión

export exportación

export (to) exportar

expose (to) exponer, revelar, mostrar

exposition exposición, exhibición

exposure exposición

express expresar

express train tren expreso

express (to) expresar

She expressed herself very clearly. Se expresó muy claramente.

expression expresión

expropriate (to) expropiar

expulsion expulsión

expurgate (to) expurgar

exquisite exquisito

extend (to) extender, prolongar

extension extensión, prolongación

He asked for an extension of his passport. Pidió una prórroga de su pasaporte.

extensive extenso, extensivo

EXTENT extensión; alcance

to a certain extent hasta cierto punto

to a great extent en sumo grado

extenuate (to) minorar, mitigar, extenuar

extenuating circumstances circunstancias mitigantes

exterior exterior

exterminate (to) exterminar

external externo

extinct extinto, apagado

extinguish (to) extinguir

extort (to) extorsionar

EXTRA extra, extraordinario

to pay extra pagar extra

EXTRACT extracto

extract (to) extraer, sacar

extraction extracción

EXTRAORDINARY extraordinario, especial

extravagance extravagancia; pródigo

That was an extravagance. Fue una extravaganza.

extravagant extravagante, pródigo

extreme extremo, último; s: extremo

in the extreme en sumo grado

He always goes to extremes. Siempre va a los extremos.

extremity extremidad

EYE ojo, vista

in the twinkling of an eye en un abrir y cerrar de ojos

He did it before her eyes. Lo hizo en su presencia.

Keep an eye on the children. Vígile a los niños.

My eyes are tired from reading so much. Tengo los ojos cansados de tanto leer.

eyeball globo del ojo

eyebrow ceja

eyelash pestaña

eyelid párpado

F

fable fábula, ficción

fabric tejido, tela

fabricate (to) fabricar; construir

fabrication fabricación
FACE cara, lado
   face to face cara a cara
   face value valor nominal
   He said it to my face. Me lo dijo en la cara.
face (to) enfrentarse
facilitate (to) facilitar
facility facilidad
facing revestimiento
facsimile facsímil
FACT hecho, realidad
   as a matter of fact por cierto
   in fact en realidad
faction facción
factitious facticio; artificial
factor elemento; factor; agente
FACTORY fábrica
faculty facultad, aptitud
fade (to) decaer; desteñirse
   to fade away desvanecerse
   to fade out desaparecer gradualmente
fail omisión, falta
   without fail sin falta
FAIL (to) fracasar, no tener suerte; salir mal;
   decaer; faltar; dejar de
   He failed his examination. El salió mal en su
     examen.
   Her health is failing. Su salud decae.
   They failed to do it. Ellos fallaron al hacerlo.
FAILURE fracaso; falta; quiebra
   The whole thing was a complete failure. El
     asunto fue un fracaso completo.
FAINT (to) desmayarse, desfallecer
   fainting spell síncope
FAIR feria
Many people went to the Spring Fair. Mucha
   gente fue a la Feria de la Primavera.
FAIR rubio; blanco; claro; justo, recto; regular,
   mediano; buen
   fair and square honrado
   fair sex sexo bello
   fair trade comercio legítimo
   to give a fair hearing escuchar con
     imparcialidad
   to give fair warning advertir de antemano
   She has a fair complexion. Tiene la piel
     blanca.
   She is a fair-haired girl. Es una muchacha
     rubia.
   The weather is fair today. Hace buen
     tiempo.
   This is a fair play. Esto es juego limpio.
fairly bastante; justamente
   This is a fairly good translation. Es una
     traducción bastante buena.
fairness justicia, equidad
fairy hada
   fairy tale cuento de hadas

fairyland tierra de las hadas
FAITH fe; fidelidad
   in faith a la verdad
   in good faith de buena fe
   upon my faith a fe mía
faithful fiel; leal; exacto
faithfully fielmente
fake patraña, farsa
FALL caída, bajada; cascada; otoño
   Have you seen Niagara Falls? ¿Ha visto las
     cataratas del Niágara?
   It was a dangerous fall. Fue una caída muy
     peligrosa.
   She'll go to college in the fall. Irá a la
     universidad este otoño.
FALL (to) caer, bajar, caerse
   to fall asleep dormirse
   to fall due vencerse
   to fall in love enamorarse
   to fall short faltar
   to fall sick enfermarse
   Fall in! ¡Fírmes!
   In autumn the leaves fall. En otoño se caen
     las hojas.
   My pencil fell on the floor. Mi lápiz se cayó
     al suelo.
   The deal fell flat. El asunto cayó de plano.
FALSE falso; postizo; provisional, temporáneo
falsehood falsedad
falsification falsificación
falsify (to) falsificar; refutar; desmentir
FAME fama
FAMILIAR familiar, íntimo
   to be familiar with estar acostumbrado a
familiarity familiaridad
FAMILY familia
famine hambre
famished muriendo de hambre
FAMOUS famoso, afamado
famously famosamente
fan abanico; ventilador; aficionado
   electric fan ventilador
   He is a baseball fan. Es un aficionado al
     béisbol.
fan (to) abanicar; ventilar
fanatic fanático
FANCY fantasía; capricho
   to take a fancy to aficionarse a
   It's a passing fancy. Es un capricho.
fancy (to) imaginar
fantastic fantástico
fantasy fantasía
FAR lejos
   as far as I'm concerned en cuanto a mí
   by far con mucho
   far away muy lejos
   farfetched forzado
   far-off gran distancia

so far hasta aquí; hasta ahora
How far? ¿A qué distancia?
Is it very far from here? ¿Es muy lejos de aquí?
FARE pasaje, tarifa
  What's the fare? ¿Cuál es la tarifa?
farewell adiós
farina fécula
FARM granja, hacienda
  farm products productos agrícolas
  to work on a farm trabajar en una granja
farm (to) cultivar
  to farm out dar a hacer
farmer agricultor; labrador
farming agricultura
farsighted présbite
FARTHER más lejos, más adelante; además de
  farther on adelante
  He lives farther on. Vive más allá.
fascinating fascinante
FASHION moda, estilo; elegancia
  after a fashion en cierto modo
  in fashion de moda
  out of fashion fuera de moda
fashionable de moda, elegante; de buen tono
FAST pronto, de prisa; firme, seguro, fuerte; apretado; constante
  fast color color fijo
  I had to do it very fast. Tuve que hacerlo muy de prisa.
fast (to) ayunar
fasten (to) trabar, afirmar, fijar, asegurar
fastidious melindroso, dengoso
fat manteca, grasa
FAT gordo, graso
  He is becoming very fat. El está engordando.
  This meat is too fat. Esta carne es demasiado grasienta.
fatal fatal, mortal
fatality fatalidad
fatally fatalmente, mortalmente
  He has been fatally injured in an automobile accident. El ha sido fatalmente herido en un accidente automovilístico.
FATE destino, suerte
FATHER padre
  father-in-law suegro
fatherhood paternidad
fatherland patria
fatherly paternal
fathom braza
fatigue cansancio
faucet canilla, grifo
FAULT culpa, falta, desliz, defecto
  to find fault poner faltas
faulty culpable, defectuoso

FAVOR favor, cortesía, servicio
  Do me a favor. Hágame un favor.
favor (to) favorecer
favorable favorable
favorite favorito
fax fax
FEAR miedo, temor
  for fear of por miedo de
fearful miedoso, temeroso
fearfully temerosamente
fearless intrépido
feasible factible, posible
feast fiesta
feat hecho, acción
FEATHER pluma; plumaje
FEATURE rasgo; función; *pl.:* facciones
  What time is the next feature? ¿A qué hora empieza la próxima función?
feature (to) representar
  This film features two great stars. Esta película presenta dos grandes estrellas.
FEBRUARY febrero
fecundity fecundidad
federal federal
federation confederación
FEE honorarios; derechos, gratificación
  the registration fees los derechos de inscripción
  What's the fee? ¿Cuál es el precio?
feeble débil, feble
feeble-minded irresoluto
feed forraje
FEED (to) alimentar, dar de comer.
  The nurse has to feed the baby. La nodriza tiene que alimentar al niño.
FEEL (to) sentir; tocar
  How do you feel today? ¿Cómo te sientes hoy?
  I don't feel hungry. No tengo hambre.
  I feel a little cold. Siento un poco de frío.
  I feel like giving up. Tengo ganas de dejar esto.
  I feel sorry for her. Siento pena por ella.
  This material feels rough. Este material es áspero.
FEELING tacto; sentimiento, sensibilidad
  I don't want to hurt his feelings. No quiero ofenderlo.
feet Véase *foot*
fell (to) caer, derribar
  The woodcutters felled many trees this fall. Los leñadores derribaron muchos árboles este otoño.
FELLOW sujeto, individuo
  fellow student condiscípulo
  fellow traveler compañero de viaje
  fellow worker compañero de trabajo
  He's a jolly good fellow. El es muy bullanguero.

fellowship beca
felt fieltro
   a felt hat un sombrero de fieltro
female hembra
feminine femenino
fence valla, cerca
   to sit on the fence estar a la alternativa
fence (to) hacer esgrima
fencing esgrima
fender salpicadera, guardafango, guardabarros
ferment fermento
ferment (to) fermentar
fermentation fermentación
fern helecho
ferocious feroz
ferry chalán
   ferryboat barca de transbordo
fertile fecundo, fértil
fertility fecundidad
fertilization fecundación
fertilize (to) fertilizar, fecundar
fertilizer abono
festival fiesta, festival
   We went to the music festival. Fuimos al
     festival de música.
festive festivo, alegre
festivity fiesta
feud enemistad
FEVER fiebre
FEW pocos
   a few unos cuantos
   a few days unos pocos días
   I have a few things to do. Tengo algunas
     cosas que hacer.
fewer menos
fiancé novio
fiancée novia
fiber fibra
fickle veleidoso, caprichoso
FICTION ficción; novela
fictitious ficticio
fictive fingido
fiddle violín
fiddler violinista
fidelity fidelidad
   high fidelity (hi-fi) alta fidelidad
FIELD campo; campaña; ramo, especialidad
   field artillery artillería de campaña
   to take the field entrar en campaña
   This is not my field. Esta no es mi
     especialidad.
fierce fiero, feroz
fiery vehemente, furibundo
FIFTEEN quince
fifteenth decimoquinto
fifth quinto
fiftieth cincuentavo
FIFTY cincuenta

fig higo
FIGHT riña, pelea, lucha, conflicto
fight (to) pelear, combatir, reñir
   to fight against odds luchar con desventaja
fighter guerrero, luchador
fighting combate
figuratively figuradamente
FIGURE figura; cifra; precio
   She has a nice figure. Ella tiene una buena
     figura.
figure (to) figurar, calcular, representar
   I can't figure out what he meant. No me
     puedo imaginar lo que él quiso decir.
FILE lima; archivo, fichero, carpeta
   I need a nail file. Necesito una lima para las
     uñas.
   You'll find his name in the files.
     Encontrarás su nombre en el archivo.
file (to) limar; archivar
   I have to file these letters. Tengo que
     archivar estas cartas.
FILL (to) llenar
   Fill 'er up. Llene el tanque.
   He already filled out his application. El ya
     llenó su solicitud.
filling relleno
FILM película
filter filtro, filtrador
filter (to) filtrar, colar
filth suciedad
filthy sucio
filtrate (to) filtrar
final final, terminal
finally finalmente, en fin
finance (to) financiar
finance(s) hacienda, finanzas
financial monetario, financiero
financially financieramente
FIND (to) hallar, encontrar
   to find fault with culpar, censurar
   to find out descubrir
finder descubridor
finding descubrimiento
fine multa
FINE fino, bueno, magnífico, excelente
   Fine! ¡Muy bien!
   He is a very fine person. Es una gran persona.
   He is doing fine. Lo está haciendo muy bien.
   The weather is fine. Hace buen tiempo.
fine (to) multar
fineness fineza, excelencia
FINGER dedo
   index finger dedo índice
   little finger meñique
   middle finger dedo del corazón
   ring finger dedo anular
   I have it at my fingertips. Lo tengo en la
     punta de los dedos.
FINISH (to) acabar, terminar

I have just finished my work. Acabo de
  terminar mi trabajo.
finishing acabamiento
  the finishing touch el último toque
fir abeto, pino
  fir tree abeto
FIRE fuego; lumbre
  fire alarm alarma de incendios
  firearms armas de fuego
  fire department servicio de bomberos
  fire escape escalera de incendio
  fire insurance seguro contra incendio
  fireplug boca de agua
  to set fire to prender fuego a
  Don't let the fire go out. No deje apagarse el
    fuego.
  The house is on fire. La casa está ardiendo.
fire (to) incendiar; disparar; despedir; dejar
  cesante
  He has been fired from his job. El ha sido
    despedido de su trabajo.
firecracker cohete
fireman bombero
fireplace chimenea; hogar
fireproof incombustible, a prueba de fuego
firewood leña
fireworks fuegos artificiales
firing acción de disparar
  firing line línea principal de batalla; línea de
    fuego
  firing squad pelotón de fusilamiento
FIRM seguro, firme
firmly firmamente
firmness firmeza
FIRST primero
  at first al principio
  at first glance a primera vista
  first aid primeros auxilios
  first class de primera clase
  first cousin primo hermano
  first gear primera velocidad
  first-rate excelente, de primera clase
  on the first of next month el primero del
    mes que viene
  the first time la primera vez
  Bring us some soup first. Tráiganos primero
    un poco de sopa.
firstly primeramente
FISH pez, pescado
  fish market pescadería
fish (to) pescar
fishbone espina de pescado
fisherman pescador
fishhook anzuelo
fishing pesca
  fishing boat barca pesquera
  fishing rod caña de pescar
  to go fishing ir de pesca

fishmonger pescadero
FIST puño
fit acceso, ataque
  He did it in a fit of anger. Lo hizo en un
    acceso de ira.
  She almost had a fit. Ella casi tuvo un
    ataque.
FIT apto, idóneo, adecuado, conveniente, a
  propósito
  if you think fit si a Ud. le parece
  to see fit juzgar conveniente
FIT (to) ajustar, adaptar, entallar; caer bien,
  sentar bien
  to fit into encajar en
  It fits me badly. Me sienta mal.
  That dress fits you well. El vestido le sienta
    a Ud. bien.
  That would fit the case. Eso sería lo propio.
fitness aptitud
fitting (to be) sentar bien, venir bien
FIVE cinco
fix apuro, aprieto
  to be in a fix estar en un aprieto
FIX (to) fijar, arreglar, componer, reparar
  We must fix this up. Tenemos que arreglar
    esto.
fixation fijación
flabbergasted pasmado
FLAG bandera, pabellón
flagrant flagrante
flake pedacito, escama
  soap flakes hojuelas de jabón
flaky escamoso
FLAME llama
flank lateral, de costado
flank (to) flanquear
flannel franela
flap falda; ala *(de sombrero)*
flap (to) batir, sacudir
  to flap the wings aletear
flare llamarada, fulgor
flare (to) encender, lucir
  She flared up. Ella se enojó.
FLASH destello; relámpago
  flash of lightning relámpago
  flash of the eye vistazo
flashlight linterna
flashy de relumbrón
flat apartamento; llanura
  We had a flat on the road. Tuvimos una
    reventón en el camino.
FLAT lano, chato, insípido, soso
  flat-footed de pies achatados
  flat-nosed chato
  flat tire llanta plana
flatly horizontalmente; de plano
  He flatly denied it. Lo negó de plano.
flatten (to) allanar, aplastar, aplanar

flatter (to) adular, lisonjear
flatterer lisonjero, adulator
flattery adulación, lisonja
FLAVOR sabor, gusto
flavor (to) sazonar, condimentar
flaw defecto, imperfección
flawless entero, sin tacha
flax lino
flaxen de lino
    flaxen-haired blondo
flea pulga
fleck mancha
flee (to) huir, fugarse
fleet armada, flota
FLESH carne; pulpa
    flesh and blood carne y hueso
    flesh colored encarnado
flexibility flexibilidad
flexible flexible
flier volador, aviador
FLIGHT vuelo; fuga
fling (to) tirar, arrojar
    to fling open abrir de repente
flint piedra de chispa; pedernal
flip (to) lanzar, soltar
flippant petulante
flirt (to) coquetear, flirtear
flirtation coquetería
float flota
float (to) flotar
flock manada; congregación, multitud
FLOOD inundación, diluvio
flood (to) inundar
FLOOR piso, suelo
    He lives on the third floor. Vive en el tercer
        piso.
    You have the floor. Ud. tiene la palabra.
floorwalker vigilante
flop fracaso
    The play was a complete flop. La obra fue
        un fracaso completo.
florist florista
flour harina
flourish rasgo
FLOW (to) fluir, manar, correr
FLOWER flor
    flower bed maciso
    flower girl florista
    flower stand jardinera
    flower vase florero
flowery florido, ornado
fluency fluidez, facundia
fluent fecundo; fluído; fluente
    He is fluent in four languages. El habla
        cuatro lenguas con fluidez.
fluently con fluidez
    He speaks Russian fluently. El habla el ruso
        con fluidez.

fluff pelusa, lanilla
fluffy blando, mullido
    Her hair is fluffy. Su cabello es sedoso.
fluid fluído
flunk (to) reprobar
    to flunk an exam reprobar un examen
fluorescent fluorescente
flush rubor, sonrojo
flush (to) derramarse
flute flauta
fly mosca
FLY (to) volar
    They are flying to New Orleans tomorrow.
        Ellos volarán hacia Nueva Orleans
        mañana.
flyer volador, aviador
foam espuma
focus foco
FOG niebla, neblina
foggy brumoso
    The weather is very foggy today. Hoy está
        nublado.
fold pliegue, doblez
FOLD (to) doblar, plegar
folder carpeta
folding plegable
    folding bed cama replegable
    folding chair silla plegadiza
foliage follaje, fronda
folk gente, nación
    folks parientes
FOLLOW (to) seguir
    as follows como sigue
    to follow in one's tracks seguir a uno
    to follow up perseguir
follower seguidor; acompañante
following siguiente
    Observe the following points: Observe los
        puntos siguientes:
folly tontería, locura
fond aficionado, afectuoso
    I am very fond of him. Estoy encariñada con
        él.
fondle (to) mimar, acariciar
fondly afectuosamente
fondness cariño
FOOD alimento, comida
FOOL tonto, necio, bufón
fool (to) engañar
foolish tonto, disparatado
foolishness tontería
foolproof simple
FOOT (*pl: feet*) pie; medida lineal
    on foot a pie
    to put one's foot down tomar una resolución
        decidida
    to put one's foot in it hacer una plancha
    This table is six feet long. Esta mesa tiene
        seis pies de largo.

football futbol
footnote nota al pie de una página
footprint huella
footstep pisada
footwear calzado
FOR para; por
   for example por ejemplo
   for that reason por tanto
   for the first time por primera vez
   for the present por ahora
   for the time being por el momento
   to work for a living trabajar para comer
   The house is for rent. La casa está por
     alquilar.
   This is for her. Esto es para ella.
   What for? ¿Para qué?
forbid (to) prohibir
forbidden prohibido
force fuerza
force (to) forzar, obligar
ford vado
ford (to) vadear
forearm antebrazo
forecast pronóstico; previsión
forecast (to) proyectar
foreground primer plano
forehead frente
foreign extraño, extranjero, ajeno
   foreign-born nacido en el extranjero
   foreign office ministerio de negocios
     extranjeros
foreigner extranjero, forastero
foreman capataz
foresee (to) prever
forest monte, bosque, selva
foretell (to) predecir, pronosticar
forever por siempre
   forever and ever por siempre jamás
FORGET (to) olvidar
   to forget oneself desmedirse
forgetful olvidadizo
forgetfulness olvido
FORGIVE (to) perdonar
FORK tenedor
FORM forma, figura, hoja
   in due form en debida forma
   Please fill out this form. Por favor llene esta
     forma.
form (to) formar
formal formal; ceremonioso; oficial
   formal dress traje de etiqueta
   He is a very formal person. Es una persona
     muy ceremoniosa.
formality formalidad, ceremonia
formation formación
FORMER primero; aquél, aquélla, aquéllos,
   aquéllas
   the former and the latter el primero y el

   último; esto y aquello
   Shakespeare and Cervantes were two
    great writers; the former was English,
    the latter was Spanish. Shakespeare y
    Cervantes fueron dos escritores famosos;
    éste era español, y aquél era inglés.
formerly antiguamente, en otros tiempos,
   previamente
formidable formidable
formula fórmula
formulate (to) formular
forsake (to) dejar, abandonar
fort fuerte, castillo
forth delante, adelante
   and so forth y así de lo demás
forthcoming futuro, próximo
fortieth cuarentavo
fortification fortificación
fortify (to) fortificar
fortunate afortunado
fortunately afortunadamente
FORTUNE fortuna, suerte
   to tell fortunes echar las cartas
fortuneteller adivino
FORTY cuarenta
forward adelante, en adelante, hacia adelante
   to go forward seguir adelante
   to look forward anticipar
FORWARD (to) remitir, reexpedir
foster (to) criar, nutrir, alentar
   foster child niño adoptivo
   foster home casa de crianza
foul sucio, impuro, inmundo
found (to) fundar, establecer
foundation fundación, fundamento, base
founder fundador
FOUNTAIN fuente, fontana
   fountain pen pluma fuente
FOUR cuatro
   four-cornered cuadrangular
   four-wheeled de cuatro ruedas
FOURTEEN catorce
fourteenth catorceavo
fourth cuarto
fowl gallo, volatería, aves de corral
fox zorra, zorro
foxy zorruno, astuto
fraction fracción
fracture rotura
fragile frágil
fragment fragmento, trozo
fragrance fragancia; perfume, aroma
fragrant fragante
frail frágil
FRAME marco; armazón, entramado, estructura
   frame of mind estado de ánimo
frame (to) encuadrar, poner en un marco
frank franco, sincero

frankness franqueza
frantic frenético
fraternity fraternidad
fraternize (to) fraternizar
fraud fraude
freckle peca
    freckled-faced pecoso
FREE libre; gratis; franco; vacante; atrevido
    free admission entrada libre
    free on board (f.o.b.) libre a bordo
    free of charge gratis
    free trade libre cambio
    free will libre albedrío
    Let me know as soon as you're free.
      Avíseme en cuanto esté libre.
free (to) libertar, librar
FREEDOM libertad
freely libremente
freeze (to) helar, congelar
freight carga, flete
    by freight como carga
    freight car vagón de carga
    freight train tren de mercancías
French francés
    French-fried potatoes papas fritas, patatas
      fritas
    French-like a la francesa
frenetic frenético
frequency frecuencia
frequent frecuente
frequent (to) frecuentar
frequently frecuentemente
FRESH fresco, nuevo, reciente
    fresh water agua fresca
    He's very fresh. El es muy fresco.
    I want to go out for some fresh air. Quiero
      salir a tomar el fresco.
friar fraile
friction fricción
FRIDAY viernes
fried frito
FRIEND amigo, amiga
    a close friend un amigo íntimo
friendliness amistad
FRIENDLY amistoso; amigable
    He is a very friendly person. Es una persona
     muy amigable.
friendship amistad
fright susto, espanto
frighten (to) asustar, espantar
frightful espantoso, horroroso
frightfully terriblemente
frivolity frivolidad, trivialidad
frivolous frívolo, trivial, vano
frog rana
frolic travesura
FROM de, desde, a causa de, según
    from a distance desde lejos

    from here to there de aquí hasta allí
    from memory de memoria
    from now on de hoy en adelante
    from then on desde entonces
    I learned it from her. Lo supe por ella.
    Where are you from? ¿De dónde es Ud.?
FRONT anterior, delantero, de frente; faz,
    audacia
    front room cuarto del frente
    front view vista de frente
    in front of frente a
    This is the front of the building. Este es el
     frente del edificio.
frost escarcha; hielo
frost (to) escarchar
frosty escarcha
frown ceño; entrecejo
frown (to) fruncir el ceño
frozen congelado
    frozen food alimento congelado
FRUIT fruta
    fruit tree árbol frutal
    Give me some fruit. Déme fruta.
frustrate (to) frustrar
frustration frustración
FRY (to) freír
    frying pan sartén
fudge dulce de chocolate
FUEL combustible
    fuel oil aceite combustible
fugitive fugitivo
fulfill (to) cumplir, realizar
    He did not fulfill his promise. No cumplió su
     promesa.
fulfillment cumplimiento
FULL lleno, completo, amplio, abundante
    full-blooded de pura raza
    full dress uniforme de gala
    full length de cuerpo entero
    full moon luna llena
    full stop punto final
    in full swing en plena operación
    He paid in full. Pagó completamente.
    The roses are in full bloom. Las rosas están
     abiertas.
    There's a full house tonight. Hay una
     concurrencia plena esta noche.
fully completamente
    I fully realize . . . Comprendo completa-
     mente . . .
fume vapor, gas, emanción
fumigate (to) fumigar
FUN broma, diversión, chacota
    for fun en broma
    to have fun divertirse
    to make fun of somebody burlarse de alguien
    I had a lot of fun at the party. Me divertí
     mucho en la fiesta.
function función

function (to) funcionar
fund fondo
fundamental fundamental
funds fondos
funeral fúnebre; *s:* funeral; entierro
funnel embudo; chimenea *(barco)*
FUNNY divertido, cómico
  funny business picardía
  This is a very funny joke. Este es una chiste muy divertido.
FUR piel
furious furioso
furnace horno
FURNISH (to) amueblar; suplir; proveer
  Furnished apartment for rent. Apartamento amueblado para alquiler.
FURNITURE muebles, mobiliario
  a piece of furniture un mueble
furrow surco
FURTHER más lejos; más allá; además, aún
  further on más adelante
  I must further say . . . Y además de eso debo decir . . .
furthermore además
fury furia
fuse espoleta, fusible
  fuse plug tapón
  We've blown a fuse. Fundimos un fusible.
fuss bulla, alboroto
  He made a big fuss over it. El hizo un gran alboroto de ello.
fuss (to) encocorar
FUTURE futuro
  in the future en lo sucesivo, en adelante, en lo futuro
  in the near future en un futuro próximo
fuzzy velloso

G

gag burla, guasa
gaiety jovialidad, alegría
gain ganancia, beneficio
gain (to) ganar, lograr, aumentar
  to gain ground ganar terreno
gale viento fuerte
gall hiel, bilis
  gall bladder vesícula biliar
gallant galante, cortés
gallery galería
gallon galón
gallop galope
gallows horca
galvanize (to) galvanizar
gamble (to) jugar por dinero
GAME juego; partida; caza

  a game of chess una partida de ajedrez
  game bird ave de caza
  The game is up. Se ha levantado la caza.
gamekeeper guardamontes
gang ganga, cuadrilla
gangplank plancha
gap abertura; vacío
gape (to) bostezar; boquear
GARAGE garaje
garbage basura
GARDEN jardín
gardener jardinero
gardening jardinería
gargle (to) gargarizar
garland guirnalda
garlic ajo
garment vestido; vestidura
garnish (to) guarnecer, adornar, ataviar
garrison guarnición
garter liga, jarretera
GAS gas; gasolina
  gas station gasolinera
gasoline gasolina
GATE puerta; entrada
gatekeeper portero
gateway entrada
GATHER (to) reunir, juntar, acumular
  to gather dust cubrirse de polvo
  to gather strength recuperarse
gathering asamblea; reunión, acumulación
gauze gasa
GAY alegre, festivo; homosexual
gaze (to) mirar con fijeza
gear engranaje
  gear shift palanca de cambio de marcha
  in gear encajado
  out of gear desencajado
  to put in gear engranar
gelatine gelatina
gem gema, joya
gender género
genealogy genealogía
GENERAL general; *s:* general
  in general en general
generality generalidad
generalize (to) generalizar
generally generalmente
generation generación
generosity generosidad
generous generoso
genial genial
genius genio
genteel cortés, gentil
GENTLE suave; amable; delicado
GENTLEMAN caballero
  He is a perfect gentleman. Es todo un caballero.
  gentlemanlike caballeroso**

gentleness docilidad, dulzura, amabilidad
gently dulcemente, suavemente; amablemente
GENUINE genuino, auténtico
geographical geográfico
geography geografía
geometric geométrico
geometry geometría
germ yema, embrión
German alemán
gesture gesto, ademán
GET (to) adquirir, obtener, conseguir, recibir
    to get ahead adelantarse
    to get away partir; marcharse
    to get back volver; regresar
    to get home llegar a casa
    to get in entrar
    to get married casarse
    to get off apearse; bajar
    to get on montar; subir
    to get out salir
    to get up levantarse
    Can we get through? ¿Podemos pasar?
    Can you get the work under way? ¿Puede empezar con el trabajo?
    He got away with it easily. Salió de eso facilmente.
    He got into the habit of being late. Se acostumbró a llegar tarde.
    He got on the train at Rochester. Subió al tren en Rochester.
    He got the better of the bargain. Llevó ventaja en el asunto.
    I have (got) to remember that. Tengo que recordar eso.
    I want to get rid of these old books. Quiero deshacerme de estos libros viejos.
    Let's get to the point. Vamos al grano.
    She can't get over it. No puede recuperarse de eso.
    She wants to get even with him. Quiere vengarse de él.
    The phone got out of order. Se descompuso el teléfono.
    This gets on my nerves. Esto me fastidia.
    We got behind in our work. Nos quedamos atrás con nuestro trabajo.
ghost espectro, fantasma
giant gigante
giddy vertiginoso
GIFT regalo, obsequio
gifted talentoso
    She is very gifted musically. Ella tiene mucho talento para la música.
giggle (to) reírse
gild (to) dorar
gilt dorado
ginger jengibre
gingerbread pan de jengibre

gipsy gitano
girdle faja
GIRL chica, niña, muchacha; sirvienta
    What a charming girl! ¡Qué muchacha tan encantadora!
girl friend amiga
GIVE (to) dar
    to give a gift regalar, hacer un regalo
    to give in ceder, acceder
    to give up desistir; darse por vencido
    He gave away his secret. Divulgó su secreto.
    He gave himself up to the police. Se rindió a la policía.
    Please give me back my pencil. Por favor devuélvame mi lápiz.
    She gave birth to a son. Dio a luz un niño.
giver donante
GLAD contento, feliz
    I am very glad to see you. Me alegro mucho de verlo a Ud.
gladden (to) alegrar
gladiolus gladiolo
gladly de buena gana
    I'll do it gladly. Lo haré con mucho gusto.
glamor encanto, embeleso
glance ojeada, vistazo
    at first glance a primera vista
glance (to) echar un vistazo, dar una ojeada
    I want to glance at the paper. Quiero echar un vistazo al periódico.
glare liso; resplandor
glare (to) relumbrar, brillar
glaring deslumbrador, evidente
GLASS vidrio; vaso
    drinking glass vaso
    looking glass espejo
    Please give me a glass of water. Hágame el favor de darme un vaso de agua.
glasses anteojos, lentes
glassware cristalería
gleam destello, fulgor
glee alegría, gozo, júbilo
glide (to) resbalar, planear
glider planeador
glimmer vislumbre, luz trémula
glimmer (to) rielar, centellear
glimpse ojeada, vistazo
    to catch a glimpse dar un vistazo
glitter brillo, resplandor
glitter (to) brillar, resplandecer
globe globo
gloom obscuridad, tristeza
gloomy triste, sombrío
    What a gloomy day! ¡Qué día tan triste!
glorious glorioso, magnífico
glory gloria
    to be in one's glory estar un sus glorias
gloss lustre, brillo, barniz

glossary glosario, nomenclator
GLOVE guante
  to handle with kid gloves tratar con
    miramiento
glow (to) brillar
glue cola
glue (to) encolar; pegar con cola
glutton glotón
gnat jején
GO (to) ir
  to go away irse, marcharse
  to go back volver; regresar
  to go down bajar
  to go forward ir adelante
  to go out salir
  to go up subir
  to go with acompañar
  to go without pasarse sin
  After the death of her husband, she went to
    pieces. Después del fallecimiento de su
    esposo, quedó destrozada.
  Don't go away! ¡No se vaya Ud.!
  Don't go out of your way! ¡No se moleste!
  Go ahead! ¡Adelante!
  Go on with your work. Continué con su
    trabajo.
  I don't go for that. No me gusta eso.
  I don't know how to go about it. No sé
    manejarlo.
  I have to go through this once more. Tengo
    que examinar esto otra vez.
  It went all wrong. Fue un fracaso.
  I went to bed early last night. Me acosté
    temprano anoche.
  Let him go! ¡Que se vaya!
  Let's go! ¡Vámonos!
  She is going for a walk. Fue a dar un paseo.
  That goes without saying. Está
    sobreentendido.
  The baby doesn't want to go to sleep. El
    niño no quiere dormirse.
  This style of hat is going out of fashion.
    Este tipo de sombrero está pasándose de
    moda.
  We are going halves. Vamos a medias.
goal meta, fin, objeto
  to reach one's goal alcanzar el objetivo
goat cabra
God Dios
  for God's sake por Dios
  God willing si Dios quiere
godchild ahijado
goddaughter ahijada
goddess diosa
godfather padrino
godmother madrina
godson ahijado
GOLD oro

  gold plate baño de oro
golden de oro, dorado
golf golf
GOOD buen(o)
  for good para siempre
  good enough suficiente
  good evening buenas tardes
  good-for-nothing no sirve para nada
  Good Friday viernes santo
  good-looking bien parecido
  good morning buenos días
  good-natured afable
  good night buenas noches
  good-tempered de buen genio
  good will buena voluntad
  in good time a tiempo
  Be good! ¡Sé buena!
  He's too good. Se pasa de bueno.
  We had a good time at the party. Pasamos
    un buen rato en la fiesta.
goods mercancía
goose (*pl.*: **geese**) ganso
gorgeous espléndido
gospel evangelio
gossip chismería
gossip (to) chismear, murmurar
govern (to) gobernar; dirigir
government gobierno
governor gobernador; regulador
GOWN traje de mujer; vestidura
grab (to) asir, agarrar, arrebatar
grace gracia; favor; merced
graceful gracioso, agraciado
gracious bondadoso, afable, cortés
graciously benignamente; cortésmente
grade grado; graduación; calificación
  grade crossing paso a nivel
grade (to) clasificar, graduar
gradual gradual, graduado
gradually gradualmente
graduate (to) graduar, aumentar, graduarse
graduation graduación
grain grano
grammar gramática
grammatical gramatical
granary granero
GRAND gran, grandioso, magnífico, espléndido
grandchild nieto
granddaughter nieta
grandfather abuelo
grandmother abuela
grandparents abuelos
grandson nieto
grant concesión
grant (to) conceder, otorgar
  granted that supuesto que
  to take for granted dar por sentado
granulated granulado

grape uva
grapefruit toronja
grapevine parra
graph gráfica
grasp (to) empuñar, asir; comprender, percibir
grasping codicioso
GRASS hierba; césped; pasto
grasshopper saltamontes
grate (to) rallar
    grated cheese queso rallado
grateful agradecido
gratefully agradecidamente, gratamente
grater rallador, raspador
gratis gratis, de balde
gratitude agradecimiento
gratuity gratificación
grave grave; s: sepultura, sepulcro
gravel cascajo, grava
graveyard cementerio
gravity gravedad
gravy salsa, jugo
GRAY gris, cano
    gray-haired canoso
GREASE grasa
grease (to) engrasar, lubricar
greasy grasiento
GREAT gran, grande; admirable; excelente
    a great deal mucho
    a great man un gran hombre
    a great many muchos
    a great while un largo rato
    Great! ¡Estupendo! ¡Magnífico!
great-grandfather bisabuelo
    great-great-grandfather tatarabuelo
great-grandmother bisabuela
    great-great-grandmother tatarabuela
greatly muy; mucho; en gran parte
greatness grandeza; magnitud
greed codicia
greedily vehementemente
greedy codicioso
GREEN verde, crudo; inexperto
greengrocer verdulero
greenhouse invernadero
GREET (to) saludar
greeting salutación
gregarious gregario
greyhound galgo
griddle tortera
griddlecake tortita de harina
GRIEF pesar, dolor, pena
grievance injusticia; perjuicio
grieve (to) afligir, lastimar
grievous penoso, doloroso, lastimoso
grievously penosamente
grill (to) asar en parrillas
grim torvo, ceñudo
    grim-faced malencarado

grimly horrible; espantoso
grin mueca, sonrisa
GRIND (to) moler, amolar
grinding granulación
grindstone molino
grip empuñamiento, agarro
grizzled tordillo
groan gemido
groan (to) gemir
GROCER abacero; bodeguero; abarrotero
GROCERIES comestibles; abarrotes
    I have to buy some groceries. Tengo que
        comprar comestibles.
GROCERY STORE abacería, ultramarinos,
    tienda de comestibles
groom mozo; palafrenero
groom (to) cuidar los caballos
groove ranura
gross grueso; craso; s: gruesa
    by the gross por gruesa
    gross amount importe total
    gross weight peso bruto
grouchy mal humorado
GROUND tierra, suelo, terreno, razón
    ground floor piso bajo
    ground forces fuerzas terrestres
    to gain ground ganar terreno
    He had many grounds for divorce. Tuvó
        muchas razones para divorciarse.
ground (to) fundar; establecer; poner en tierra
    The planes were grounded on account of
        the bad weather. Los aviones no
        pudieron salir a causa del mal tiempo.
group grupo
group (to) agrupar
grove arboleda, boscaje
GROW (to) crecer, producir, cultivar
    to grow better ponerse mejor; mejorar
    to grow late hacerse tarde
    to grow old envejecer
    to grow worse ponerse peor, empeorar
    She'll grow out of this (whim). Este
        capricho le pasará con la edad.
    Their baby has grown so much. El bebé ha
        crecido muchísimo.
    We are growing vegetables in our garden.
        Estamos cultivando legumbres en nuestro
        jardín.
growl (to) gruñir
grownup adulto
growth crecimiento, desarrollo
grudge rencor
    He is carrying a grudge against me. El
        guarda rencor contra mí.
gruesome horrible
grumble regaño, refunfuñadura
grumble (to) refunfuñar, rezongar
GUARANTEE garantía, caución

guarantee (to) garantizar
guaranty garantía
guard guardia, guarda
  on guard alerta
  to be off one's guard estar desprevenido
guard (to) guardar, vigilar
  to guard against guardarse de
guardian guardián
  guardian angel ángel custodio
Guatemalan guatemalteco
guess conjetura, suposición
  Let me make a guess. Déjeme adivinar.
GUESS (to) adivinar, conjeturar, suponer
  to guess right adivinar
  I guess so. Supongo que sí.
guide guía
guide (to) guiar
guidebook guía de viajero
guild gremio, corporación
guilty culpable
  He is pleading not guilty. El se declara
    inocente.
guitar guitarra
gulf golfo
gully cárcava
gulp trago
gulp (to) tragar
gum goma, encía
  chewing gum chicle
gun arma de fuego; cañon; fusil; escopeta;
  revólver
gunpowder pólvora
gush chorro
gust ráfaga, golpe
  a gust of wind un golpe de aire
gutter canalón
gymnasium gimnasio
gymnastics gimnasia
gypsy gitano

H

haberdasher camisero, mercancero
haberdashery camisería, mercería
HABIT hábito, costumbre
  habit-forming enviciador
  to be in the habit of estar acostumbrado a
habitual habitual, acostumbrado
habitually habitualmente
hail granizo; saludo
hail (to) granizar; vitorear; vocear
HAIR pelo, cabello; vello
  hairbrush cepillo para el cabello
  haircut corte de pelo
  hair dye tintura para el pelo
  hairpin horquilla

hairy peludo, velludo
HALF medio; mitad
  half-and-half mitad y mitad
  half-hour media hora
  half past two las dos y media
  half year semestre
half brother hermanastro
half sister hermanastra
halfway a medio camino, equidistante
HALL vestíbulo; salón
Halloween víspera de Todos los Santos
hallucination alucinación
hallway vestíbulo
halo halo, nimbo
halt (to) cojear, renguear
  Halt! ¡Alto!
ham jamón
  ham and eggs huevos con jamón
hamburger hamburguesa
hamlet aldea
hammer martillo
hammer (to) martillar
  to hammer (away) at a subject machacar
hammock hamaca
HAND mano; manecilla
  by hand a mano
  firsthand de primera mano
  from hand to mouth de manos a boca
  handmade hecho a mano
  hand to hand mano a mano
  in hand entre manos
  offhand de repente
  on hand a la mano
  on the other hand por otra parte
  to have one's hands full tener mucho que
    hacer
  to shake hands darse la mano
  Hands off! ¡No tocar!
  Hands up! ¡Manos arriba!
  He has a hand in the business. Tiene mano
    en el asunto.
  He's my right-hand man. El es mi mano
    derecha.
  He washed his hands of the affair. Se lavó
    las manos como Pilatos.
hand (to) pasar
  to hand over entregar
handbag cartera, bolsa
handbook manual
handcuff esposas
handful puñado
handicap impedimento
handicraft mano de obra
HANDKERCHIEF pañuelo
handle mango, asa
handle (to) manejar, manipular
handsome hermoso, guapo, elegante
handwriting escritura

handy manuable
HANG (to) colgar, suspender
    to hang around rondar
    to have a hang-over tener una cruda
    I would like to hang up my coat. Quisiera
      colgar mi abrigo.
hanger colgante; gaucho de ropa; colgador;
    percha
    coat hanger perchero
HAPPEN suceder, acontecer
    whatever happens suceda lo que suceda
    What happened? ¿Qué pasó?
happening suceso, acontecimiento
happily afortunadamente
HAPPINESS dicha, felicidad
HAPPY feliz, contento
    Happy birthday! ¡Feliz cumpleaños!
    Happy New Year! ¡Feliz año nuevo!
    I am happy to do it. Me alegro de hacerlo.
    Many happy returns! ¡Que las tenga Ud.
      muy felices!
    They lived happily. Vivían felices.
harbor puerto
HARD duro, difícil
    hard labor trabajo forzado
    hard luck mala suerte
    hard of hearing duro del oído
    hard work trabajo difícil
    to rain hard llover a cántaros
    to work hard trabajar duro
    Don't be hard on him. No sea duro con él.
    It is hard to understand. Es difícil para
      comprender.
harden (to) endurecer
hardly apenas, difícilmente
hardness dureza
hardware ferretería, quincalla
    hardware store ferretería
hardy fuerte, robusto
hare liebre
HARM mal, prejuicio, daño
    It does not do any harm. Es inofensivo. No
      hace ningún daño.
harm (to) perjudicar, ofender, herir
harmful dañoso, nocivo
harmless inofensivo
harmonica filarmónica
harmonious armónico, armonioso
harmonize (to) armonizar
harmony armonía
harness aparejo, arnés
harp arpa
harpsichord clavicordio
HARSH áspero, tosco, desagradable
harshness aparejo, arnés
harvest cosecha
harvester máquina de segar
hash carne y papas molidas cocinadas juntas

HASTE prisa
    in haste de prisa
hasten (to) acelerar, precipitar
hastily precipitadamente
hasty pronto, apresurado
HAT sombrero
    Hats off! ¡Descubrirse!
    He put his hat on and left. Se pusó el
      sombrero y salió.
hatbox sombrerera
hatch (to) empollar, incubar
hatchet hachita
hate, hatred odio, aborrecimiento
hate (to) odiar, aborrecer
hateful odioso, maligno
haughty arrogante; vano; entonado
haul (to) arrastrar
haunt (to) rondar, frecuentar
haunted habitado por fantasmas
    This house is haunted. Esta casa está
      encantada.
HAVE (to) tener; haber
    there had been había habido
    there has been ha habido
    there should have been habría habido
    to have a mind to tener ganas de
    to have an eye on vigilar, observar
    to have in mind tener en cuenta
    to have to tener que
    to have to deal with habérselas con
    Had I been there, I would have seen him.
      Si yo hubiera estado allí, lo habría visto.
    He has broken his leg. Se rompió una
      pierna.
    I don't have any more. No tengo más. (Brit.)
    I haven't any more. No tengo más.
    If I had been you, I wouldn't have done it.
      De haber sido Ud., no lo hubiera hecho.
    I have to go now. Tengo que irme ahora.
    It might have happened. Pudo haber
      sucedido.
    I will have the doorman take the parcel.
      Haré que el portero lleve el paquete.
    We had better ask. Sería mejor que
      preguntemos.
    What will you have? ¿Qué desea Ud.?
hawk gavilán
hay heno; pasto
haystack haz de pasto
hazard azar, albur
hazard (to) arriesgar, exponer
hazardous arriesgado
haze niebla, bruma
hazel avellano
hazy anieblado, brumoso, confuso
HE él
HEAD cabeza; jefe
    from head to foot de pies a cabeza

heads or tails cara o cruz
the head of the government el jefe de
gobierno
He is head over heels in love with her. Está
loco por ella.
He is off his head. Es loco.
head (to) mandar, dirigirse
Where are you heading? ¿En qué dirección
vas?
headache dolor de cabeza
headline título, encabezamiento
headphone auricular, audífono
headquarters cuartel general; oficina principal
heal (to) curar, remediar
to heal up cicatrizarse
healing curativo
HEALTH salud; sanidad
health resort lugar de curas
to be in good health estar bien de salud
Your health! ¡A su salud!
healthful sano, saludable
healthfully saludablemente
healthy sano; fuerte; saludable
heap montón; multitud
in heaps a montones
heap (to) amontonar, colmar
HEAR (to) oír
to hear from saber de
to hear it said oír decir
to hear of saber de
Have you heard the latest news? ¿Ha oído
Ud. la última noticia?
What did you say? I can't hear a thing.
¿Qué dijo? No oigo nada.
hearing oído
hearsay rumor; fama
hearse carro fúnebre
HEART corazón
after one's own heart de todo el gusto de
uno
by heart de memoria
heart and soul en cuerpo y alma
to have no heart no tener corazón
to take to heart tomar a pecho
He put his heart into it. Puso su corazón en
ello.
He said it from his heart. Lo dijo de todo
corazón.
He's still very young at heart. El es joven de
corazón.
She has heart trouble. Tiene una
enfermedad del corazón.
heartbreak dolor
heartbroken el corazón roto
hearten (to) animar, alentar
hearth hogar, fogón
heartily sinceramente
heartless sin corazón, cruel

hearty cordial
HEAT calor
The heat is terrible this summer. Hace un
calor terrible este verano.
heat (to) calentar
heater calentador
heating calefacción
central heating calefacción central
heave elevación
heave (to) alzar, levantar, elevar
HEAVEN cielo
Heavens! ¡Cielos!
heavenly celestial
heavily pesadamente
HEAVY pesado
a heavy rain una lluvia fuerte; aguacero
heavy-hearted triste
It's a heavy job. Es un trabajo pesado.
Hebrew hebreo
hectic hético; agitado
We had a hectic morning. Tuvimos una
mañana muy agitada.
hedge seto
heed (to) prestar atención
HEEL talón; tacón
high heels tacones altos
low heels tacones bajos
rubber heels tacones de goma
to be at the heels of perseguir estrechamente
heifer novilla
HEIGHT altura, colmo
heir heredero
heir apparent heredero forzoso
heiress heredera
helicopter helicóptero
HELL infierno
hellish infernal
HELLO! ¡Hola!
helmet yelmo
HELP ayuda, asistente
by the help of con ayuda de
It's very hard to get help in the country. Es
muy difícil encontrar sirvientes en el
campo.
HELP (to) ayudar, asistir, servirse, remediar
Can I help you? ¿En qué puedo servirle?
I can't help it. No lo puedo remediar.
Please help yourself. Tenga la bondad de
servirse.
helper asistente, ayudante
helpful útil, provechoso
helpless desvalido
helplessly irremediablemente
hem dobladillo
hem (to) dobladillar
hemisphere hemisferio
hemlock cicuta
hemorrhage hemorragia

HEN gallina
henceforth de aquí en adelante; en lo futuro
HER la, le; a ella, de ella; su
    I did not see her. No la vi.
    I have to speak to her. Tengo que hablar con
    ella.
    I'll tell her. Le diré a ella.
    This is her book. Es su libro.
herb hierba
herd hato, multitud
HERE aquí, acá
    around here cerca de aquí
    near here cerca de aquí
    Can we phone from here? ¿Se puede
    telefonear de aquí?
    Come here. Ven acá.
    Here I am. Aquí estoy.
    Here it is. Aquí está.
hereabouts por aquí
hereafter en adelante
hereby por la presente
    I hereby certify that . . . Por la presente
    certifico que . . .
hereditary hereditario
heredity herencia
herein aquí dentro
hereto a este fin
heretofore en otro tiempo
hereunder en virtud de esto
herewith junto con esto
heritage herencia
hermit ermitaño
hero héroe
heroic (al) heroico
heroine heroína
heroism heroísmo
herring arenque
HERS suyo(s); suya(s); de ella; el suyo; lo(s)
    suyo(s); la(s) suya(s)
    a friend of hers una amiga suya
    Are you her cousin? ¿Es Ud. primo de ella?
    This record player is hers. Este fonógrafo
    es el suyo (de ella).
HERSELF ella misma; sí misma; se; sí
    by herself sola; por sí; por su cuenta
    She herself says it. Ella misma lo dice.
    She talks too much about herself. Habla
    demasiado de sí.
hesitant indeciso, vacilante
hesitate (to) vacilar
hesitation vacilación, titubeo
hew (to) tajar, cortar
hibernate (to) invernar
hiccough, hiccup hipo
    to have the hiccups hipar, tener hipo
hidden escondido
hide cuero, piel
hide (to) esconder, esconderse

hide-and-seek juego del escondite
hideous horrible, espantoso
HIGH alto, elevado; caro; sumamente, altamente
    high noon pleno mediodía
    high pressure alta presión
    high-priced caro
    high school escuela secundaria
    high sea alta mar
    in high spirits alegre
    It is six feet high. Tiene seis pies de alto.
    It's high time to begin. Es ya hora de
    empezar.
    Their prices are very high. Sus precios son
    muy caros.
highball whisky con hielo y agua
highbrow petulante
higher más alto; superior
highland región montañosa
highly altamente, sumamente; muy
    He is a highly intelligent person. Es una
    persona sumamente inteligente.
    The food is highly seasoned. La comida está
    muy picante.
highness alteza
    Your Royal Highness Su Alteza Real
highway carretera
hilarious alegre
HILL colina, cerro
HIM le, lo, a él
    I don't know him. No lo conozco.
    It belongs to him. Pertenece a él.
    I told him. Le dije.
HIMSELF él mismo, sí mismo; se, sí
    by himself solo; por sí; por su cuenta
    He is fooling himself. Se está engañado a sí
    mismo.
    He wants it for himself. Lo quiere para sí.
hinder (to) impedir, estorbar
hindrance impedimento; estorbo; obstáculo
hinge gozne
HINT indirecta, sugestión
hint (to) insinuar
    to hint at aludir a
hip cadera
HIRE (to) alquilar
    He is going to hire a chauffeur. Va a
    emplear un chofer.
HIS su, sus; suyo, suya; el suyo, la suya, los
    suyos, las suyas; de él
    an acquaintance of his un conocido suyo
    That's his brother. Es su hermano.
    You see these houses; this one is his. Ve
    estas casas; ésta es la suya.
hiss, hissing silbido, siseo
hiss (to) silbar, sisear
historian historiador
historic histórico
historical histórico

hit golpe, choque
   a lucky hit golpe de fortuna
   to make a hit dar golpe
   The play was a hit. La obra fue un exitazo.
hit (to) golpear, pegar, acertar
   to hit the target dar en el blanco
hitchhike (to) parar a automóviles
hive colmena
hoarse ronco
hoax engaño; burla
hobby manía; chifladura
   Painting is his hobby. La pintura es su afición.
hoe azada, azadón
hog puerco, cerdo
hoist (to) alzar, elevar
HOLD (to) tener; coger; agarrar, asir; caber, contener, desempeñar; celebrar; conservar; guardar; sostener
   to hold a conversation sostener una conversación
   to hold a meeting celebrar una reunión
   to hold back contener
   to hold hands estar mano a mano
   to hold one's own mantenerse firme
   to hold up asaltar
   He is holding on to his job. Se prende de su trabajo.
   Hold on! ¡Para!
holder tenedor, poseedor
   cigarette holder boquilla
holdup asalto
HOLE agujero, hoyo, cavidad
HOLIDAY día festivo, fiesta
   The Fourth of July is a holiday in the United States. El Cuatro de julio es un día festivo en los EE. UU.
holidays vacaciones; asueto
holiness santidad
hollow vacío, hueco; *s:* cavidad, depresión
holly acebo
HOLY santo, pío, puro
   Holy Communion Sagrada comunión
   Holy Father Santo Padre
   Holy Ghost Espíritu Santo
   holy water agua bendita
   Holy Week semana santa
homage homenaje
HOME hogar; casa; domicilio
   at home en casa
   home town pueblo natal
   He is going back home. Regresa a su casa.
   I feel at home here. Me siento a gusto aquí.
   She stays home all day. Está en su casa todo el día.
   What is your home address? ¿Cuál es la dirección de su domicilio?
homely feo, inculto

homemade casero, hecho en casa
   This is a homemade cake. Este es un pastel hecho en casa.
homework tarea
homonym homónimo
homosexual homosexual, gay
Honduran hondureño
honest honrado
honestly honradez
HONEY miel; se emplea también como voz de cariño en el sentido de "vida mía," "corazón"
honeymoon luna de miel
honeydew melón
honor honor, honra
   on my honor por mi fe
   I give you my word of honor. Le doy mi palabra de honor.
honor (to) honrar
honorable honorable, honrado
honorary honorario, honorífico
   He is the honorary president. Es el presidente honorario.
hood capucha; cubierta del motor
   Little Red Riding Hood La caperucita roja
hoodlum rufián
hoof pezuña, casco
hook gancho; anzuelo
   The phone is off the hook. El teléfono está descolgado.
hop salto, brinco
hop (to) saltar, brincar
HOPE con la esperanza
HOPE (to) esperar, tener esperanza
   to hope against hope esperar lo imposible
   I hope not. Espero que no.
   I hope so. Así lo espero.
   We hope to see you again. Esperamos volver a verle.
hopeful lleno de esperanzas, optimista
hopeless desahuciado, sin remedio
horizon horizonte
horizontal horizontal
horn cuerno; bocina; corneta
horrible horrible, terrible
horrify (to) horrorizar
horror horror
HORSE caballo
on horseback a caballo
horsepower caballo de vapor
horse race carrera de caballos
to go horseback riding montar a caballo
hose calceta, medias; manguera
hosiery calcetería
hosiery store tienda de medias y calcetines
hospitable hospitalario
HOSPITAL hospital
hospitality hospitalidad
host hospedero; huésped

hostage rehén, prenda
hostess huéspeda
   air hostess aeromoza
hostile hostil, enemigo
HOT caliente, cálido, ardiente; mono; guapo
   (coloquial)
   hot-headed exaltado
   hot water aqua caliente
   to be burning hot estar que quema
   It's very hot today. Hace mucho calor hoy.
HOTEL hotel, palacio
HOUR hora, horas
   He arrived half an hour later. Llegó media
      hora después.
   I saw him two hours ago. Lo ví hace dos
      horas.
hourly a cada hora
HOUSE casa; hogar; residencia
   apartment house casa de apartamentos
   boarding house casa de huéspedes
   He lives in the corner house. Vive en esa
      casa que hace esquina.
household casa, familia
   household furniture menaje de casa
   household utensils utensilios de casa
housewarming fiesta para celebrar el estreno de
   una casa
housewife ama de casa; madre de familia
housework quehaceres domésticos
housing alojamiento
hovel cobertizo
HOW cómo; qué, cuánto
   How do you do? ¿Cómo está Ud.?
   How early? ¿Cuándo? ¿A qué hora?
   How far? ¿A qué distancia?
   How late? ¿Hasta qué hora?
   How long? ¿Cuánto tiempo?
   How many? ¿Cuántos?
   How much? ¿Cuánto?
   How so? ¿Cómo así?
   How soon?—The latest . . . ¿Cuándo?—A
      más tardar . . .
however como quiera que; de cualquier modo;
   sin embargo
howl (to) aullar; gritar
howl aullido, grito
hubbub alboroto
huckster vendedor ambulante
hue matiz, tinte
hug abrazo
hug (to) abrazar
HUGE inmenso, enorme
hull cáscara; casco
hum (to) canturrear, zumbar
human humano; mortal
   human being ser humano
   human race género humano

humane humanitario
humanism humanidad
humanitarian humanitario
humanity humanidad
humble humilde
humid húmedo
humidify (to) humedecer
humidity humedad
humiliate (to) humillar
humiliation humillación
humility humildad
humming zumbido, susurro
humor humor
humorous humorista, chistoso, jocoso
HUNDRED cien, ciento
hundredth centésimo
HUNGER hambre
HUNGRY (to be) tener hambre
   I'm not hungry. No tengo hambre.
HUNT caza
hunt (to) cazar; seguir; perseguir
hunter cazador
hunting caza
   to go hunting ir a la caza
huntress cazadora
huntsman cazador
hurdle zarzo, obstáculo
hurricane huracán
hurried precipitado
HURRY prisa
   to be in a hurry tener prisa, estar de prisa
HURRY (to) apresurar
   to hurry after correr detrás
   to hurry up darse prisa
   Hurry back! ¡Apresúrate a volver!
   Hurry up! ¡Date prisa!
   I'm in a great hurry. Tengo mucha prisa.
   There's no hurry. No corre prisa.
   Why such a hurry? ¡Por qué tanta prisa?
HURT (to) lastimar, herir; ofender
   to hurt one's feelings apenar a uno
   My feet hurt (me). Me lastiman los pies.
HUSBAND esposo
hush (to) silenciar
husky cascarudo, cortezudo, fornido
hussy tunante
hut choza, cabaña
hydrant boca de riego
hydraulic hidráulico
hygiene higiene
hymn himno
hyphen guión
hypnotize (to) hipnotizar
hyprocisy hipocresía
hyprocrite hipócrita
hysteria histeria
hysterical histérico

I

I yo
> **It's me.** Soy yo.
> **I was the one who phoned.** Fui yo el que telefoneó.
> **So do I.** Yo también.

ICE hielo
ice box nevera, refrigerador
ice cream helado
ice water agua enfridad
icing capa de azúcar para pasteles
icy helado, frío
IDEA idea
ideal ideal
idealism idealismo
idealist idealista
idealize (to) idealizar
identical idéntico
identification identificación
identify (to) identificar
identity identidad
idiom modismo, idiotismo
idiomatic idiomático
idiot idiota
idle ocioso, desocupado, perezoso
idleness ociosidad
idler holgazán
idol ídolo
idyl idilio
idyllic idílico
IF si
> **even if** aun cuando
> **if not** si no
> **if by any chance** si por casualidad
> **if I may** con su permiso
> **if you like** si Ud. quiere
> **if you please** si Ud. gusta

ignorance ignorancia
ignorant ignorante, inculto
IGNORE (to) pasar por alto; no hacer caso
> **She ignored him.** Ella no le hizo caso.

ILL enfermo, mal, malo
> **ill at ease** intranquilo
> **ill breeding** falta de educación
> **ill-tempered** de mal genio
> **ill will** mala voluntad

illegal ilegal
illegible ilegible
illegitimacy ilegitimidad
illegitimate ilegítimo
illiteracy analfabetismo
illiterate analfabeto
ILLNESS enfermedad
illogical ilógico
illuminate (to) iluminar, alumbrar
illumination iluminación, alumbrado
illusion ilusión

illustrate (to) ilustrar
illustration ejemplo, ilustración
image imagen
imaginary imaginario
imagination imaginación
IMAGINE (to) figurar, imaginar
> **Just imagine!** ¡Imagínese!

imbecile imbécil
imitate (to) imitar
imitation imitación
immature inmaturo; imperfecto
immediate inmediato, próximo
IMMEDIATELY inmediatamente, en seguida
immense inmenso
immerse (to) sumergir
immigrant inmigrante
immigrate (to) inmigrar
immigration inmigración
imminent inminente
immobile inmóvil
immoderate inmoderado, excesivo
immoral inmoral
immorality inmoralidad
immortal inmortal
immortality inmortalidad
immune inmune
immunity inmunidad
immunization inmunización
immunize (to) inmunizar
impact impacto
> **This movie had a great impact.** Esta película causó una gran impresión.

impartial imparcial
impartiality imparcialidad
impartially imparcialmente
impatience impaciencia
impatient impaciente
impatiently impacientemente
imperative imperativo
imperceptible imperceptible
imperfect imperfecto, defectuoso
imperfection imperfección
imperfectly imperfectamente
imperial imperial
imperious imperioso
impersonal impersonal
impersonally impersonalmente
impertinence impertinencia
impertinent impertinente
impetuous impetuoso
impious impío
implant (to) plantar
implicate (to) implicar
implicit implícito
implied implícito
implore (to) implorar
IMPLY (to) atribuir, envolver
impolite descortés

impoliteness descortesía
import (to) importar; interesar
   import duty derechos de entrada
importance importancia
IMPORTANT importante
importation importación
importer importador
importunate importuno
impose (to) imponer, importunate
imposing imponente, abusivo
impossibility imposibilidad
IMPOSSIBLE imposible
impresario empresario
IMPRESS (to) impresionar
impression impresión
   to have the impression tener la impresión
impressive imponente, grandioso
imprison (to) encarcelar, aprisionar
improbable improbable
IMPROPER impropio
IMPROVE (to) mejorar, perfeccionar,
   adelantar, progresar, aliviarse
   The patient is improving. El paciente sigue
     mejorando.
improvement mejorada, adelantado, progreso,
   alivio
   That's a great improvement. Eso es una
     gran mejora.
improvise (to) improvisar
imprudence imprudencia
imprudent imprudente
impulse impulso
impulsive impulsivo
impure impuro
impute (to) imputar
IN en; de; por; con; durante; de
   in fact en efecto
   in front en frente
   in general en general
   in good condition en buen estado
   in reality en realidad
   in spite of a pesar de
   in the middle of en medio de
   in the morning por la mañana
   in turn por turno
   in vain en vano
   in writing por escrito
   He died in his sleep. Murió durmiendo.
   He is in-and-out. Sale y entra.
   He is in here. Está aquí adentro.
   He is in Madrid. Está en Madrid.
   He is not in. No está.
   He will come in a month. Vendrá de aquí a
     un mes.
   I am in for no one. No estoy para nadie.
   This is the best hotel in Barcelona. Es el
     mejor hotel de Barcelona.
   Write it in ink. Escríbalo con tinta.

inability ineptitud, inhabilidad, incapacidad
inaccessible inaccesible
inaccuracy inexactitud
inaccurate inexacto
inaction inactividad
inactive inactivo
inadequate inadecuado
inanity inanición
inappropriate inadecuado, impropio
inarticulate inarticulado
INASMUCH AS tanto como; hasta donde
   inasmuch as I know hasta donde yo sé
inbound de entrada
   inbound traffic tráfico de entrada
incapable incapaz
incapacity incapacidad
incarnate (to) encarnar
incessant incesante
incessantly incesantemente
INCH pulgada
   within an inch of a dos dedos de
incident incidente, casualidad
incidental incidental
incidentally incidentalmente
inclination inclinación, propensión
incline (to) inclinar, doblar
include (to) incluir
INCLUDED inclusive, incluso
   everything included todo incluído
inclusive inclusivo
incognito incógnito
incoherent incoherente
INCOME renta, ingreso
   income tax impuesto sobre rentas
incoming entrante
incomparable incomparable
incompatible incompatible
incompatibility incompatibilidad
incompetence incompetencia
INCOMPLETE incompleto
incomprehensible incomprensible
inconsiderate irreflexivo, desconsiderado
inconsistence, inconsistency incompatibilidad,
   inconsistencia
inconvenience inconveniencia, molestia
INCONVENIENCE (to) incomodar, molestar
   I don't want to inconvenience you. No
     quiero molestar a Ud.
inconvenient inconveniente; incómodo, molesto
incorporate (to) incorporar
   Smith & Sons, Inc. Smith e Hijos S.A.
incorrect incorrecto
increase aumento
   salary increase aumento de salario
INCREASE (to) aumentar
incredibility incredibilidad
incredible increíble
incredibly increiblemente

incredulity incredulidad
incriminate (to) incriminar
inculcate (to) inculcar
incumbent obligatorio; *s:* beneficiado
incurable incurable
incurably incurablemente
INDEBTED endeudado, entrampado, lleno de
deudas, obligado, reconocido
    I am very much **indebted to him.** Le estoy
      muy obligado.
indecency indecencia
indecent indecente
indecision indecisión
INDEED verdaderamente, realmente, de veras, a
la verdad
    Indeed? ¿De veras?
    No indeed! ¡De ninguna manera!
    Yes indeed! ¡Claro que sí!
indefinite indefinido
independence independencia
    Independence Day 4 de julio *(Día de la
      independencia en los EE.UU.)*
independent independiente; acomodado, libre
    He is very independent. Es muy
      independiente.
index índice, lista, indicador, manecilla
    index finger dedo índice
Indian indio
    Indian summer veranillo de San Martín
indicate (to) indicar
indication indicación
INDIFFERENCE indiferencia
indifferent indiferente
indifferently indiferentemente
indigestion indigestión
indignant indignado
indignation indignación
indignity indignidad
indirect indirecto
indirectly indirectamente
indiscreet indiscreto
indiscreetly indiscretamente
indiscretion indiscreción
indiscriminate promiscuo
indiscriminately indistintamente
INDISPENSABLE indispensable
indispensably indispensablemente
indisposed indispuesto; de mala disposición
indisposition indisposición
indisputable incontestable, indisputable
indistinct indistinto, obscuro, vago
individual solo, único, individual
individualist individualista
individuality individualidad
individualize (to) individualizar
individually individualmente
indivisible indivisible
indolence indolencia

INDOORS dentro, en casa
indorsement endoso, respaldo
induce (to) inducir, incitar
INDULGE (to) dar rienda, dar rienda suelta a,
darse gusto; entregarse a
    He indulges in drinking. Se entrega a la
      bebida.
indulgence indulgencia; complacencia
indulgent indulgente
indulgently indulgentemente
industrial industrial
industrialize (to) industrializar
industrious industrioso, diligente
industriously industriosamente
INDUSTRY industria; laboriosidad
inebriated ebrio, borracho
INEFFECTIVE ineficaz
INEFFICIENT ineficaz
inept inepto, absurdo
ineptitude ineptitud
inequality injusticia
inert inerte
inevitable inevitable
inexact inexacto
inexactly inexactamente
inexcusable inexcusable, imperdonable
inexhaustible inagotable
inexorable inexorable
inexperience inexperiencia
inexperienced inexperto, sin experiencia
infallible infalible
infamous infame, infamente
infancy infancia
INFANT infante, niñito, criatura
infantry infantería
infatuated infatuado
    He is infatuated with her. El está muy
      enamorado de ella.
infection infección
infectious infeccioso
infer (to) inferir, colegir, indicar
inference inferencia
INFERIOR inferior
inferiority inferioridad
infinite infinito
infinity infinidad, infinito
infirm enfermizo
inflame (to) inflamar
inflate (to) inflar, hinchar
inflation inflación
inflection inflexión, acento
inflexible inflexible
influence influencia
influence (to) influir
influential influyente
influenza influenza
INFORM (to) informar, hacer saber
INFORMATION información, informe

Can you give me some information?
¿Puede Ud. darme un informe?
Where is the information desk? ¿Dónde
queda la oficina de información?
informer delator, denunciador
infrequent raro, no frecuente
infrequently raramente
infuriate (to) irritar
infuriated furioso
ingenious ingenioso
ingeniously ingenuamente
ingenuity ingeniosidad, ingenio
ingoing entrante
   ingoing traffic tráfico de entrada
ingredient ingrediente
inhabit (to) habitar, ocupar
inhabitant habitante
inhabited poblado, habitado
inhale (to) inhalar, aspirar
inherit (to) heredar
inheritance herencia
inhibit (to) inhibir
inhibition inhibición
inhospitable inhospitalario
inhuman inhumano
initial inicial, incipiente
initiate (to) iniciar
initiation iniciación
initiative iniciativo
inject (to) inyectar
injection inyección
INJURE (to) injuriar, agraviar; dañar, hacer
   daño, lastimar
injurious nocivo, dañino, perjudicial
injury daño, avería; perjuicio, mal
injustice injusticia
INK tinta
inkwell tintero
inlaid embutido
inland interior; tierra adentro
   inland navigation navegación fluvial
inn posada, fonda
innate innato
inner interior
innkeeper posadero, ventero
innocence inocencia
innocent inocente
innovate (to) innovar
innumerable innumerable
inoculate (to) inocular
inoculation inoculación
inoffensive inofensivo
inopportune inoportuno
INQUIRE (to) preguntar, averiguar, informarse
   I want to inquire about your prices. Quiero
     informarme de sus precios.
inquiry pregunta; consulta
inquisitive inquisitivo

She is very inquisitive. Ella es muy curiosa.
INSANE loco, demente
   insane asylum asilo para dementes
insanity locura
INSCRIBE (to) inscribir, grabar, apuntar
inscription inscripción, letrero
insect insecto
insecticide insecticida
insecure inseguro
insecurity inseguridad
insensible insensible, impasible
inseparably inseparablemente
INSERT (to) insertar, introducir
insertion inserción
INSIDE dentro, interior, interno
   inside out al revés, de dentro afuera
   on the inside por dentro
   towards the inside hacia dentro
   I'll wait for you inside. Le espero dentro.
insidious insidioso
insidiously insidiosamente
insight discernimiento
insignia insignia
insignificance insignificancía
insignificant insignificante
insincere falta de sinceridad, insincero, -ra
insincerely sin sinceridad, insinceramente
insincerity falta de sinceridad, insinceridad
insinuate (to) insinuar, indicar, sugerir
insinuation insinuación
insipid insípido
insipidity insipidez
INSIST (to) insistir, persistir
insistence insistencia
insofar as en cuanto a
insolence insolencia
insolent insolente
insolently insolentemente
inspect (to) reconocer, inspeccionar
inspection inspección
inspector inspector
inspiration inspiración
INSPIRE (to) inspirar, insinuar
install (to) instalar, colocar
installation instalación
installment plazo, abono
   to pay by installments pagar a plazos
INSTANCE ejemplo, caso, instancia
   for instance por ejemplo
   in this instance en este caso
   the first instance desde el principio
instant instante
instantaneous instantáneo
INSTEAD en lugar; en vez; en lugar de
   He brought a newspaper instead of a book.
     Llevó un periódico en lugar de un libro.
INSTINCT instinto
instinctively instintivamente

INSTITUTE instituto
institute (to) instituir
institution institución, instituto
instruct (to) instruir, inseñar
instruction instrucción, enseñanza
instructive instructivo
instructor instructor
INSTRUMENT instrumento
instrumental instrumental
instrumentalist instrumentista
insufficiency insuficiencia
insufficiently insuficientemente
insult insulto
insult (to) insultar
insulting insultante
insuperable insuperable
insupportable insoportable
INSURANCE seguro
    fire insurance seguro contra incendio
    insurance company compañía de seguros
    life insurance seguro de vida
insure (to) asegurar, garantizar
intact intacto
integral íntegro
integrally integralmente
integrate (to) integrar
integrity integridad
intellect intelecto
intellectual intelectual
INTELLIGENCE inteligencia
INTELLIGENT inteligente
intelligible inteligible
INTEND (to) intentar, tener intención de, proponerse
    to be intended for tener por objeto
intended prometido, futuro
intense intenso, fuerte
intensely intensamente
intensity intensidad
intensive intensivo
    an intensive course un curso intensivo
intensively intensivamente
intent atento
intention intención
intentional intencional
intentionally intencionalmente
    He did it intentionally. Lo hizo intencionalmente
interborough municipal, interseccional
intercede (to) interceder
intercept (to) interceptar
intercession intercesión
interchange (to) alternar, cambiar
interchangeable intercambiable
INTEREST interés, provecho
    What's the rate of interest? ¿Cuál es el tipo de interés?
interest (to) interesar

    It doesn't interest me. No me interesa.
interested interesado
    to become interested interesarse
interesting interesante
interfere (to) interponerse, interferir
    I don't want to interfere in the matter. No quiero interponerme en el asunto.
interference interferencia
INTERIOR interior, interno
interlock (to) trabar, engranar
interlocutor interlocutor
interlude intermedio
intermediary intermediario
intermediate intermedio
    This is the intermediate course. Es el curso intermedio.
INTERMISSION entreacto, intermedio
intern interno
INTERNAL interno
    internal revenue rentas provenientes
internally internamente
international internacional
internationally internacionalmente
interpose (to) interponer
interpret (to) interpretar
interpretation interpretación
interpreter intérprete
interrogation interrogación
interrupt (to) interrumpir
interruption interrupción
intersection intersección
    street intersection bocacalle
interval intervalo
intervene (to) intervenir, interponerse
intervention intervención
interview entrevista, conferencia
interview (to) entrevistar
intestines intestinos
intimacy intimidad
INTIMATE íntimo
    an intimate friend un amigo íntimo
intimately íntimamente
intimidate (to) intimidar
INTO en, dentro
    Let's go into this store. Entremos en esta tienda.
    The book has been translated into French. El libro fue traducido al francés.
intolerable intolerable
intolerant intolerante
intoxicate (to) intoxicar
intoxicated borracho
intoxicating embriagante
intoxication embriaguez; intoxicación
intricate intrincado, enredado
intrigue intriga, trama
intriguing intrigante
INTRODUCE (to) introducir; presentar

Allow me to introduce my brother.
    Permítame que le presente mi hermano.
INTRODUCTION introducción; presentación
introductory de introducción
introvert introvertido
INTRUDE (to) inmiscuirse, introducirse
intruder intruso
intrusion intrusión
intuition intuición
intuitive intuitivo
inundate (to) inundar
invade (to) invadir
invader invasor
invalid nulo; *s:* inválido
invalidate (to) invalidar, anular
invalidity nulidad
invaluable inestimable
invariable invariable
invariably invariablemente
invasion invasión
invent (to) inventar
invention invención
inventor inventor
INVENTORY inventario
invert (to) invertir, transponer
INVEST (to) invertir, interesar, colocar
investigate (to) investigar, inquirir
investigation investigación
investment inversión
investor inversionista
invincible invencible
invisibility invisibilidad
invisible invisible
INVITATION invitación
invite (to) convidar, invitar
invoice factura
invoke (to) invocar
involuntary involuntario
involve (to) comprometer, implicar; enredar
involved complicado
invulnerable invulnerable
inward interior, interno
inwardly internamente
iodine yodo
Irish irlandés
irksome fastidioso
IRON hierro, fierro; plancha .
    iron in the fire asunto entre manos
    wrought iron fierro forjado
    He has an iron will. Tiene una voluntad de
        hierro.
iron (to) planchar
ironic irónico
ironing planchado
    ironing board tabla de planchar
ironically irónicamente
irony ironía
irradiate (to) irradiar, iluminar

irrational irracional
irreducible irreducible, irreductible
irrefutable irrefutable
IRREGULAR irregular
irregularity irregularidad
irregularly irregularmente
irrelevant ajeno, inaplicable
irresolute irresoluto
irresolutely irresolutamente
irrespective of sin consideración a,
    irrespectivamente
irresponsible irresponsable
irreverent irreverente
irrevocable irrevocable
irrigate (to) regar, irrigar
irritate (to) irritar, exasperar
irritation irritación
irruption irrupción
ISLAND isla
isle isla
isolate (to) aislar, seperar
isolated solitario, retirado
ISSUE edición, tirada; asunto de que se trata
    Don't make an issue of it. No haga de eso
        una montaña.
    I want to buy the last issue of this
        magazine. Quiero comprar el último
        número de esta revista.
    What was the issue under discussion?
        ¿Cuál fue el asunto de la discusión?
issue (to) publicar; dar a luz; emitir
    The government issued some bonds. El
        gobierno emitió algunos bonos.
IT ello, él, ella; lo, la, le
    He said it. Lo dijo.
    I don't get it. No doy en ello.
    I have it. Lo (o la) tengo.
    Is it not so? ¿No es así?
    Isn't it so? ¿No es verdad?
    It is raining. Llueve.
    That's it. Eso es.
    What time is it? ¿Qué hora es?
Italian italiano
italic itálico
itch sarna; picazón
itch (to) picar
item ítem, artículo
itinerary itinerario, ruta
ITS su, sus; de él, de ella, de ello
    It has its advantages. Tiene sus ventajas.
    The dog broke its leash. El perro rompió su
        correa.
ITSELF sí, sí mismo; ello mismo
    by itself por sí
    It works by itself. Trabaja por sí solo.
ivory marfil
ivy hiedra

J

jack gato *(mec.);* sota *(baraja)*
jacket chaqueta; camisa; cubierta *(para un libro)*
jail cárcel
  jailbird malhechor
JAM compota, conserva; apuro; aprieto. **janitor**
  portero
  a traffic jam un enredo de tránsito
  I am in a jam. Estoy en un aprieto.
JANUARY enero
Japanese japonés
jar jarro, tarro
jaw quijada
jealous celoso
jealousy celos
jellied gelatinoso
jelly jalea
jerk tirón, vibración
jerk (to) sacudir, traquetear
jest broma
jest (to) bromear
jester bufón
jet azabache
  jet black negro como el azabache
  jet plane avión a reacción
Jew judío
jewel joya, alhaja
jewelry joyería
jewelry store joyería
Jewish judío *(adj.)*
jigger medida
JOB tarea, empleo, trabajo
  He has a very good job. Tiene una buena
    colocación.
  What a job! ¡Qué trabajo!
JOIN (to) juntar, unir, ensamblar, añadir,
  asociar, afiliarse, ingresar en
  He joined a political party. Se afilió a un
    partido político.
  Why don't you join the party? ¿Por qué no
    te unes a la fiesta?
JOINT coyuntura, articulación, empalme, junta,
  juntura, ensambladura
  joint commission comisión mixta
  joint property propiedad indivisa
  joint responsibility responsabilidad
    solidaria
  joint-stock company compañía por acciones
JOKE broma
joke (to) bromear, embromar
joker burión, bromista
jolly alegre, divertido, jovial
jostle (to) empellar, rempujar
jot pizca, ápice
journal diario, revista
journalism periodismo
journalist periodista

journey viaje
jovial jovial
JOY alegría, felicidad
joyful alegre, festivo
judge juez
judge (to) juzgar
judgment juicio
judicial judicial
judiciary judiciario, judicial
jug jarrita
JUICE jugo, zumo
  Please bring me an orange juice. Tráigame
    un jugo de naranja, por favor.
juicy jugoso
JULY julio
jumbo colosal
jump salto, brinco
  at one jump de un salto
JUMP (to) saltar
  He always jumps to conclusions. Siempre
    llega a conclusiones con demasiada
    rapidez.
jumper saltador; blusa de obrero
junction junta, unión
JUNE junio
jungle maraña, jungla
JUNIOR más joven; hijo *(Jr.)*
  John Smith, Jr. Juan Smith, hijo
  junior high school escuela preparatoria
junk hierro viejo
juridical jurídico
jurisdiction jurisdicción
jurisprudence jurisprudencia
juror jurado *(individuo)*
jury jurado *(institución)*
JUST justo, legal
  It is not just. No es justo.
JUST justamente; exactamente; solamente;
  simplemente; no más que
  just as I came in en el mismo instante en que
    yo entraba
  just as I said exactamente como dije
  just now ahora mismo
  I just arrived. Acabo de llegar.
  I just wanted to say hello. Yo solamente
    quería decir buenos días.
  It is just two o'clock. Son las dos en punto.
  Just a moment! ¡Un momentito!
  Just as you please. Como Ud. guste.
  This is just what I want. Esto es
    exactamente lo que quiero.
justice justicia
justifiable justificable
justification justificación
justify (to) justificar
juvenile juvenil
  juvenile delinquency delincuencia juvenil
juxtaposition yuxtaposición

K

keel quilla
KEEN afilado; agudo; astuto
    He is very keen on seafood. Le gustan mucho los mariscos.
keenness agudeza, perspicacia
KEEP (to) guardar; tener; dirigir; repetir
    to keep away mantener alejado
    to keep back detener
    to keep from impedir; abstenerse
    to keep house cuidar de la casa
    to keep in mind recordar
    to keep late hours acostarse tarde
    to keep one's hands off no meterse en
    to keep one's word mantener la palabra
    to keep track of no perder de vista
    He kept telling me the same thing. Continuó repitiéndome lo mismo.
    I cannot keep awake. No puedo mantenerme despierto.
    I can't keep up with you. No puedo seguirle.
    I kept on doing it. Continué haciéndolo.
    Keep after him. No lo sueltes.
    Keep out! ¡Entrada prohibida!
    Keep quiet! ¡Cállate!
    Please keep an eye on the baby. Por favor, vigile al niño.
    She keeps her house very clean. Tiene su casa muy limpia.
    She kept me company while I was waiting. Me hizo compañía mientras que esperaba.
    The bell kept ringing. El timbre siguió sonando.
keeper guardián
keeping cargo, custodia
keepsake regalo, recuerdo
kennel perrera
kernel almendra, pepita
kerosene kerosina
kettle marmita, caldera
kettledrum timbal
KEY llave; tecla *(mus.)*; principal
    key rack taquilla
    key ring llavero
    These are the key ports. Estos son los puertos principales.
keyboard teclado
keyhole ojo de la cerradura
keynote nota tónica
kick puntapié, patada, coz
KICK (to) patear, cocear
    to kick out echar a puntapiés
KID cabrito; niño
    kidskin piel de cabrito
kidnap (to) plagiar, secuestrar
kidney riñón

KILL (to) matar
killer matador
kilo kilo
kin parentela
    the next of kin el pariente próximo
KIND clase, calidad
    a kind of una especie de, una clase de
    of the kind semejante
    two of a kind dos de la misma clase
    It's a kind of orange. Es una especie de naranja.
    There is nothing of the kind. No hay nada de eso.
    What kind of fruit is that? ¿Qué clase de fruta es esta?
KIND bueno, amable, bondadoso
    kind-hearted de buen corazón
    It is very kind of you. Es muy amable de Ud.
kindergarten jardín de niños
KINDLY bondadosamente
    He spoke very kindly of you. El habló amablemente de ti.
    Kindly do it. Tenga la bondad de hacerlo.
kindness bondad, favor
KING rey
    He lives like a king. Vive como un rey.
kingdom reino
kinsman pariente
kiosk kiosco
KISS beso
kiss (to) besar
kit equipo
    traveling kit estuche de viaje
    tool kit caja de herramientas
KITCHEN cocina
kitchenette cocina pequeña
kite cometa
    to fly a kite elevar una cometa
kitten gatito
knack talento, don
knead (to) amasar, sobrar
    to knead the dough amasar la masa
KNEE rodilla
    knee joint articulación de la rodilla
    to be on one's knees estar arrodillado
kneecap rodillera
kneel (to) arrodillarse
KNIFE cuchillo
    knife sharpener afilador
knight caballero
    knight errant caballero andante
knit (to) tejer
knitting trabajo de punto
    knitting needle aguja de medias
knob bulto, botón
    door knob llamador
knock golpe; llamada *(a la puerta)*, choque
    We heard a knock at the door. Oímos una llamada en la puerta.

KNOCK (to) golpear, tocar, llamar *(a la puerta)*
    to knock down derribar
    to knock off some work *(fam.)* rebajar,
    ejecutar prontamente un trabajo
    He was knocked out. Quedó fuera de
    combate.
knot nudo
KNOW (to) saber, conocer
    to know better saber hacerlo mejor
    to make known dar a conocer
    very well known muy bien conocido
    Do you know him? ¿Lo conoce?
    Do you know what? ¿Sabe Ud. una cosa?
    Do you know what happened? ¿Sabe lo que
    pasó?
    God knows! ¡Sabe Dios!
    How should I know? ¿Qué sé yo?
    I know it! ¡Ya lo sé!
    Not that I know of. No que yo sepa.
    Who knows? ¿Quién sabe?
knowledge conocimiento
    to my knowledge que yo sepa
    to the best of my knowledge según mi leal
    saber y entender
knuckle coyuntura, nudillo
    pigs' knuckles pata de puerco

L

label etiqueta, rótulo
label (to) clasificar
labor trabajo
    labor union sindicato
    Labor Day fiesta del trabajo en los EE.UU.
    (el primer lunes de septiembre)
labor (to) trabajar
laboratory laboratorio
laborer jornalero, trabajador
laborious laborioso
lace encaje
lack falta, escasez, carencia, necesidad
lack (to) carecer, necesitar
ladder escalera, escalá
ladle cucharón
LADY señora; dama
    a lady doctor una doctora
    a lady friend una amiga
    ladies señoras
    ladies and gentlemen señoras y caballeros
    ladies' man mujeriego
    lady of the house dueña de la casa
ladylike delicado
lagoon laguna
lake lago
lamb cordero
    lamb chops chuletas de cordero

lame cojo, lisiado, defectuoso
    to be lame cojear
lameness cojera
lament (to) lamentar
lamentation lamento, lamentación
lamp lámpara
LAND tierra; terreno; país
    We'll go by land. Iremos por tierra.
land (to) desembarcar; aterrizar
landing desembarco, aterrizaje; meseta;
    descanso *(escalera)*
    The plane made a forced landing. El avión
    hizo un aterrizaje forzoso.
landlady propietaria; dueña, patrona
landlord propietario, dueño, patron, casero
landowner terrateniente
landscape paisaje
landslide derrumbe
lane senda, vereda
language lenguaje; idioma; lengua
languid lánguido
languish (to) languidecer
languor languidez
lantern farol, linterna
lap falda; piernas
    The baby is sitting on his mother's lap. El
    niño está sentado en las piernas de su
    madre.
lapel solapa
lapse lapso, curso, intervalo
    in the lapse of time con el transcurso del
    tiempo
larceny ratería, hurto
lard manteca de puerco, grasa
LARGE grande
    at large en libertad; suelto; en general; en
    conjunto
    on a large scale en grande
largely grandemente, liberalmente
lark alondra
larva larva
larynx laringe
laser láser
lash látigo
LAST último, pasado
    at last al fin, al cabo, por fin
    last but not least último en orden pero no en
    importancia
    Last Judgment Juicio Final
    lastly al fin, finalmente, por último
    last night anoche
    last week la semana pasada
    last year el año pasado
    He was the last one to arrive. Fue el último
    en llegar.
last (to) durar
    How long does the picture last? ¿Cuánto
    tiempo dura la película?

lasting duradero, durable
latch aldaba, picaporte
LATE tarde; tardo, último, difunto
    late arrival recién llegado
    late in the year a fines de año
    of late recientemente
    the late president el presidente anterior
    to be late llegar tarde
    to grow late hacerse tarde
    Better late than never. Más vale tarde que
    nunca.
    How late? ¿Hasta qué hora?
lately recientemente; últimamente
    I have not seen him lately. No lo he visto
    recientemente.
lateness tardanza
LATER más tarde
    later on después
    sooner or later tarde o temprano
lateral lateral
LATEST último
    at the latest a más tardar
    latest style última moda
    What is the latest news? ¿Cuál es la última
    noticia?
lather espuma de jabón
Latin latino; latin *(idioma)*
latitude latitud
LATTER (the) éste, último
    the former and the latter éste y aquél
laudable laudable
LAUGH risa
LAUGH (to) reír
    to laugh out loud reír a carcajadas
    to laugh up one's sleeve reírse entre sí
    He burst out laughing. Se echó a reír.
    He makes me laugh. Me hace reír.
    Why are you laughing at her? ¿Por qué se
    ríe de ella?
laughable risible, divertido
laughter risa
launch (to) echar al agua
launder (to) lavar y planchar la ropa
laundress lavandera
LAUNDRY lavandería; ropa lavada
    I have to send these clothes to the laundry.
    Tengo que mandar esta ropa a la
    lavandería.
    I have to take care of my laundry. Tengo
    que atender mi ropa.
laurel laurel
lavatory lavatorio
lavender lavanda
lavish pródigo, gastador
lavish (to) prodigar
lavishly prodigamente
LAW ley; jurisprudencia; derecho; código
    law school escuela de derecho

lawful legal, lícito
lawfully legalmente
lawless ilegal
lawn césped
    lawn mower cortadora de césped
lawsuit pleito
lawyer abogado
lax laxo, flojo
laxative laxativo
laxity laxitud
LAY (to) poner, colocar
    to lay aside poner a un lado
    to lay eggs poner huevos
    to lay hands on sentar la mano a
    to lay hold of asir, coger
    to lay off quitar al trabajo
    to lay the blame on echar la culpa a
layer capa
laying colocación, postura *(de huevos)*
layout plan, disposición, arreglo
lazily perezosamente
laziness pereza
lazy perezoso
lead plomo
lead primacía; dirección
    She played the lead in that play. Ella
    desempeñó el papel principal en esa obra.
LEAD (to) conducir, guiar, dirigir
    to lead astray descarriar
    to lead the way mostrar el camino
    to lead up to conducir a
    He is leading a new life. El lleva una vida
    nueva.
leader líder, caudillo, conductor
    He is a political leader. El es un líder
    político.
leadership dirección
leading principal, capital
    leading article editorial
    leading man cabecilla, jefe
LEAF hoja
leaflet hojilla
league liga, confederación
leak fuga, escape
leak (to) gotear, hacer agua
leakage escape, fuga
leaky llovedizo
lean flaco, magro
LEAN (to) inclinar, apoyarse
    to lean back retreparse, recostarse
    to lean over reclinarse
leaning inclinación, propensión, tendencia
leap salto, brinco
    leap year año bisiesto
leap (to) saltar, brincar
LEARN (to) aprender; enterarse de; tener noticia
    de; saber
    to learn by heart aprender de memoria

I just learned about it today. No lo supe hasta hoy.

learned sabio; docto; erudito

learning saber, erudición

lease arriendo, contrato de arrendamiento

lease (to) arrendar, dar en arriendo

leash correa

LEAST mínimo, el mínimo, menos
   at least a lo menos, al menos
   least of all lo de menos
   not in the least de ninguna manera
   the least possible lo menos posible
   It's the least you can do. Es lo menos que puede Ud. hacer.

LEATHER cuero

LEAVE licencia, permiso, despedida
   leave of absence licencia
   He is on leave. Tiene licencia.

LEAVE (to) dejar, abandonar, salir, irse
   to leave behind dejar atrás
   to leave out in the cold dejar colgado
   to take leave despedirse
   He left his work undone. Dejó su trabajo sin terminarlo.
   Leave me in peace. Déjeme en paz.
   They left him in the lurch. Le dejaron plantado.

lecture conferencia; disertación; regaño
   to give a lecture dictar una conferencia

lecture (to) disertar, discutir

lecturer conferenciante

ledger libro mayor

leek puerro

LEFT izquierdo
   left hand mano izquierda
   left-handed zurdo
   on the left side al lado izquierdo
   to the left a la izquierda
   Turn left. Dé vuelta a la izquierda.

LEG pierna, pata
   on its legs en pie, firmemente

legacy legado, herencia

legal legal

legalize (to) legalizar

legally legalmente

legation legación

legend leyenda; letrero

legislation legislación

legislator legislador

legislature legislatura

legitimate legítimo

LEISURE ocio, holganza, comodidad
   at leisure despacio
   leisure hours horas libres
   to be at leisure estar desocupado

leisurely despacio

lemon limón

lemonade limonada

LEND (to) prestar, dar prestado
   to lend a hand arrimar el hombro
   to lend an ear dar oídos; prestar atención

LENGTH largo, longitud, duración de tiempo
   at length al fin, finalmente
   at full length a lo largo, a todo lo largo

lengthen (to) alargar, estirar, prolongar

lengthwise a lo largo

lenient indulgente

Lent cuaresma

lentil lenteja

lesbian lesbiana

LESS menos; menor; inferior
   less and less de menos en menos
   more or less más o menos
   He is less interesting than his brother. El es menos interesante que su hermano.

lessen (to) reducir, disminuir, rebajar

LESSON lección

LET (to) dejar, permitir; arrendar, alquilar. *(Se usa también como auxiliar para formar el subjuntivo imperativo.)*
   to let go soltar
   House to rent. Casa para alquilar.
   I let it go at that. Lo dejo pasar.
   I'll let you know. Le avisaré.
   Let her go. Que se vaya.
   Let me alone! ¡Déjame en paz!
   Let me in. Déjeme entrar.
   Let's see. Veamos.
   Let them stay! ¡Que se queden!
   Let us go. (Let's go.) Vamos.

LETTER carta; letra
   letterbox buzón
   letter of credit carta de crédito
   registered letter carta registrada
   special-delivery letter carta por entrega especial

letterhead membrete

lettuce lechuga

LEVEL plano, llano; igual, parejo nivelado, allanado; nivel
   level crossing paso a nivel
   to be on the level jugar limpio

level (to) nivelar; planear

lever palanca; manecilla

lewd lujurioso, lascivo

lexicon léxico

liability riesgo, responsabilidad

LIABLE sujeto, expuesto a; propenso a, capaz de

liberal liberal
   liberal arts artes liberales

liberate (to) libertar, librar

liberation liberación

liberty libertad

librarian bibliotecario

library biblioteca

LICENSE licencia, permiso
    driving license licencia de manejar
licensee persona que tiene licencia
licit lícito
lick (to) lamer
licorice regaliz
lid tapa, tapadera
lie mentira
LIE (to) mentir; reposar, acostarse, echarse
    He is lying down. Está acostado.
    He lied to her. Le mintió.
lieutenant teniente
LIFE vida
    lifeboat bote salvavidas
    life insurance seguro sobre la vida
    lifesaver salvavidas
    life sentence sentencia de prisión perpetua
    I never heard of such a thing in my life. En mi vida no he oído tal cosa.
lifelong de toda la vida
lifetime curso de la vida, toda la vida
lift acción de levantar
LIFT (to) alzar, levantar
    to lift up alzar
LIGHT luz; claridad
    electric light luz eléctrica
    in the light of a la luz de
    in this light desde este punto de vista
    Put the light on. Encienda la luz.
    Turn the light off. Apague la luz.
    The lights went out. Se apagaron las luces.
LIGHT liviano, ligero; claro
    light complexion tez blanca
    light-headed ligero de cascos
    light reading lectura amena
light (to) encender, alumbrar, iluminar
    to light the fire encender el fuego
lighten (to) aligerar, quitar peso; iluminar, alumbrar; relampaguear
lighter encendedor
lighthouse faro
lighting alumbrado, iluminación
lightly ligeramente, levemente
lightness ligereza
lightning relámpago, rayo
    lightning rod parrayos
lightweight de poco peso
LIKE parecido, semejante, igual, equivalente
    in like manner del mismo modo
    to be like ser semejante
    I have never seen anything like it. Nunca he visto nada como eso.
    She is not like her sister. Ella no es como su hermana.
LIKE (to) querer, gustar, agradar
    to like someone tener simpatía por
    As you like. Como Ud. quiera.
    Do you like it? ¿Le gusta?

    I'd like some ice cream. Quisiera helado.
    I don't like it. No me gusta.
    I like it. Me gusta.
    I like red wine better than white wine. Me gusta el vino tinto más que el vino blanco.
    She does not like me. Ella no me quiere.
    This is what I like best. Esto es lo que me gusta más.
    What would you like to eat? ¿Qué le gustaría a Ud. comer?
likely probable; probablemente
    He is likely to make an error. Es propenso de equivocarse.
likeness semejanza, igualdad
likewise igualmente, asimismo
LIKING afición, gusto, simpatía
    to your liking a su gusto
lilac lila
lily lirio
Lima bean haba
limb miembro; piernas
lime limón; cal
limelight luz de calcio
limit límite
limit (to) limitar; restringir
limitation limitación
limited limitado; restricto
    Jones Company Ltd. Jones, compañía de responsabilidad limitada
limp débil, blando; *s:* cojera
limp (to) cojear
limpid límpido
LINE línea
    What's your line? ¿Cuál es su profesión?
line (to) rayar, trazar líneas
    to line up alinear, alinearse
LINEN tela de hilo; ropa blanca
    linen goods géneros de lino
linger (to) demorarse, dilatarse
lingerie ropa blanca
lingual lingual
lining forro
link eslabón; enlace
link (to) unir, enlazar, eslabonar, encadenar
lion león
lip labio
lipstick lápiz para los labios
liquid líquido
liquor licor
lisp (to) cecear, balbucear
LIST lista
    list price precio de tarifa
list (to) registrar, poner en lista
LISTEN (to) escuchar
    to listen in escuchar a hurtadillas
    He likes to listen to the radio. Le gusta escuchar el radio.
    Listen to me. Escúcheme.

listener escuchador, oyente
literal literal, al pie de la letra
literally literalmente
literary literario
literature literatura
litter litera
LITTLE pequeño, poco, insignificante
   a little un poco, un poquito
   a little child un muchachito
   a little dog un perrito
   a little while ago hace poco
   little boy chico, chiquillo
   little by little poco a poco
   little finger dedo meñique
   little girl chica, chiquilla
   very little muy poco
   He knows a little about everything. Sabe un poco de todo.
live vivo, viviente
   live bait carnada viva
   livestock ganado
   live wire alambre cargado
LIVE (to) vivir, pasar, subsistir
   to live from hand to mouth vivir al día
   to live up to one's promise cumplir lo prometido
   He lives on milk. Se alimenta de leche.
livelihood vida
liveliness vivacidad, animación
livelong todo, entero
lively vivo, vivaz, animado
liver hígado
LIVING vida, mantenimiento
   living language lengua viva
   living room salón, estancia
   the cost of living el precio de la vida
   the living los vivos
   to make a living ganarse la vida
   I am making a living by writing. Escribo para ganarme la vida.
lizard lagarto
LOAD carga
   I had quite a heavy load to carry. Tuve que llevar una carga muy pesada.
load (to) cargar, recargar
loaf pan, panecillo
   loaf of bread hogaza de pan
loaf (to) holgazanear
loafer flojo, holgazán
loan préstamo; prestación
loathe (to) detestar, abominar
loathsome repugnante
lobby paso, pasillo, vestíbulo
lobster langosta
local local; regional
   local train tren de servicio ordinario
locate (to) situar, colocar
   I cannot locate him. No puedo localizarlo.

located situado
LOCATION sitio, localidad, situación, posición
   This house has a very good location. Esta casa está muy bien situada.
lock cerradura; esclusa; bucle
LOCK (to) cerrar con llave
   to lock up encarcelar
   I locked myself out. Se me cerró la puerta.
   She locked me in by mistake. Ella me encerró por equivocación.
locker cajón, gaveta
locket relicario
locomotive locomotora
locust langosta
lodge (to) alojar, hospedar, colocar
lodging posada, hospedería
lofty elevado, eminente, excelso
log leño, palo, tronco
   logbook diario de navegación
   log cabin cabaña
logic lógica
logical lógico
lone solitario, solo
loneliness soledad
LONELY Lonesome, solitario, triste
LONG largo
   all day long todo el santo día
   a long-distance phone call una conferencia a larga distancia
   a long time ago hace mucho tiempo
   It's five inches long. Tiene cinco pulgadas de largo.
LONG a gran distancia; mucho; mucho tiempo
   as long as mientras
   long ago mucho tiempo ha
   not long ago no hace mucho
   not long before I left poco antes de irme
   How long ago? ¿Cuánto tiempo hace?
   How long are you going to remain here? ¿Cuánto tiempo se va a quedar aquí?
   How long is it since you last saw him? ¿Cuánto hace que no lo ha visto?
long for (to) anhelar, suspirar por
longer más largo; más tiempo
   How much longer do you plan to stay? ¿Cuánto tiempo más piensas estar?
   I no longer work. Ya no trabajo.
longevity longevidad
longhand escritura corrida
longing anhelo
longitude longitud
LOOK cara, aspecto; mirada, ojeada
LOOK (to) ver, mirar, examinar
   good looking guapo
   to look after cuidar
   to look alike parecerse
   to look for buscar, esperar
   to look forward to esperar

to look into examinar, estudiar
to look over repasar, revisar
He did not dare look me in the face. No se atrevió a mirarme a la cara.
He looked down upon his in-laws. Despreció a sus parientes políticos.
I have to look up a word in the dictionary. Tengo que buscar una palabra en el diccionario.
It looks like snow. Parece que va a nevar.
Look! ¡Mire!
Look in the mirror! ¡Mírate al espejo!
Look out! ¡Cuidado!
Please look me up when you come to New York. Por favor, no dejes de ponerte en contacto conmigo cuando vengas a Nueva York.
looking glass espejo
lookout vigía, vigilancia
to be on the lookout estar a la mira
loom (to) telar
loop gaza, lazo, vuelta
loophole abertura
loose suelto, desatado
to turn loose dar rienda suelta
The boy is running loose. Este muchacho anda suelto.
loosen (to) desatar, soltar
lord señor, amo
the Lord el Señor
LOSE (to) perder
to lose heart desanimarse
to lose one's speech perder el habla
Don't lose sight of him. No lo pierdas de vista.
He lost his temper once more. Se encolerizó de nuevo.
He nearly lost his life. Estuvo a punto de perder la vida.
He's lost his mind. Ha perdido la razón.
I don't have any time to lose. No tengo tiempo que perder.
We lost track of her. La perdimos de vista.
loss pérdida
She is at a loss. No sabe que hacer.
lot lote, terreno
LOT (a) mucho
He has a lot of money. Tiene mucho dinero.
I have a lot to do. Tengo mucho que hacer.
lotion loción
lottery lotería
LOUD ruidoso, fuerte, alto
a loud laugh risotada
He spoke in a very loud voice. Habló en voz muy alta.
This is a very loud color. Es un color muy fuerte.
lounge vestíbulo, tocador

louse (pl: lice) piojo, cáncano
lousy piojoso, miserable
lovable digno de ser amado, amable, afectuoso
LOVE amor, cariño
love affair intriga amorosa
love-making galanteo
He is madly in love with her. Está locamente enamorado de ella.
LOVE (to) amar, querer
I love you. Te quiero. Te amo.
loveliness encanto
lovely encantador, precioso, hermoso
lover amante, aficionado
He is a music lover. Es un amante de música.
loving afectuoso, cariñoso
LOW bajo, de poca altura
low spirits abatimiento
lower más bajo, inferior
the lower classes (of society) la clase baja (de la sociedad)
Speak a little lower, please. Hable un poco más bajo, por favor.
lower (to) bajar, rebajar, arriar *(bandera);* abatir
You'll have to lower your prices. Tendrá que rebajar sus precios.
loyal leal, fiel
loyalty lealtad, fidelidad
lubricate (to) lubricar
LUCK suerte, fortuna
bad luck mala suerte
good luck buena suerte
He has no luck. No tiene suerte.
luckily afortunadamente
LUCKY afortunado
She is very lucky. Tiene mucha suerte.
luggage equipaje
lukewarm tibio, templado
lull (to) arrullar, adormecer
She lulled the baby to sleep. Adormeció al niño.
lullaby arrullo
lumber madera aserrada
lumberyard maderería
luminous luminoso
lump masa, bulto; terrón
a lump of sugar un terrón de azúcar
lunatic loco
LUNCH, luncheon almuerzo
Have you had your lunch? ¿Ha almorzado Ud. ya?
lunch (to) almorzar
lung pulmón
lurch sacudida
lure (to) inducir
lust lujuria
luxe lujo
de luxe lujoso
luxurious lujurioso
luxury lujo

M

macaroni macarrones
macaroon almendrado
macerate (to) macerar
machine máquina
machinery maquinaria
machinist maquinista
mackerel escombro
MAD loco
    to go mad volverse loco
madam señora
MADE hecho, fabricado
    made-up artificial
    homemade hecho en casa
madness locura
Madrilenian madrileño
magazine revista
magic mágico; magia
magician mago, mágico
magistrate magistrado
magnanimous magnánimo
magnet imán
magnetic magnético
magnificent magnífico
magnify (to) aumentar
    magnifying glass lupa
mahogany caoba
MAID doncella; criada
    maid of honor dama de honor
maiden virginal; s: virgen
    maiden name apellido de soltera
MAIL correo; correspondencia
    by air mail por correo aéreo
    by return mail a vuelta de correo
    What time does the mail leave? ¿A qué hora
        sale el correo?
mail (to) echar al correo; enviar por correo
    Have you mailed my letter? ¿Ha echado Ud.
        mi carta al correo?
mailbox buzón
mailman cartero
MAIN principal, esencial, mayor
    the main floor la planta baja
    the main issue la cuestión principal
    the main office la casa matriz
    the main point el punto esencial
    the main street la calle mayor
mainly principalmente; sobre todo
maintain (to) mantener; sostener; conservar
maintenance mantenimiento; conservación,
    entretenimiento, reparación
majestic majestuoso
majesty majestad
major comandante
MAJOR mayor, más importante, principal
majority mayoría
make hechura; forma, figura; fábrica

What make is this car? ¿De qué marca es
    este coche?
MAKE (to) hacer, fabricar, producir; ocasionar;
    constituir; dar
    to make a good salary ganar un buen sueldo
    to make a hit producir sensación
    to make a living ganarse la vida
    to make a mistake equivocarse
    to make a stop detenerse
    to make both ends meet vivir con lo que
        gana
    to make friends granjearse amigos, hacer
        amigos
    to make fun of burlarse de
    to make happy poner alegre
    to make haste apurarse
    to make headway adelantar
    to make into convertir
    to make known dar a conocer
    to make one's way avanzar
    to make possible hacer posible
    to make ready preparar
    to make room hacer lugar
    to make sad poner triste
    to make tired cansar
    to make use of hacer uso de
    Don't make it hard for me. No me cause
        tanto trabajo.
    He made the best of it. Sacó el mejor partido
        de ello.
    I cannot make it out. No puedo
        comprenderlo.
    I cannot make up my mind. No puedo
        decidirme.
    It makes no difference to me. No me
        importa.
    She made a fool of him. Lo puso en ridículo.
    They made up. Se reconciliaron.
make-believe (to) fingir
maker fabricante
make-up cosmético
male macho, varón
malediction maldición
malice malicia
malicious malicioso
malignant maligno, perverso
malt malta
MAN hombre
    an honest man un hombre de bien
    a statesman un hombre de estado, un
        estadista
    man and wife marido y mujer
    young man joven
    He's a man of the world. Es hombre de
        mundo.
MANAGE (to) administrar; gestionar; arreglar
    Can you manage? ¿Puede arreglárselas?
management administración, dirección

manager administrador; director; gerente
mandate mandato; encargo
mane crin, melena
maneuver maniobra
manger pesebre
mangle (to) mutilar
manhood naturaleza humana
mania manía
maniac loco *(s.)*
manicure manicuro
manicurist manicurista, manicura
manifest manifiesto, proclama
manifest (to) manifestar
manifold múltiple, vario
manipulate (to) manipular
mankind humanidad
manly varonil
mannequin maniquí
MANNER manera, modo
    after this manner de este modo
    in a manner de cierto modo
    He has no manners. No tiene buenos
      modales.
manor fuedo; hacienda
mansion mansión
manual manual
    manual work trabajo manual
manufacture fabricación, manufactura
manufacture (to) manufacturar, fabricar
manufacturer fabricante
manure abono *(para agricultura)*
manuscript manuscrito
MANY muchos, muchas
    a great many muchísimos
    as many otros tantos
    as many as tantos como
    many-sided variado
    many things muchas cosas
    many times muchas veces
    How many? ¿Cuántos?
map mapa, carta geográfica
maple maple
marble mármol; bola *(de mármol o vidrio para
    jugar)*
MARCH marzo
march marcha
march (to) marchar, desfilar
    to march up avanzar
mare yegua
margarine margarina
margin margen, orilla
marginal marginal
marine marino
maritime marítimo
MARK marca, seña, señal
mark (to) señalar, marcar
    The price has been marked down. El precio
      fue rebajado.

MARKET mercado
    market price precio corriente, precio de
      mercado
    There is an open market for these goods.
      Hay mercado libre para estos artículos.
marketing compra o venta en el mercado;
    marketing; comercialización
markup aumento; subida; alza
marquis marqués
MARRIAGE matrimonio
    marriage license licencia de matrimonio
married casado
    married couple matrimonio
    to get married casarse
marrow médula, meollo
MARRY (to) casar, casarse
    She married a foreigner. Se casó con un
      extranjero.
    The judge married them. El juez los unió en
      matrimonio.
marsh pantano
marshal mariscal
martial marcial
martyr mártir
marvel maravilla, prodigio
marvel at (to) admirarse
marvelous maravilloso
masculine masculino
mask máscara
    masked ball baile de máscaras
Mass misa
mass montón, bulto
    mass production producción en serie
massage massaje
massage (to) sobar, dar masaje
massive macizo, sólido
mast mástil
master amo, dueño; principal
    master copy original
    master key llave maestra
    Master of Arts (M.A.) maestría en
      humanidades
masterpiece, masterwork obra maestra
MATCH fósforo, cerilla; partida, compañero,
    pareja, alianza
    matchbox fosforera
    This is a good match. Este es un buen
      partido.
match (to) hacer juego; casar
    I want a bag to match my shoes. Quiero una
      bolsa que haga juego con mis zapatos.
matchless incomparable
mate consorte, compañero
material material, tela
materialist materialista
materialize (to) materializar
materially materialmente
maternal materno

maternity maternidad
    maternity hospital casa de maternidad
mathematics matemáticas
matinée matiné, función de tarde
matron matrona, ama de llaves, directora
MATTER materia; cosa; asunto; cuestión
    a matter of course cosa natural
    an important matter un asunto importante
    as a matter of fact en realidad
    I need more information on the matter.
      Necesito más información sobre el
      asunto.
    It's no laughing matter. No es cosa de risa.
    Nothing's the matter. No es nada.
    What's the matter? ¿Qué pasa?
    What's the matter with you? ¿Qué tiene
      Ud.?
matter (to) importar
    It doesn't matter. No importa.
mattress colchón
mature maduro
    He is a mature person. Es una persona
      madura.
mature (to) madurar
maturity madurez
mawkish asqueroso
maxim máxima
maximum máximo
MAY mayo
    May day primero de mayo
MAY poder, ser posible
    Be that as it may. Suceda lo que suceda.
    If I may say so. Si me es lícito decirlo.
    I may go to the party. Es posible que vaya a
      la fiesta.
    It may be. Puede ser.
    It may be true. Podrá ser verdad.
    May I? ¿Me permite Ud.?
    May I come in? ¿Puedo entrar?
maybe tal vez
mayonnaise mayonesa
mayor alcalde
maze laberinto
ME me, mí
    Come with me. Venga conmigo.
    Do it for me. Hágalo por mí.
    Do me the favor. Hágame el favor.
    He came to see me. Vino a verme.
    It makes no difference to me. Me es
      indiferente.
    You're telling me! ¡Me lo cuenta a mí!
meadow prado, pradera
meager magro, flaco
meal comida
mean humilde; bajo; vil; despreciable; perverso
mean (to) querer decir; significar; dar a entender
    He means well. Tiene buenas intenciones.
    What do you mean? ¿Qué quiere Ud. decir?

meaning intención, sentido
    What's the meaning of that? ¿Qué significa
      eso?
meaningless sin sentido
MEANS medio; medios; recursos
    by all means absolutamente
    by no means de ningún modo
    by some means de alguna manera
    by this means por este medio
meantime, meanwhile entretanto
    in the meantime mientras tanto
measles sarampión
measurable mensurable
MEASURE medida
    beyond measure sin medida
    in some measure en cierto modo
    standard measure medida patrón
    to take measures tomar las medidas
      necesarias
measure (to) medir
    to measure up to ponerse a la altura de
measurement medida
    The dressmaker took her measurements.
      La costurera tomó sus medidas.
MEAT carne; vianda
    meat ball albóndiga
    meat market carnicería
mechanic mecánico (obrero)
mechanical mecánico
mechanically mecánicamente
mechanism mecanismo
medal medalla
meddle (to) entremeterse
mediate (to) mediar, intervenir
medical médico (adj.)
MEDICINE medicina, remedio
medieval medioeval
mediocrity mediocridad
meditate (to) meditar
meditation meditación
medium mediano, medio
    medium-sized de tamaño mediano
    I would like my steak medium-rare.
      Quisiera mi biftec medio cocido.
medley mezcla
meek manso
MEET (to) encontrar, encontrarse, conocer;
    pagar; hacer frente a; reunirse; combatir
    to go to meet salir al encuentro; ir a recibir
    to meet expenses hacer frente a los gastos
    to meet halfway encontrarse a medio camino
    to meet with encontrarse con
    Glad to meet you. Me alegro de conocerle.
    I hope to meet you again. Espero tener el
      gusto de verle otra vez.
    Till we meet again. Hasta otro día.
meeting mitin; reunión
melancholy melancolía; melancólico

mellow maduro; suave; meloso
melody melodía
melon melón
MELT (to) derretir; disolver; fundir
member miembro
membership calidad de miembro, socio
membrane membrana
memoir memoria
memorable memorable
memorandum (memo) memorándum
   memo(randum) book memorándum
memorial conmemorativo
   Memorial Day 30 de mayo, día de los
      veteranos del ejército en los EE. UU.
memorize (to) aprender de memoria, recordar
memory memoria, recuerdo
menace amenaza
MEND (to) remendar; componer; enmendar;
   corregir
mental mental
mentality mentalidad
mentally mentalmente
mention mención
mention (to) mencionar
   Don't mention it. No hay de qué.
menu menú, lista de platos
mercantile mercantil
mercenary mercenario
merchandise mercancía
merchant comerciante
merciful misericordioso
merciless despiadado
mercury mercurio
mercy misericordia
   at the mercy of a la merced de
MERE puro; mero, mera
   by mere chance por pura casualidad
   He is a mere child. Es un mero niño.
merely solamente, simplemente
merge (to) unir, fundir
meridian meridiano, meridiana
merit mérito
merit (to) merecer
meritorious meritorio
mermaid sirena *(pez)*
MERRY alegre, feliz, festivo
   merry-go-round tiovivo
   Merry Christmas! ¡Feliz Navidad!
mess cantina de oficiales; confusión; lío
   What a mess! ¡Qué lío!
message mensaje, recado
   May I leave a message? ¿Podría dejar un
      recado?
messenger mensajero
messy desordenado
metal metal
metallic metálico
meter metro; medido, contador

   gas meter contador de gas
method método
methodical metódico
methodically metódicamente
metric métrico
   metric system sistema métrico
metropolitan metropolitano
Mexican mexicano
mezzanine entresuelo
microcomputer microcomputadora,
   microordenador
microfiche microfichero
microphone micrófono
microprocessor microprocesador
microwave microonda
microscope microscopio
mid medio
MIDDAY mediodía
MIDDLE medio; centro; intermedio
   about the middle of August a mediados de
      agosto
   in the middle en el centro
   middle-aged entrado en años
   Middle Ages Edad Media
   middle class clase media
   middle-sized de mediana estatura
midget enanillo
midnight medianoche
midshipman guardiamarina
midst medio, centro, rigor, fragor
   in our midst en medio de nosotros
   in the midst of en medio de
midstream el medio de una corriente
midsummer solsticio de verano
midway medio camino; en medio del camino
midwife partera
might poder, fuerza
mighty fuerte, potente
migrate (to) emigrar
MILD suave; moderado, leve, ligero; apacible,
   manso
mildew añublo, moho
mile milla
mileage mileaje, longitud en millas
military militar
MILK leche
   milk diet régimen lácteo
   milk tooth diente de leche
milkman lechero
milky lácteo
mill molino; fábrica
miller molinero
millinery sombrería
million millón
millionaire millonario
millstone muela
mimic mimo
mimic (to) remedar, imitar

mince (to) picar
   mincemeat carne picada
   mince pie pastel relleno de frutas y especias
MIND mente, entendimiento, pensamiento
   of one mind unánimes
   to have in mind pensar en; tener presente
   to have on one's mind tener en la mente
   I'll keep it in mind. Lo recordaré.
MIND (to) atender; tener cuidado
   I don't mind. Me es igual.
   Never mind. No importa.
mine mina
MINE mío(s), mía(s); el mío, la mía; los míos,
   las mías
   a friend of mine un amigo mío
   your friends and mine sus amigos y los
      míos
   This book is mine. Este libro es mío.
miner minero
mineral mineral
mingle (to) mezclar
miniature miniatura
minimize (to) reducir al mínimo
minimum mínimo
   at the minimum lo menos, el mínimo
mining minería
minister ministro
ministry ministerio
mink visón
minor menor; secundario
minority minoría
minstrel trovador, cantor
mint menta
minuet minué
minus menos
minute minuto
   any minute de un momento a otro
   minute hand minutero
   Just a minute, please. Un minuto, por favor.
   Wait a minute! ¡Aguarde un momento!
minutes minuta
miracle milagro
miraculous milagroso
MIRROR espejo
mirth júbilo, alegría
mirthful alegre
misbehave (to) portarse mal
misbehavior mal comportamiento
misbelief error; incredulidad
miscellaneous misceláneo
mischief mal, daño, agravio
mischievous travieso
misconception mala equivocación
miser avaro
miserable miserable, infeliz
misery miseria
MISFORTUNE desgracia
mishap contratiempo

misinterpret (to) interpretar mal
mislead (to) despistar
misplace (to) colocar mal
misprint errata, error de imprenta
mispronounce (to) pronunciar mal
misrepresent (to) desfigurar
MISS señorita
MISS (to) echar de menos; perder; errar;
   extrañar
   to miss one's mark errar el blanco
   to miss the point no comprender el
      verdadero sentido
missing extraviado
   to be missing faltar
mission misión
missionary misionero
missive misiva
misspell (to) deletrear mal
mist niebla, neblina
MISTAKE equivocación, error, errata
   to make a mistake equivocarse
MISTAKE (to) equivocar, errar
   I am mistaken. Estoy equivocado.
MISTER (Mr.) señor
mistletoe muérdago
mistress señora; querida
mistrust desconfianza
mistrust (to) desconfiar
misunderstand (to) entender mal
misunderstanding concepto falso;
   equivocación; malentendido
misuse (to) maltratar
mitten mitón
MIX (to) mezclar; confundir
   I am all mixed up. Estoy confundido.
mixer mezclador
mixture mexcla, mixtura
moan quejido, gemido
moan (to) gemir, lamentarse
mob chusma, multitud
mobile movible
mobilize (to) mobilizar
mobilization movilización
mock ficticio, falso, imitado
mock (to) burlar
mockery burla
mode modo, manera
model modelo, muestra
model (to) modelar
moderate moderado, quieto, tranquilo
moderate (to) moderar; reprimir; templar;
   modificar
moderately moderadamente; módicamente
moderation moderación
moderator moderador, árbitro
MODERN moderno
   modern languages lenguas vivas, lenguas
      modernas

modernize (to) modernizar
modest modesto
modesty modestia
modify (to) modificar
moist húmedo, mojado
moisten (to) humedecer
moisture humedad
mold molde; matriz; modelo
mold (to) moldear
molding moldura
mole dique
MOMENT momento
   at any moment al momento
   for the moment por el momento
   I saw him a moment ago. Lo vi hace un
    momento.
   Just a moment! ¡Un momento!
momentarily momentáneamente
momentous trascendental, importante
monarch monarca
monarchy monarquía
monastery monasterio
MONDAY lunes
monetary monetario
MONEY dinero, moneda
   money order libranza postal
   He is short of money. Anda mal de dinero.
   I got my money's worth out of it. Le saqué
    provecho a mi dinero.
monk monje
monkey mono
monologue monólogo
monopoly monopolio
monosyllable monosílabo
monotonous monótono
monotony monotonía
monster monstruo
monstrous monstruoso, grotesco
MONTH mes
   last month el mes pasado
   next month el mes que viene
   What day of the month is it? ¿Qué día del
    mes es hoy?
monthly mensual
monument monumento
monumental monumental
MOOD disposición de ánimo; humor
   in a bad mood de mal humor
   I am not in the mood to go out. No tengo
    ganas de salir.
moody caprichoso
MOON luna
moonlight luz de la luna
moor páramo
moor (to) amarrar
mooring amarra
mop frazada (para limpiar el suelo)
mop (to) fregar

moral moral, ético
morale moral, estado de ánimo
morals conducta, moralidad, ética
morbid morboso
MORE más
   more or less más o menos
   no more no más
   once more una vez más
   the more . . . the better cuanto más . . . tanto
    mejor
   I don't have any more. No tengo más.
   Would you like some more coffee? ¿Quiere
    Ud. más café?
moreover además
MORNING mañana
   tomorrow morning mañana por la mañana
   Good morning! ¡Buenos días!
morsel bocado
mortal mortal; ser humano
mortality mortalidad
mortally mortalmente
mortar mortero
mortgage hipoteca
mortification mortificación
mortify (to) mortificar
mortuary mortuorio, funerario
mosquito mosquito, mosco
moss musgo
mossy musgoso
MOST lo más, los más; el mayor número; la
   mayor parte
   at most a lo más
   for the most part generalmente, en su mayor
    parte
   most of the time las más de las veces
   most of us casi todos nosotros
mostly principalmente
moth polilla
   moth ball bola de naftalina
   moth-eaten apolillado
MOTHER madre
   mother-of-pearl nácar
   mother tongue lengua madre
motherhood maternidad
mother-in-law suegra
motherly maternal, materno
motion movimiento, moción
motive motivo, motriz
MOTOR motor
motorcycle motocicleta
motto mote
MOUNT monte; montaje, soporte; trípode
mount (to) montar
   to mount guard montar la guardia
mountain montaña
   mountain chain sierra; cadena de montañas
mountainous montañoso
mourn (to) lamentar

mournful triste, fúnebre
mourning lamento
   in mourning de luto
mouse ratón
mousetrap ratonera
mouth boca
mouthful bocado
movable móvil, movible
MOVE (to) mover, moverse, mudar de casa,
   mudarse, trasladar, poner en otro sitio
   She was moved to tears. Ella se conmovió
      hasta las lágrimas.
   They moved to the East Side. Se mudaron
      en el lado este.
movement movimiento; maniobra; evolución
mover movedor
movies cine
moving conmovedor; mudanza
mow (to) segar
Mr. señor
Mrs. señora
Ms. señora, señorita
MUCH mucho
   as much tanto
   as much . . . as tanto . . . como
   much the same casi lo mismo
   this much more esto más
   too much demasiado
   He has so much work. Tiene tanto trabajo.
   He is very much a businessman. Es todo un
      hombre de negocios.
   How much? ¿Cuánto?
   Thank you very much. Muchísimas gracias.
   This is much more important. Esto es
      mucho más importante.
mud barro, fango, lodo
muddy turbio
muffin panecillo
muffled sordo
muggy húmedo
mule mulo, mula
multiple múltiple
multiplication multiplicación
multiply (to) multiplicar, multiplicarse
mumble (to) gruñir; refunfuñar
mumps paperas
municipal municipal
munitions municiones
mural mural
murder asesinato, homicidio
   first degree murder homicidio premeditado
murder (to) asesinar
murderer asesino
murmur murmuración
murmur (to) murmurar
muscle músculo
muscular muscular
museum museo

mushroom seta, hongo
music música
musical musical, músico
musically musicalmente
musician músico
muslin muselina
mussel mejillón
MUST tener que; haber que; deber
   I must confess. Debo reconocer.
   I must go. Tengo que irme.
   It must be. Debe ser.
   It must be late. Debe de ser tarde.
mustache bigote, mostacho
mustard mostaza
mute mudo
mutilate (to) mutilar
mutiny insubordinación
mutton carnero
mutual mutuo
mutually mutuamente
MY mi, mis
   my books mis libros
MYSELF yo mismo(a); me, a mí, mí mismo(a)
   I saw it myself. Yo mismo lo vi.
mysterious misterioso
mystery misterio
myth mito, fábula

N

nail uña; clavo
nail (to) clavar
nailbrush cepillo para las uñas
naïve ingenuo, cándido
naked desnudo
NAME nombre, título
   by the name of llamado
   name day día del santo
   surname apellido
name (to) nombrar; designar
nameless anónimo
namely es decir; a saber
nap siesta
nape nuca
napkin servilleta
narcotic narcótico
narrate (to) narrar
narration narración
narrative relato
NARROW estrecho; angosto
   narrow escape escapada
   narrow-minded apocado
narrow (to) estrechar, reducir
nasal nasal
nastily puercamente
nasty sucio; ofensivo

NATION nación
national nacional
nationality nacionalidad
nationalization nacionalización
nationalize (to) nacionalizar
nationally nacionalmente
native nativo; oriundo
   native country país natal
NATURAL natural, nativo
   natural history historia natural
   That's very natural. Eso es muy natural.
naturalize (to) naturalizar
naturalization naturalización
naturally naturalmente
nature naturaleza, natural
   good nature buen humor
   good-natured man bonachón
naughty perverso, desobediente
nausea náusea
nautical náutico
naval naval
   naval officer oficial de marina
navel ombligo
navigable navegable
navigator navegante
navy armada; marina de guerra
NEAR cerca de; cerca
   near here por aquí cerca
   It's quite near. Está muy cerca.
nearby cerca; a la mano
nearer más cerca
nearest lo más cerca
nearly casí, cerca de
nearsighted miope
NEAT esmerado, pulcro, limpio, nítido
   She is always very neat. Ella está siempre
      muy pulcra.
neatly nítidamente
neatness aseo, pulcritud
necessarily necesariamente, forzosamente
necessary necesario
   to be necessary hacer falta; ser necesario
necessitate (to) necesitar
necessity necesidad
   of necessity por necesidad
neck cuello, garganta, pescuezo
   neck and neck parejos (en una carrerra)
necklace collar, gargartilla
necktie corbata
NEED (to) hacer falta; necesitar
   to be in need estar necesitado
   to be in need of tener necesidad de
   He need not go. No es necesario que él vaya.
   It need not be done. No hay que hacerlo.
needful necesario
needle aguja
   needle point punta de aguja
needlework costura

negative negativo; negativa
   He gave me a negative answer. Me dio una
      respuesta negativa.
neglect descuido, negligencia
neglect (to) descuidar
negligee bata
negligent negligente
negotiate (to) negociar, cambiar, agenciar
Negro negro
NEIGHBOR vecino
   next-door neighbor vecino de al lado
NEITHER ni; ningún; ninguno de los dos;
   ninguno
   neither he nor she ni él ni ella
   neither . . . nor ni . . . ni
   neither one ni el uno ni el otro
   neither this one nor that one ni uno ni otro
   Neither will I do it. Yo tampoco lo haré.
nephew sobrino
nerve nervio; vigor, audaz
   He had the nerve to tell it to me. Tuvo la
      audacia de decírmelo.
nervous nervioso
   nervous system sistema nervioso
nervously nerviosamente
nest nido
nestle (to) abrigar
net red, malla; neto, limpio
   net produce producto neto
   net profit beneficio líquido
   net weight peso neto
network sistema
   radio network sistema radiodifusor
neurasthenic neurasténico
neurotic neurótico
neuter neutro
neutral neutral, neutro; indiferente
neutrality neutralidad
NEVER nunca, jámas
   never again nunca más
   Better late than never. Más vale tarde que
      nunca.
nevermore jamás
nevertheless a pesar de eso
NEW nuevo, moderno, novicio
   new moon luna nueva
   New Year año nuevo
   What's new? ¿Qué hay de nuevo?
newly nuevamente, recién
   newlyweds recién casados
NEWS noticia, noticias
   Do you know the news? ¿Sabe Ud. la
      noticia?
   The news came over the radio. La radio dió
      la noticia.
newsboy vendedor de periódicos
newspaper diario, periódico
newsstand puesto de periódicos

NEXT siguiente; próximo
   next to al lado de, junto
   the next day al día siguiente; al otro día, al próximo día
   the next page la página siguiente
   (the) next time la próxima vez
   (the) next week la semana que viene, la próxima semana
   to be next seguir en turno
   What next? ¿Y ahora qué?
   Who's next? ¿Quién sigue?
nibble (to) mordisquear
NICE bonito, lindo; gentil, amable, simpático, agradable
   She is a very nice girl. Es una muchacha muy agradable.
nicely delicadamente
nick muesca
   in the nick of time en el momento
nickel níquel; moneda de 5 centavos (EE. UU.)
nickname apodo, mote
niece sobrina
NIGHT noche
   at night, by night de noche
   last night anoche
   late at night a altas horas de la noche
   tomorrow night mañana por la noche
   tonight esta noche
   Good night! ¡Buenas noches!
nightgown camisón, camisa de dormir
nightingale ruiseñor
nightmare pesadilla
nighttime noche
nimble vivo, listo, ágil
NINE nueve
NINETEEN diez y nueve
nineteenth décimonono
ninetieth nonagésimo
NINETY noventa
ninth nono, noveno
NO no; ninguno, ningún, ninguna
   by no means de ningún modo
   no longer ya no
   no matter no importa
   no matter how much por mucho que
   no more no más
   no one nadie
   no other ningún otro
   No admittance. No se permite la entrada.
   No, indeed! ¡Por supuesto que no!
   No smoking. No se permite fumar.
   There is no water. No hay agua.
   There's no hurry. No corre prisa.
   This is no use. Es inútil.
nobility nobleza
noble noble
NOBODY nadie, ninguno
   nobody else nadie más, ningún otro

   Nobody doubts it. Nadie lo duda.
   Nobody has come. Ninguno ha venido.
nod cabeceo
nod (to) cabecear; mover; inclinar la cabeza en sentido afirmativo
NOISE ruido; sonido
   to make a noise hacer ruido
noiseless silencioso, sin ruido
noisy ruidoso
nominate (to) nombrar, designar
nomination nombramiento
nominee nombrado
nonconformist disidente, inconforme
NONE nadie, ninguno, nada
   none of that nada de eso
   none of us ninguno de nosotros
   I have none. Yo no tengo ninguno.
   This is none of your business. Esto no es asunto suyo.
nonsense tontería, disparate
noodle tallarín, fideo
nook rincón
NOON mediodía
   at noon a mediodía
NOR ni
normal normal, regular
normally normalmente
north norte
northeast nordeste
northern del norte
northwest nordoeste
Norwegian noruego
NOSE nariz
nostril fosa nasal, ventana de la nariz
NOT no; ni, ni siquiera
   if not si no
   not any ningún, ninguno
   not at all de ninguna manera
   not a word ni una palabra
   not even ni siquiera, ni aun
   not one ni uno solo
   not quite no del todo
   not yet todavía no
   Certainly not. Ciertamente que no.
   He did not come. No vino.
notable notable
notary public notario
note nota; apunte; anotación
   bank note billete de banco
   musical note nota musical
   to take note tomar nota
note (to) notar; marcar; distinguir
   to note an exception marcar la excepción
notebook libreta, libro de apuntes
noteworthy notable
NOTHING nada, ninguna cosa
   for nothing de balde, gratis
   nothing doing nada de eso

nothing much poca cosa
nothing special nada de particular
I know nothing about it. No sé nada de eso.
It's nothing. No es nada.
Nothing is worth that much trouble. No vale la pena preocuparse tanto.
That's nothing to me. Eso no me importa.
NOTICE aviso, nota, observación
　on short notice con poco tiempo de aviso
　notice to the public aviso al público
　Have you read the notice? ¿Ha leído el anuncio?
notice (to) advertir, notar
　Did you notice anything strange? ¿Notó Ud. algo raro?
notify (to) notificar
notion noción; idea
　notion department mercería
notwithstanding no obstante, aun cuando
NOUN nombre; substantivo
nourish (to) alimentar
nourishment alimento; nutrición
novel novela
novelist novelista
novelty novedad
NOVEMBER noviembre
NOW ahora, bien, ya
　now and then, now and again de vez en cuando
　right now ahora mismo
　until now hasta ahora
　Is it ready now? ¿Ya está hecho?
　Let's go now. Vámonos ahora.
　Now then, tell me. Pues bien, dígame.
nowadays hoy día
nowhere en ninguna parte
nucleus núcleo
nude desnudo, nudo
nuisance incomodiad, molestia
null nulo, inválido
　null and void nulo
nullify (to) anular, invalidar
numb aterido
NUMBER número
　a number of varios
number (to) numerar
numbering numeración
numeral numeral, numerario
numerous numeroso
nun monja
nuptial nupcial
NURSE enfermera
nurse (to) criar; cuidar de
nursemaid niñera, nana
nursery cuarto de los niños; plantel
nut nuez
nutcracker cascanueces
nutrition nutrición
nymph ninfa

O

oak roble
oar remo
oat avena
　oatmeal harina de avena
oath juramento
obedience obediencia
obedient obediente
obey (to) obedecer
obituary obituario
OBJECT objeto, cosa, sujeto, propósito
object (to) oponer
objection objeción, reparo
objective objectivo
obligation obligación
　to be under obligation deber favores a uno
obligatory obligatorio
OBLIGE (to) obligar, agradecer
　I am deeply obliged to him. Le agradezco mucho.
　You will very much oblige me . . . Ud. me hará un gran favor . . .
obliging servical, condescendiente
oblique oblicuo
obliterate (to) borrar
oblivious olvidadizo
obnoxious ofensivo, odioso, desagradable
　He is a very obnoxious person. Es una persona desagradable.
obscure obscuro
obscure (to) obscurecer
observant observador, vigilante
observation observación
observatory observatorio
observe (to) observar
observer observador
obsession obsesión
obstacle obstáculo
obstinacy obstinación
obstinate terco, obstinado
obstruct (to) obstruir
obstruction obstrucción
obtain (to) obtener
obvious obvio, evidente
obviously evidentemente
OCCASION ocasión, caso; acontecimiento; oportunidad
　as occasion requires en caso necessario
　on the occasion of en ocasión de
　to take advantage of the occasion aprovechar la ocasión
occasional ocasional; accidental; casual; poco frecuente
occasionally a veces, de vez en cuando
occident occidente
occidental occidental
occult oculto

occupancy ocupación
occupant ocupante
occupation ocupación, empleo
occupied ocupado
occupy (to) ocupar, emplear
   to be occupied with ocuparse en
occur (to) ocurrir, suceder
occurrence ocurrencia, suceso
ocean océano
O'CLOCK contracción de la expresión: of the
   clock *(según el reloj)*
   at nine o'clock a las nueve
OCTOBER octubre
oculist oculista
ODD impar; raro; suelto
   an odd volume un tomo suelto
   odd number un número impar
   It's very odd. Es muy extraño.
odds diferencia
   odds and ends retazos
   The odds are against him. La suerte está en
     contra de él.
ODOR olor, aroma
OF de
   a glass of wine un vaso de vino
   a little of everything de todo un poco
   of course naturalmente
   of himself por sí mismo
   to think of pensar en
   I don't know what has become of him. No
     sé que ha sido de él.
   I'm short of money. Estoy escaso de dinero.
   It's ten of one. Faltan diez para la una.
   That's very kind of you. Ud. es muy amable.
OFF lejos, a distancia, fuera; sin
   a day off un día libre
   off and on de vez en cuando
   off the coast cerca de la costa
   off the track despistado
   ten miles off a diez millas de aquí
   to be well off disfrutar de una posición
     desahogada
   His story was a little off color. Su historia
     fue de mal gusto.
   Take it off the table. Quítelo de la mesa.
   Take your hat off. Descúbrase.
   The cover is off. Está destapado.
   The deal is off. No va el asunto.
   The off-season rates are cheaper. Los
     precios de la estación muerta son más
     baratos.
   The plane took off at 8:00 A.M. El avión
     salió a las ocho de la mañana.
offend (to) ofender
offended (to be) resentirse, enfadarse
offense ofensa, agravio
offensive ofensivo, desagradable; ofensiva
offer oferta, ofrecimiento, propuesta
offer (to) ofrecer, sacrificar
offering ofrecimiento, ofrenda
offhand improvisado, de repente
   I can't tell you offhand. No puedo decirle de
     repente.
OFFICE oficio; oficina; despacho; puesto;
   cargo; consulta
   office hours horas de oficina
   office work trabajo de oficina
   to be in office tener un empleo
officer oficial
official oficial; funcionario
officially oficialmente
offspring progenie
OFTEN muchas veces, frecuentemente, a
   menudo
   as often siempre que
   not often rara vez
   How often? ¿Cuántas veces?
   It happens very often. Sucede a menudo.
oil aceite; petróleo; óleo
   oil painting pintura al óleo
   olive oil aceite de oliva
ointment ungüento
OLD viejo, antiguo
   old age vejez
   old fashioned pasado de moda
   old maid solterona
   old man viejo
   to be old enough tener bastante edad
   to be twenty years old tener veinte años
   We're old friends. Somos viejos amigos.
olive oliva
   olive oil aceite de oliva
   olive tree olivo
omelet tortilla de huevos
omission omisión
omit (to) omitir
ON sobre, encima de, en; a, al, con, bajo, por;
   puesto, comenzado
   and so on y así sucesivamente; etcétera
   on an average por término medio
   on credit fiado
   on foot a pie
   on my arrival a mi llegada
   on my part por mi parte
   on my word bajo mi palabra
   on Saturday el sábado
   on that occasion en aquella ocasión
   on the contrary por el contrario
   on the left a la izquierda
   on the table sobre la mesa
   on the train en el tren
   on time a tiempo
   on the whole por lo general
   He did it on purpose. Lo hizo a propósito.
   He entered with his hat on. Entró con su
     sombrero puesto.

The show is on. Ya ha empezado la función.
ONCE una vez; en otro tiempo
  all at once de una vez; en seguida
  at once cuanto antes; en seguida
  for once una vez siquiera
  once and for all una vez por todas
  once in a while de vez en cuando
  once more otra vez más
  Once upon a time there was . . . Había una
    vez . . . Erase una vez
ONE un; uno; solo; único
  each one cado uno
  one after the other uno tras otro
  one at a time uno por uno
  one by one uno a uno
  one day un día
  one hundred cien, ciento
  one-sided parcial, injusto
  that one ése
  the blue one el azul
  the little one el chiquillo
  this one éste
  with one accord de acuerdo común
  Give me just one. Déme uno nada más.
  One does not always think of the
    consequences. Uno no siempre piensa en
    las consecuencias.
  This is a good one. Este es uno bueno.
onion cebolla
ONLY sólo, único; solamente; únicamente
  not only . . . but no sólo . . . sino
  Adults only. Sólo para adultos.
  He is the only child. Es el hijo único.
ooze (to) sudar
opaque opaco
OPEN abierto; libre; franco
  in the open a campo raso
  open air aire libre
  open-hearted ingenuo, sincero
  How late does the store stay open? ¿Hasta
    qué hora está abierta la tienda?
  You've left the window open. Ud. ha dejado
    abierta la ventana.
OPEN (to) abrir
  to open up hacer accesible
  Open the window. Abra la ventana.
opening abertura, inauguración
openly abiertamente, públicamente
opera ópera
  opera house teatro de la ópera
operate (to) operar, hacer funcionar
  to be operated on operarse
operation operación
  to undergo an operation operarse;
    someterse a una operación
operator operario; maquinista; telefonista
opinion opinión
  in my opinion a mi modo de ver

Everyone is of that opinion. Es la opinión de
  todos.
He holds a contradictory opinion. Piensa de
  lo contrario.
opponent antagonista, contendiente
opportune oportuno
opportunity oportunidad
oppose (to) oponer, resistir
opposite opuesto
opposition oposición
oppress (to) oprimir
oppression opresión
optic óptico
optimism optimismo
optimistic optimista
option opción
optional facultativo
OR o, u
  Do you want a pencil or a pen? ¿Quiere un
    lápiz o una pluma?
oracle oráculo
oral oral, verbal
orally verbalmente
ORANGE naranja
  orange-colored anaranjado
  orange juice jugo de naranja
orangeade naranjada
oration oración
oratory oratoria
orchard huerto
orchestra orquesta
ORDER orden; pedido
  in good order en buen estado
  in order that a fin de
  till further orders hasta nueva orden
  He sent us an order for books. Nos mandó
    un pedido de libros.
order (to) ordenar, hacer un pedido
orderly ordenado, bien arreglado
ordinal ordinal
ordinance ordenanza
ordinarily ordinariamente
ORDINARY ordinario, vulgar
organ órgano
organic orgánico
organism organismo
organization organización
ORGANIZE (to) organizar
orient oriente
orient (to) orientar
oriental oriental
origin origen, principio
original original
originality originalidad
originate (to) originar
ornament ornamento
orphan huérfano
orphanage orfanato

orthodox ortodoxo
orthopedist ortopédico
oscillate (to) oscilar
ostentation ostentación
ostentatious ostentoso
OTHER otro, otra, otros, otras
    the other day el otro día
    the others los otros
    Give me the other one. Déme el otro.
otherwise de otra manera; también
OUGHT deber
    I ought to go. Debo ir.
    You ought not to. Ud. no debe.
ounce onza
OUR nuestro, nuestra, nuestros, nuestras
    our friends nuestros amigos
OURS nuestro, nuestra, nuestros, nuestras, el
    nuestro, la nuestra, etc.
    He's an old acquaintance of ours. Es un
        antiguo conocido nuestro.
    Their car is newer than ours. Su automóvil
        es más nuevo que el nuestro.
OURSELVES nosotros mismos, nosotras
    mismas; nos
OUT fuera, afuera
    out of breath sin aliento
    out of date anticuado
    out of doors fuera de casa
    out of order descompuesto
    out of place fuera de lugar
    out of print agotado
    out of respect for por respeto a
    out of season fuera de estación
    out of style fuera de moda
    out of the way apartado
    out of work sin trabajo
    to look out mirar hacia fuera, estar alerta,
        cuidarse de
    Get out of the way! ¡Afuera!
    He is out. Está afuera.
    I am glad that work is out of the way. Me
        alegro haber salido de ese trabajo.
    Out with it! ¡Fuera con ello!
    She sings out of tune. Canta fuera de tono.
    This store is out of my way. No paso por esa
        tienda.
    We are out of sugar. No tenemos más
        azúcar.
outbound de salida
outcast desechado
outcome resultado
outdoor(s) fuera de casa; al aire libre
    outdoor sports juegos al aire libre
outfit equipo
    She has a new outfit. Ella tiene un nuevo
        equipo.
outing paseo; caminata
outlast (to) sobrevivir a

outlaw proscrito
outlet salida; desagüe
outline perfil, contorno, bosquejo, resumen,
    croquis
outline (to) bosquejar, delinear
outlook prespectiva
output producción, rendimiento
outrage atropello, ultraje
outrageous atroz
OUTSIDE externo, exterior; fuera, afuera
    on the outside externo
outspoken franco
OUTSTANDING sobresaliente, notable
    He is an outstanding person. Es una
        persona sobresaliente.
outward externo
    outward bound de ida
oval oval
oven horno
OVER sobre; encima; al otro lado de; más de;
    por; en
    all over por todas partes
    all over the world por todo el mundo
    over again otra vez
    over and over repetidas veces
    overnight durante la noche
    I'll be over in an hour. Estaré dentro de una
        hora.
    **She looked all over the place without
        finding him.** Recorrió todo el lugar sin
        encontrarlo.
    The work is over. Se terminó el trabajo.
    They are staying over the weekend. Pasan
        el fin de semana.
overalls zahones, zafones, overoles,
    combinaciones
overboard al mar
    Man overboard! ¡Hombre al agua!
overcast nublado
overcoat gabán, abrigo
overcome (to) vencer; superar
overdo (to) excederse
overflow (to) rebosar
overhead arriba en lo alto
overlook (to) dominar, olvidar
    Just overlook the error. Pase por alto el
        error.
overproduction superproducción
overrate (to) encarecer
overseas ultramar
overseer inspector
oversight inadvertencia, descuido
oversize extragrande
oversleep (to) dormir demasiado
overtake (to) alcanzar
overtime fuera del tiempo estipulado
    They get paid time and a half for overtime.
        El tiempo extra se paga a tanto y medio.

overwhelm (to) abrumar
overwhelming irresistible
overwork trabajo excesivo
overwork (to) trabajar demasiado
OWE (to) deber; adeudar
  owing to the circumstances debido a las circunstancias
  to be owing ser debido
owl buho, lechuza
OWN propio, mismo; real; el suyo, la suya
  my own self yo mismo
  He did it on his own. Lo hizo espontáneamente.
  He killed his own brother. Mató a su propio hermano.
  This is your own. Esto es suyo.
own (to) poseer, ser dueño de, tener
owner amo, dueño, propietario
ox (*pl:* **oxen**) buey
oxygen oxígeno
oyster ostra, ostión

p

pace paso; portante
pacify (to) pacificar
pack bulto, lío, paca
  I have twenty packs of cigarettes to declare at customs. Tengo veinte paquetes de cigarrillos que declarar en la aduana.
PACK (to) empacar, empaquetar; hacer el baúl; arreglar el equipaje
  I must pack tonight. Tengo que arreglar mi equipaje esta noche.
package bulto, paquete
packing embalaje
  We have a lot of packing to do. Tenemos mucho que empacar.
pact pacto
pad conjincillo, almohadilla, bloc
padding guata
paddle remo, zagual
paddle (to) impeler, manosear
paddock dehesa
pagan pagano
PAGE página; paje
pail cubo, balde
PAIN dolor, pena
  in pain con dolor
  to be in pain tener dolor
painful penoso, dolorido
  to be painful doler
painfully dolorosamente
painless indoloro, sin dolor
painstaking cuidadoso, industrioso
paint pintura; color

  Wet paint. Pintura fresca.
PAINT (to) pintar, colorar
  to paint the town red andar de picos pardos
paintbrush brocha, pincel
painting pintura; cuadro
PAIR par, pareja
  a pair of scissors un par de tijeras
  a pair of shoes un par de zapatos
pajamas pijama
palace palacio
palate paladar
pale pálido, descolorido
  to turn pale palidecer
paleness palidez
palette paleta
palm palma, palmera
  palm tree palmera
palsy parálisis
pamper (to) atracar
pamphlet folleto, volante
PAN cazuela, cacerola
  frying pan sartén
Panamanian panameño
pancake panquec
pane vidrio, cristal de ventana
panel panel; tablero
panic pánico
pansy pensamiento
pant (to) anhelar, palpitar
pantomine mímica
pantry despensa
pants pantalones
PAPER papel; ensayo; periódico
  writing paper papel de escribir
  Have you read today's paper? ¿Ha leído el periódico de hoy?
paperweight pisapapel
par equivalencia, paridad
  par value valor a la par
  to be on a par with estar al par de
parachute paracaídas
parade parada
paradise paraíso
paradox paradoja
paraffin parafina
paragraph párrafo; punto y aparte
parallel paralelo
paralysis parálisis
paralyze (to) paralizar
paramount superior, supremo
parasite parásito
parasol sombrilla, parasol
PARCEL paquete, bulto
  parcel post servicio de paquetes postales
  Send it by parcel post. Mándelo como paquete postal.
pardon perdón, gracia
  I beg your pardon! ¡Perdone Ud!

pardon (to) perdonar, absolver
 Pardon me! ¡Perdone Ud!
parentage parentela
parenthesis *(pl.:--es)* paréntesis
parents padres
parish parroquia
Parisian parisiense
PARK parque
park (to) estacionar
 parking place estacionamiento
parkway autopista
parliament parlamento
parliamentary parlamento
parlor sala de recibo
parrot loro, papagayo
parsley perejil
parson cura
PART parte; lugar; papel *(teatro)*
 a great part of la mayor parte de
 for one's part en cuanto a uno
 parts of speech partes de la oración
 to do one's part cumplir con su obligación
part (to) partir, dividir
 to part the hair hacerse la raya
 I have to part from you. Tengo que
  despedirme de ustedes.
partial parcial
partially parcialmente
participant participante, partícipe
participate (to) participar
particle partícula
PARTICULAR particular, peculiar
 in particular en particular
 Do you have anything in particular to say?
  ¿Tiene algo que decir en particular?
particularly particularmente
parting separación, división
 to be at the parting of the roads haber
  llegado al cruce
partisan parcial; *s:* partidario
partition partición; división, separación
partly en parte, en cierto modo
partner socio
partnership compañía; sociedad; consorcio
partridge perdiz
PARTY partido, partida, fiesta
 party line línea de teléfonos agrupados
 He is a member of a strong political party.
  Es miembro de un partido político muy
  fuerte.
 What a lovely party! ¡Qué fiesta tan
  agradable!
pass paso; pase
 passbook libro de cuenta
 passkey llave maestra
PASS (to) pasar, aprobar, ser aprobado
 to pass away fallecer
 to pass by pasar por alto

 to pass for ser reputado por
 to pass judgment pronunciar sentencia
 to pass over atravesar
 He finally passed his examination. Al fin
  fue aprobado.
 He passes for an American. Pasa por
  americano.
 Please pass the salt. Páseme la sal, por favor.
 We passed through Reno. Pasamos por
  Reno.
passage pasaje
passenger pasajero, viajero
passer-by transeúnte
passing que pasa; paso; pasada
passion pasión
passionate apasionado
passive pasivo; inerte
passport pasaporte
PAST pasado
 in the past en otros tiempos, anteriormente
PAST más allá de
 It is half-past seven. Son las siete y media.
 It is past ten o'clock. Son más de las diez.
paste pasta
pastime pasatiempo; distracción
pastry pasteles, pastas
pasture pastura, pasto
pat palmada
patch remiendo
patch (to) remendar
patent patente, manifiesto
 patent leather charol
paternity paternidad; linaje
PATH senda, sendero
pathetic patético
patient paciente
patiently pacientemente
patriot patriota
patriotic patriótico
patriotism patriotismo
patrol patrulla, ronda
patron patrón
patronage patrocinio
patronize (to) patrocinar, proteger; tratar con
  condescendencia; ser parroquiano de
  (colloq.)
PATTERN modelo; patrón; muestra; molde
pause pausa, hiato
pave (to) pavimentar, empedrar
 to pave the way abrir el camino
pavement pavimento
pavillion pabellón
paw pata, zarpa
pawn (to) empeñar
 in pawn en prenda
pawnbroker prestamista, prendero
pawnshop casa de empeños
pay paga, sueldo, salario

payday día de pagos
payroll nómina
PAY (to) pagar; prestar; hacer
   to pay a call hacer una visita
   to pay a compliment hacer un cumplido
   to pay attention prestar atención
   to pay by installments pagar a plazos
   to pay cash pagar al contado
   to pay dearly costarle caro a uno
   to pay in full pagar totalmente
   to pay off pagar por completo
   to pay on account pagar a cuenta
   to pay one's respects presentar sus respetos
payment pago, paga
pea guisante, chícharo
peace paz
peaceful pacífico
peacefully tranquilamente
peach durazno, melocotón
peacock pavo real
peak pico, cima
peal repique, estruendo
peal (to) repicar, retronar
peanut cacahuate, maní
pear pera
pearl perla
peasant campesino
pebble guijarro, china
peck (to) picotear; picar
peculiar raro; extraordinario; peculiar
peculiarity peculiaridad, particularidad
pedagogy pedagogía
pedal pedal
peddler buhonero
pedestal pedestal
pedestrian caminante, pedestre, peaton
pedigree linaje
peek (to) atisbar
peel cáscara, corteza
peel (to) pelar, mondar
peeling peladura
peerless sin par, incomparable
peevish malhumorado
peg clavija, estaca
pen bolígrafo, pluma
penal penal
penalty pena; multa
penance penitencia
pencil lápiz
   pencil sharpener sacapuntos
penetrate (to) penetrar; taladrar
penetration penetración
peninsula península
penitent contrito; *s:* penitente
penniless sin dinero
penny un centavo
pension pensión
pensive pensativo

penury penuria, miseria
PEOPLE gente, pueblo
   many people mucha gente
   people say . . . dice la gente . . .
   the Spanish people el pueblo español
pep espíritu
pepper pimienta
perceive (to) percibir
percentage porcentaje
perception percepción
percolator colador, filtro
perennial perenne, permanente
perfect perfecto, completo
   Perfect! ¡Muy bien!
perfection perfección
perfidious perfidia
perforate (to) perforar
perform (to) ejecutar; poner por obra; llevar algo
   a cabo; desempeñar; representar
PERFORMANCE ejecución; actuación;
   funcionamiento, rendimiento,
   representación, función
   When does the performance start? ¿A qué
   hora empieza la función?
performer ejecutante
PERFUME perfume, fragancia
perfume (to) perfumar
PERHAPS quizá; tal vez; acaso
PERIOD período; punto final
periodical periódico
periodically periódicamente
perish (to) perecer
perishable perecedero
perjury perjurio
permanence permanencia
permanent permanente
permanently permanentemente
permission permiso, licencia
permit (to) permitir
permute (to) permutar
peroxide peróxido
perpetual perpetuo
perplexed perplejo
persecute (to) perseguir
persecution persecución
persevere (to) perseverar
persist (to) insistir, empeñarse, obstinarse
persistent persistente
PERSON persona
   in person en persona
   in the person of en lugar o representación de
   He is a very nice person. Es una persona
   muy agradable.
personage personaje
personal personal
   personal effects bienes o efectos personales
personal property bienes muebles
personality personalidad

personally personalmente
personify (to) personificar
personnel personal; *s:* empleados, tripulantes
perspective perspectiva
perspire (to) sudar
persuade (to) persuadir, inducir
persuasion persuasión
persuasive persuasivo
pertinent pertinente
perturb (to) perturbar
Peruvian peruano
pervade (to) penetrar, llenar
perverse perverso
pessimist pesimista *(persona)*
pessimistic pesimista
pest pestilencia, plaga
pet animal domesticado y mimado
    pet shop tienda de animales domésticos
    She has a monkey for a pet. Tiene un mono domesticado.
pet favorito, domesticado
    pet name epíteto cariñoso
    English literature is his pet subject. La literatura inglesa es su materia favorita.
pet (to) mimar, acariciar
petal pétalo
petition petición, instancia
petroleum petróleo
petticoat enaguas
petty insignificante, trivial, sin importancia
    petty cash dinero para gastos menudos
    petty thief ladronzuelo
pew banco de iglesia
phantom fantasma, espectro
pharmacist farmacéutico
pharmacy farmacia
phase fase
pheasant faisán
phenomenon fenómeno
philosopher filósofo
philosophy filosofía
PHONE *(telephone)* teléfono
    I have to make a phone call. Tengo que telefonear.
    Just a minute; the phone is ringing. Un momento, que suena el teléfono.
    What's your phone number? ¿Qué número tiene su teléfono?
    Where is the phone? ¿Dónde está el teléfono?
PHONE (to) telefonear
    Phone me one of these days. Telefonéeme un día de éstos.
    Can I phone from here? ¿Puedo telefonear de aquí?
phonetics fonética
phonograph fonógrafo
photo foto, retrato

photograph fotografía
photograph (to) fotografiar, retratar
    to be photographed retratarse
photographer fotógrafo
photography fotografía
photostatic fotostática
phrase frase
physical físico
physician médico
physics física
physiology fisiología
piano piano
pick pico
pick (to) picar; escoger
    to have a bone to pick with someone habérselas con uno
    to pick a quarrel buscar camorra
    to pick up alzar, levantar; acelerar; tomar incremento; restablecerse
    I'll pick you up at six o'clock. Vendré a recogerle a las seis.
picket piquete
pickle encurtido, pepinillo
    pickled herring arenques salados
pickpocket carterista
picnic jira, partida de campo
pictorial pictórico
PICTURE retrato, foto, cuadro, pintura, grabado
    to be in the picture figurar en el asunto
    to be out of the picture no figurar ya para nada
picture (to) imaginar, figurar
    to picture oneself imaginarse
picture book libro con láminas
picture gallery pinacoteca
picturesque pintoresco
pie pastel; empanada
    to have a finger in the pie meter cuchara en el asunto
PIECE pedazo, trozo, pieza
    a piece of furniture un mueble
    piece goods géneros que se venden por piezas
    Let me give you a piece of advice. Permítame dar a Ud. un consejo.
pier muelle, pila
pierce (to) taladrar, agujerear
piety santidad
pig puerco
pigeon paloma
pigment pigmento
pigtail coleta, trenza
pile pila, montón
pile (to) amontonar, acumular
    The work is piling up on me. Tengo un montón de trabajo.
pilgrim peregrino, romero
pill píldora

pillar columna, pilar
pillow almohada, cojín
pillowcase funda de almohada
pilot piloto
  pilot light mechero encendedor
pilot (to) timonear, gobernar, dirigir
pimple grano, barro
PIN alfiler, prendedor, broche
pin (to) prender con alfileres; fijar, clavar
  to pin down acosar
  to pin one's faith on confiar absolutamente
    en
pinch pellizco, pizca
pinch (to) pellizcar; oprimir
  to pinch one's self privarse de lo necesario
  to be in a pinch hallarse en un aprieto
pine pino
  pine cone piña
  pine grove pinar
  pine needle pinocha
  pine tree pino
pineapple piña
pinhead cabeza de alfiler
pink rosado
pint pinta *(aproximadamente _ litro)*
pioneer explorador; promotor
pious pío
pipe pipa; tubo, caño; tubería, cañería
  pipeline oleoducto
pirate pirata
pistol pistola, revólver
pit hoyo; hueso de ciertas frutas; platea *(teatro)*
pitch brea, alquitrán; tono
  His voice has a very high pitch. Su voz es
    muy alta.
pitcher jarro, cántaro
pitfall hoyo, trampa
pitiful lastimoso
pitiless despiadado
PITY lástima, piedad, compasión
  out of pity por compasión
  to have pity tener piedad
  It's a pity! ¡Es lástima!
  What a pity! ¡Qué lástima!
pity (to) compadecer
  I pity her. La compadezco.
PLACE lugar, sitio, parte, local
  in place en su lugar
  in place of en lugar de
  in the first place en primer lugar
  in the next place luego; en segundo lugar
  out of place fuera de lugar
  to take place tener lugar
  We'll meet at the usual place. Nos
    encontraremos en el lugar de costumbre.
place (to) colocar, poner
placid plácido
plague plaga

plaid manta escocesa
plain llano
PLAIN llano; simple; sencillo; franco
  a plain dress un vestido sencillo
  plain food alimentos sencillos
  plain speaking hablando con franqueza
  plain truth la pura verdad
plainly claramente
plaintiff demandante
PLAN plan; plano, proyecto
  He is making plans for his trip. Está
    haciendo proyectos para su viaje.
plan (to) proyectar; hacer planes; pensar
  When do you plan to leave? ¿Cuándo piensa
    Ud. irse?
plane plano, llano; *s:* aeroplano, avión
planet planeta
plank tablón, tablazón
PLANT planta; factoría
plant (to) plantar, sembrar
plantation hacienda, plantación
planter sembrador, colono, hacendado
plaster yeso
plastic plástico
  plastic surgery cirugía plástica
plate plato; plancha; lámina, placa
  a plate of soup un plato de sopa
  soup plate plato hondo
  dinner plate plato llano
plateau meseta
plated plateado
  silver-plated plateado
platform plataforma; andén; tribuna
plausible plausible
PLAY juego; drama, representación; función,
    obra
  fair play juego limpio
PLAY (to) jugar; tocar; representar
  to play a game jugar una partida
  to play a joke hacer una broma
  to play a part representar un papel
  to play a trick on someone hacer una mala
    jugada
  to play cards jugar a los naipes
  to play the fool hacerse el tonto
  to play tricks hacer suertes
  to play on words jugar con las palabras;
    hacer retruécanos
  What instrument do you play? ¿Qué
    instrumento toca Ud.?
playbill cartel *(teatro)*; programa
player jugador; actor
playful juguetón
playgoer aficionado al teatro
playground patio de recreo, campo de deportes
playhouse teatro
playmate compañero de juego
playwright dramaturgo

plea argumento; ruego; súplica; alegato
plead (to) rogar; suplicar; alegrar; defender una causa
  to plead guilty confesarse culpable
  to plead not guilty declararse inocente
pleasant agradable; grato; simpático
please (to) gustar; agradar; complacer; dar gusto
  He was quite pleased. Quedó bastante complacido.
  I'm pleased. Estoy satisfecho.
  It doesn't please me. No me agrada.
  It pleases me. Me place. Me agrada.
  Please. Por favor.
  Please tell me. Hágame el favor de decirme.
  Pleased to meet you. Mucho gusto en conocerle.
pleasing agradable
PLEASURE placer; gusto
  at your pleasure como le plazca
  pleasure ground parque; jardín de recreo
  with pleasure con mucho gusto
pleat plisado
pledge prenda, promesa
pledge (to) prometer
  to pledge one's word empeñar su palabra
plentiful copioso, abundante
  The food is plentiful. La comida es abundante.
plenty abundancia
PLENTY copioso, abundante
  There is plenty of work. Hay mucho trabajo.
pliable flexible, doblegable
pliers tenacillas
PLOT complot, intriga; solar; trama
plow, plough arado
plow, plough (to) arar
pluck (to) coger, arrancar, desplumar
plug enchufe
  fireplug bomba de incendio
plug (to) atarugar, tapar
plum ciruela
  plum pudding budín inglés
plumber plomero
plumbing plomería; instalación de cañerías
plump gordo, rollizo
plunder pillaje, saqueo
plunder (to) saquear, expoliar
plunge (to) zambullir, sumergir
plural plural
plus más
plywood madera tercera
poach (to) escalfar
  poached eggs huevos escalfados
pocket bolsillo
  pocket money dinero de bolsillo
pocketbook cartera, bolsa
poem poema
poet poeta

poetic poético
poetry poesía
POINT punto; punta
  on the point of a punto de
  point by point punto por punto
  point of honor cuestión de honor
  point of view punto de vista
  to the point al grano
point (to) señalar, apuntar
  to point out indicar, señalar
pointed puntiagudo; agudo
pointer indicador, índice
poise porte, aplomo, reposo
poison veneno
poison (to) envenenar
poisoning envenenamiento
poisonous venenoso
poke (to) picar, atizar
  to poke the fire atizar el fuego
poker atizador
polar polar
pole polo; poste, palo
police policía (la)
policeman policía (un)
police station comisaría
policy política; norma, sistema, costumbre; póliza
  insurance policy póliza de seguros
  This is the policy of the house. Este es el sistema de la casa.
Polish polaco
polish pulimento, lustre
  shoe polish betún
polish (to) pulir, lustrar
polite cortés
political político
politician político
politics política
poll lista electoral; votación
polluted contaminado
pollution contaminación, polución
pond laguna, charca
ponder (to) pesar, estudiar
pony jaca, caballito
poodle perro de lanas
pool piscina, charco
POOR pobre
pop (to) soltar, espetar
Pope papa
poppy adormidera, amapola
populace pueblo
popular popular
popularity popularidad
populate (to) poblar
population población
populous populoso
porch vestíbulo, portal, porche
pore poro

pork puerco, cerdo; carne de puerco
    pork chops chuletas de puerco
port puerto
portable portátil
porter mozo, portero
portion porción, parte
portrait retrato
    portrait painter retratista
pose postura, posición
pose (to) colocar, proponer
position posición
positive positivo, absoluto, explícito, categórico
positively positivamente, ciertamente
possess (to) poseer
possessive posesivo
possessor poseedor
possibility posibilidad
possible posible
    as soon as possible cuanto antes
possibly posiblemente, quizá
POST poste, pilar; correo; puesto; guarnición
    post card tarjeta postal
    post office correo, oficina de correos
    post-office box apartado de correos
post (to) pegar
    to post a bill pegar un anuncio
postage franqueo
postage stamp sello, estampilla
postal postal
poster cartel, correo
posterior posterior
posterity posteridad
postman cartero
postmaster administrador de correos
postpaid porte pagado; franco de porte
postpone (to) diferir, aplazar
postscript postdata
postulate (to) postular
posture postura
pot marmita, puchero, olla
potato papa, patata
    fried potatoes patatas fritas, papas fritas
    mashed potatoes puré de patatas
potential potencial, posible
potentiality potencialidad, capacidad
poultry aves de corral
    poultry yard corral; gallinero
pound libra
    pound weight peso de un libra
pour (to) derramar; verter; vaciar; llover a cántaros
poverty pobreza
POWDER polvo; pólvora
    face powder polvos para la cara
    powder box polvera
    tooth powder polvo dentífrico
POWER poder, fuerza, potencia, energía
    civil power autoridad civil

    electric power energía eléctrica
    horsepower caballo de fuerza
    power of attorney poder
    the Great Powers las Grandes Potencias
powerful poderoso, fuerte
practicable practicable
practical práctico, positivo
    practical joke burla; chanza
practically prácticamente; en la práctica
    He is practically dead. Está casi muerto.
practice práctica; uso; costumbre
    I lack practice. Me falta la práctica.
PRACTICE (to) practicar; ejercer
praise alabanza, elogio
praise (to) elogiar, alabar, encomiar
PRAY (to) rezar, orar
prayer rezo, oración, plegaria
    prayer book devocionario
preach (to) predicar
precarious precario
precaution precaución
precede (to) anteceder, preceder
precedent precedente
precept precepto
precinct recinto, distrito
precious precioso
precipice precipicio
precipitate (to) precipitar; acelerar
precise preciso, exacto
precisely precisamente, exactamente
precision precisión
precocious precoz
predecessor predecesor
predicament situación difícil; dificultad; apuro
predict (to) predecir
prediction predicción
predispose (to) predisponer
predominant predominante
predominate (to) predominar
preface prefacio, prólogo
prefer (to) preferir; elevar; exaltar; adelantar
preferable preferible
preferably preferiblemente; preferentemente
preference preferencia
preferential preferente
pregnant encinta
prejudice prevención; prejuicio; preocupación
    to be prejudiced against something tener prejuicio contra algo
prelate prelado
preliminary preliminar, introductorio
prelude preludio
premature prematuro
premeditate (to) premeditar
premeditation premeditación
premise premisa
premises asertos; aserciones anteriores
    on the premises en el lugar

premium premio, interés
premonition prevención, presentimiento
preoccupied preocupado
preparation preparación
prepare (to) preparar
prepay (to) pagar adelantado
preposition preposición
prerequisite requisito previo
PRESCRIBE (to) prescribir, recetar
prescription prescripción, receta
presence presencia
    presence of mind presencia de ánimo
PRESENT presente; regalo; obsequio
    at present al presente, ahora
    for the present por ahora
    in the present al presente, actualmente
    present day actual
    the present month el actual, el corriente mes
    to give a present hacer un regalo, regalar
    to be present asistir, estar presente
present (to) presentar, dar a conocer, regalar
    He presented her with a coat. Le regaló un
    abrigo.
presentation presentación
presentiment presentimiento
presently luego, ya, dentro
preservation preservación
preserve (to) preservar; conservar
    preserved fruit frutas conservadas
preside (to) presidir
presidency presidencia
president presidente
PRESS prensa, imprenta
    the press la prensa
press (to) apretar; prensar; planchar; apremiar;
    instar
pressing urgente, apremiante
pressure presión, urgencia
presume (to) presumir, suponer
presumption presunción, suposición
presumptuous presuntuoso, presumido
pretend (to) fingir, pretender
pretense pretexto, excusa; pretensión; apariencia
    under false pretenses con falsas apariencias
    under pretense of con pretexto de
pretension pretensión
preterit pretérito
pretext pretexto
pretty bello, bonito, lindo
pretty algo, un poco, algún tanto; bastante
    pretty good bastante bueno
    pretty much casi
    pretty much the same parecido; casi lo
    mismo
    pretty near bastante cerca
    pretty tired algo cansado
    pretty well medianamente
    You made a pretty mess of the business.

    Ud. hizo un verdadero enredo del asunto.
prevail (to) reinar; prevalecer; predominar
    to prevail over vencer, triunfar
    to prevail upon persuadir, convencer
prevalent prevalente
prevent (to) prevenir, impedir
prevention prevención
previous previo
    previous to antes de
    previous question cuestión previa
    **I was unable to come because of a previous
    engagement.** No pude venir debido a un
    compromiso previo.
previously previamente; de antemano
prey presa
PRICE precio
    at any price a toda costa
    price list lista de precios; tarifa
    to set a price on one's head poner a precio la
    cabeza de uno
priceless sin precio
prick aguijón, picadura
prick (to) punzar, picar, pinchar
pride orgullo, dignidad
    to take pride in preciarse de
priest sacerdote, cura
primarily principalmente; en primer lugar
primary primario, primero, principal, elemental;
    en los EE. UU., mitin de electores para elegir
    candidatos
    primary color color elemental
    primary school escuela primaria
prime principio, principal
    He is in the prime of life. Está en la flor de
    su vida.
primer cartilla
primitive primitivo, primordial
primordial primordial
prince príncipe
princely semejante; como un príncipe
princess princesa
principal principal
principally principalmente
principle principio
    as a matter of principle por cuestión de
    principios
    in principle en principio
    on general principles por regla general
print impresión; estampa; tipo de molde
    in print impreso, publicado
    out of print agotado
    small print tipo menudo
print (to) estampar; imprimir
    printed by impreso por
    printed matter impresos
printer impresor
printing tipografía, imprenta, impresión
prior anterior, precedente, previo

prior to antes de
priority prioridad
prison cárcel, prisión
prisoner preso, prisonero
privacy retiro, reserva, retrete
PRIVATE privado; particular; personal; confidencial; reservado; secreto; soldado raso
  in private en secreto
  private affair asunto de carácter privado
  private hearing audiencia secreta
  private office despacho particular
  private school escuela particular
  private secretary secretario particular
privately privadamente, secretamente
privilege privilegio, gracia
PRIZE premio, presa, botín
pro en favor, por
probability probabilidad
probable probable
probably probablemente
probation prueba, ensayo
probity probidad
problem problema
problematic problemático
procedure proceder, procedimiento
proceed (to) seguir, proseguir, proceder
  Let us proceed to business. Vamos a poner manos a la obra.
PROCESS procedimiento, método; proceso; curso; causa
  in the process of en vía de
  in the process of time en el curso del tiempo
procession cortejo, procesión
proclaim (to) proclamar, promulgar, publicar
proclamation proclama, proclamación
procure (to) lograr, obtener
prodigal pródigo
prodigy prodigio
produce (to) producir, rendir
producer productor
product producto
production producción
productive productivo
profane profano
profess (to) profesar
profession profesión
professional profesional
professionally profesionalmente
PROFESSOR profesor
proficiency pericia, habilidad
proficient experto, perito
profile perfil
profit provecho, beneficio, lucro
profit (to) aprovechar, servir
  to profit by sacar provecho de
profitable provechoso; útil; lucrativo
profound profundo

PROGRAM programa
PROGRESS progreso, adelanto
progress (to) progresar; adelantar; hacer progresos
progression progresión
progressive progresivo
prohibit (to) prohibir, impedir
  prohibited by law prohibido por la ley
prohibition prohibición
project proyecto, plan
project (to) proyectar; idear; arrojar; despedir
prolific prolífico
prolong (to) prolongar
prolongation prolongación
prominent prominente, saliente
  to be prominent sobresalir, ser prominente
promiscuous promiscuo
promise promesa
promise (to) prometer
promote (to) promover, ascender; fomentar
  He has been promoted. Ha sido ascendido.
promotion promoción, ascenso; fomento
  They made a big sales promotion. Hicieron una gran promoción de ventas.
prompt pronto
promptly pronto, prontamente
promptness prontitud
promulgate (to) promulgar
pronoun pronombre
pronounce (to) pronunciar
pronunciation pronunciación
proof prueba; evidencia; demostración
  to proofread leer y corregir pruebas
  There are pretty strong proofs of it. Existen pruebas bastante claras de ello.
propaganda propaganda
propagation propagación
propeller hélice
PROPER propio; conveniente; adecuado; correcto
  proper name nombre propio
properly propiamente, apropiadamente; correctamente
  This was properly done. Esto estuvo bien hecho.
property propiedad
  property owner propietario
prophecy profecía
prophesy (to) predecir, profetizar
prophet profeta
PROPORTION proporción
  in proportion en proporción
  out of proportion desproporcionado
proportion (to) proporcionar
proposal propuesta, proposición
propose (to) proponer
  He proposed to her. El le propuso matrimonio.

proprietor dueño, propietario
prosaic prosaico
prose prosa
prosecute (to) enjuiciar, procesar
prosecution prosecución
prosecutor acusador
prospect perspectiva; vista; probabilidad
    This looks like a very good prospect. Esto parece un buen prospecto.
prosper (to) prosperar
prosperity prosperidad
prosperous próspero
protect (to) proteger
protection protección
protector protector
protest protesta
protest (to) protestar
Protestant protestante
protocol protocolo
protrude (to) sobresalir
proud orgulloso
prove (to) establecer, probar; resultar
proverb refrán, proverbio
PROVIDE (to) proveer
    provided that con tal que
    to provide oneself with proveerse de
providence providencia
province provincia
provincial provinciano
provisions provisiones, víveres, comestibles
provoke (to) provocar; excitar; incitar
prudence prudencia
prudent prudente
prudish gazmoño
prune ciruela, pasa
pry (to) espiar; observar
    to pry into fisgar, curiosear
    to pry into a secret arrancar un secreto
psychological psicológico
psychology psicología
PUBLIC público
    in public en público
    public health higiene pública; salubridad pública
    public utility empresa de servicio público; utilidad pública
    "Notice to the Public" "Aviso al Público"
publication publicación
publicity publicidad
publish (to) publicar
publisher editor
publishing house casa editorial, casa editora
pudding pudín
puff resoplido, soplo
    powder puff borla para empolvarse
    puff of wind ráfaga
PULL (to) tirar de; tirar hacia; arrastrar
    to pull apart despedazar

    to pull in tirar hacia uno
    to pull out (off) arrancar
    to pull through salir de un apuro
    to pull up desarraigar
    Pull yourself together. Compóngase.
    You're pulling my leg. Me está tomando el pelo.
pulpit púlpito
pulse pulso
pump bomba
pumpkin calabaza
pun juego de vocablos
punch punzón, ponche
punch (to) punzar
punctual puntual
punctuate (to) puntuar
punctuation puntuación
puncture pinchazo
punish (to) castigar
punishment castigo
pupil alumno; pupila
puppet títere, muñeco
puppy perillo
purchase compra
purchase (to) comprar
purchaser comprador
PURE puro
purée puré
purely puramente, meramente, simplemente
purgatory purgatorio
purify (to) purificar
purple púrpura, cárdeno
PURPOSE propósito; fin; objeto; intención
    for the purpose a propósito; al caso
    on purpose a propósito
    to no purpose inútilmente
    With what purpose? ¿Con qué fin?
purse bolsa, bolsillo
pursuant to de acuerdo con
pursue (to) perseguir
pursuit persecución
push impulso, empuje, aprieto
PUSH (to) empujar, apremiar
    to push back rechazar
    to push down oprimir; abatir
    to push oneself forward abrirse camino
    Don't push me! ¡No me empuje!
PUT (to) poner, colocar
    to put away poner aparte
    to put in order arreglar, ordenar
    to put off diferir, aplazar
    to put on vestir
    to put to a vote poner a votación
    to put to bed acostar
    to put to sleep poner a dormir
    to put together juntar
    to put two and two together atar cabos
    to put up for sale poner en venta

He cannot put up with his mother-in-law. No puede tolerar a su suegra.

He had another bed put in his room. Mandó poner otra cama en su cuarto.

He put on weight. Se puso gordo.

He puts me in a spot. Me pone en un aprieto.

Please put out the lights. Apague la luz, por favor.

Put on your hat! ¡Cúbrase!

Put the book back. Ponga el libro en su lugar.

The doctor has put me on a diet. El médico me ha puesto a régimen.

We have to put an end to it. Tenemos que terminarlo.

puzzle enigma; rompecabezas

puzzled (to be) estar perplejo

Q

quack charlatán

QUAINT curioso, raro

This is a very quaint place. Es un lugar muy curioso.

qualification calificación

qualify (to) calificar

QUALITY calidad, cualidad

QUANTITY cantidad

quarrel disputa, pendencia

quarrelsome pendenciero

quart cuarto de galón *(aproximadamente un litro)*

QUARTER cuarto (¼); moneda de 25 centavos (EE.UU.); bario, cuartal

a quarter of an hour un cuarto de hora

headquarters cuartel general

It's a quarter after six. Son las seis y cuarto.

It's a quarter to five. Son las cinco menos cuarto.

quartermaster comisario ordenador

queen reina

queer extraño, raro

a queer person un tipo raro

quench (to) apagar

to quench one's thirst apagar su sed

query pregunta

QUESTION pregunta; cuestión

question mark signo de interrogación

to ask a question hacer una pregunta

to be a question of tratarse de

to be out of the question no haber ni que pensar

May I ask you a question? ¿Me permite que le haga una pregunta?

That's a fair question. Esta es una pregunta legal.

What's the question? ¿De qué se trata?

questionable discutible

questionnaire cuestionario

QUICK pronto, rápido, presto

quick-tempered de mal genio

quicken (to) vivificar; acelerar

quickly prontamente, rápidamente; con presteza

Come quickly. Venga pronto.

QUIET quieto, tranquilo; *s:* quietud, tranquilidad

to keep quiet callarse

quiet (to) calmar, tranquilizar

quietly quietamente, tranquilamente

quilt edredón, covertor, colcha

quince membrillo

quinine quinina

QUIT (to) dejar, pasar, cesar de, desistir de

to quit work dejar de trabajar

Let's call it quits. Aquí suspendemos.

QUITE bastante, más bien, muy

quite good bastante bueno

quite soon bastante de prisa

quite difficult harto difícil

quite well done muy bien hecho

She seems quite different! ¡Parece otra!

quiver (to) temblar

quiz prueba

quota cuota

quotation citación; cita; texto citado; cotización

quotation marks comillas

quote (to) citar

R

rabbi rabi, rabino

rabbit conejo

RACE carrera, raza

race horse caballo de carrera

race track pista

rack bastidor; rambla

clothes rack perchero

rack (to) atormentar, agobiar

to rack one's brains devanarse los sesos

racket baraúnda

radiance brillo, esplendor

radiant radiante, radiado

radiantly con brillo

radiate (to) emitir, irradiar

radiator calorífero

radical radical

radically radicalmente

RADIO radio

to listen to the radio escuchar la radio

radio broadcast difusión radial

radio broadcasting radiodifusión

radiogram radiograma

radio program programa radial
radio station radioemisora, emisora
radish rábano
radium radio
rag trapo, andrajo
rage ira; furor
rage (to) rabiar, enfurecerse
ragged andrajoso, harapiento
raid incursión
raid (to) invadir
rail baranda, riel
railing baranda, barandilla
railroad ferrocarril
    railroad car vagón ferroviario
    railroad crossing paso a nivel
railway ferrocarril
RAIN lluvia
    rain or shine que llueva o no
RAIN (to) llover
    It looks as if it's going to rain. Parece que va a llover.
rainbow arco iris
raincoat impermeable
raindrop gota de agua
rainfall aguacero; cantidad de lluvia que cae durante tiempo determinado
rainstorm aguacero, temporal
rainy lluvioso
RAISE aumento
    raise in salary aumento de salario
RAISE (to) levantar, alzar, elevar, aumentar, subir, criar, cultivar
    to raise an objection objetar; poner una objeción
    to raise a question suscitar una cuestión
    to raise a row armar un alboroto
    to raise money reunir dinero
raisin pasa
rake rastrillo
rake (to) rastrillar
ramble (to) vagar, divagar
ranch hacienda
rancor rencor
random azar; casualidad
    at random a la ventura; al azar
range alcance, radio de acción; cadena
    mountain range sierra, cordillera
rank grado; hilera, posición
    rank and file la tropa
rank (to) clasificar, tener un grado superior
ransack (to) escudriñar
ransom rescate
rape violación; rapto
rape (to) violar, desflorar
rapid rápido
rapidity rapidez
rapture rapto; arrobamiento
RARE raro, precioso

    I like my steak rare. Me gusta el biftec poco cocido.
rarely raramente, rara vez
rarity rareza
rascal granuja, pícaro
rash temerario, arrebato; sarpullido
    She had a terrible skin rash. Tenía una erupción terrible.
raspberry frambuesa
rat rata
RATE tarifa; precio
    at any rate de todos modos
    at the rate of a razón de
    rate of exchange tipo de cambio
    rate of interest tipo de interés
    What are your rate? ¿Cuáles son sus precios?
RATHER más bien; un poco; algo
    rather than más bien que
    I'd rather go than stay. Preferiría ir que quedarme.
    It's rather expensive. Es un poco caro.
    I would rather not. Preferiría no.
ratio proporción, razón
ration ración
rational racional
rationalize (to) racionalizar
rationally racionalmente
rationing racionamiento
rattle sonajero, cascabel
rattle (to) hacer sonar; atolondrar
rave (to) delirar, desvariar
    to rave about delirar por
raven cuervo
ravish (to) arrebatar; encantar
ravishing arrebatador
RAW crudo
    in a raw state en bruto
    raw materials materias primas
    raw meat carne cruda
rawhide de cuero duro
ray rayo
rayon rayón
razor navaja
    electric razor rasuradora eléctrica
    razor blade hoja de afeitar
    safety razor manquinilla de afeitar
reach alcance; extensión; distancia
    beyond one's reach fuera del alcance de uno
    within one's reach al alcance de uno
REACH (to) alcanzar; llegar a, llegar hasta
    to reach out one's hand extender la mano
    I was unable to reach you by telephone. No pude communicarme con Ud. por teléfono.
react (to) reaccionar
reaction reacción
reactionary reaccionario

READ (to) leer; descifrar
  to read proofs corregir pruebas
  I can read your mind. Puedo leer su pensamiento.
  I have to read this translation over. Tengo que leer esta traducción otra vez.
  I read myself to sleep. Me duermo leyendo.
  The text reads thus. El texto dice así.
readable legible
reader lector
reading lectura
reading room sala de lectura
READY listo, pronto, preparado, dispuesto
  Everything is ready. Todo está listo.
ready-made confeccionado; ya hecho
  ready-made clothes ropa hecha
REAL real, verdadero
  real estate bienes raíces
  It was a real pleasure. Fue un verdadero placer.
realism realismo
realistic natural, vivo
reality realidad
realization realización, comprensión
REALIZE (to) darse cuenta; hacerse cargo; llevar a cabo, realizar, obtener
  to realize a danger darse cuenta del peligro
  to realize a profit obtener un benefico; lograr un provecho
  I can't realize what has happened. No me doy cuenta de lo que ha pasado.
REALLY en verdad, realmente, verdaderamente
  Really! ¡De veras!
reap (to) segar, cosechar
reaper segador; segadora mecánica
reappear (to) reaparecer
rear parte posterior
REAR de atrás, trasero, posterior
  rear admiral contralmirante
  rear guard retaguardia
REASON razón, juicio, causa
  by reason of con motivo de
  for this reason por esto
  without reason sin razón
reason (to) razonar, raciocinar
reasonable razonable; módico
reasonably razonablemente
reasoning razonamiento
rebel rebelde
rebel (to) rebelarse
rebellion rebelión
rebellious rebelde, refractorio
RECALL (to) recordar; anular; revocar
  to recall to mind recapacitar
recapture (to) represar
receipt recibo, cobranza
  receipt book registro de recetas
  on receipt of al recibo de

  to acknowledge receipt acusar recibo
RECEIVE (to) recibir, admitir, hospedar
receiver receptor; recibidor, recipiente
RECENT reciente
recently recientemente
reception recepción, acogida
receptive receptivo
recess depresión, suspensión
recipe receta de cocina
recipient recipiente
reciprocal recíproco, mutuo
reciprocally recíprocamente
reciprocate (to) alternar, ser recíproco
reciprocity reciprocidad
recital recitación, relación
recitation recitación
reckless temerario
recklessly temerariamente
reckon (to) contar, enumerar
reckoning cuenta
reclaim (to) reclamar
reclamation reclamación
recline (to) reclinar, recostar
recognition reconocimiento
RECOGNIZE (to) reconocer
recollect (to) recordar
recollection recuerdo
recommend (to) recomendar
recommendation recomendación
reconcile (to) reconciliar
reconciliation reconciliación
reconstruct (to) reedificar
RECORD registro, acta; disco, record; constancia; comprobante
  on record registrado
record (to) grabar
recorder registrador, archivero
  tape recorder grabadora de sonido
records datos, memoria, archivo, anales
RECOVER (to) recobrar, recuperar
recovery restablecimiento, recuperación
recreate (to) crear de nuevo; recrear
recreation recreación, recreo
recruit recluta, novicio
rectify (to) rectificar, corregir
recuperate (to) restablecerse, recuperarse
RED rojo; colorado; encarnado
  Red Cross Cruz Roja
  red-handed cojido en el hecho
  redhead pelirroja
  red-hot candente
  red pepper pimentón
  red tape burocracia
  red wine vino tinto
redeem (to) redimir, desempeñar
reduce (to) reducir, minorar; rebajar
reduction reducción, rebaja
reed caña, cañuela

reef arrecife
reel carrete; tambor; película de cine
re-enforce (to) reforzar, fortalecer
refectory refectorio
REFER (to) referir, remitir, dirigir, recurrir
    to refer to recurrir a; acudir
referee árbitro
reference referencia
    in reference to respecto de
    reference book libro de referencia
    reference mark llamada
referendum referéndum, plebiscito
refill (to) rellenar, reenvasar
refine (to) refinar, purificar
refined fino, culto
    He is a very refined person. Es una persona
      muy fina.
refinement cortesía; cultura; esmero
refinery refinería
reflect (to) reflejar; reflexionar
    to reflect upon desprestigiar
reflection reflejo; reflexión
reflex reflejo
reflexive reflexivo
reflexively reflexivamente
reform reforma
reform (to) reformar, reformarse
refrain (to) refrenarse; abstenerse de
refresh (to) refrescar, renovar
    a refreshing drink refresco
    to refresh one's memory recordar
refreshment refresco
refrigerator refrigeradora, nevera
refuge refugio, asilo
refugee refugiado, asilado
refund devolución, restitución
refund (to) restituir, reintegrar
refusal negativa
refuse (to) rehusar
refute (to) refutar, rebatir
regain (to) recobrar, recuperar
REGARD consideración, respeto
    in regard to en cuanto a, respecto a
    in this regard en este respecto
    with regard to con respecto a
    without any regard for sin hacer caso de
regard (to) estimar, considerar, mirar
regarding relativo a, respecto de, concerniente a
regardless of a pesar de
regards recuerdos, memorias, afectos
    to give one's regards dar memorias
    with my best regards con mis amistosos
      saludos
regime régimen
regiment regimiento
region región
register registro
register (to) inscribir, registrar

    registered letter carta certificada
REGRET pesar, pena, remordimiento
regret (to) sentir, deplorar, lamentar
    I regret it. Lo siento.
    I regret that . . . Siento que . . .
regretful pesaroso
regular regular, normal
regularity regularidad
regularly regularmente
regulate (to) regular, regularizar
regulation reglamento, regla, regulación,
    reglamentación
rehearsal ensayo
rehearse (to) ensayar
reign reinado
reign (to) reinar
reinforce (to) armar, reforzar
reinforced concrete hormigón armado
reinforcement armadura
reiterate (to) reiterar
reject (to) rechazar, recusar, rehusar
rejoice (to) alegrar, regocijarse
rejoicing regocijo
rejoin (to) reunirse con; volver a la compañía
relapse recaída, reincidencia
relapse (to) recaer, reincidir
RELATE (to) relatar, contar, narrar
    everything relating to cuanto se relaciona
      con
    to be related estar emparentado; relacionarse
relation relación; referencia; narración
    in relation to con relación a, respecto a
relationship relación
relative relativo; pariente
relax (to) relajar, aflojar, mitigar
relaxation flojedad, descanso
RELEASE (to) soltar, relevar, exonerar,
    descargar
reliability confianza
reliable digno de confianza
relic reliquia; vestigio
relief alivio, socorro; relevo
relieve (to) aliviar, socorrer, auxiliar
religion religión
religious religioso
religiously religiosamente
relinquish (to) abandonar, dejar
relish gusto, apetencia
relish (to) saborear, gustar de
reluctance renuencia, mala gana, disgusto
    with reluctance de mala gana
reluctant maldispuesto
reluctantly de mala gana
rely on (to) confiar en, contar con
REMAIN (to) quedar, restar, faltar
    to remain silent callar, guardar silencio
    to remain undone quedar sin hacer
remains restos, sobras

REMARK observación; advertencia; nota
   to make a remark hacer una observación
remarkable notable, interesante
remarkably notablemente
remedy remedio
remedy (to) remediar
REMEMBER (to) recordar, acordarse, tener
   presente; mentar
I don't remember. No me acuerdo.
Remember me to him. Déle mis recuerdos.
remembrance memoria, recuerdo
remind (to) recordar
reminder recordatorio, recuerdo; advertencia
remit (to) remitir; enviar
remittance remesa; giro; letra de cambio
remnant remanente
REMORSE remordimiento
remote remoto, apartado
remote control mando a distancia
removable removible
removal remoción; acción; desposición
remove (to) mudar; trasladar; cambiar; deponer;
   destituir
remunerate (to) remunerar
render (to) volver, poner, hacer
   to render assistance prestar auxilio
   to render justice hacer justicia
renew (to) renovar, rehacer
renewal renovación, renuevo
renounce (to) renunciar, rechazar
renovate (to) renovar, rehacer
renovation renovación
RENT renta, alquiler
   for rent se alquila
rent (to) alquilar, arrendar
reorganization reorganización
repair reparación, prórroga
   Closed for repairs. Cerrado por
     reparaciones.
repair (to) reparar, componer
repay (to) pagar, recompensar
repeal (to) derogar, revocar
repeat (to) repetir, repasar, ensayar
repeated repetido, reiterado
repeatedly repetidamente
repel (to) repeler, resistir
repellent repelente
repent (to) arrepentirse
repertory repertorio; colección
repetition repetición
repetitious redundante
replace (to) reemplazar
replica replegado
reply respuesta, contestación
reply (to) contestar, responder
REPORT relación; informe; parte
   to give a report dar un informe
   He gave a complete report of the situation.

     Hizo un informe de la situación.
report (to) informar; dar parte; denunciar
   it is reported se dice; corre la voz
   to report on the progress of dar cuenta de la
     marcha de
   He had to report to headquarters. Tuvo
     que presentarse al cuartel.
reporter repórter
reprehensible reprensible
represent (to) representar
representation representación
representative representante; agente; diputado
reprimand (to) reprender
reprint reimpresión
reproach censura, reproche
reproach (to) reprochar, censurar
reproduce (to) reproducir
reproduction reproducción
reprove (to) reprobar, culpar, censurar
reptile reptil
republic república
repugnant repugnante
repulsion repulsión
reputable honroso
reputation reputación, fama
request súplica, ruego, petición
   at the request of, by request of en demanda
     de
request (to) pedir, rogar
require (to) requerir
requirement requisito, estipulación
rescue rescate, salvamento
rescue (to) rescatar, salvar, librar
research investigación
resemblance semejanza, parecido
resemble (to) parecerse a
   She resembles her mother. Se parece a su
     madre.
resent (to) resentirse de, ofenderse por
resentful resentido, agraviado
reservation reservación
   I have a hotel reservation for next week.
     Tengo una reservación en el hotel para la
     semana que viene.
reserve reserva
   without reserve sin reserva; sin excepción
   Speak without reserve. Hable con
     franqueza.
reserve (to) reservar; guardar
reserved reservado, circunspecto
reservoir depósito
reset (to) montar de nuevo
reside (to) residir, morar
residence residencia
resident residente
residential residencial
   residential section barrio residencial
resign (to) dimitir; renunciar

to resign oneself renunciarse
resignation dimisión; renuncia; resignación
resist (to) resistir; rechazar; oponerse; negarse a
resistance resistencia
resolute resuelto
resolution resolución
resolve (to) resolver
resort concurso, concurrencia
   summer resort concurso de verano
resound (to) repetir, repercutir
resource recurso
RESPECT respecto; respeto
   in all respects en todos sentidos
   in every respect en todo sentido
   in respect to tocante a, con respecto a
   in some respect en cierto sentido
   in this respect a este respeto
   with due respect con todo respeto
   with respect to tocante a; con respeto a
respect (to) respetar
respectable respetable
respected considerado
respectful respetuoso
respective to respectivo a
respiration respiración, respiro
respite tregua; espera; pausa
resplendent resplandeciente
respond (to) responder; corresponder; obedecer
respondent respondiente; demandado
response respuesta
responsibility responsibilidad
   on your responsibility bajo su
     responsabilidad
responsible responsable
   I'll hold you responsible for it. Lo haré a
     Ud. responsable de ello.
REST resto, descanso, reposo
   at rest en reposo
   without rest sin descanso
   A rest will do him good. Le sentará muy bien
     un descanso.
rest (to) reposar, descansar
   I have to rest for a while. Tengo que
     descansar un rato.
restaurant restaurante
restful sosegado, tranquilo
restitution restitución
restless inquieto
restore (to) restaurar; reponer
restrain (to) refrenar; reprimir
restriction restricción
rest room servicio sanitario, retrete
result resultado, resulto
result (to) resultar
   to result in venir a parar
resume (to) resumir; reasumir
RETAIL venta al por menor; menudeo
   retail price precio al menudeo

retail (to) vender al por menor
retain (to) retener; conservar
retaliate (to) vengarse
reticence reticencia
retire (to) retirarse, jubilar
   I am going to retire now. Voy a dormir.
   He will retire from business next year. Va
     a retirarse de los negocios el año que
     viene.
retired retirado; apartado
   retired life vida retirada
   to put on the retired list dar el retiro
retort (to) replicar
retrace (to) seguir, repasar
   to retrace one's steps volver sobre sus pasos
retract (to) retractar; retirar
retreat retiro; retrata
retrospect mirada retrospectiva
RETURN vuelta, regreso, regresa, respuesta
   by return mail a vuelta de correo
   in return a cambio
   return trip viaje de vuelta
   Many happy returns! ¡Feliz cumpleaños!
RETURN (to) volver, regresar, devolver
   to return a book devolver un libro
   to return a favor corresponder a un favor
   He just returned home. Acabó de regresar a
     casa.
reveal (to) revelar, divulgar
revelation revelación
revenge (to) vengar, vindicar
revenue rentas públicas
revere (to) reverenciar, venerar
reverence reverencia
reverent reverente
reverse inverso, invertido; opuesto; contrario
   The car is in reverse. El coche está en
     reverso.
reverse (to) invertir
reversible versátil, reversible
revert (to) retroceder
REVIEW revista; examen; análisis; revisión
review (to) revisar, pasar revista, revistar
revise (to) revisar
   revised version traducción corregida
revision revisión
revival renacimiento; representación de obras
   antiguas
revive (to) hacer revivir, resucitar
revocation revocación
revoke (to) revocar
revolt rebelión
revolt (to) rebelarse
revolting odioso, repugnante
revolution revolución
revolve (to) girar; dar vueltas
revolver revólver
REWARD premio, recompensa

reward (to) recompensar
rhetoric retórica
rheumatism reuma, reumatismo
rhyme rima, verso, poesía
    without rhyme or reason sin ton ni son
rhyme (to) rimar
rhythm ritmo, cadencia
rib costilla
ribbon cinta
RICE arroz
    chicken and rice arroz con pollo
rich rico
    This food is very rich. Esta comida es muy
      buena.
richly ricamente
rid desembarazar, librar
    to be rid of estar libre de
riddance libramiento; zafada
riddle acertijo, adivinanza, enigma
RIDE cabalgar, montar a caballo
    I'll give you a ride. Le daré una vuelta.
    Let's go for a ride. Vamos a pasear en coche.
RIDE (to) cabalgar, montar a caballo; ir en
    coche; pasear en automóvil
    to ride horseback montar a caballo
rider caballero; jinete; persona que va en coche
    o bicicleta
ridge cordillera
ridiculous ridículo
riding paseo a caballo o en coche
    riding horse caballo de silla
rifle rifle
RIGHT *(s.)* derecho
    by right por derecho
    to be in the right tener razón
    to have a right tener derecho
    to keep to the right seguir por la derecha
    to the right a la derecha
RIGHT derecho; recto; justo; correcto;
    adecuado
    at the right time a buen tiempo
    right or wrong bueno o malo
    the right man el hombre adecuado
    the right time la hora exacta
    to be right tener razón
    Is this right? ¿Está bien esto?
    It's not right. No es justo.
    It's right. Está bien. Es justo.
RIGHT bien, rectamente, justamente,
    correctamente, propiamente, mismo
    all right bien, conforme
    right along sin cesar
    right away inmediatamente, en seguida
    right here aquí mismo
    right in the middle en plena actividad
    right now ahora mismo, al instante
    Go right ahead. Siga todo derecho.
rightful legítimo

rightly rectamente
rigid rígido
rigor rigor; inflexibilidad
rim borde
rind hollejo, corteza
RING anillo; arena
    bullring plaza de toros, ruedo
    ring finger dedo anular
    Give me a ring tomorrow. Déme una
      llamada mañana.
RING (to) tocar, sonar
    The telephone is ringing. Suena el teléfono.
rink patinadero
rinse (to) enjuagar; aclarar
riot motín
rioter alborotador
rip (to) rasgar; romper
RIPE maduro
ripen (to) madurar
RISE subida, alza
    sunrise salida del sol
RISE (to) subir, ascender, levantarse; salir;
    sublevarse; alzar; aumentar
risk riesgo
risk (to) arriesgar
ritual ritual, ceremonial
rival rival
RIVER río
roach cucaracha
ROAD camino
    main road camino principal
    to be on the road viajar de pueblo en pueblo
roam (to) vagar, andar errante
roar (to) rugir, bramar
roast asado
    roast beef carne de res asada, rosbif
    roast chicken pollo asado
roast (to) asar
ROB (to) robar
    I was robbed of my money. Me robaron mi
      dinero.
robber ladrón
robbery robo
robe manto, túnica; bata
robust robusto, vigoroso
rock roca, peña, peñasco
rock (to) mecer
rocket cohete, volador
rocking chair mecedora
rocky rocoso, peñascoso, rocalloso
rod vara, varilla
rogue bribón, pícaro, pillo
roguish picaresco
roll rollo, lista; panecillo
roll (to) rodar, arrollar, enrollar
    to roll up enrollar
roller rodillo, tambor
    roller skate patín de ruedas

Roman romano
romance romance, novela
   romance languages lenguas romances
romantic romántico
ROOF techo
ROOM cuarto, pieza, habitación, lugar, sitio;
   espacio
   inside room cuarto interior
   to make room hacer lugar
   There's no room for doubt. No cabe duda.
   There's not enough room. No hay suficiente
     espacio.
roommate compañero(a) de cuarto
rooster gallo
ROOT raíz
root (to) arraigar
rope cuerda, cordel
   to be at the end of one's rope estar sin
     recursos
rosary rosario
rose rosa
rosebud pimpollo, capullo
rosebush rosal
rosy rosado
rot (to) pudrirse
rotary giratorio, rotativo
rotate (to) girar; dar vueltas; alternar
rotation rotación, giro, turno
rotten podrido, putrefacto
rouge colorete
ROUGH áspero, rudo, tosco, grosero
   a rough guess a ojo
   rough copy borrador
   diamond in the rough diamante en bruto
   rough sea mar alborotado
round tanda; vuelta
ROUND rendondo; alrededor, a la redonda
   all year round todo el año
   a round table una mesa redonda
   roundabout a la redonda
   round number número redondo
   round sum suma redonda
   round trip viaje de ida y vuelta
   three miles around tres millas a la redonda
round (to) redondearse, dar vuelta
   to round up recoger; juntar
rouse (to) despertar, animar, excitar
rout rota, derrota
route ruta, vía, camino, curso, itinerario
routine rutina
ROW fila, hilera
   in a row en fila
   She was seated in the third row. Estaba
     sentada en la tercera fila.
row riña
row (to) remar
rowboat bote de remos
royal real

royalty soberanía, realeza
rub (to) frotar, raspar, restregar
   to rub away (off) quitar frotando
   to rub out borrar
   Don't rub it in! ¡No me lo recuerdes!
RUBBER goma, caucho
   rubber band goma, elástico
   rubber cement pasta de caucho y azufre
   rubbers chanclos, zapatos de goma
rubbing fricción
rubbish basura
ruby rubí
rudder timón, remo
rude rudo, brusco, descortés, tosco, chabacano
rudeness descortesía, grosería
ruffle (to) rizar, fruncir
RUG alfombra, tapete
ruin ruina, caída, devastación
ruin (to) arruinarse, decaer
ruinous ruinoso
RULE regla, norma; reinado, dominio
   as a rule por lo general
   rules and regulations reglamento
   to be the rule ser la regla
   These are the rules of the game. Estas son
     las reglas del juego.
rule (to) gobernar, mandar, rayar; disponer,
   determinar, establecer una regla
ruler gobernante; regla
rum ron
rumor rumor
run carrera, curso, marcha
   in the long run a la larga
RUN (to) correr; andar, funcionar
   to run across tropezar con
   to run after perseguir
   to run a race correr una carrera
   to run away escapar, huir
   to run into chocar con, topar con
   to run over derramarse, atropellar
   to run the risk of correr el riesgo de
   to run up and down correr de una parte a
    otra
   to run wild desenfrenarse
   He feels run down. Se siente agotado.
   He was running a great danger. Estaba
    corriendo un gran peligro.
   We are running short of merchandise. Se
    nos escasea la mercancía.
   We ran out of gas. Se nos acabó la gasolina.
runner corredor
running corriente
   running board estribo *(tren, coche)*
   running expenses gastos corrientes
   running water agua corriente
   three days running tres días seguidos
runway pista
rupture rompimiento

rural rural, campesino
rush prisa, precipitación
    I am in a rush. Tengo mucha prisa.
RUSH (to) ir de prisa; apresurarse
    rush hour hora punta
    to rush in entrar precipitadamente
    to rush through ejecutar de prisa
    He just rushed out. Salió a escape.
Russian ruso
rust moho, herrumbre
rust (to) enmohecer, aherrumbrarse
rustle (to) susurrar
rusty mohoso, herrumbroso
rye centeno

S

sack saco
sacred sagrado
sacrifice sacrificio
sacrifice (to) sacrificar
SAD triste
sadden (to) entristecer
saddle silla de montar
    saddle horse caballo de silla
saddle (to) ensillar
sadly tristemente
sadness tristeza
safe caja fuerte, caja de caudales
SAFE seguro, salvo, ileso; sin peligro; sin riesgo
    safe and sound sano y salvo
safeguard salvaguardia
safeguard (to) guardar, proteger
safely seguramente, sin peligro
SAFETY seguridad, protección
    for safety's sake para mayor seguridad
    safety belt cinturón de seguridad
    safety razor maquinilla de afeitar
    safety zone zona de seguridad
sail vela; buque de vela, velero
sail (to) darse a la vela, zarpar, navegar
sailboat bote de vela
sailing salida; navegación
    sailing orders orden de salida
sailor marinero, marino
saint santo
    Saint Valentine's Day día de San Valentín
        (14 de febrero)
SAKE causa, motivo, amor, bien, consideración
    for God's sake por Dios
    for mercy's sake por misericordia
    for the sake of por causa de
    for the sake of brevity por brevedad
    for the sake of peace por amor a la paz
    for your sake por Ud., por su bien
salad ensalada

SALARY sueldo, salario
SALE venta
    auction sale almoneda, subasta
    for sale de venta
salesclerk vendedor, dependiente
salesgirl vendedora
salesman vendedor
saleswoman vendedora
salmon salmón
salt sal
    salt mine mina de sal
    salt shaker salero
    salt water agua de mar
salt (to) salar
salted salado
salutary saludable
salutation salutación
salute (to) saludar
SAME mismo, propio, igual
    all the same todo es uno
    much the same casi lo mismo
    the same lo mismo, el mismo, la misma, los
        mismos, las mismas, otro tanto
    the same as lo mismo que
    It's all the same to me. Me da igual.
sample muestra
sample (to) sacar una muestra
sanction sanción
sanctity santidad
sanctuary santuario
sand arena
    sandpaper papel de lija
sandal sandalia, abarca
sandwich emparedado
sandy arenoso
sane sano
sanitarium sanatorio
sanitary sanitario
sanitation saneamiento
sanity cordura, juicio sano
sap savia; zapa
sarcasm sarcasmo
sarcastic sarcástico
sardine sardina
satellite satélite
satin raso
satire sátira
satisfaction satisfacción
satisfactorily satisfactóriamente
satisfactory satisfactorio
satisfied satisfecho
satisfy (to) satisfacer
saturate (to) saturar
SATURDAY sábado
sauce salsa
saucer platillo
sausage salchicha, chorizo
savage salvaje; silvestre

save salvo, excepto; sino, a menos que, a no ser que

SAVE (to) salvar, librar; economizar, ahorrar

to save face guardar las apariencias

savings ahorros, economías

savings bank caja de ahorros

savior salvador

savor sabor

savory sabroso, apetitoso

saw sierra, serrucho

sawdust aserrín

SAY (to) decir, recitar

it is said se dice

that is to say es decir, esto es

to say the least por lo menos

saying dicho, proverbio; adagio; refrán

as the saying goes según el adagio

scaffold andamio

scald (to) escaldar

SCALE escala; platillo (de una balanza), balanza, báscula; escama

on a large scale en gran escala

on a small scale en pequeña escala

scales pesa, báscula

scallop venera

scalp cuero, cabelludo

scandal escándalo

scandalize (to) escandalizar

scandalous escandaloso

scant (to) escatimar

scanty escaso

scar cicatriz

SCARCE raro, escaso

scarcely apenas, escasamente, con dificultad

scarcity escasez

scarecrow espantajo

scarf bufanda, chalina

scarlet escarlata

scatter (to) esparcir, regar

scatterbrain cabeza de chorlito

scene escena

scenery vista, paisaje

scent aroma, olor

schedule programa; cuadro, lista; horario

The plane won't leave on schedule. El avión no saldrá de acuerdo con el horario.

schedule (to) hacer el programa

The plane is scheduled to arrive at twelve. La hora de llegada del aeroplano es a las doce.

scheme plan, proyecto, designio; ardid, treta

scholar escolar, letrado

scholarship beca

scholastic escolástico

SCHOOL escuela

schoolbook texto de escuela

schoolmate condiscípulo

schoolroom aula

schoolteacher maestro de escuela

science ciencia

scientific científico

scientist hombre o mujer de ciencia

scissors tijeras

scold (to) regañar

scoop pala; excavación; cuchara

scope alcance

scorch (to) quemarse

SCORE muesca, veintena; tantos, partitura (música)

on that score a ese respecto

scores of people mucha gente

What's the score? ¿Cuál es la cuenta?

score (to) marcar los tantos; llevar la cuenta; apuntarse uno un tanto, ganar un tanto

to score a point ganar un tanto

scorn desdén, deprecio

scorn (to) despreciar, desdeñar

scornful despreciativo, desdeñoso

Scot, Scotsman escocés

Scotch, Scottish escocés

scour (to) fregar, estregar

scramble (to) arrebatar, hojear

scrambled eggs huevos revueltos

scrap fragmento, pedacito

scrape (to) raspar

scratch rasguño, arañazo, raspadura, raya

scratch (to) rascar, rasguñar, arañar; rayar

scream (to) chillar, gritar

screen biombo, mampara; tela metálica, rejilla; pantalla; cortina, barrera

screen (to) cribar, cerner; ocultar

screw tornillo, rosca

screwdriver destornillador

scribble (to) escribir de prisa

Scriptures Escritura

scrub (to) fregar, estregar

scruple escrúpulo

scrupulous escrupuloso

scrutinize (to) escudriñar

sculptor escultor

sculpture escultura

SEA mar, océano

at sea en el mar

beyond the sea allende al mar

to be seasick estar mareado

We'll go by sea. Iremos por mar.

sea captain capitán de buque

seagull gaviota

seal sello; foca

seal (to) sellar; lacrar

seam costura

seaman marinero

seamstress costurera

seaplane hidroavión

seaport puerto de mar

search busca, búsqueda; pesquisa, investigación; registro
   in search of en busca de
search (to) buscar; registrar; explorar; indagar, inquirir, investigar
   to search after indagar, preguntar por
   to search for buscar, procurar
SEASON estación; temporada; sazón
   a season ticket un billete de abono por temporada
   in season en sazón
   out of season fuera de sazón
   to be in season ser de la estación
season (to) sazonar; condimentar
seasonable oportuno
seasoning condimento
SEAT asiento, sitio
   back seat asiento trasero
   front seat asiento delantero
   to take a seat tomar asiento
   Have a seat! ¡Tome Ud. asiento!
   Is this seat taken? ¿Está tomado este asiento?
seclude (to) apartar
seclusion reclusión
SECOND segundo, secundario
   on second thought después de pensarlo bien
   second class de segunda clase
   secondhand usado
   second-rate segunda categoría
   second year el segundo año
   She lives on the second floor. Ella vive en el segundo piso.
   The car is in second gear. El coche está en segunda velocidad.
   Wait a second! ¡Espere un instante!
secondary secundario
secondly en segundo lugar
secrecy secreto, reserva
secret secreto
   in secret en secreto
secretary secretario
   private secretary secretario particular
section sección, división
secure seguro, firme
secure (to) asegurar, conseguir
securely seguramente, firmemente
security seguridad, aseguramiento
seduce (to) seducir
SEE (to) ver
   to see about averiguar
   to see a thing through llegar uno hasta el cabo de una cosa
   to see fit creer conveniente
   to see the point caer en cuenta
   to see one's way clear ver el modo de hacer algo
   He saw me home last night. Me acompañó a casa anoche.
   I have to see a friend off. Tengo que ir a despedirme de una amiga.
   I'll see to it. Voy a cuidarme de ello.
   It was worth seeing. Aquello era digno de verse.
   Let's see. A ver.
   See? ¿Sabe? ¿Comprende?
   Seeing is believing. Ver y creer.
   See page . . . Véase la página . . .
   See you later. Hasta luego.
   We see each other quite often. Nos vemos con frecuencia.
seed semilla, simiente
seeing vista, visión
seek (to) buscar
   to seek after tratar de obtener
seem (to) parecer, figurarse
   It seems . . . Parece . . .
   It seems to me . . . Me parece . . .
segregate (to) segregar
seize (to) agarrar; coger, prender; apoderarse de; darse cuenta de, comprender
   to be seized with sobrecogerse
SELDOM rara vez, raramente
select selecto, escogido
select (to) elegir, escoger
selection selección
SELF mismo, por sí mismo; sí, se
   by himself por sí mismo
   herself ella misma, se
   himself él mismo, se
   itself ello mismo, se
   my other self mi otro yo
   myself yo mismo, me
   oneself uno mismo, se
   ourselves nosotros mismos, nos
   themselves ellos mismos, se
   yourself tú mismo, te; usted mismo
   yourselves vosotros mismos, os
   He only thinks of himself. No piensa más que en sí mismo.
   I'll do it myself. Yo mismo lo haré.
   I shave myself. Yo mismo me afeito.
   Wash yourself. Lávate.
   You're fooling yourself. Te estás engañando a ti mismo.
self-centered egocéntrico
self-confidence confianza en sí mismo
self-conscious consciente de sí mismo
self-control imperio sobre sí mismo
self-defense defensa propia
self-determination autonomía, independencia
self-evident patente
selfish egoísta
selfishness egoísmo
self-made man hombre que se ha hecho por sus propios esfuerzos

self-possession serenidad
self-preservation propia conservación
self-reliance confianza en sí mismo
self-respect respeto a sí mismo
self-service auto-servicio
self-sufficient auto-suficiente, suficiente en sí mismo, apto
SELL (to) vender
    to sell at auction vender en pública subasta
    to sell for cash vender al contado
    to sell in bulk vender a ojo
    to sell on credit vender a crédito
    to sell retail vender al por menor
    to sell wholesale vender al por mayor
    He is sold on the idea. Está convencido.
    The merchandise is sold out. La mercancía está vendida.
seller vendedor
semester semestre
semiannual semestral
semicircle semicírculo
semicolon punto y coma
seminar curso de estudio superior para un grupo de estudiantes
seminary seminario; colegio
senate senado
senator senador
SEND (to) enviar, despachar, mandar, expedir
    to send away despedir; echar a la calle
    to send back devolver
    to send for enviar por
    to send in hacer entrar
    to send word mandar recado
    Did you send for me? ¿Me ha mandado Ud. llamar?
    Send it to my house. Mándemelo a casa.
sending despacho
senior mayor, de mayor edad, más antiguo; estudiante del último año en un colegio
    Jones, Sr. Jones padre
sensation sensación; excitación
sensational sensacional
SENSE sentido
    common sense sentido común
    the senses los sentidos
    to be out of one's senses haber perdido el juicio
    to make sense tener sentido
sense (to) sentir
sensibility sensibilidad
sensible sensato, razonable
sensibly cuerdamente, sensatamente
sensitive sensitivo, sensible
sensual, sensuous sensual
sentence oración; sentencia
sentence (to) sentenciar, condenar
sentiment sentimiento
sentimental sentimental

separate separado, aparte
    under separate cover por separado
separate (to) apartar, separar
separately separadamente
separation separación
SEPTEMBER septiembre
sequence serie, orden de sucesión
serene sereno
serenity serenidad
sergeant sargento
serial de serie, de orden; por partes, por entregas; en episodios, en serie
SERIES serie
    in series en serie
    World Series famosa competencia de béisbol
SERIOUS serio; grave
seriously seriamente, gravemente
seriousness seriedad, gravedad
sermon sermón
servant criado, sirviente; criada, sirvienta
SERVE (to) servir
    to serve as servir de
    to serve notice notificar; hacer saber; dar aviso
    to serve one's turn bastar, ser suficiente
    to serve the purpose venir al caso
    It serves you right. Bien se lo merece.
service servicio
    at your service servidor; a sus órdenes
    to be of service ser útil; servir
session sesión
SET juego, surtido
    set of china servicio de porcelana
    set of dishes vajilla
    set of teeth dentadura
    tea set juego de té
SET (to) poner, colocar, instalar, asentar, establecer; ponerse *(astro)*
    to set a price on fijar precio a
    to set aside dar de mano, apartar
    to set back atrasar
    to set free poner en libertad
    to set in order arreglar, poner en orden
    to set one's mind on aplicarse a
    to set on fire pegar fuego a
    to set out partir
    to set the table poner la mesa
    to set to work poner manos a la obra
    The sun sets in the west. El sol se pone en el oeste.
setback retroceso
setting puesta de un astro; escenario
SETTLE (to) arreglar, ajustar, saldar *(un asunto)*; instalarse, fijar *(su residencia)*, establecerse; posarse, asentarse
    to settle an account saldar una cuenta
    to settle down asentarse

to settle upon dar en dote
settlement acuerdo, arreglo; colonia, caserío; colonización
set-up arreglo
SEVEN siete
SEVENTEEN diecisiete
seventeenth diecisieteavo
seventh séptimo
seventieth setentavo
SEVENTY setenta
SEVERAL varios, distinto
    several times varias veces
severe severo
severity severidad
sew (to) coser
sewer cloaca
sewing costura
sewing machine máquina de coser
sex sexo
shabby usado, gastado
SHADE sombra; matiz, tinte
shadow sombra *(proyectada por un objeto)*; aparecido
    not a shadow of a doubt ni sombra de duda
shady sombreado, umbroso
shake sacudida, temblor; apretón de manos
shake (to) sacudir; temblar; estrechar; cabecear; mover
    to shake hands darse la mano
    to shake in one's shoes temblar de miedo
    to shake one's head mover la cabeza
    to shake with laughter desternillarse
SHALL *1. auxiliar que se usa en el inglés británico para formar el futuro (Véase will para el futuro en el inglés americano.)*
    I shall go tomorrow. Iré mañana.
    We shall do it. Lo haremos.
    2. Se usa para expresar promesa o determinación.
    He shall not come again. No volverá nunca.
    3. Se usa con we para hacer sugestiones.
    Shall we go out? ¿Vamos a salir?
shallow bajo, somero, vadoso
shame vergüenza
    Shame on you! ¡Qué vergüenza!
shame (to) avergonzar
shameful vergonzoso
shameless desvergonzado, sin vergüenza
shampoo champú
shampoo (to) dar champú, lavar la cabeza
SHAPE forma, figura, molde
shape (to) formar, dar forma
share porción, parte; acción
share (to) partir, repartir; participar, tomar parte en
    to share alike tener una parte igual
shareholder accionista
shark tiburón

sharp aguda, puntiagudo, afilado, cortante
    a C-sharp un do sostenido
    a sharp answer una respuesta áspera
    a sharp curve una curva muy pronunciada
    a sharp pain un dolor punzante
    at two o'clock sharp a las dos en punto
    sharp-witted perspicaz
sharpen (to) afilar, aguzar
sharpener amolador, afilador
sharply prontamente
shatter (to) destrozar, hacer pedazos, hacer añicos, romperse, hacerse añicos
shave afeitada
SHAVE (to) afeitar, rasurar; afeitarse, rasurarse
shaving afeitada, rasura
    shaving brush brocha de afeitar
    shaving cream crema de afeitar
shawl chal, mantón
SHE ella
    she-cat gata
    she-goat cabra
sheaf gavilla, haz
shear (to) tonsurar, rapar; esquilar; trasquilar
shears tijeras grandes; cizallas
sheath vaina
shed cobertizo; cabaña; barraca
shed (to) verter, quitarse; derramar
sheep oveja, carnero
sheer puro, claro
sheet sábana; hoja, pliego
shelf estante, anaquel
shell concha; cáscara; granada
shelter refugio, abrigo, asilo
shelter (to) guarecer; albergar; refugiar; poner al abrigo; poner a cubierto
shepherd pastor
sherbet sorbete
sheriff jefe de la policía de un condado
sherry vino de Jerez
shield escudo, resguardo, defensa
shield (to) defender, amparar, resguardar
shift cambio; tanda
shift (to) cambiar
SHINE (to) brillar; limpiar, lustrar, dar lustre
    The sun shines. El sol brilla.
shining brillante, radiante, reluciente
shiny lustroso, brillante
SHIP buque, barco, vapor
    merchant ship buque mercante
ship (to) embarcar; enviar, despachar
shipmate camarada de a bordo
shipment embarque; envío, despacho; cargamento
shipping envío, despacho
shipwreck naufragio; desastre
shipyard astillero
SHIRT camisa
    shirt store camisería**

sport shirt camisa de deporte
shiver escalofrío, temblor
SHIVER (to) tiritar, temblar
shock choque, sacudida; sobresalto, emoción
shock (to) sacudir, dar una sacudida; chocar, ofender; conmover, escandalizar
shocking espantoso; horrible; chocante
SHOE zapato; herradura
  a pair of shoes un par de zapatos
  patent-leather shoes zapatos de charol
  shoelaces cordones para los zapatos
  shoe polish betún; crema para los zapatos
  shoe store zapatería
  I should not like to be in her shoes. No me gustaría estar en su pellejo.
  These shoes are too tight. Estos zapatos me aprietan mucho.
  Would you like a shoeshine? ¿Quiere que le limpien los zapatos?
shoeblack limpiabotas
shoemaker zapatero
shoot (to) tirar, disparar, fusilar
  He shot at his enemy. Disparó contra su enemigo.
  He was shot and killed during the war. Fue muerto a tiros durante la guerra.
shooting tiro, tiroteo
  shooting star estrella fugaz
SHOP tienda, almacén
  to open a shop poner tienda
shop (to) hacer compras; ir de tiendas
  to go shopping ir de compras
shore costa
  They go to the seashore during the weekends. Van a la playa durante los fines de semana.
SHORT corto; bajo; breve; escaso
  a short time ago hace poco
  for short para abreviar
  in a short while dentro de poco
  in short en suma
  on short notice con poco tiempo de aviso
  short circuit corto circuito
  short cut atajo
  short story cuento corto
  to be short estar escaso
  I am short of money. Estoy escaso de dinero.
shortage merma
shortcake torta de fruta
shorten (to) acortar, abreviar
shortening acortamiento; disminución; manteca
shorthand taquigrafía
shortly presto; en breve
shorts calzoncillos
shortsighted miope
shot tiro; disparo; balazo
  within gunshot a tiro de fusil
SHOULD 1. auxiliar que se usa en el inglés

británico para formar el condicional *(Véase WOULD para el condicional en el inglés americano).*
  If I should come, he would meet me. Sí yo viniera, iría a recibirme.
  2. deber
  I should go. Yo debería ir.
  The window should be left open. Debe dejarse abierta la ventana.
  Things are not as they should be. No están las cosas como debieran.
  We should do it. Nosotros deberíamos hacerlo.
  You should tell him. Ud. debería decirle.
shoulder hombro
  shoulder blade omoplato
  shoulder strap dragona
  shoulder to shoulder hombro a hombro
shout grito
shout (to) gritar; vocear
shove pala
shove (to) empellar
SHOW exposición; espectáculo; función; apariencia; ostentación; boato
  showcase vitrina
  show window escaparate, vidriera
  That was a very good show. Fue un buen espectáculo.
SHOW (to) mostrar, enseñar; demonstrar, probar
  to show off hacer alarde
  to show someone in hacer entrar
  to show to the door acompañar a la puerta
  to show up presentarse, parecer
  Can you show us how to do it? ¿Puede mostrarnos cómo se hace?
  The maid showed us in. La criada nos hizo entrar.
shower aguacero; ducha
  shower *(party)* fiesta para dar regalos
  to take a shower darse una ducha
shred (to) picar, desmenuzar
shrewd perspicaz, sagaz, astuto
shrill agudo; penetrante
shrimp camarón
shrine relicario
shrink (to) encogerse; contraerse; mermar
  to shrink from amilanarse; huir de; apartarse de
shroud mortaja; cubierta
shrub arbusto
shudder (to) estremecerse; temblar
shuffle (to) barajar *(barajas);* arrastrar *(pies)*
SHUT (to) cerrar, encerrar
  to shut in encerrar
  to shut out cerrar la puerta a uno; excluir
  to shut up hacer callar
shutter cerrador; persiana; obturador

SHY tímido, corto
shy off (to) asustarse
SICK malo, enfermo
    to feel sick sentirse enfermo
    to feel sick to one's stomach tener náuseas
    He is very sick. Está muy malo.
sickness enfermedad
    seasickness mareo
SIDE lado, costado
    on all sides por todos lados
    on the other side of the street al otro lado de
        la calle
    on this side de este lado
    side by side lado a lado
    (the) **wrong side out** al revés
sideboard aparador
sidelong lateral, de lado
sidewalk acera, pavimento
side with (to) unirse con, poner ser de parte de
sieve cedazo, tamiz, criba
sift (to) cerner, cribar
sigh suspiro
sigh (to) suspirar
SIGHT vista, aspecto
    at first sight a primera vista
    to be a sight parecer un adefesio
    What a sight! ¡Qué espectáculo!
sightseeing acto de visitar puntos de interés
sign seña, señal; letrero, rótulo; aviso
sign (to) firmar
    Please sign the check. Tenga la bondad de
        firmar el cheque.
signal señal, seña
    signal light fanal, faro
    signal corps cuerpo de señales
signal (to) señalar, distinguir
signatory firmante, signatario
signature firma, rúbrica
signboard tablero de anuncios
significance significación, importancia
significant significado, expresivo
signpost señal
silence silencio
silence (to) hacer callar
    Silence means consent. Quien calla otorga.
silent silencioso, callado
    to be silent callarse
silently silenciosamente
silk seda
    silkworm gusano de seda
silly necio, tonto
SILVER plata, monedas de plata
    silver paper papel plateado
    silver-plated plateado
    silver wedding bodas de plata
silversmith platero
silverware vajilla de plata
similar similar, semejante

similarity semejanza
similarly semejantemente
simmer (to) hervir a fuego lento
SIMPLE simple, sencillo
    simple-minded cándido
simpleton simplón
simplicity sencillez
simplify (to) simplificar
simply sencillamente; puramente; simplemente
simulate (to) simular, fingir
simultaneous simultáneo
sin pecado, culpa
SINCE hace, desde entonces, después; puesto
    que, ya que
    ever since desde que
    I have not seen him since last year. Hace un
        año que no lo veo.
    Since I don't smoke, I don't buy tobacco.
        Puesto que no fumo, no compro tabaco.
sincere sincero
sincerely sinceramente
    sincerely yours su seguro servidor (S.S.S.)
sincerity sinceridad
SINFUL pecaminoso
SING (to) cantar
    to sing out of tune desafinar
singer cantante, cantor
singing canto
SINGLE solo; soltero
    single room habitación individual
    He did not say a single word. No dijo ni una
        sola palabra.
singular singular
sink lavado; fregadero
sink (to) hundir, echar a pique
sinner pecador
sip sorbo
sip (to) tomar a sorbos
SIR señor, caballero
    Dear Sir: Muy señor mío:
siren sirena
sissy afeminado
SISTER hermana
sister-in-law cuñada
SIT (to) sentar, sentarse
    to sit by sentarse al lado de
    to sit down at the table sentarse a la mesa
    to sit still estar quieto
    Let's sit down here. Sentémonos aquí.
    Sit down in this armchair. Siéntese Ud. en
        esta butaca.
site sitio, situación
sitting room sala
situate (to) situar; fijar
situation situación
SIX seis
SIXTEEN dieciseis
sixteenth décimo sexto

sixth sexto
sixtieth sesentavo
SIXTY sesenta
SIZE tamaño, medida, talla
    What size do you wear? ¿Qué talla usa Ud.?
    What size is it? ¿De qué tamaño es?
sizzle (to) chamuscar
    sizzling steak biftec acabado de freír
skate patín
    ice skate patín de hielo
    roller skate patín de ruedas
skeleton esqueleto
skeptic escéptico
skeptical escéptico
sketch bosquejo, dibujo
sketch (to) bosquejar, esbozar
ski ski
ski (to) patinar con skis
skid (to) patinar
skill destreza, habilidad
skillful diestro, experto, hábil
skim (to) desnatar; espumar; rasar
    skim milk leche desnatada
SKIN piel
skinny flaco
skip (to) saltar, omitir
    Skip it! ¡Olvídalo!
SKIRT falda
skull cráneo
SKY cielo, firmamento
    sky-blue azul celeste
skyscraper rascacielos
slacks pantalones
slam (to) cerrarse de golpe
    Please don't slam the door. Por favor, no
    tire la puerta.
slander calumnia
slang caló, jerga
slant declive
slap palmada, bofetada
slap (to) dar una bofetada
slate pizarra
slaughter matanza
slaughterhouse matadero
slave esclavo
slavery esclavitud
slay (to) matar
sled trineo pequeño
sleep sueño
    I need some sleep. Necesito dormir un poco.
SLEEP (to) dormir
    to go to sleep irse a dormir, acostarse
    to sleep soundly dormir profundamente
sleeping car coche dormitorio
sleepwalker sonámbulo
sleepy soñoliento
    to be sleepy tener sueño
sleeve manga

sleeveless sin mangas
sleigh trineo
slender delgado, esbelto
slice tajada, rebanada
slice (to) rebanar; cortar en rebanadas
slide tapa corrediza; plano inclinado, falla
slide (to) resbalar, deslizarse
slight ligero, leve
slightly ligeramente
slim delgado; delicado
sling honda
slip resbalón; deslizamiento; fondo
    slip of the pen error de pluma
    slip of the tongue lapsus linguae
SLIP (to) resbalar, resbalarse; deslizar
    to slip away escabullirse, deslizarse
    to slip one's mind irse de la memoria
slipper zapatilla, babucha
slippery resbaladizo, resbaloso
slit rajar, hender
slope pendiente, declive, inclinación
sloppy mojado
slot muesca, ranura
SLOW lento, despacio; lentamente
    to be slow atrasar; ser lento
    My watch is slow. Mi reloj atrasa.
slowly lentamente, despacio
    Drive slowly. Conduzca despacio.
    Go slowly. Vaya despacio.
slowness lentitud, morosidad
sluggish perezoso
slum barrio bajo
slumber sueño ligero
slumber (to) dormitar
slur (to) menospreciar, farfullar
sly astuto
SMALL pequeño, chico, menor
    small change suelto
    small talk chistes
smallness pequeñez
smallpox viruelas
SMART inteligente, listo, vivo; elegante
smash (to) romper, quebrar
smear (to) untar, tiznar
smell olfato, olor
smell (to) oler
smile sonrisa
smile (to) sonreír
    to smile at (on, upon) sonreír
smoke humo; cigarrillo
    Have a smoke. Sírvase un cigarrillo.
smoke (to) humear; fumar
    No smoking. Se prohibe fumar.
smoker fumador
smoking acción de fumar
    No smoking allowed. Se prohibe fumar.
smoky humeante
smooth liso, llano, suave

smooth surface superficie lisa
smooth-tongued meloso, lisonjero
smooth wine vino suave
smother (to) ahogar, sofocar
smug presumido
smuggle (to) pasar de contrabando
snack bocadillo
    to have a snack tomar un bocadillo
snail caracol
snake serpiente, culebra
snap chasquido, estallido
snap (to) chasquear
    to snap off abrirse de golpe
snapshot instantánea
snare trampa, armadijo
snatch (to) arrebatar, agarrar
sneak in (to) entrarse a hurtadillas
sneer (to) echar una mirada despectiva
sneeze estornudo
sneeze (to) estornudar
sniff (to) olfatear *(perros);* aspirar
snip (to) tijeretear
snob snob
snore (to) roncar
SNOW nieve
    snow-white níveo
snow (to) nevar
snowball pelota de nieve
snowfall nevada
snowflake copo
snowstorm tormenta de nieve
snowy nevado
snuff (to) olfatear; despabilar
snug cómodo, abrigado
SO así, tal; de modo que; pues; tanto
    and so forth y así sucesivamente
    at so much a yard a tanto la yarda
    if so si es así
    Mr. So-and-So el señor Fulano de tal
    not so good as no tan bueno como
    so far as I know que yo sepa
    so many tantos, tantas
    so much tanto
    so much the better tanto mejor
    so much the worse tanto peor
    so-so así, así
    so that para que, de modo que
    so then conque
    so to speak por decirlo así
    ten dollars or so cosa de diez dólares
    He is rich and so is she. El es rico y ella también.
    I am so sorry! ¡Lo siento tanto!
    I hope so. Así lo espero.
    Is that so? ¿De veras?
    I think so. Lo creo.
    So be it. Así sea.
    That is so. Así es. Eso es.

soak (to) empapar
soap jabón
sob sollozo
sob (to) sollozar
sober sobrio
sociable sociable
social social
    social work labor social
socialism socialismo
society sociedad
sock calcetín
socket portalámpara
    eye socket órbita
soda soda
    soda fountain fuente de soda
    soda water gaseosa; agua de Seltz
sofa sofá
SOFT blando; suave
    soft-drink refresco
    soft-boiled eggs huevos pasados por agua
soften (to) ablandar
softly blandamente
softness suavidad
soil tierra
soil (to) ensuciar
solar solar
soldier soldado
sole suela; planta
SOLE único, solo
    He is the sole heir. El es el único heredero.
solemn solemne
solemnity solemnidad
solicit (to) solicitar
solicitude solicitud
solid sólido
    solid color color entero
solidify (to) solidificar
solidity solidez
solidly sólidamente
solitary solitario
solitude soledad
soloist solista
soluble soluble
solution solución
solve (to) resolver
SOME algo de; un poco; alguno; unos; unos cuantos
    at some time or other un día u otro
    for some reason por algo
    in some way en algo
    Bring me some cigars. Tráigame unos puros.
    Give me some water. Déme agua.
    He owes me some two hundred dollars. Me debe unos dos cientos dólares.
    Here are some of his books. Aquí estan algunos de sus libros.
    I have some left. Me sobra algo.

Some *(people)* **think so.** Hay quienes piensan
así.
SOMEBODY alguien, alguno
   somebody else algún otro
SOMEHOW de algún modo
SOMEONE alguien, alguno
SOMETHING alguna cosa, algo
   something else otra cosa; alguna otra cosa
SOMETIME algún día, en algún tiempo
   Call me up sometime. Llámame alguna vez.
SOMETIMES algunas veces, a veces
   He is sometimes late. A veces llega tarde.
SOMEWHAT algún tanto, un poco
   He is somewhat busy. Está algo ocupado.
SOMEWHERE en alguna parte
   somewhere else en alguna otra parte
SON hijo
son-in-law yerno
SONG canto, canción
songbook cancionero
SOON presto, pronto, prontamente; a poco
   as soon as tan pronto como
   as soon as possible lo más pronto posible
   sooner or later tarde o temprano
   the sooner the better mientras más pronto
     mejor
   How soon will you finish? ¿Cuánto tiempo
     tardará Ud. en terminar?
   I'll see you soon. Hasta muy pronto.
soothe (to) aliviar, calmar, tranquilizar
sophisticated sofisticado
sordid vil, bajo
sore llaga, dolor
SORE dolorido, enconado; resentido
   sore throat mal de garganta
sorrow pesar, tristeza
   to my sorrow con gran sentimiento mío
sorrowful pesaroso, afligido
SORRY triste; afligido
   to be sorry sentir
   I feel sorry for her. La compadezco.
   I'm very sorry. Lo siento muchísimo.
   You will be sorry. Le pesará.
SORT clase, especie; manera, forma
   all sorts of people toda clase de gentes
   a sort of una especie de
   nothing of the sort nada de eso
   What sort of person is he? ¿Qué tal persona
     es?
soul alma; espíritu
   upon my soul por vida mía
sound sonido; son; sonda
SOUND sano, robusto, bueno
   safe and sound sano y salvo
   sound judgement juicio cabal
   sound sleep sueño profundo
sound (to) sonar, resonar
soundproof prueba de sonido

soup sopa
   soup plate sopero, plato hondo
   vegetable soup sopa de legumbres
SOUR agrio, ácido
   sour cream crema agria
source fuente
   to know from a good source saber de buena
     tinta.
SOUTH sur, sud
   the South Pole el polo sur
southeast sudeste
southern meridional
southwest sudoeste
souvenir recuerdo
sovereign soberano
sow (to) sembrar
sowing siembra
SPACE espacio, lugar, intervalo
   space shuttle nave espacial, astronave,
     vehículo espacial
   Please type it double-spaced. Escríbalo a
     doble espacio.
   There is no space left. Ya no hay lugar.
space (to) espaciar; interlinear
spacious espacioso, amplio, vasto
spade laya, pala; espada *(baraja)*
   to call a spade a spade llamar al pan pan y al
     vino vino
spaghetti spaghetti
Spaniard español
Spanish español
   Spanish American hispanoamericano
   Do you speak Spanish? ¿Habla Ud.
     español?
spank (to) zurrar
SPARE disponible, sobrante; de respeto, de
   repuesto
   spare money dinero de reserva
   spare parts repuestos
   spare room cuarto de sobra
   spare time horas de ocio
   spare tire neumático de repuesto
spare (to) ahorrar, economizar; escatimar; ser
   frugal; perdonar
   I was spared the trouble of doing it. Me
     ahorré la molestia de hacerlo.
   They have money to spare. Tienen dinero
     de sobra.
   They spared his life. Le perdonaron la vida.
sparingly escasamente, parcamente,
   frugalmente, rara vez
spark chispa
   spark plug bujía
spark (to) echar chispas; chispear
sparkle centelleo, destello
sparrow gorrión
SPEAK (to) hablar
   to speak for hablar en favor de; hablar de

parte de alguien
to speak for itself ser evidente
to speak one's mind decir uno lo que piensa
to speak out hablar claro
to speak to hablar a
to speak up hablar, decir
speaker orador
spear lanza
spearmint menta verde
SPECIAL especial, particular
special delivery entrega inmediata; entrega urgente
special delivery stamp sello de urgencia
specialist especialista
specialize (to) especializar; tener por especialidad; estar especializado
specially especialmente, particularmente; sobre todo
speciality especialidad
species especie
specifically específicamente
specify (to) especificar
specimen espécimen, muestra
spectacle espectáculo
spectator espectador
speculate (to) especular, meditar
speculation especulación
speculative especulativo
SPEECH habla, palabra, discurso, disertación
to make a speech pronunciar un discurso
speechless mudo, sin habla
speed velocidad, rapidez
at full speed a toda velocidad
speed limit velocidad máxima
speed (to) acelerar, apresurar, dar prisa; apresurarse, darse prisa
speedy veloz, rápido
spell (to) deletrear
spelling deletreo; ortografía
spelling book cartilla
SPEND (to) gastar; expender; consumir; agotar
to spend the night pasar la noche
to spend time emplear el tiempo
I'll spend the winter in Florida. Pasaré el invierno en la Florida.
spender gastador
spendthrift pródigo
sphere esfera
spice especia
spick-and-span flamante
spicy picante
spider araña
spill (to) derramar, esparcir
spin giro, vuelta; barrena
spin (to) hilar; girar, dar vueltas; tornear
spinach espinaca
spinal espinal
spindle huso, broca

spine espinazo, espina dorsal
spiral espiral
spirit espíritu
spirited brioso, vivaz
spiritual espiritual
spit asador, espeto, espetón; saliva
spit (to) escupir
spite rencor, despecho
in spite of a pesar de
spiteful rencoroso
splash salpicadura, chapoteo
splash (to) salpicar, chapotear
spleen esplín
splendid espléndido, magnífico
Splendid! ¡Espléndido!
splendor esplendor
splice (to) ayustar
split hendido, partido; dividido
SPLIT (to) hender, partir; dividir
to split hairs pararse en pelillos
to split one's sides with laughter desternillarse de risa
to split the difference partir la diferencia
to split up repartir, dividir
SPOIL (to) echar a perder, dañar, estropear; estropearse, dañarse, echarse a perder; pudrirse
to spoil a child mimar demasiado a un niño
sponge esponja
sponsor fiador; padrino; patrocinador
sponsor (to) patrocinar, fomentar, apadrinar; costear un programa de radio
spontaneity espontaneidad
spontaneous espontáneo
spool carrete, carretel
SPOON cuchara
teaspoon cucharilla, cucharita
tablespoon cuchara
spoonful cucharada
SPORT deportivo, de deporte
sport shirt camisa de deporte
sports deportes
sportsman deportista
SPOT mancha; borrón; sitio, lugar, paraje; apuro; aprieto
on the spot allí mismo, en el mismo lugar
He has a spot on his coat. Tiene una mancha sobre su saco.
This is a very good spot for fishing. Aquí está un lugar muy bueno para pescar.
spotless inmaculado
spouse esposo, esposa
sprain torcedura, distensión
sprain (to) torcerse, distenderse
spray rociada, rocío; espuma del mar
spray (to) pulverizar, rociar
sprayer pulverizador
spread difusión

SPREAD (to) propalar, difundir; divulgar; esparcir; desparramar; tender; extender; desplegar; abrir; untar
   She spreads peanut butter on rye bread. Unta pasta de cacahuete en pan de centeno.
   The news is spreading very quickly. La noticia se esparce rápidamente.
   Who spread this rumor? ¿Quién difundió este rumor?
SPRING primavera; manantial, fuente; salto, resorte, muelle
   bedspring bastidor
spring (to) saltar, brincar
   to spring at lanzarse sobre; saltar
sprinkle (to) rociar; polvorear
sprout (to) brotar
spur espuela
   on the spur of the moment impulsivamente
spy espía
spy (to) espiar
squad escuadra; pelotón
squadron escuadrón; escuadra, flotilla
squander (to) malgastar
SQUARE cuadrado; plaza
   square deal equidad
   to get square with vengarse de
squash calabaza
squeak (to) chirriar, rechinar
squeeze (to) exprimir, apretar
   to squeeze out hacer salir
squirrel ardilla
stab puñalada
stab (to) apuñalar, dar de puñaladas
stable estable; *s:* establo
stack niara, rima
stadium estadio
STAFF palo, asta; báculo, bastón; bastón de mando; jalón de mira; personal; plana mayor, estado mayor
   editorial staff cuerpo de redacción
   office staff personal de oficina
   staff officer oficial de estado mayor
stag ciervo, venado; hombre solo
   a stag party una fiesta de hombres solos
stage etapa; escenario, tablas
   by stages por etapas
stage (to) representar, poner en escena
stagecoach diligencia
stagnant estancado
stain mancha
stain (to) manchar
   stained glass vidrio de color
stainless limpio, inmaculado
   stainless steel acero bruñido
stair escalón, peldaño
staircase escalera
stake estaca, piquete

   at stake comprometido
   His honor is at stake. Le iba en ello el honor.
stake (to) estacar, poner estacas; jugar, aventurar, arriesgar
   to stake all jugarse el todo por el todo
stale añejo, rancio
stall casilla de establo
stammer (to) tartamudear
STAMP sello, estampilla; timbre
   postage stamp sello de correo
stamp (to) estampar, sellar; poner un sello
stand puesto; tribuna; mesita; velador, estante, pedestal, soporte
newsstand puesto de periódicos
STAND (to) poner derecho, colocar, poner de pie, ponerse, estar de pie; resistir, hacer frente; aguantar, sufrir, pararse
   to stand a chance tener probabilidades
   to stand by atenerse a
   to stand for estar por, favorecer
   to stand in line hacer cola
   to stand in the way cerrar el paso
   to stand off mantenerse a distancia
   to stand one's ground resistir
   to stand on one's feet valerse de sí mismo
   to stand out resaltar, sobresalir
   to stand out of the way hacerse a un lado
   to stand still no moverse; estarse quieto
   to stand the test pasar la prueba
   to stand together mantenerse unidos
   to stand up levantarse, ponerse de pie
   to stand up for sacar la cara por
   He stood me up. Me dejó plantado, -a.
   I am standing. Estoy de pie.
   I can't stand him. No lo puedo aguantar.
   Stand by! ¡Prepárese!
   Stand back! ¡Atrás!
   Stand up! ¡Levántese!
standard norma; tipo; pauta; patrón; estandarte
   standard of living nivel de vida
   standard price precio corriente
   gold standard patrón de oro
standing en pie, erecto
standpoint punto de vista
star estrella, astro
   the Stars and Stripes las Estrellas y las Barras (*la bandera americana*)
starch almidón
starch (to) almidonar
stare (to) clavar la vista
   to stare one in the face echar en cara
stark tieso, rígido
start principio, comienzo; partida, salida, arranque
   to get a good start tomar la delantera
START (to) comenzar, principiar; partir; salir; ponerse en marcha; arrancar
   to start off partir, ponerse en marcha

to start out principiar a
to start up salir de repente
startle (to) espantar, alarmar
starvation hambre, inanición
starve (to) morir de hambre
STATE estado, condición, situación
   in a state of en estado de
state (to) decir; expresar, declarar, manifestar;
   afirmar
statement declaración, manifestación,
   exposición, relación; informe, memoria;
   cuenta, estado de cuenta
stateroom camarote
statesman estadista, hombre de estado
static estático
STATION estación; situación, puesto
   police station estación de policía
   railroad station estación de ferrocarril
   station master jefe de estación
stationary estacionario, fijo
stationery papel para cartas, efectos de escritorio
stationery store papelería
statistics estadística
statue estatua, imagen
stay estancia; permanencia; residencia
STAY (to) quedar, quedarse; parar; detenerse;
   hospedarse; aplazar; suspender
   to stay away estar ausente; no volver
   to stay in quedarse en casa
   to stay in bed guardar cama
   He's staying at the Waldorf Astoria. Para
    en el Waldorf Astoria.
   I stayed up all night. Velé toda la noche.
   You'd better stay away from this. Mejor te
    mantienes lejos de esto.
steadfast constante; determinado
steadily constantemente, con constancia
steady firme; fijo; estable; constante
steak biftec
steal (to) robar
   They've stolen my watch. Me han robado el
    reloj.
steam vapor
steamboat vapor
steam engine máquina de vapor
steamer buque de vapor
steamship buque de vapor
   steamship line compañía de vapores
steel acer
steep empinado, escarpado
steer (to) guiar, conducir, gobernar
steering wheel rueda del timón, volante
stem tallo; raíz *(gram.)*
stenographer taquígrafo
stenography taquigrafía, estenografía
STEP paso; escalón, peldaño
   flight of steps tramo
   step by step paso a paso

to be in step llevar el paso
to be out of step no llevar el paso
Watch your step. Mire Ud. donde pisa.
step (to) dar un paso, pisar, andar, caminar
   to step aside hacerse a un lado
   to step back retroceder
   to step down bajar, descender; disminuir
   to step forth avanzar
   to step in entrar, visitar; meterse, intervenir
   to step on pisar
   to step out salir
   to step up subir
   Do not step on the grass. No pisar el pasto.
stepbrother hermanastro, medio hermano
stepchild hijastro
stepdaughter hijastra
stepfather padrastro
stepladder peldaño
stepmother madrastra
stepsister hermanastra
stepson hijastro
sterile estéril
sterilize (to) esterilizar
stern austero, severo; popa
stew guisado, estofado
   beef stew guisado de res
steward camarero
stewardess camarera
STICK palo, garrote; bastón
stick (to) apuñalar; clavar, hincar; pegar; fijar,
   prender, perseverar
   to stick by solidarizarse con, apoyar
   to stick out sacar; asomar
   to stick up atracar
   to stick up for defender
   He sticks to his ideas. Se mantiene en sus
    ideas.
sticky pegajoso
STIFF tieso, duro, rígido, estirado, afectado;
   ceremonioso; fuerte; caro
   stiff collar cuello planchado
   stiff neck tortícolis
   stiff-necked terco, obstinado
   He is a very stiff person. El es una persona
    muy rígida.
stiffen (to) endurecer(se), atiesar(se), arreciar,
   enconarse, obstinarse
stiffness rigidez, dureza
STILL quieto, inmóvil, tranquilo
   still life naturaleza muerta
   still water agua estancada
   to stand still estarse inmóvil
   Be still! ¡Cállate!
STILL aun, aún; todavía; hasta ahora; no
   obstante
   She's still sleeping. Está durmiendo todavía.
stillness calma, quietud
stimulate (to) estimular

sting aguijón; picadura
sting (to) picar; pinchar
stingy avaro
stink (to) heder
stipulate (to) estipular
stipulation estipulación
stir (to) agitar; revolver
   to stir the fire atizar el fuego
   to stir up conmover, excitar
stirrup estribo
stitch puntada; basta
stitch (to) coser, embastar, bastear
STOCK surtido, existencias, mercancías;
   acción; valores, acciones; caja; raza
   stock company sociedad anónima
   stock market bolsa
   in stock en existencia
   out of stock agotado
stocking media, calceta
stomach estómago
STONE piedra; hueso (de unas frutas)
stool taburete, banqueta
stoop (to) agacharse; humillarse
stop parada
STOP (to) parar, pararse, detener, detenerse;
   hacer alto; quedarse
   to stop at detenerse en; poner reparo
   to stop over detenerse durante el viaje;
      quedarse
   to stop payment suspender el pago
   to stop raining dejar de llover
   to stop short parar en seco
   to stop talking dejar de hablar
   Stop! ¡Alto!
   Stop a minute. Deténgase un instante.
   Stop that now! ¡Basta!
stoppage tupido
storage almacenaje
STORE tienda
   department store almacenes, tienda de
      variedades, bazar
   What time do the stores open? ¿A qué hora
      abren las tiendas?
stork cigüeña
storm tempestad, tormenta
stormy tempestuoso
STORY historia, cuento, historieta; embuste;
   piso
   as the story goes según se dice
   detective story cuento de detectives
   short story cuento corto
   storyteller narrador de cuentos; embustero
      (coloquial)
stout corpulento, gordo
stove estufa
STRAIGHT derecho, recto
   straight line línea recta
   Go straight ahead. Vaya todo seguido.

straighten (to) enderezar, poner en orden
straightforward derecho; recto; franco; íntegro,
   honrado
strain tensión; esfuerzo
STRAIN (to) colar; cansar; esforzarse
   to strain the voice forzar la voz
   Don't strain yourself. No se canse Ud.
strainer colador
strait estrecho
strand costa; cordón, cuerda
STRANGE extraño, raro; desconocido
   strange face cara desconocida
strangeness extrañeza, rareza
stranger extraño, desconocido, extranjero
strap correa
strategic estratégico
strategy estrategia
straw paja
   straw hat sombrero de paja
   This is the last straw. Es el colmo.
strawberry fresa
   strawberry shortcake pastel de fresas con
      crema
streak rayo (luz); lista, raya
stream corriente de agua; río; arroyo
   against the stream contra la corriente
   downstream corriente abajo
   upstream corriente arriba
streamline líneas aerodinámicas
STREET calle
   street crossing cruce de calle
   street intersection bocacalle
streetcar tranvía
STRENGTH fuerza, vigor
   on the strength of fundándose en
   to gain strength cobrar fuerzas
strengthen (to) fortalecer, reforzar
strenuous extenuante
stress acento
STRESS (to) acentuar, dar énfasis
stretch (to) estirar, extender, ensanchar; dar de sí
   to stretch oneself desperezarse
   to stretch out estirar, alargar
stretcher camilla
strict estricto, rígido; exacto
strictly estrictamente, exactamente
stride paso largo
stride (to) andar a trancos
strike huelga
STRIKE (to) golpear, pegar, chocar
   to strike against chocar con
   to strike a match encender un fósforo
   to strike at atacar, acometer
   to strike back dar golpe por golpe
   to strike home dar en el vivo
   to strike one as funny hacer gracia
   to strike out borrar, tachar
striking que sorprende, sorprendente; llamativo

string cuerda, cordel
string bean habichuela
strip tira; lonja; lista
strip (to) desnudar, quitar
stripe lista, raya, banda
stripe (to) rayar
strive (to) esforzarse
stroke golpe; ataque
    stroke of a pen plumada, plumazo
stroll paseo, vuelta
    to go for a stroll dar una vuelta
stroll (to) pasear(se)
stroller vagabundo, paseador
STRONG fuerte, poderoso
stronghold fortificación
structure estructura
struggle disputa, contienda, pugna, lucha
struggle (to) luchar
stub tocón, cepa
stubborn obstinado, terco
stubborness obstinación
STUDENT estudiante
studio estudio
studious estudioso
study estudio
study (to) estudiar
STUFF tela, paño, género; cosa, chismes,
    muebles
    I have so much stuff to carry. Tengo
      muchísimas cosas que llevar.
stuff (to) henchir, llenar, rellenar
    stuffed crabs cangrejos rellenos
stumble (to) tropezar
stump tocón, cepa
stun (to) aturdir
stunning magnifico, excelente
    You look stunning in that dress. Luces
      espléndida con ese vestido.
stupefaction estupefacción
stupefied estupefacto
stupendous estupendo
stupid estúpido
    to be stupid ser estúpido
stupidity estupidez
stupor estupefacción, estupor
sturdy fuerte, robusto
stutter (to) tartamudear
STYLE estilo, modo, moda
    This is the new style. Esta es la nueva moda.
subconscious subconsciente
subdue (to) someter, extirpar, subyugar
subject sujeto, materia, asunto, tema
subject (to) sujetar, someter
subjective subjetivo
subjugate (to) subyugar
subjunctive subjuntivo
sublet (to) subarrendar
sublime sublime

submarine submarino
submission sumisión
submit (to) someter, someterse
subordinate subordinado
subscribe (to) subscribir(se)
subscriber abonado, subscriptor
subscription subscripción; cantidad subscrita
subsequent subsiguiente, ulterior
subsequently posteriormente,
    subsiguientemente
subside (to) apaciguarse
subsistence existencia, subsistencia
substance substancia
substantial substancial
substantiate (to) verificar, justificar
substantive substantivo
substitute substituto
substitution substitución
subtitle subtítulo; título de escena
    cinematográfica
subtle sutil, delicado
subtract (to) quitar, restar, substraer
SUBURB suburbio, arrabal
SUBWAY subterráneo, metro
SUCCEED (to) suceder; salir bien; tener buen
    éxito
    to succeed in tener buen éxito en; lograr
success éxito, buen resultado
    I wish you a lot of success. Le deseo mucho
      éxito.
successful próspero
successfully con buen resultado
successive sucesivo
successor sucesor
succinct sucinto, breve
succotash mezcla de maíz y habas
SUCH tal, semejante
    in such a way de tal modo
    no such thing no hay tal
    such as tal como
    It's such an interesting story. Es una
      historia tan interesante.
suck (to) chupar, mamar
sucker lechón, chupador
SUDDEN súbito, apresurado
    all of a sudden de repente
suddenly súbitamente, repentinamente, de
    pronto
sue (to) demandar; poner pleito
suede gamuza
suffer (to) sufrir
suffering sufrimiento, padecimiento
suffice (to) bastar, ser suficiente
sufficient suficiente
suffix sufijo
suffocate (to) sofocar, asfixiar
SUGAR azúcar
    sugar bowl azucarero**

sugar cane caña de azúcar
sugar mill igenio
suggest (to) sugerir, insinuar
suggestion sugestión
suicide suicidio
   to commit suicide suicidarse
SUIT traje; causa, pleito; palo
   ready-made suit traje hecho
   suit made to order traje a la medida
   to bring suit entablar juicio
SUIT (to) cuadrar, convenir, acomodar; venir, ir
   bien, sentar; satisfacer; agradar
   to suit one's self hacer uno lo que le guste
suitable adecuado, apropiado
suitably adecuadamente, convenientemente
suitcase maleta, valija
SUITE serie, juego, acompañamiento
   suite of rooms serie de piezas
sulfur (sulphur) azufre
sulk (to) amorrar
sullen hosco, adusto, murrio
sultan sultán
sum suma
   in sum en suma
   sum total suma total
summarize (to) resumir
summary sumario
SUMMER verano
   summer resort lugar de veraneo
   summertime estío
summit cima, cumbre, cúspide
summon (to) citar, emplazar, requerir, convocar
summons citación
sum up (to) resumir, recapitular
sumptuous suntuoso
SUN sol, luz de sol
   sun bath baño de sol
   to take a sun bath tomar un baño de sol
sunbeam rayo de sol
sunburn quemadura de sol
sunburned, sunburnt tostado por el sol
   to get sunburned tostarse por el sol
sundae helado con nata batida y frutas
SUNDAY domingo
sunlight luz del sol
sunny de sol, asoleado; alegre, risueño
sunrise salida de sol, amanecer
sunset puesta de sol
sunshine luz solar
   in the sunshine al sol
sunstroke insolación
superb soberbio, grandioso
superficial superficial
superfluous superfluo
superintendent superintendente
superior superior
superiority superioridad
supermarket supermercado

supernatural sobrenatural
superstition superstición
superstitious supersticioso
supervise (to) supervisar
supper cena
   to have supper cenar
supplement suplemento
supply abastecimiento; surtido; oferta
   supply and demand oferta y demanda
SUPPLY (to) abastecer, proveer, surtir
   The army supplies the soldiers with
      uniforms. El ejército provee a los
      soldados de uniformes.
support apoyo, sostén; sustento, manutención
   in support of en favor de
support (to) sostener, apoyar; mantener
supporter mantenedor, defensor
suppose (to) suponer
   He is supposed to be rich. Se cree que es
      rico.
   He is supposed to be there tomorrow. Debo
      estar allí mañana.
supposition suposición, supuesto
suppress (to) suprimir
suppression supresión
supreme supremo, sumo
   Supreme Court Corte Suprema
SURE cierto, seguro
   to be sure estar seguro
   Be sure to . . . No deje de . . .
surely seguramente, ciertamente,
   indudablemente
surety garantía, seguridad
surface superficie
surge oleada
surgeon cirujano
surgery cirugía
surgical quirúrgico
surname apellido
surprise sorpresa, extrañeza
surprise (to) sorprender
surprising sorprendente
surprisingly sorprendentemente
surrender rendición, entrega
surrender (to) rendir(se), entregar(se), ceder
surround (to) cercar, rodear
surrounding circunvecino
surroundings inmediaciones, alrededores;
   medio ambiente
survey examen, estudio; inspección;
   levantamiento
survey (to) examinar, estudiar; reconocer,
   inspeccionar; levantar un plano
survival supervivencia
survive (to) sobrevivir
survivor sobreviviente
susceptible susceptible
suspect persona sospechosa

suspect (to) sospechar
suspend (to) suspender
suspenders tirantes
suspicion sospecha
suspicious sospechoso, desconfiado, suspicaz
sustain (to) sostener, aguantar
swallow trago; golondrina
swallow (to) tragar
swamp pantano, ciénaga
swan cisne
swap (to) cambiar, permutar
swarm enjambre
swarm (to) enjambrar, pulular, bullir,
    hormiguear
swear (to) jurar, tomar, prestar juramento
    to swear by jurar por; poner confianza
        implícita en
sweat sudor
sweat (to) sudar
sweater suéter, chaqueta de punto
Swedish sueco
sweep (to) barrer
SWEET dulce, bonito, lindo, amable
    sweet potato batata, camote
    to have a sweet tooth ser goloso
    She's very sweet. Ella es muy dulce.
sweetheart querido(a); novio(a)
sweetness dulzura
swell excelente, magnifico, estupendo
swell (to) hinchar, subir, crecer
swelling hinchazón
SWIFT rápido, veloz
swiftly velozmente, rápidamente
SWIM (to) nadar
    Can you swim? ¿Sabe Ud. nadar?
swimmer nadador
swimming natación
swimming pool piscina, alberca
swindle (to) petardear, estafar
swine marrano, puerco
swing columpio, balanceo, oscilación
    in full swing en pleno apogeo
swing (to) columpiar, mecer; oscilar
Swiss suizo
switch interruptor, apagador; conmutador,
    cambiavía, aguja de cambio; cambio
switch (to) azotar, fustigar; desviar, apartar;
    cambiar
switchboard cuadro de distribución; cuadro
    conmutador
sword espada
syllable sílaba
symbol símbolo
symmetrical simétrico
sympathetic afín, simpático, que simpatiza
sympathize (to) simpatizar
sympathy simpatía
symphonic sinfónico

symphony sinfonía
    symphony orchestra orquesta sinfónica
symptom síntoma
synagogue sinagoga
synonym sinónimo
synthetic sintético
syrup jarabe, almíbar
system sistema
systematic metódico, sistemático

T

TABLE mesa; tabla
    table of contents índice
    to clear the table levantar la mesa
    to set the table poner la mesa
    to sit down at the table sentarse a la mesa
tablecloth mantel
tablespoon cuchara
tablet tabla, tableta, pastilla; lápida
tableware servicio de mesa
tack puntilla; hilván, tachuela
tack (to) clavar con tachuelas
tackle aparejo
    fishing tackle avíos de pescar
tackle (to) agarrar, asir
tact tacto
tactful cauto, mañoso
tactics táctica
tactless falta de tacto
tag herrete, marbete, marca
tail cola
    tail light farol trasero
    Heads or tails? ¿Cara o cruz?
tailor sastre
    tailor made de sastrería
take toma; cogida
TAKE (to) tomar; coger; asir, agarrar;
    considerar
    breath-taking emocionante (que corta el
        aliento)
    to take a bath bañarse
    to take a bite comer algo
    to take account of tomar en cuenta
    to take advantage of aprovecharse
    to take advice hacer caso, tomar consejo
    to take a fancy to prendarse de
    to take after parecerse
    to take a liking to coger cariño a
    to take a look at echar un vistazo
    to take a nap echarse la siesta
    to take an oath prestar juramento
    to take apart desarmar (una máquina)
    to take a picture sacar un retrato
    to take a step dar un paso
    to take a stroll dar una vuelta

to take a trip hacer un viaje
to take away quitar, llevarse
to take a walk dar un paseo
to take back retractarse
to take care of cuidar de
to take chances correr el riesgo
to take charge of encargarse de
to take down tomar nota de
to take effect surtir efecto
to take for granted dar por sentado
to take from quitar de
to take to heart tomar a pecho
to take into consideration tener en cuenta
to take it easy no apurarse
to take it out on desquitarse con otro
to take leave despedirse
to take note tomar nota
to take notice advertir
to take off despegar (un avión)
to take one's clothes off quitarse la ropa
to take one's shoes off descalzarse
to take one's time tomarse el tiempo
to take out sacar
to take pains cuidar, esmerarse
to take part tomar parte
to take place suceder, ocurrir
to take possession of apoderarse
to take refuge refugiarse
to take time tomar tiempo
to take up a subject abordar un tema
to take upon oneself encargarse de
to take up room ocupar espacio
Don't take it that way. No lo tome Ud. en ese sentido.
He took it as a joke. Lo tomó a broma.
I'll take a copy of this magazine. Tomaré un ejemplar de esta revista.
I'll take you up on that. Le cojaré la palabra.
Let's take a taxi. Tomemos un taxi.
Take it easy. Tómelo con calma.
Take it or leave it. Tómelo o déjelo.
Take my word for it. Créame Ud.
Take your hat off. Descúbrase.
talcum talco
TALE cuento; chisme
fairy tale cuento de hadas
talent talento; capacidad; ingenio
talented talentoso
talk conversación; charla; discurso; comidilla; rumor
Let's have a talk. Vamos a platicar juntos.
TALK (to) hablar, platicar, charlar, conversar; decir
to talk back replicar
to talk to hablar a
He talked her out of it. La disuadió.
He talks nonsense. Dice disparates.
Let's talk it over. Vamos a discutirlo.

She talked me into it. Me convenció.
We talked business. Hablamos de negocios.
talkative locuaz
TALL alto, grande
tallness altura, estatura
tame domesticado, amansado, dócil
tame (to) domar, domesticar
tan atezado, tostado; color de canela; café claro
tan (to) curtir, atezarse, tostarse
tangerine tangerino
tangle (to) enredar, embrollar
tank tanque, cisterna; depósito
tap canilla, espita
tap (to) horadar; tocar o golpear suavemente
tape cinta; tira de tela o de papel o de metal
adhesive tape esparadrapo, tela adhesiva
tape measure cinta para medir
tapestry tapiz, tapicería
tar alquitrán, brea
tardy tardío, moroso, lento
target blanco, objetivo
to hit the target dar en el blanco
tariff tarifa
tarnish (to) deslustrar, manchar, empañar
tart acre, ácido, picante; s: tarta
task tarea, faena, labor
taste gusto, sabor
in bad taste de mal gusto
in good taste de buen gusto
to have a taste for tener gusto por
TASTE (to) gustar, saborear, probar; saber a, tener gusto a
Taste it. Pruébelo.
The soup tastes of onion. La sopa sabe a cebolla.
tasteful sabroso, de buen gusto
tasteless insípido; de mal gusto
tavern taberna
TAX impuesto, contribución
income tax impuesto sobre la renta
tax collector recaudador de impuestos
tax evasion evasión de impuestos
tax rate tarifa de impuestos
tax (to) cobrar impuestos; imponer contribuciones
taxable sujeto a impuestos
taxation imposición
taxi, taxicab taxi; coche (de alquiler)
taxpayer contribuyente
TEA té
tea bag paquete de té
TEACH (to) enseñar, instruir
teacher maestro
teaching enseñanza
teacup taza para té
teakettle olla para calentar agua
TEAM pareja, tronco; equipo
teamwork trabajo coordinado

teapot tetera
tear lágrima
tear (to) desgarrar, rasgar, romper
   to tear down demoler
   to tear one's hair arrancarse los cabellos
   to tear to pieces despedazar
   to tear up arrancar
tease (to) tomar el pelo
teaspoon cucharita
teaspoonful cucharadita
technical técnico
technique técnica
tedious aburrido, cansado
teeth dientes *(pl. de "tooth")*
telecommunications telecomunicaciones
telegraph telégrafo
telegraph (to) telegrafiar
telemarketing telemercado
TELEPHONE teléfono
   telephone booth cabina telefónica
   telephone call llamada telefónica
   telephone directory guía telefónica,
      directorio telefónico
   telephone exchange central telefónica
   telephone operator telefonista
   You're wanted on the telephone. Le llaman
      por teléfono.
   What's your telephone number? ¿Qué
      número tiene su teléfono?
   Where's the telephone? ¿Dónde está el
      teléfono?
TELEPHONE (to) telefonear
   Can we telephone from here? ¿Se puede
      telefonear desde aquí?
telescope telescopio
television televisión
telex telex
TELL (to) decir, contar, relatar; referir
   to tell a story contar un cuento
   Do what you are told. Haz lo que te digan.
   Please tell me. Dígame, por favor.
   Tell it to him. Cuénteselo a él.
   Tell it to the Marines. A otro perro con ese
      hueso.
   Who told you so? ¿Quién le dijo eso?
temper genio, carácter
   bad temper mal genio
   to lose one's temper perder la paciencia
temperament temperamento
temperature temperatura
tempest tempestad
temple templo; sien
temporarily provisionalmente, temporalmente
temporary provisorio, temporal, interino
temporize (to) contemporizar
tempt (to) tentar
temptation tentación
tempting tentador

TEN diez
tenacious tenaz, porfiado
tenacity tenacidad
tenant inquilino
tendency tendencia
TENDER tierno
   tender-hearted compasivo
tenderly tiernamente
tennis tenis
   tennis court cancha de tenis
tenor tenor; contenido
tense tenso
tension tensión
tent tienda de campaña
tentative tentativa
tenth décimo
tepid tibio, templado
TERM término; plazo, especificaciones,
   condiciones; estipulaciones
   in terms of en concepto de
   on no terms por ningún concepto
   to be on good terms with estar en buenas
      relaciones con
   to bring to terms imponer condiciones
   to come to terms llegar a un acuerdo,
      convenir
   On what terms? ¿En qué términos?
TERMINAL término, estación terminal, final de
   trayecto; terminal, borne
terminal terminal, final, último
terminus término, fin
terrace terraza
terrible terrible, espantoso
   How terrible. ¡Qué espantoso!
terribly espantosamente, terriblemente
territory territorio
terror terror, espanto
TEST prueba, ensayo, examen, análisis
test (to) ensayar, probar, analizar
testify (to) atestiguar, testificar, declarar
testimony testimonio
text texto
textbook libro de texto
texture textura
THAN que
   fewer than menos que
   more than that más que eso
   She's older than I. Ella es mayor que yo.
THANK (to) agradecer, dar las gracias
   Thank you. Gracias.
thankful agradecido
thanks gracias
   thanks to gracias a
THAT *(dem.)* ese, esa; aquel, aquella; ése, ésa,
   eso; aquél, aquélla, aquello
   and all that y cosas por el estilo
   that is to say es decir
   that man ese hombre

that's how así es como es
that way por allí
that woman esa mujer
Let it go at that. Déjelo correr.
That may be. Es posible.
That's all. Eso es todo.
That's it. Eso es.
That's something else *(again).* Eso ya es otro cantar.
That's that. Eso es lo que hay.
That's the one. Ese es.
THAT *(pron. rel.)* que, quien, el cual, la cual
that which el que
the books that are widely read los libros que se leen mucho
THAT *(adv.)* tan, así de
not that far no tan lejos
that big así de grande
that many tantos
that much tanto
THAT *(conj.)* que, para que
in order that para que; de modo que
save that salvo que
so that de modo que; de suerte que; para que
Tell them that you are not coming. Dígales que Ud. no viene.
thaw (to) deshelar, derretir(se)
THE el, la, lo; los, las
the sooner the better cuanto más pronto, tanto mejor
The less you speak, the better. Cuanto menos hable Ud., mejor.
The more she spoke, the more they were convinced. Mientras más hablaba, más los convencía.
theater teatro
theatrical teatral
theft hurto, robo
THEIR su, suyo, suya; de él, de ella; sus, suyos, suyas; de ellos, de ellas
These are their books. Estos libros son los suyos.
THEIRS el suyo, la suya; los suyos, las suyas; de ellos, de ellas
an acquaintance of theirs un conocido suyo
THEM los, las; ellos, ellas
I'll give them to you. Se los daré.
theme tema, asunto
themselves ellos mismos, ellas mismas; sf mismos
THEN entonces; en aquel tiempo; a la sazón
and then y entonces
but then si bien es cierto que
by then para entonces
just then entonces mismo
now and then de cuando en cuando
And what then? ¿Y entonces qué?
theology teología

theoretical teórico
theory teoría
THERE allí, allá, ahí
over there por allí; allá
there in Spain allá en España
there is hay
Go there. Vaya allá.
I was there. Yo estuve allí.
Put it there. Ponlo ahí.
She lives there. Ella vive allí.
There! ¡Toma! ¡Vaya!
There she goes. Ahí va.
There you are. Eso es todo.
thereabouts por allí, por allí, cerca de allí
thereafter después de eso, conforme
thereby con eso, de tal modo
therefore por eso, por lo tanto, por consiguiente
therein allí, dentro
thereupon sobre de él, por lo tanto
thermometer termómetro
THESE estos, estas; éstos, éstas
thesis tesis
THEY ellos, ellas
THICK espeso; tupido, denso; grosero, grueso
thick-headed torpe
three inches thick tres pulgadas de espesor
thickness grueso, espesor, grosor
thief ladrón
thigh muslo
thimble dedal
THIN flaco; delgado, esbelto
THING cosa, objeto
above all things sobre todas las cosas
as things stand como están las cosas
no such thing no hay tal
THINK (to) pensar; creer, opinar
as you think fit como Ud. quiera
to think it over pensarlo
to think nothing of no dar importancia a
to think of pensar en, pensar de
to think twice reflexionar mucho
I don't think so. Creo que no.
I think so. Creo que sí.
thinness delgadez, flacura
THIRD tercero
Third World Tercer Mundo
a third person un tercero
thirdly en tercer lugar
thirst sed
to be thirsty tener sed
THIRTEEN trece
thirteenth décimotercio
thirtieth treintavo
THIRTY treinta
THIS este, esta; éste, ésta; esto
this and that esto y aquello
this morning esta mañana
this one and that one éste y aquél

thorn espina
thorough entero, cabal, minucioso, perfecto
thoroughfare vía pública, calle, carretera
  No thoroughfare. Se prohibe el paso.
thoroughly enteramente, cabalmente
THOSE esos, esas; aquellos, aquellas; ésos,
  ésas; aquéllas, aquéllas
THOUGH aunque; sin embargo; no obstante; si
  bien; bien que
  as though como si
  even though aun cuando
thought pensamiento
  to give thought to pensar en
thoughtful pensativo, precavido; atento,
  considerado
  It's very thoughtful of you. Ud. es muy
    atento.
thoughtfully cuidadosamente, con precaución
thoughtfulness reflexión, meditación, atención,
  previsión
thoughtless inconsiderado, descuidado,
  insensato
thoughtlessly descuidadamente, sin reflexión
THOUSAND mil, millar
thousandth milésimo
thread hilo
thread (to) enhebrar
threat amenza
threaten (to) amenazar
THREE tres
threefold triple
threshold umbral, tranco
thrift economía, frugalidad
thrifty frugal, económico
thrill emoción, estremecimiento
thrill (to) emocionarse, estremecerse, temblar
thriller obra policíaca
thrive (to) medrar, prosperar
THROAT garganta
  sore throat dolor de garganta
  I have a sore throat. Me duele la garganta.
throne trono
THROUGH continuo, directo
  a through train un tren directo
THROUGH a través, de parte en parte, de un
  lado a otro; enteramente, completamente;
  por, por entre, a través, por medio de, por
  conducto de, mediante
  through and through enteramente
  through his influence mediante su
    influencia
  through the door por la puerta
  through the strainer a través del colador
  through the trees por entre los árboles
  to be through haber terminado
  I am through with this. No tengo más que
    ver con esto.
  I'm wet through and through. Estoy

  mojado hasta los huesos.
throughout durante todo, en todo, a lo largo de;
  de parte a parte; desde el principio hasta el
  fin; en todas partes
THROW echar, tirar
  to throw away tirar, arrojar
  to throw light on aclarar
  to throw out echar fuera, arrojar
thumb pulgar
thumbtack chinche
thunder trueno
thunder (to) tronar
  It's thundering. Truena.
thunderbolt rayo, centella
thunderclap tronada
thundershower aguacero con truenos y
  relámpagos
thunderstorm tronada
THURSDAY jueves
THUS así; de este modo; en estos términos;
  como sigue
  thus far hasta aquí, hasta ahora
ticker indicador eléctrico automático de
  cotizaciones y noticias
TICKET billete, boleto
  round-trip ticket billete de ida y vuelta
  ticket agent taquillero, boletero
  ticket window taquilla
tickle (to) hacer cosquillas
tickling cosquillas
ticklish cosquilloso, quisquilloso; delicado,
  difícil
TIDE marea
  high tide pleamar, plenamar
  low tide bajamar
tidy limpio, aseado
TIE lazo; atadura; nudo; traviesa; corbata
  family ties lazos de familia
tie (to) atar, amarrar
  to tie up impedir
  I was tied up at the office, and so I could
    not come. Estuve ocupado en la oficina
    por lo que no pude venir.
tie-up paralización (de la industria, tráfico, etc.)
tiger tigre
tight apretado; muy ajustado, bien cerrado
  This dress is very tight. Este traje está muy
    ajustado.
tighten (to) apretar
tights calzas atacadas
tile azulejo, losa, baldosa; teja
  tile roof tejado de tejas
TILL hasta, hasta que
  till further notice hasta nueva orden
  till now hasta ahora
till (to) cultivar, laborar, labrar
timber madera
TIME tiempo; hora; vez; época

a long time ago hace mucho tiempo
any time a cualquier hora
at no time jamás
at the proper time en el momento oportuno
at the same time al mismo tiempo
at this time ahora, al presente
at this time of the day a estas horas
at times a veces
for the time being por ahora
from time to time de vez en cuando
in an hour's time en una hora
in no time en un instante
one at a time uno a la vez
on time a tiempo
some time ago tiempo atrás
spare time tiempo desocupado
the first time la primera vez
time and again una y otra vez
to take time tomarse tiempo
Be on time. Sea puntual.
Have a good time! ¡Que se divierta!
I have plenty of time. Tengo tiempo de sobra.
It's been a long time. Hace mucho tiempo.
There's no time to waste. No hay tiempo que perder.
Time is money. El tiempo es oro.
What time is it? ¿Qué hora es?
We had a good time. Pasamos un buen rato.
timely oportunamente; a buen tiempo
timid tímido
timidity timidez
timing regulación de tiempo
tin lata
    tin can lata
    tin foil hoja de estaño
    tin plate hoja de lata
tincture tintura
    tincture of iodine tintura de yodo
tinsel oropel
tint tinte
tint (to) teñir, colorar
tiny chiquitico, menudo
tip punta, extremidad, cabo; propina; soplo, delación
tip (to) ladear, inclinar; dar una propina; prevenir, precaver, delatar
    to tip off soplar
tipsy chispado
tiptoe punta del pie
    on tiptoe en puntillas
tire neumático, llanta
    flat tire pinchazo, neumático desinflado
tire (to) cansar, aburrir
    to tire out reventar de cansancio
tired cansado
    tired out reventado de cansancio
    to become tired cansarse

tiredness cansancio, fatiga
tireless incansable, infatigable
tiresome tedioso, cansado
tissue tejido; gasa, tisú
    tissue paper papel de seda
title título
    title page portada
TO a, para, de, por, hasta que
    from house to house de casa en casa
    good to eat bueno para comer
    in order to a fin de, para
    letters to be written cartas por escribir
    ready to go listo para marcharse
    the road to Washington la carretera de Washington
    to and from de un lado a otro
    to be done por hacerse
    to give to dar a
    to go to ir a
    to speak to hablar a
    to this day hasta ahora
    He is a friend to the poor. Es amigo de los pobres.
    He was ambassador to Spain. Fue embajador en España.
    I have something to do. Tengo algo que hacer.
    I have to go. Tengo que irme.
    I'm going to New York. Voy a Nueva York.
    It belongs to him. Pertenece a él.
    It costs three to four dollars. Cuesta de tres a cuatro dólares.
    It's five to three. Son las tres menos cinco.
    It's time to leave. Es hora de partir.
toad sapo
toast tostada
toast (to) tostar; brindar por
toaster tostador, parrilla
tobacco tabaco
    tobacco shop estanco, cigarrería, tabaquería
today hoy
    a week from today de hoy en ocho días
toe dedo del pie
TOGETHER juntos, juntamente, a un tiempo, simultáneamente
    to call together reunir, congregar
    together with junto con, en compañía de
    Let's go together. Vamos juntos.
toil trabajo, pena; angustia, fatiga, afán
toil (to) trabajar asiduamente, afanarse
toilet excusado, retrete; tocado
    toilet paper papel higiénico
    toilet set juego de tocador
token señal, recuerdo, ficha
    as a token of en señal de
tolerable tolerable
tolerance tolerancia
tolerant tolerante

tolerate (to) tolerar
toll peaje
 toll bridge puente de peaje
toll (to) apagar, tocar *(campana)*
tomato tomate
 tomato juice jugo de tomate
tomb tumba, sepulcro
tombstone piedra sepulcral
tomcat gato
TOMORROW mañana
 day after tomorrow pasado mañana
 tomorrow afternoon mañana por la tarde
 tomorrow morning mañana por la mañana
 tomorrow night mañana por la noche
 tomorrow noon mañana al mediodía
ton tonelada
tone tono
tone down (to) suavizar el tono
tongs tenazas, alicates
TONGUE lengua, espiga
 to hold one's tongue callarse
 tongue-tied con frenillo
tonic tónico
tonight esta noche, a la noche
tonsil amígdala
TOO demasiado; también, además
 not too good no muy bueno
 one dollar too much un dólar de más
 too many demasiados, muchos
 too much demasiado, excesivo
 He's too good. Es muy bueno.
 I am only too glad to do it. Lo haré con muchísimo gusto.
 It's too bad. Es lástima.
 It's too early yet. Es demasiado temprano aún.
 That's too little. Eso es muy poco.
 That's too much. Eso es demasiado.
 Are you going too? ¿Va Ud. también?
 You have gone a little too far. Ud. se ha excedido un poco.
tool herramienta, instrumento
TOOTH, teeth diente
 toothache dolor de muelas
 toothbrush cepillo de dientes
 toothpaste pasta dentífrica
 toothpick palillo, mondadientes
TOP cima, cumbre; copa, la parte superior, la parte de arriba, superficie; cabeza, pináculo; trompo
 at the top a la cabeza, en la cumbre
 at top speed a todo correr
 from top to bottom de arriba abajo
 from top to toe de pies a cabeza
 on top of encima de, sobre
 the top of the mountain la cumbre de la montaña
 top hat chistera, sombrero de copa

top (to) sobrepujar, aventajar, exceder, llegar a la cima
 to top off coronar, rematar, dar cima
topcoat gabán
topic asunto, materia, tema
torch antorcha
torment tormento
torpedo torpedo
 torpedo boat torpedero
torrent torrente
torrid tórrido
 torrid zone zona tórrida
tortoise tortuga
 tortoise shell carey
torture tortura, tormento
torture (to) torturar, atormentar
toss (to) tirar, lanzar
 to toss aside echar a un lado
 to toss up jugar a cara o cruz
tot chiquitín
total total
 sum total suma total
totally totalmente
touch contacto
 in touch with en relación con, en comunicación con
TOUCH (to) tocar
 Don't touch! ¡No tocar!
touching patético, conmovedor
touchy quisquilloso
tough duro, fuerte; difícil, penoso
toughen (to) endurecer(se)
toughness endurecimiento, rigidez
tour viaje, gira
 tour guide guía de turismo
tour (to) recorrer, viajar por
tourism turismo
 touring agency agencia de turismo
 touring car coche de turismo
 tour guide guía de turismo
tourist turista
tournament torneo
tow (to) remolcar
TOWARD(S) hacia, para con, tocante
 his attitude towards me su actitud conmigo
 to go toward *(a place)* ir hacia *(un lugar)*
towel toalla
 bath towel toalla de baño
 face towel toalla para la cara
 hand towel toalla para las manos
tower torre
TOWN ciudad, pueblo
 home town ciudad, natal
 town hall ayuntamiento
toxic tóxico
toy juguete
TRACE indicio, huella, pista
trace (to) trazar; seguir la pista

TRACK huella; vía, rieles; andén
   off the track desviado
traction tracción
tractor tractor
TRADE comercio, negocio
   trade mark marca de fábrica
   trade name razón social
   trade union sindicato
trading comercio
tradition tradición
traditional tradicional
traffic circulación; tránsito, tráfico
   The traffic is very slow. El tránsito es muy
      lento.
tragedy tragedia
tragic trágico
trail rastro, pista
trail (to) arrastrar, remolcar
trailer carro remolcado
TRAIN tren
   train conductor cobrador
train (to) entrenar, adiestrar, instruir
training preparación, entrenamiento
traitor traidor
tramp vago, vagabundo
tranquil tranquilo
transaction desempeño, gestión
transatlantic transatlántico
transcribe (to) transcribir, copiar
transcript trasunto
transfer transferencia, traspaso; transbordo
transfer (to) transferir, transbordar; trasladar
transform (to) transformar(se)
transformation transformación
transfusion transfusión
   blood transfusion transfusión de sangre
transgress (to) transgredir, violar
transient transeúnte
transit tránsito; trámite
transition tránsito, transición
translate (to) traducir
translation traducción
translator traductor
transparent transparente
transport transporte
transport (to) transportar
transportation transporte
transpose (to) transponer
trap trampa
   to be caught in the trap caer en la trampa
trap (to) atrapar
trash basura
TRAVEL viaje
   travel agency agencia de turismo
travel (to) viajar
traveler viajero, viajante
tray bandeja, charola
treacherous traidor, alevoso

treachery traición
tread pisada
tread (to) pisar, pisotear
treason traición
treasure tesoro
treasurer tesorero
treasury tesorería
   Treasury Department Ministerio de
      Hacienda
treat solaz, placer
treat (to) tratar, convidar, invitar
   to treat a patient tratar a un enfermo
   to treat well dar buen trato
treatment trato, tratamiento
treaty tratado
TREE árbol
tremble (to) temblar
trembling temblor
tremendous tremendo, inmenso
trench zanja; trinchera
trend tendencia, giro, rumbo
trespass (to) violar, traspasar
TRIAL prueba, ensayo; juicio
   on trial a prueba
triangle triángulo
tribe tribu
tribunal tribunal
TRICK treta, artificio, jugada, artimaña; truco;
   juego de manos; maña; destreza
   He played a trick on me. Me hizo una
      jugarreta.
   That'll do the trick. Eso va a resolver el
      problema.
trick (to) engañar, trampear
tricky falso, tramposo
trifle friolera, bagatela
trim (to) adornar; podar, cortar ligeramente
trimming adorno, decoración
trinket bujería, chuchería
trio trío
TRIP viaje; traspié, tropezón, zancadilla
   one-way trip viaje de ida
   round trip viaje de ida y vuelta
   to take a trip hacer un viaje
trip (to) tropezar, hacer una zancadilla
triple triple
triumph triunfo
triumph (to) triunfar
triumphant triunfante
trivial trivial
trolley car tranvía
troop tropa; compañía *(de actores)*
trophy trofeo
tropics trópicos
tropic(al) tropical
trot (to) trotar
TROUBLE preocupación, pena; dificultad;
   molestia; apuro, aprieto; disgusto,
   desavenencia; mal, enfermedad

not to be worth the trouble no valer la pena
to be in trouble estar en apuro
to cause trouble causar molestia
I am sorry to give you so much trouble.
   Siento darle a Ud. tanta molestia.
I have stomach trouble. Tengo mal de
   estómago.
It's no trouble at all. No es ninguna
   molestia.
trouble (to) molestar, importunar; preocupar,
   afligir
   Don't trouble yourself. No se moleste Ud.
troublesome molesto, embarazoso, importuno
trousers pantalones
trout trucha
truck camión
TRUE cierto, exacto, verdadero, fiel
   He is a true friend. Es un amigo verdadero.
   It's true. Es verdad.
truly verdaderamente, sinceramente
   Very truly yours Sinceramente; De Ud. atto.
   y SS.
trump triunfo *(naipes)*
trump (to) matar con un triunfo *(en los naipes)*
trumpet trompeta, clarín
trunk tronco; cofre; baúl
   swimming trunks calzones para bañarse
TRUST confianza, fe
   in trust en depósito
   on trust al fiado
trust (to) tener confianza, confiar, fiar
   He trusted his secret to his brother. Confió
   su secreto a su hermano.
   I don't trust him. No me fío de él.
   I trust him. Le tengo confianza.
trustworthy digno de confianza
TRUTH verdad
   the plain truth la pura verdad
   He is not telling the truth. No dice la
   verdad.
truthful verídico, verdadero
truthfulness veracidad
TRY (to) probar, tratar de, esforzarse
   to try hard hacer lo posible por
   to try on clothes probarse ropa
   He tried his luck. Probó su fortuna.
   Try to do it. Trate de hacerlo.
tryout prueba de la capacidad
tub cuba, batea, palangana
   bathtub tina
tube tubo
TUESDAY martes
tug (to) arrastrar
   tugboat remolcador
tuition precio de la instrucción; enseñanza
tulip tulipán
tumble (to) caer; voltear
tumult tumulto

tuna (tunafish) atún
TUNE tonada, tono, melodía
   to be out of tune desafinar
tune (to) afinar, entonar, sintonizar
   to tune in sintonizar
tunnel túnel
turf césped
Turk turco
turkey pavo
Turkish turco
turmoil tumulto
TURN turno; vuelta, giro, favor
   by turns por turnos
   in turn a su turno
   to take turns turnarse
   It's my turn now. Ahora me toca a mí.
TURN (to) dar vuelta; girar, volver, doblar,
   torcer; ponerse, volverse
   to turn a cold shoulder desairar
   to turn against predisponer en contra
   to turn around dar vuelta a
   to turn back volver atrás
   to turn down rehusar
   to turn into convertir en, cambiar en
   to turn off cerrar la llave *(del gas, vapor,*
   etc.)
   to turn off the light apagar la luz
   to turn off the water cortar el agua
   to turn one's back on voltear la espalda a
   to turn on the light encender la luz
   to turn on the water dejar correr el agua
   to turn out to be resultar
   to turn over transferir, entregar; volcar,
   tumbarse, volver
   to turn sour agriarse
   to turn to recurrir a
   to turn up aparecer, poner más alto; resultar,
   acontecer
   to turn upside down poner patas arriba
   My head turns. Se me va la cabeza.
   Please turn the page. Por favor, pase una
   hoja. Voltéese.
   The road turns to the left. El camino tuerce
   hacia la izquierda.
   This is the turning point. Esto es el punto
   decisivo.
turnip nabo
turnover vuelta
   apple turnover una clase de pastel de
   manzana
turnpike camino de peaje
turnstile torniquete
turpentine trementina
turtle tortuga
tutor tutor, preceptor
tuxedo smoking
tweezers tenacillas
twelfth duodécimo

TWELVE doce
twentieth vigésimo
TWENTY veinte
twice dos veces
twilight crepúsculo
twin gemelo, mellizo
   twin brother hermano gemelo
   twin brothers mellizos
twinkle (to) centellear, chispear
twist (to) torcer, retorcer
twitter (to) gorjear los pájaros
TWO dos
   a two-volume novel una novela de dos
     volúmenes
   two by two dos a dos
   two-sided de dos lados
twofold doble
type tipo
   Do you have something of this type? ¿Tiene
     algo de este tipo?
type (to) escribir a máquina
   I have to type a letter. Tengo que escribir
     una carta a máquina.
typewriter máquina de escribir
   portable typewriter máquina de escribir
     portátil
   typewriter ribbon cinta para la máquina de
     escribir
typical típico
typist mecanógrafa
tyrannical tiránico
tyranny tiranía
tyrant tirano

U

ugly feo
ulcer úlcera
ultimate último, final
umbrella paraguas
umpire árbitro
unable incapaz
   I was unable to go. Me fue imposible ir.
unabridged íntegro, completo
unaccompanied solo
unaccustomed desacostumbrado
unacquainted desconocido
   to be unacquainted with no conocer
unanimous unánime
unapproved desaprobado
unaware desprevenido, de sorpresa,
   inadvertidamente, sin pensar
   to be unaware of no saber
unbalanced desequilibrado
unbearable insoportable
unbutton (to) desabrochar

unceasingly incesantemente
uncertain incierto
uncertainty incertidumbre
unchangeable inmutable
UNCLE tío
unclean sucio
uncomfortable incómodo, molesto, indispuesto
   to feel uncomfortable estar incómodo
uncommon excepcional, extraño
unconcerned indiferente
unconditional absoluto
unconquered invicto
unconscious inconsciente
uncontrolled sin freno
unconventional despreocupado
uncouth tosco
uncover (to) destapar
undeniable innegable
UNDER bajo, debajo (de); menos de
   under age menor de edad
   under arms bajo las armas
   under consideration en consideración
   under contract bajo contrato
   under cover a cubierto
   under obligation deber favores
   under one's nose en las barbas de uno
   under penalty of so pena de
   under the circumstances en las
     circumstancias
   under the table debajo de la mesa
   under way en camino
underclothes ropa interior
underestimate (to) menospreciar
undergo (to) someterse a, pasar por; sufrir
   to undergo an operation operarse
undergraduate estudiante que no se ha
   graduado aún
underground subterráneo
underline (to) subrayar
underneath bajo, debajo (de)
underpaid mal pagado
undersell (to) vender a bajo precio o a menor
   precio que
UNDERSTAND (to) comprender, entender;
   estar de acuerdo
   Do you understand Spanish? ¿Entiende Ud.
     español?
   That's easy to understand. Eso es fácil de
     comprender.
understanding entendimiento, modo de ver;
   acuerdo, inteligencia
   to come to an understanding llegar a una
     inteligencia
understood entendido, sobreentendido,
   convenido
   to be understood sobreentenderse
   That's understood. Está entendido.
understudy reemplazo

undertake (to) emprender; comprometerse a
undertaker empresario de pompas fúnebres
undertaking empresa; compromiso, promesa
undertone voz baja
undervalue (to) subestimar
underwear ropa interior
underworld bajo mundo
undignified indecoroso
undisturbed imperturbado
undivided indiviso
UNDO (to) deshacer, desatar; anular
  to be undone estar perdido
  to leave nothing undone no dejar nada por
    hacer
undress (to) desnudar
undressed desnudo
undue indebido, excesivo
unduly indebidamente
unearth (to) desenterrar
uneasiness malestar, inquietud, desasosiego
uneasy inquieto; molesto; incómodo;
  desasosegado
uneducated indocto, ignorante
unemployed sin empleo
unequal desigual
unequivocal inquívoco
uneven desigual, irregular; impar
uneventful quieto, tranquilo
unexpected inesperado
UNFAIR injusto, doble, falso
unfaithful infiel
unfamiliar poco familiar
unfasten (to) desatar, desligar
unfavorable desfavorable
unfinished sin acabar
unfit inadecuado, impropio; inepto, incapaz
unfold (to) desenvolver, desplegar, descubrir;
  revelar, mostrar
unforeseen imprevisto, inesperado
unforgettable inovidable
UNFORTUNATE desgraciado, desdichado
unfortunately por desgracia, desgraciadamente
unfurnished sin muebles, desamueblado, no
  amueblado
  Unfurnished apartment for rent.
  Apartamiento sin muebles para alquiler.
ungrateful desagradecido, ingrato
unguent ungüento
unhandy incómodo
unhappily desgraciadamente
UNHAPPY infeliz, desdichado
unharmed ileso
unhealthy insalubre
unheard desconocido
  unheard of inaudito
unholy impío
unhurt ileso, indemne
uniform uniforme

  dress uniform uniforme de gala
uniformity uniformidad
unify (to) unificar
unimportant insignificante
uninterrupted continuo
UNION unión, concordia
unique raro, original
unit unidad
unite (to) unirse
unity unidad; unión
universal universal
universe universo
university universidad
unjust injusto
unkind despiadado; tosco, duro
unknown desconocido, ignoto
unlawful ilegal, ilícito
UNLESS a no ser que, a menos que, si no
  I won't come unless you call me. No vendré
    a menos que tú me llames.
UNLIKE diferente, distinto
unlikely improbable, inverosímil
  This is very unlikely. Esto es muy
    improbable.
unload (to) descargar
unlock (to) abrir (una cerradura)
UNLUCKY desgraciado, desafortunado, de
  mala suerte
unmarried soltero
unmentionable que no debe mencionarse
unmoved impasible, inmutable, frío
unnatural contranatural, forzado
unnecessary innecesario
unobservant inobservante
unoccupied desocupado
unofficial no oficial
unpack (to) desempaquetar
unpaid no pagado, sin pagar
unpleasant desagradable
unprepared desprevenido, desapercibido
unquestionable indiscutible, indisputable
unreasonable sin razón, desrazonable,
  irrazonable
unreliable informal
unruly ingobernable, indócil
unsatisfactory inaceptable
unsatisfied descontento
unscrupulous poco escrupuloso
unseen invisible
unselfish desinteresado
unsettled revuelto, turbio, variable, inestable,
  pendiente
unstable inestable
unsteady inestable, inconstante, inseguro
unsuccessful infructuoso, sin éxito,
  desafortunado
unsuitable impropio, inadecuado
untidy desarreglado, desaseado

untie (to) desatar
UNTIL hasta; hasta que
    Until we meet again. Hasta la vista.
unto a, en, dentro; hacia
untrained indócil, indisciplinado, inexperto
untrimmed sin adornos
untrue falso
unusual raro, extraordinario
unveil (to) descubrir
unwelcome mal acogido
unwell indispuesto
unwilling maldispuesto, renuente
    to be unwilling no estar dispuesto
unwillingly de mala gana
unwind (to) desenredar
unwise imprudente, indiscreto
unworthy indigno
unwritten no escrito, en blanco
UP arriba, en lo alto, hacia arriba; en pie, de pie
    one flight up en el piso de arriba
    this side up este lado hacia arriba
    to go up subir
    to go upstairs subir
    to walk up and down ir de un sitio para otro
    up and down arriba y abajo
    ups and downs altibajos
    up the river río arriba
    up to hasta
    up to anything dispuesto a todo
    up-to-date al día, moderno
    up to date hasta la fecha
    He is up against it. Se halla en apuros.
    She is up to something. Está tramando algo.
    She's not up yet. Todavía no se ha levantado.
    The time is up. Ya es tiempo.
    What's up? ¿Qué pasa?
uphill cuesta arriba
uphold (to) sostener; defender
upholster (to) tapizar
upkeep conservación
uplift (to) levantar, elevar
UPON sobre, encima
    upon my honor a fe mía
    upon my word bajo mi palabra
UPPER superior, alto
    the upper floor el piso de arriba
    upper lip labio superior
uppermost lo más alto
upright vertical; derecho, recto, justo
uprising levantamiento, sublevación
upset (to) trastornar, perturbar, desarreglar
    She is upset about the news. Ella está
        perturbada por las noticias.
upside parte superior; lo de arriba
    upside down patas arriba
upstairs arriba, en el piso de arriba
upstream río arriba
uptown en la parte alta de la ciudad

upwards hacia arriba
uranium uranio
urchin erizo; bribonzuelo
urge impulso, instinto
urge (to) instigar, impeler
urgent urgente
US nos, para nosotros
usage uso
USE uso
    in use en uso
    of no use inútil
    to be of no use no servir
    to make use of hacer uso de
    For internal use. Para uso interno.
    It's no use. Es inútil.
    What's the use? ¿Para qué?
USE (to) usar, servirse de, hacer uso de; soler;
    acostumbrar
    to use one's own judgment obrar uno
        conforme le parezca
    to use up consumar, gastar
    I'm used to it. Estoy acostumbrado.
    I used to see her every day. Solía verla todos
        los días.
used usado
    used clothes ropa usada
USEFUL útil, provechoso
useless inútil, inservible
user consumidor
usher acomodador
usual usual, común, general, ordinario
    as usual como de costumbre
usually usualmente, ordinariamente, de
    costumbre, por lo común, por lo general,
    comunmente
    I usually get up early. Por lo general, me
        levanto temprano.
utensil utensilio
    kitchen utensils bacatería de cocina
utility utilidad
utilize (to) utilizar
utmost extremo, sumo, mayor
    to the utmost hasta no más
    to do one's utmost hacer una cuanto pueda
utter total, entero
utter (to) proferir, articular
utterly totalmente, completamente

V

vacancy vacante
    There is no vacancy. No hay vacantes.
vacant vacío, desocupado
vacate (to) evacuar, dejar vacío
VACATION vacación
vaccinate (to) vacunar

vaccine vacuna
vacuum vacío
   vacuum cleaner aspirador de polvo
vagabond vagabundo
vague vago
vain vano
   in vain en vano
vainly vanamente
valentine misiva o regalo enviado el día de San
   Valentín *(14 de febrero)*
valet criado
valiant valeroso
valid válido, justo
valise maleta
valley valle
valor valor, fortaleza
valuable valioso
VALUE valor; justiprecio, valuación, aprecio,
   estimación
value (to) valuar, tasar; preciar, apreciar, tener en
   mucho
valve válvula
van furgón de equipajes
   moving van camión de mundanzas
vanilla vainilla
vanish (to) desvanecerse, desaparecerse
vanity vanidad
   vanity set neceser
vanquish (to) vencer
vantage ventaja
vapor vapor, niebla, bruma
variable variable
variation variación
VARIETY variedad
various varios, diverso
varnish (to) barnizar
vary (to) variar
vase vaso, jarrón
vaseline veselina
vast vasto, inmenso, enorme, grandísimo
vault bóveda, cúpula
veal ternera
   veal cutlet chuleta de ternera
VEGETABLE planta, vegetal, legumbre,
   verdura
   vegetable garden huerta
   vegetable soup sopa de legumbres
vegetarian vegetariano
vegetation vegetación
vehement vehemente
vehicle vehículo
veil velo, mantilla
veil (to) velar, encubrir
vein vena
velvet terciopelo
venerable venerable
venetian blinds persianas, celosías
venison carne de venado

venom veneno
venomous venenoso
ventilate (to) ventilar
ventilation ventilación
venture riesgo, ventura
   at a venture a la ventura
venture (to) aventurar, arriesgar
verb verbo
verdict veredicto, sentencia
verify (to) verificar
versatile versátil
verse verso, poesía
version versión, traducción
   This is the English version. Esta es la
     versión inglesa.
vertical vertical
VERY muy, mucho, mucha
   the very man el mismo hombre
   the very thought el solo pensamiento
   very many muchísimos, muchísimas
   very much mucho, muchísimo
   very much obliged muy agradecido
   very much so en sumo grado
   He came very early in the morning. Vino
     muy de mañana.
   Thank you very much. Muchísimas gracias.
   Very well, thank you. Muy bien, gracias.
vessel vasija, vaso; buque
vest chaleco
vestibule vertíbulo
veteran veterano
veterinarian, veterinary veterinario
veto veto
veto (to) poner el veto, prohibir
vex (to) molestar, irritar
vexation molestia, enfado
via por, por la vía de
vibrate (to) vibrar, blandir
vibration vibración
vicar vicario
vice vicio; vice
   vice-consul vicecónsul
   vice-president vicepresidente
vice versa vice-versa
vicinity vecindad
vicious malvado, depravado
   vicious circle círculo vicioso
victim víctima
victor vencedor
victorious victorioso
victory victoria
video video
   video recorder, VCR grabadora de video,
     VCR
VIEW vista, perspectiva, panorama
   bird's-eye view vista de pájaro
   in view of en vista de
   point of view punto de vista

There's a nice view from here. Hay una hermosa vista desde aquí.
What a view! ¡Qué vista!
view (to) mirar, ver, contemplar
vigil vigilia
vigilant vigilante
vigor brío, vigor
vigorous vigoroso
vile vil, bajo
villa casa de campo
VILLAGE aldea, pueblo, pueblecito
villager aldeano
villain villano
vindicate (to) vindicar
vine parra
vinegar vinagre
vineyard viña
vintage vendimia
violate (to) violar
violation violación
violence violencia
violent furioso, violento
violet violeta
violin violín
violinist violinista
violoncello violoncelo
viper víbora
virgin virgen
virtual virtual
virtue virtud
   by virtue of en virtud de
virtuous virtuoso
virus virus
visa visa, visado
visibility visibilidad
visible visible
vision visión
visit visita
   to pay a visit hacer una visita
VISIT (to) visitar
visitor visitante
visual visual
vital vital
vitamin vitamina
vivacious vivo, vivaz
vivid vivo, vívido
vocabulary vocabulario
vocal vocal
   vocal cords cuerdas vocales
vocation vocación
VOICE voz
   in a very loud voice en voz muy alta
   to be in voice estar en voz
   to raise one's voice alzar la voz
   He has a very good voice. Tiene muy buena voz.
voice (to) expresar, proclamar
VOID vacío; nulo, inválido

   null and void sin valor ni fuerza
volcano volcán
volt voltio
voltage voltaje
volume volumen; tomo
voluntary voluntario
volunteer voluntario
vomit (to) vomitar
vote voto, sufragio
vote (to) votar
voter votante
vouch (to) atestiguar
   to vouch for responder de
voucher comprobante, recibo
vow voto
vow (to) hacer promesa, hacer voto
vowel vocal
voyage viaje por mar
VULGAR vulgar, común
vulture buitre

W

wade (to) vadear
   to wade through the mud andar por el barro
wafer oblea, barquilio
waffle barquillo
   waffle iron barquillero
wage (to) emprender
   to wage war hacer guerra
wager apuesta
wager (to) apostar
WAGE(S) sueldo, paga, jornal
   daily wages jornal
   monthly wages sueldo mensual, salario
   wage earner jornalero, trabajador
wagon carro, furgón
WAIST cintura
WAIT (to) esperar, aguardar
   to keep waiting hacer esperar
   to wait on atender a, despachar
   Ask him to wait. Dígale que espere.
   Wait for me. Espéreme.
waiter mozo, camarero, mesero
waiting espera
   waiting room sala de espera
waitress moza, camarera
WAKE (to) despertar(se)
   to wake up despertar, llamar
   Wake me (up) at seven. Despiérteme a las siete.
   I woke up at seven. Me desperté a las siete.
WALK paseo, modo de andar
   to take a walk dar un paseo
WALK (to) andar, caminar
   to walk arm in arm ir del brazo

to **walk away** marcharse
to **walk down** bajar
to **walk out** salir
to **walk up** subir
to **walk up and down** pasearse
It's too far to walk. Es demasiado lejos para ir andando.
walking paseo, acción de pasear
to **go walking** ir de paseo
walking cane bastón
WALL muro, pared, muralla
wallpaper papel de empapelar
wallet cartera
walnut nuez
walnut tree nogal
waltz vals
waltz (to) valsar
wander (to) vagar, perderse, extraviarse, divagar, delirar
wanderer vagabundo
want necesidad, falta, carencia
for want of por falta de
to be in want estar necesitado
WANT (to) necesitar, tener necesidad de, querer, desear
Cook wanted. Se necesita una cocinera.
Don't you want to come? ¿No quiere Ud. venir?
What do you want? ¿Qué quiere Ud.?
wanting defectuoso, deficiente; necesitado
to **be wanting** faltar
WAR guerra
World War II la Segunda Guerra Mundial
to **declare war** declarar la guerra
WARD sala, pabellón; barrio, distrito; pupilo
warden guardián, celador, carcelero, director
ward off (to) parar, detener, desviar
wardrobe guardarropa, armario, ropero
wardrobe trunk baúl, ropero
warehouse almacén, depósito
wares mercancías, mercadería, géneros o artículos de comercio
warfare guerra
warlike belicoso
WARM caliente, cálido, caluroso
warm water agua caliente
I am warm. Tengo calor.
It's warm. Hace calor.
warm (to) calentar
to **warm over** recalentar
to **warm up** calentarse
warmly calurosamente, cordialmente
warmth calor, ardor
warn (to) advertir, prevenir, avisar
warning advertencia, prevención, aviso; lección, escarmiento
to **give warning** prevenir, advertir
warp (to) torcerse, encorvar

warrant autorización, mandamiento
warrant (to) garantir, responder, garantizar
warrior guerrero
warship buque de guerra
wash lavado, ropa sucia; ropa lavada
washbasin palangana
washstand lavabo
WASH (to) lavar
to **wash one's hands** lavarse las manos
washing machine máquina de lavar
wasp avispa
waste despilfarro, derroche, desperdicio
WASTE (to) malgastar, desperdiciar; perder, gastar
to **waste one's time** perder uno el tiempo
to **waste away** malgastar
wastebasket cesto de los papeles, papelera
wastepaper desperdicio de papel
WATCH reloj; guardia
wrist watch reloj de pulsera
to **be on the watch** estar alerta
to **wind a watch** dar cuerda a un reloj
WATCH (to) vigilar
to **watch one's step** tener cuidado
to **watch out** tener cuidado con
to **watch over** guardar, vigilar
watchful alerta, vigilante, despierto
watchmaker relojero
watchman vigilante, sereno, guardián
watchword santo y seña; consigna, lema
WATER agua
drinking water agua potable
fresh water agua fresca
hot water agua caliente
lukewarm water agua tibia
mineral water agua mineral
running water agua corriente
soda water agua de soda, gaseosa
soft water agua delgada
toilet water colonia, agua de colonia
to **make one's mouth water** hacer la boca agua
water bag bolsa para agua
water faucet grifo
water front litoral; la sección del puerto
water power fuerza hidráulica
water (to) regar; mojar, humedecer
waterfall cascada, catarata
watermelon sandía
waterproof impermeable
WAVE ola; onda, ondulación
long wave onda larga
short wave onda corta
sound wave onda sonora
wave length longitud de onda
WAVE (to) ondular; flotar; hacer señas; agitar
to **wave one's hand** hacer señas con la mano
waver (to) vacilar, titubear; cejar, ceder

wavering irresoluto, vacilante
waving ondulación
wavy ondulado
wax cera
    wax candle vela de cera
    wax paper papel encerado
wax (to) encerar
WAY camino, vía, ruta, modo, manera
    across the way al otro lado
    all the way en todo el camino
    any way de cualquier modo
    by the way a propósito
    by way of por la vía de
    in no way de ningún modo
    in some way or other de un modo u otro
    in such a way de tal manera
    in this way de este modo
    on the way en ruta; de camino
    out of the way fuera de camino
    the other way around al contrario
    this way así
    to give way ceder
    to have one's way salirse con la suya
    under way en camino, en marcha
    way off muy lejos
    ways and means medios y arbitrios
    Do it any way. Hágalo de cualquier modo.
    Show me the way. Indíqueme el camino.
WE nosotros, nosotras
    we Americans nosotros los norteamericanos
WEAK débil
    weak-headed de inteligencia escasa
weaken (to) debilitar
weakness debilidad, flaqueza
WEALTH riqueza, bienes
wealthy rico, adinerado
weapon arma
wear uso, desgaste
    evening wear traje de noche
    wear and tear deterioro natural
WEAR (to) llevar, usar, llevar puesto, poner
    to wear down cansar; fastidiar
    to wear off gastarse; borrarse
    to wear out apurar mucho
    to wear well durar
    I feel completety worn out. Me siento muy
    cansada.
    I like the blouse she's wearing. Me gusta la
    blusa que lleva puesta.
    Which dress will you wear tonight? ¿Qué
    vestido te vas a poner esta noche?
weariness cansancio, hastío, aburrimiento
wearing apparel ropa, prenda de vestir
weary cansado, hastiado, fastidiado
weary (to) cansar, hastiar, molestar
WEATHER tiempo
    bad weather mal tiempo
    nice weather buen tiempo

    weather bureau oficina meteorológica
    weather conditions condiciones
      meteorológicas
    weather forecast predicción del tiempo
    weather report boletín meteorológico
    How's the weather? ¿Qué tiempo hace?
    It looks as if the weather will change.
      Parece que el tiempo va a cambiar.
    The weather is bad. Hace mal tiempo.
    The weather is clearing up. El tiempo se
      está despejando.
    The weather is fine. Hace buen tiempo.
weave (to) tejer, tramar
web tela, tejido
    spider web tela de araña
WEDDING boda, nupcias
    wedding cake torta de boda
    wedding dress traje de boda
    wedding present regalo de boda
    wedding ring anillo de matrimonio
wedge cuña
WEDNESDAY miércoles
weed maleza, mala hierba
WEEK semana
    a week from tomorrow de mañana a siete
      días
    in a week or so en una semana más o menos,
      dentro de una semana más o menos
    last week la semana pasada
    next week la semana que viene
    weekday día de trabajo
    I go to the movies every week. Voy al cine
      todas las semanas.
    I saw him a week ago. Lo vi hace una
      semana.
weekend fin de semana
weekly semanario; semanalmente, por semana
    weekly publication semanario
weep (to) llorar
    to weep for llorar por, llorar de
WEIGH (to) pesar; levar *(anclas);* reflexionar
    to weigh down sobrepujar
WEIGHT peso, carga
    gross weight peso bruto
    net weight peso neto
    to be worth its weight in gold valer su peso
      en oro
    weights and measures pesos y medidas
weighty de peso, serio, importante
weird misterioso
welcome bienvenida
WELCOME (to) dar la bienvenida
    You are welcome to it. Está a su disposición.
    You're welcome. No hay de qué. *(Se usa*
      como respuesta a "Thank you.")
welfare bienestar, obra de beneficiencia,
    asistencia social
well pozo

WELL bien, bueno
   as well as así como
   to be well estar bien
   very well muy bien
   well and good bien está
   well-being bienestar
   well-bred bien educado
   well-done bien hecho
   well enough bastante bien
   well-known bien conocido
   well-timed oportuno
   well-to-do acomodado, rico
   I am quite well. Estoy muy bien.
   I don't feel well. No me siento bien.
   Very well! ¡Está bien!
   Well! ¡Cómo!
   Well, well! ¡Vaya! ¡Qué cosa!
WEST oeste, occidente
western occidental
westward(s) hacia occidente
WET mojado, húmedo
wet (to) mojar
whale ballena
wharf muelle
WHAT qué
   what if y si, y qué importa
   I wonder what time is it? ¿Qué hora será?
   So what? ¿Pues y qué?
   What about? ¿Qué le parece?
   What a surprise! ¡Qué sorpresa!
   What else? ¿Qué más?
   What for? ¿Para qué?
   What if she should refuse? ¿Y si ella
      rehusa?
   What of it? ¿Y eso qué importa?
   What's going on? ¿Qué pasa?
   What's that? ¿Qué es eso?
whatever cualquier cosa que, sea lo que fuere
   whatever reasons he may have sean cuales
      fueran las razones que tenga
   whatever you like lo que Ud. quiera
wheat trigo
wheel rueda
   steering wheel volante
   wheel chair silla de ruedas
wheelbarrow carretilla
WHEN cuando
   Since when? ¿Desde cuándo?
   Until when? ¿De cuándo acá?
whenever cuando quiera, siempre que, en
   cualquier tiempo que sea
   whenever you like cuando Ud. quiera
WHERE donde, dónde, adonde, en donde, por
   donde, de donde
   Where are you from? ¿De dónde es Ud.?
   Where are you going? ¿Adónde vas?
whereabout(s) en qué lugar, paradero
   I don't know his whereabouts. No sé dónde

      se encuentra.
whereas considerando
whereby por lo cual, por lo que, con lo cual
wherever dondequiera que
WHETHER si, sea que, que
   whether he likes it or not que quiera o que
      no quiera
   whether or not de un modo u otro
   I doubt whether he is coming. Dudo que
      venga.
WHICH cual, que; el cual, la cual, lo cual; los
   cuales; las cuales
   all of which todo lo cual
   both of which ambos
   Which book? ¿Qué libro?
   Which of these? ¿Cúal de éstos?
   Which way? ¿Por dónde?
whichever cualquiera
WHILE instante, momento, rato
   a little while un ratito
   a little while ago hace poco rato
   for a while por algún tiempo
   once in a while de vez en cuando
   to be worth while valer la pena
while mientras, mientras que, a la vez que
   He came in while I was reading. Entró
      mientras leía.
whim capricho, fantasía
whimsical caprichoso
whip látigo, azote
whip (to) azotar, dar latigazos; batir
   whipped cream nata batida
whirl giro, rotación
whirl (to) dar vueltas, girar
whirlpool remolino, vorágine
whirlwind torbellino
whisper cuchicheo
whisper (to) cuchichear
   to whisper in someone's ear decir al oído
whistle silbido
whistle (to) silbar
WHITE blanco
   White House Casa Blanca (casa del
      presidente de los EE. UU.)
   white lie mentirilla
   white of an egg clara de huevo
whiten (to) blanquear
WHO quien, quienes, que; el que, la que, los que,
   las que
   Who is he? ¿Quién es?
   Who's speaking? ¿Quién habla?
   Who's there? ¿Quién va?
whoever quienquiera, cualquiera
WHOLE todo, entero, integral
   on the whole en conjunto, en general
   the whole todo el
   whole number número entero
   whole-wheat bread pan de trigo entero

wholehearted sincero, de todo corazón; enérgico, activo
wholesale *(al)* por mayor
wholesome sano
    wholesome food alimento sano
wholly totalmente, enteramente
WHOM a quien, a quienes
    To whom is it going? ¿Para quién es?
    Whom are you looking for? ¿A quién busca Ud.?
WHOSE cuyos(s), cuya(s); de quien(es)
    Whose book is this? ¿De quién es este libro?
WHY por qué
    the why and the wherefore el porqué y la razón
    I don't know why. No sé por qué.
    Why, certainly! ¡Por supuesto!
    Why not? ¿Por qué no?
wicked mala, malvado, perverso
wickedness maldad, iniquidad
WIDE ancho, vasto, extenso
    two inches wide dos pulgadas de ancho
    wide open abierto de par en par
wide-awake muy despierto, alerta, vivo
widen (to) ensanchar, extender, ampliar
widespread divulgado, esparcido
widow viuda
widower viudo
WIFE esposa, señora, mujer
wig peluca
WILD salvaje; silvestre; descabellado, desenfrenado
wilderness desierto
WILL voluntad; testamento
    against one's will contra la voluntad de uno
    at will a voluntad, a discreción
    will power fuerza de voluntad
WILL (to) 1. auxiliar para formar el futuro de las segundas y terceras personas.
(Véase **SHALL** en el inglés británico.)
    Will you go? ¿Irá Ud.?
    She will forget. Ella olvidará.
    2. verbo defectivo: querer, desear
    I won't do it, but she will. Yo no lo haré, pero ella sí.
    Will you do me a favor? ¿Me quiere Ud. hacer un favor?
    Will you tell me the time? ¿Me hace Ud. el favor de decirme la hora?
    3. testar, hacer testamento
    He willed his estate to his nephews. Hizo su testamento en favor de sus sobrinos.
willing dispuesto, gustoso, pronto, inclinado
    God willing Dios mediante
    to be willing estar dispuesto, querer
willingly de buena gana, gustosamente
willingness buena voluntad, buena gana
willow sauce

    weeping willow sauce llorón
WIN (to) ganar, vencer, prevalecer, lograr
    to win out salir bien, triunfar
    I won the bet from him. Le gané la apuesta.
    They won two to nothing. Ganaron por dos tantos a cero.
WIND viento
    wind instrument instrumento de viento
    Something is in the wind. Se trama algo.
    The wind blows. El viento sopla.
WIND (to) devanar, enrollar
    to wind up concluir, acabar
    to wind a watch dar cueda a un reloj
windmill molino de viento
WINDOW ventana
    windowpane vidrio de la ventana
    window shade transparente, visillo
    window shutter persiana, solera
windshield parabrisas
    windshield wiper limpiavidrios para parabrisas
windy ventoso
    to be windy hacer viento
WINE vino
    red wine vino tinto
    white wine vino blanco
wing ala; bastidor *(teatro)*
    under one's wing bajo la protección de uno
wink guiño
    not to sleep a wink no pegar los ojos
wink (to) guiñar
winner ganador
WINTER invierno
    winter clothes ropa de invierno
    wintertime invierno
wipe (to) limpiar frontando, secar, enjugar
    to wipe off borrar, cancelar
    to wipe out arrasar, extirpar, destruir
WIRE alambre; telegrama
    barbed wire alambre de púa
    wire fence alambrado
wire (to) telegrafiar
wisdom sabiduría, jucio; sentido común
    wisdom tooth muela del juicio
WISE sabio; juicioso, prudente
    the Wise Men los Tres Reyes Magos
WISH deseo
    to make a wish formar un deseo
    wishbone espoleta *(hueso de la suerte)*
WISH (to) desear, querer
    I wish you luck. Le deseo suerte.
    We will go wherever you wish. Iremos donde quiera.
wistful anhelante
WIT ingenio, agudeza, sal
    to be out of one's wits estar fuera de su juicio
witch bruja
witch hazel loción de carpe, hamamelis

136

WITH con, en compañía de; de
  coffee with milk café con leche
  identical with idéntico a
  the girl with the red dress la chica del
    vestido rojo
  to fill with llenar de
  to speak with caution hablar con prudencia
  to struggle with luchar contra
  to touch with the hand tocar con la mano
  with the exception of a excepción de
  She came with a friend. Vino con un amigo.
  That always happens with friends. Eso
    ocurre siempre entre amigos.
withdraw (to) retirar, retirarse, replegarse,
  retractarse de
withdrawal retirada
wither (to) marchitar, deslucir
withhold (to) detener, impedir
WITHIN dentro de; a poco de, cerca de
  from within de adentro
  within a short distance a poca distancia
  within a week dentro de una semana
  within one's reach al alcance de uno
WITHOUT sin; fuera, afuera, por fuera, de la
  parte de afuera
  tea without sugar té sin azúcar
  within and without dentro y fuera
  without doubt sin duda
  without fail sin falta
  without noticing it sin advertirlo
  I did it without thinking. Lo hice sin pensa.r
witness testigo
  to be a witness of ser testigo de
witness (to) presenciar, ver; declarar, atestiguar,
  dar testimonio, servir de testigo
witticism rasgo de ingenio; chiste
witty ingenioso, ocurrente, gracioso, salado
  a witty remark una agudeza
  She's very witty. Es muy salada.
woe dolor, pena
wolf lobo
WOMAN mujer
  woman of the world mujer de mundo
  woman voter electora
  woman writer escritora
WONDER maravilla
  the Seven Wonders of the World las siete
    maravillas del mundo
WONDER (to) sorprenderse, admirarse,
  maravillarse; preguntarse
  to wonder about extrañarse
  to wonder at maravillarse de
  I wonder! ¡Si será cierto!
  I wonder what she wants. ¿Qué querrá?
  I wonder whether it's true. Yo me pregunto
    si será verdad.
  I wonder why? ¿Por qué será?
wonderful estupendo, admirable, maravilloso

wonderland mundo fantástico
WOOD madera; monte, bosque
  wood carving talla en madera
  firewood leña
woodcutter leñador
wooden de madera
woodwork maderaje
WOOL lana
woolen de lana
WORD palabra
  by word of mouth de palabra
  in other words en otros términos
  in so many words en esas mismas palabras
  on my word bajo mi palabra
  to leave word dejar recado
  too funny for words lo más gracioso del
    mundo
  to send word mandar decir
  word for word palabra por palabra
  word processor el procesador de textos; la
    computadora, el ordenador
  He gave his word of honor. Dió su palabra
    de honor.
  He took the words right out of my mouth.
    Me quitó la palabra de la boca.
  I don't understand a word. No entiendo ni
    una palabra.
  I should like to have a few words with you.
    Desearía hablar dos palabras con Ud.
WORK trabajo, labor; obra
  out of work sin trabajo
  to be at work estar en el trabajo
  work of art obra de arte
WORK (to) trabajar, funcionar; explotar; tallar;
  elaborar, fabricar
  to work out resolver; llevar a cabo; salir
    bien, tener éxito
  The machine doesn't work. La máquina no
    funciona.
worker obrero, trabajador
working trabajo, funcionamiento
  working day día de trabajo
workman obrero, trabajador
workshop taller
WORLD mundo
  all over the world por todo el mundo
  world-wide mundial
  World War Guerra Mundial
  to feel on top of the world estar eufórico
worldly mundano
worm gusano
worn-out rendido
  worn-out clothes ropa usada
  I'm worn out. Estoy rendido.
worry preocupación, cuidado, ansiedad
WORRY (to) preocupar(se), inquietar(se)
  to be worried estar preocupado
  Don't worry. No se preocupe.

WORSE peor
    so much the worse tanto peor
    to get worse empeorarse
    to take a turn for the worse empeorar
    worse and worse de mal en peor
    worse than ever peor que nunca
    The situation has changed for the worse.
      La situación ha empeorado.
worship culto, adoración
worship (to) adorar, venerar
worst pésimo, malísimo
    at worst en el peor de los casos
    if worst comes to worst si sucediera lo peor
    the worst lo peor, lo más malo
    to have the worst of it salir perdiendo
WORTH valor, mérito
    to be worth while valer la pena
    He's worth a lot of money. Tiene mucho
      dinero.
    It's worth the money. Eso vale su precio.
    It's worth trying. Vale la pena intentarlo.
    What's it worth? ¿Cuánto vale?
worthless inútil, inservible, sin valor
    to be worthless ser inútil
worth-while que vale la pena
worthy digno, merecedor
WOULD 1. auxiliar para formar el condicional.
    He wouldn't go if he could help it. No iría si
      pudiera evitarlo.
    It would be possible. Sería posible.
    She would like to come. Quisiera venir.
    Would you go? ¿Iría Ud.?
    2. querer.
    I wish she would come. Querría que viniera.
    I would like to ask you a favor. Quisiera
      pedirle un favor.
    She wouldn't come. No quiso venir.
    Would it be wise to do it? ¿Sería indicado
      hacerlo?
wound herida
wound (to) herir
wrap (to) envolver
    to be wrapped up in estar envuelto en
    wrapping paper papel de envolver
wrapper envoltura
wreath corona
wreck naufragio; ruina
wreck (to) desbaratar; hacer naufragar; arruinar
wrench torcedura, llave inglesa
wrench (to) arrancar, torcer, dislocar, sacar de
    quicio
    to wrench one's shoulder torcerse el
      hombro
wrestle (to) luchar
wrestler luchador
wretch, wretched infeliz, desventurado
wring (to) torcer, retorcer, estrujar, escurrir
    to wring out exprimir, escurrir

wrinkle arruga
wrinkle (to) arrugar
    to wrinkle one's brow fruncir las cejas
wrist muñeca
    wrist watch reloj de pulsera
WRITE (to) escribir
    to write down poner por escrito; anotar
    Write clearly. Escriba claro.
writer escritor, autor
write-up crítica; artículo *(prensa)*
    This play had a very good write-up. Esta
      obra tuvo una crítica muy buena.
writing escritura, escrito
    in one's own writing de su puño y letra
    in writing por escrito
    to put in writing poner por escrito
    writing desk escritorio
    writing paper papel de escribir
WRONG incorrecto, falso, erróneo, injusto;
    mal; *s.:* mal, daño; injuria, injusticia; agravio
    the knowledge of right and wrong el
      conocimiento del bien y del mal
    to be wrong no tener razón
    to do wrong hacer daño
    wrong side out al revés
    I took the wrong road. Me equivoqué de
      camino.
    Something is wrong with him. Le pasa algo.
    Something is wrong with the engine. El
      motor no funciona bien.
    That's wrong. Eso está mal.
    You are wrong. Ud. no tiene razón.

X

X-rays rayos X
Xmas abreviación de **Christmas**

Y

yacht yate
yam batata, ñame
yard yarda, vara; patio; corral
    navy yard base naval
yarn hilo
yawn bostezo
yawn (to) bostezar
YEAR año
    all year round todo el año
    last year el año pasado
    many years ago hace muchos años
    Happy New Year! ¡Feliz año nuevo!
    I am thirty years old. Tengo treinta años.
    It happens once a year. Ocurre una vez al
      año.

What year did it happen? ¿En qué año ocurrió?

yearbook anuario

yearly anual; anualmente, todos los años, cada año

yearn (to) anhelar

yeast levadura

yell grito

yell (to) gritar, chillar

YELLOW amarillo

　　yellow fever fiebre amarilla

YES sí

YESTERDAY ayer

　　day before yesterday anteayer

YET todavía, aún; sin embargo, con todo

　　as yet hasta ahora, hasta aquí

　　not yet aún no, todavía no

　　I don't know it yet. Todavía no lo sé.

yield rendimiento, provecho

yield (to) rendir, producir, ceder

yoke yugo; yunta de bueyes

yolk (egg yolk) yema de huevo

yonder allí, allá

YOU tú; usted, ustedes, vosotros, vosotras; te, lo(s), la(s), os; a ti, le(s), a usted(es), a vosotros

YOUNG joven; tierno

　　to look young verse joven

　　young lady señorita

　　young man joven

　　young people jóvenes

　　She is still very young. Todavía es muy joven.

youngster jovencito, chiquillo

YOUR tu, tus; su, sus; vuestro(s), vuestra(s); de usted(es)

　　Here is your book. Aquí está su libro.

YOURS tuyo(s), tuya(s); suyo(s), suya(s); vuestro(s), vuestra(s); el tuyo (vuestro, suyo); la tuya (vuestra, suya), etc.; de ti, de usted, de ustedes, de vosotros

　　a friend of yours un amigo tuyo

　　Yours sincerely Su seguro servidor (S.S.S.)

　　This book is yours. Este libro es tuyo.

YOURSELF tú mismo, usted mismo; te, se

　　Wash yourself. Lávate.

yourselves ustedes mismos, vosotros mismos; os, se

youth juventud

youthful juvenil

Yuletide Pascua de Navidad

Z

zeal celo, fervor

zealous celoso; entusiasta

zero cero

zest entusiasmo

zinc zinc

zipper cremallera, cierre de relámpago

zodiac zodíaco

zone zona

zoo jardín zoológico

zoological zoológico

zoology zoología

LISTA DE NOMBRES PROPIOS

Adolf Adolfo
Albert Alberto
Alexander Alejandro
Alfred Alfredo
Alice Alicia
Andrew Andrés
Ann, Anne, Anna Ana
Anthony Antonio
Arthur Arturo

Bernard Bernardo

Carmen Carmen
Caroline Carolina
Catherine, Katharine Catalina
Charles Carlos
Charlotte Carlota
Clara, Claire Clara

Edward Eduardo
Elizabeth Isabel
Ellen Elena
Emily Emilia
Emmanuel Manuel
Ernest Ernesto
Eve, Eva Eva

Francis Francisco
Frederick Federico

George Jorge

Helen Elena
Henry Enrique

James Jaime, Diego, Santiago
Jane, Jean Juana
Jennie Juanita
Joe Pepe
Joan Juana
John Juan
Joseph José
Josephine Josefa, Josefina
Julie, Julia Julia
Jules, Julius Julio

Lawrence, Laurence Lorenzo
Leon, Leo León
Leonard Leonardo
Lewis, Louis Luis
Louise Luisa

Margaret, Margery Margarita
Martha Marta
Marie María

Mary María
Maurice Mauricio
Michael Miguel

Paul Pablo
Peter Pedro
Philip Felipe

Ralph Raúl
Raphael Rafael
Raymond Raimundo, Ramón
Richard Ricardo
Robert Roberto
Rosalie Rosalía
Rose Rosa
Rudolph Rodolfo

Susan, Susanna Susana

Theresa Teresa
Thomas Tomás

Vincent Vicente
Violet, Viola Violeta

William Guillermo

Xavier Javier

LISTA DE VOCABLOS GEOGRAFICOS

Africa Africa
Asia Asia
Atlantic Atlántico
Australia Australia

Belgium Bélgica
Bolivia Bolivia
Brazil Brasil

Castile Castilla
Catalonia Cataluña
Central America América Central
Chile Chile
China China
Colombia Colombia
Commonwealth of Independent States (CIS)
Comunidad de Estados Independientes
Costa Rica Costa Rica
Cuba Cuba

Dominican Republic República Dominicana

Ecuador Ecuador
Egypt Egipto
El Salvador El Salvador
England Inglaterra
Europe Europa

Germany Alemania
Greece Grecia
Guatemala Guatemala

Havana Habana
Holland Holanda
Honduras Honduras
Hungary Hungría

India India
Ireland Irlanda
Italy Italia
Israel Israel

Japan Japón

Latin America América Latina, Latinoamérica
Lisbon Lisboa
London Londres

Madrid Madrid
Mediterranean Mediterráneo
Mexico México
Moscow Moscú

Navarre Navarra
Netherlands Países Bajos

New York Nueva York
Nicaragua Nicaragua
North America América del Norte
Norway Noruega

Panama Panamá
Paraguay Paraguay
Pacific Pacífico
Peru Perú
Philippines Filipinas
Poland Polonia
Portugal Portugal
Puerto Rico Puerto Rico
Pyrenees Pirineos

Rome Roma
Romania Rumanía
Russia Rusia

Scandinavia Escandinava
Scotland Escocia
Seville Sevilla
South America América del Sur, Sudamérica,
Suramérica
Spain España
Spanish America Hispanoamérica
Sweden Suecia
Switzerland Suiza

Texas Tejas
Turkey Turquía

United States of America Estados Unidos de
América
Uruguay Uruguay

West Indies Antillas

Español - Inglés

A

a *to, in, at, on, by, for*
  a pie *on foot*
  a veces *at times*
  Voy a Nueva York. *I'm going to New York.*
abajo *down, below, under, downstairs*
abandonar *to abandon, to give up, to leave*
abandono *abandonment*
abanico *fan*
abarcar *to include, to contain; to extend to*
abarrotes *groceries, grocery store*
abastecer *to supply, to provide*
abastecimiento *supply*
abdomen *abdomen*
abeja *bee*
abiertamente *openly, frankly*
abierto *open*
abogado *lawyer, attorney*
abonado *subscriber; commuter; paying guest*
abonar *to credit to; to guarantee; to fertilize*
  (campo)
abonarse *to subscribe to*
abono *allowance; subscription; commutation*
  ticket; fertilizer
aborrecer *to hate*
aborrecimiento *hatred*
aborto *abortion*
abotonar *to button*
abrazar *to hug, to embrace*
abrazo *hug*
abrelatas *can opener*
abreviar *to abbreviate*
abreviatura *abbreviation*
abridor *opener*
abrigar *to shelter; to protect*
abrigo *overcoat; shelter*
abril *April*
abrir *to open*
abrochar *to fasten*
absolutamente *absolutely*
absoluto *absolute*
absolver *to absolve; to acquit*
abstenerse *to abstain*
abstinencia *abstinence*
absuelto *absolved, acquitted*
absurdo *absurd*
abuela *grandmother*
abuelo *grandfather*
abundancia *abundance*
abundante *abundant*
abundar *to abound*
aburrido *bored; tiresome*
aburrimiento *boredom*
aburrir *to bore; to annoy*
abusar *to abuse*
abuso *abuse, misuse*
acá *here, this way*

¡Ven acá! *Come here!*
acabar *to finish, to end, to have just . . .*
  Acabo de comer. *I've just eaten.*
academia *academy*
acaecer *to happen*
acaecimiento *incident*
acaparamiento *monopoly*
acaparar *to monopolize*
acariciar *to caress; to cherish*
acarrear *to carry; to cause*
acarreo *transportation; carriage*
acaso *by chance, perhaps*
  por si acaso va Ud. allí *if you happen to go*
    there
acaso *chance*
acatarrarse *to catch cold*
acceder *to agree, to consent*
accesorio *accessory*
accidental *accidental*
accidente *accident*
acción *action, act, deed; share, stock*
accionista *stockholder*
aceitar *to oil, to lubricate*
aceite *oil*
aceituna *olive*
acelerador *accelerator*
acento *accent, accent mark*
acentuar *to accent, to accentuate, to emphasize*
aceptación *acceptance; approval*
aceptar *to accept*
acerca *about, concerning, in regard to*
acerco *steel*
acertado *fit, proper, apt*
acertar *to succeed; to guess*
ácido *acid*
acierto *skill, tact*
aclaración *explanation*
aclarar *to explain; to clear up*
acoger *to receive; to welcome*
acogida *reception; welcome*
acomodador *usher*
acompañar *to accompany, to escort; to attend*
aconsejable *advisable*
aconsejar *to advise*
acontecer *to happen, to take place*
acontecimiento *event, happening*
acorazado *battleship*
acordar *to agree; to resolve*
acordarse *to remember; to come to an*
  agreement
acostarse *to go to bed; to lie down*
acostumbrar *to accustom, to be accustomed*
  (to), to be used to
acreditar *to credit*
acreedor *creditor*
acta *certificate*
  acta de matrimonio *marriage certificate*
actitud *attitude*

actividad *activity*
activo *active*
acto *act, action, deed*
  en el acto *at once*
actor *actor*
actriz *actress*
actuación *way of acting; record* (de una persona)
actual *present, existing*
  el cinco del actual *the fifth of this month*
actualidad *present time*
actualmente *at present, at the present time; nowadays*
actuar *to act*
acudir *to rush; to attend*
acuerdo *agreement, understanding*
acusación *accusation*
acusado *defendant*
acusar *to accuse, to prosecute*
adaptar *to adapt, to fit*
adecuado *adequate, fit, suited*
adelantado *anticipated; advance, in advance*
  por adelantado *beforehand, in advance*
adelantar *to advance, to be fast* (reloj)
adelante *ahead, forward*
  de hoy en adelante *from today on*
  en adelante *from now on*
  ¡Adelante! *1. Come in! 2. Go on!*
adelanto *progress; improvement*
adelgazar *to lose weight*
ademán *gesture, motion*
además *moreover, besides, furthermore, too*
adentro *inside, within*
  Vaya adentro. *Go in.*
adeudar *to owe*
adherirse *to join; to stick*
adhesión *adhesion*
adición *addition*
adicional *additional*
adiestramiento *training*
adiestrar *to train*
adinerado *rich, wealthy*
adiós *good-bye*
adivinanza *riddle, puzzle; guess*
adivinar *to guess; to foretell*
adjetivo *adjective*
adjuntar *to enclose; to attach*
adjunto *enclosed; attached*
administración *administration, management*
administrador *manager, administrator*
administrar *to administer, to manage*
admirable *admirable*
admiración *admiration, wonder; exclamation mark*
admirador *admirer*
admirar *to admire*
admisión *admission, acceptance*
admitir *to admit; to accept; to grant*
adonde *where*

adopción *adoption*
adoptar *to adopt*
adorable *adorable*
adorar *to adore, to worship*
adormecimiento *drowsiness; numbness*
adornar *to decorate, to adorn, to trim*
adquirir *to acquire*
adquisición *acquisition*
adrede *purposely, on purpose*
aduana *customhouse; customs*
aduanero *customs official*
adulador *flatterer*
adular *to flatter*
adulto *adult*
adverbio *adverb*
adversario *adversary, enemy*
adversidad *adversity*
advertencia *warning; notice*
advertir *to warn; to give notice; to let know*
aéreo *aerial; by air*
aeródromo *airport*
aeronáutica *aeronautics*
aeronave *airship*
aeroplano *airplane*
aeropuerto *airport*
afán *anxiety, eagerness*
afanarse *to be uneasy, to be anxious; to work hard*
afección *affection, fondness*
afectar *to affect; to concern*
afecto *affection, fondness, love*
afeitar *to shave*
afición *fondness; hobby*
aficionado *fond of; fan; amateur*
afilar *to sharpen*
afiliado *affiliated; member* (asociación)
afiliar *to join, to become a member*
afinidad *affinity; analogy*
afirmación *affirmation, assertion, statement*
afirmar *to affirm, to assert; to fasten*
afirmativamente *affirmatively*
aflicción *affliction; sorrow, grief*
afligirse *to grieve; to worry*
aflojar *to loosen; to become lax*
afortunadamente *fortunately, luckily*
afortunado *fortunate, lucky*
afrenta *affront, insult; outrage*
afrontar *to face*
afuera *out, outside*
  ¡Afuera! *Get out of the way!*
afueras *suburbs*
agacharse *to stoop, to bend down*
agarrar *to grasp, to seize*
agencia *agency*
agenda *notebook, memo book*
agente *agent*
ágil *fast; light*
agitación *agitation, excitement*

agitar *to agitate, to stir, to shake up*
agonía *agony*
agonizar *to be dying*
agosto *August*
agotamiento *exhaustion*
agotar *to exhaust, to drain, to run out of*
agradable *pleasant, agreeable*
agradar *to please; to like*
agradecer *to be grateful, to give thanks*
agradecimiento *gratitude, gratefulness*
agrado *liking; pleasure*
agravarse *to grow worse*
agregar *to add; to collect*
agresión *aggression*
agresor *aggressor*
agriarse *to turn sour*
agricultura *farming, agriculture*
agrietarse *to crack*
agrio *sour*
agrupación *crowd; gathering; association*
agrupar *to bring together, to group*
agua *water*
    agua corriente *running water*
    agua potable *drinking water*
aguacate *avocado, alligator pear*
aguantar *to bear, to endure; to resist*
aguardar *to expect, to wait for*
    ¡Aguarda un momento! *Wait a minute!*
águila *eagle*
aguinaldo *bonus at end of the year*
aguja *needle*
agujerear *to bore; to make holes*
agujero *hole*
ahí *there*
    por ahí *that way*
    ¡Ahí viene! *There he comes!*
ahijado *godchild*
ahogar *to drown; to choke*
ahora *now, at present*
    ahora mismo *right away; just now; this
        minute*
ahorcar *to hang*
ahorita *in a little while*
ahorrar *to save, to economize; to spare*
ahorro *savings; thrift*
aire *air, wind; aspect, look*
    al aire libre *in the open*
    una corriente de aire *a draft*
ajedrez *chess*
ajeno *of others, other people's*
ajo *garlic*
ajustar *to adjust, to fit, to settle*
al *to the; at the; on; when; upon --ing*
    al contrario *on the contrary*
    al recibir su carta *upon receiving his letter*
    al saberlo *when I learned it*
ala *wing; brim* (de un sombrero)
alabar *to praise*

alacena *cupboard, kitchen closet*
alacrán *scorpion*
alambrado *wire fence; wire net*
alambre *wire*
alarde *ostentation, showing off*
alargar *to lengthen, to stretch, to extend*
alarma *alarm*
alarmarse *to be alarmed*
alba *dawn*
albañil *bricklayer*
albaricoque *apricot*
albóndiga *meat ball*
alborotarse *to become excited*
alboroto *excitement, disturbance*
álbum *album*
alcachofa *artichoke*
alcalde *mayor*
alcance *reach, range, scope; ability; intelligence*
alcanzar *to be sufficient; to reach, to catch; to
    affect*
alcohol *alcohol*
aldaba *latch*
aldeano *farmer*
alegrar *to make happy*
alegrarse *to rejoice, to be happy, to be glad*
    Me alegro de saberlo. *I'm happy to know it.*
alegre *glad, happy, merry*
alegría *joy, delight, gaiety*
alejar *to remove, to take away*
alemán *German*
alfabeto *alphabet*
alfiler *pin*
alfombra *carpet, rug*
algo *some, something, any, anything; somewhat*
    algo que comer *something to eat*
    por algo *for some reason*
algodón *cotton*
alguacil *constable*
alguien *somebody, someone*
alguno (algún) *some, any*
    alguna cosa *something*
    en alguna parte *anywhere*
alhaja *jewel*
alianza *alliance*
aliento *breath*
alimentación, alimento *food, nourishment,
    feeding*
alimentar *to feed, to nourish*
alistar *to enlist; to get ready*
aliviar *to lighten; to get better*
alivio *relief, ease*
alma *soul*
almacén *store, shop*
    tener en almacén *to have in stock*
almacenar *to store*
almeja *clam*
almendra *almond*
almidón *starch*

almirante *admiral*
almohada *pillow*
almohadón *bolster*
almorzar *to lunch*
almuerzo *lunch*
alojar *to put up* (en un hotel); *to lodge*
alquilar *to rent, to hire*
   se alquila *renting, for rent*
alquiler *rent, rental*
alrededor *around*
alrededores *outskirts, surroundings*
altavoz *loudspeaker*
alterarse *to become angry, to get annoyed*
altercado *quarrel*
alternar *to alternate*
alternativa *alternative*
alto *high, tall; stop, halt*
   ¡Alto ahí! *Stop here!*
altoparlante *loudspeaker*
altura *altitude, height*
aludir *to allude, to refer to*
alumbrado *lighting; illumination*
alumbrar *to light, to illuminate*
aluminio *aluminum*
alumno *student, pupil*
alza *rise; increase*
alzar *to raise, to lift up*
allá *there, over there; formerly*
   más allá *farther on, beyond*
allí *there, in that place*
   allí mismo *right there, in that very place*
   de allí *from there, from that place*
ama *lady of the house*
   ama de llaves *housekeeper*
amabilidad *amiability; kindness*
amable *amiable; kind*
   Ud. es muy amable. *That's very kind of you.*
amanecer *daybreak, dawn*
amante *loving; s: lover, sweetheart*
   ser amante de *to be fond of*
amar *to love*
amargo *bitter*
amarillo *yellow*
amarrar *to tie, to fasten; to moor* (barco)
ambición *ambition*
ambicioso *ambitious*
ambiente *environment, atmosphere*
ambos *both*
ambulancia *ambulance*
amenaza *menace, threat*
amenazar *to threaten, to menace*
ameno *pleasant, agreeable*
americano *American*
ametralladora *machine gun*
amigo *friend*
amistad *friendship*
amistosamente *in a friendly manner*
amistoso *friendly*

amo *master of the house; lord; boss*
amontonar *to heap, to pile up*
amor *love*
ampliación *enlargement*
ampolla *blister*
amueblar *to furnish*
analfabeto *illiterate*
análisis *analysis*
anciano *old man*
ancla *anchor*
ancho *broad, wide; s: width, breath*
anchura *width, breadth*
andar *to walk, to go*
   andar a pie *to go on foot*
   ¡Anda! *Go on! Come on!*
   Ando mal de dinero. *I'm short of money.*
andén *platform* (ferrocarril)
anécdota *anecdote*
anemia *anemia*
ángel *angel*
angosto *narrow*
anguila *eel*
ángulo *angle*
angustia *anguish, distress, affliction*
anillo *ring, band*
animal *animal*
animar *to animate; to encourage; to cheer up*
   ¡Ánimo! *Cheer up!*
ánimo *courage, spirit*
aniversario *anniversary*
anoche *last night*
anochecer *to grow dark*
anormal *abnormal*
anotar *to make notes, to write down*
ansia *anxiety; eagerness; longing*
ansiedad *anxiety*
ansioso *anxious, eager*
ante *before; in the presence of; s: elk skin*
   ante todo *above all*
anteayer *the day before yesterday*
antebrazo *forearm*
antecedente *references; record*
antecesores *ancestors*
antemano *beforehand*
antena *antenna*
antenoche *night before last*
anteojos *glasses*
antepasado *past, last; ancestor*
anterior *previous, anterior, former, preceding*
anteriormente *previously*
antes *before*
   antes de tiempo *ahead of time*
anticipación *anticipation*
anticipar *to anticipate; to advance* (dinero)
anticipo *advance payment, advance*
antier *day before yesterday*
antifaz *mask*
antiguamente *formerly, in ancient times*

antigüedad *antiquity; antique*
   tienda de antigüedades *antique shop*
antiguo *antique, ancient, old*
antipatía *antipathy, dislike, aversion*
antiséptico *antiseptic*
antojarse *to desire, to long for, to crave*
antojo *desire; whim; fancy*
anual *yearly, annual*
anunciar *to announce, to advertise*
anuncio *announcement, sign, advertisement, notice*
anzuelo *fishhook; bait*
añadir *to add*
año *year*
   el año pasado *last year*
   el año que viene, el próximo año *next year*
   todo el año *all year around*
   ¡Feliz año nuevo! *Happy New Year!*
apagar *to extinguish, to put out; to turn off* (luz); *to quench* (sed)
aparador *sideboard, cupboard; stand*
aparato *apparatus, device; ostentation*
aparecer *to appear, to show up, to turn up*
aparentar *to pretend; to affect*
aparentemente *apparently*
aparencia *appearance, looks, aspect*
apartado *separated, distant; s: post-office box*
apartamento *apartment*
   casa de apartamentos *apartment house*
apartar *to separate; to lay aside*
aparte *aside; separately*
apearse *to get off*
apellido *last name, family name, surname*
apenas *scarcely, hardly; as soon as, no sooner than*
apetecer *to long for, to desire*
apetito *appetite*
apio *celery*
aplaudir *to applaud*
aplauso *applause, praise, approbation*
aplazar *to put off, to postpone; to defer, to adjourn*
aplicado *studious, industrious, diligent*
aplicar *to apply oneself, to devote oneself* (to); *to study*
apoderarse *to take possession of*
apodo *nickname*
apostar *to bet; to post* (soldados)
apoyar *to learn; to back up; to support; to defend; to aid*
apreciación *appreciation; estimation*
apreciar *to estimate, to value; to appreciate, to esteem*
aprecio *appreciation; esteem, regard*
apremiante *urgent, pressing*
apremiar *to urge, to press*
aprender *to learn*
apresurarse *to hurry, to hasten*

apretar *to tighten; to press, to squeeze*
aprieto *difficulty; fix*
   Estoy en un verdadero aprieto. *I'm in trouble.*
aprisa *fast, swiftly, promptly*
aprobación *approval*
aprobar *to approve, to approve of; to pass* (examen)
   No me aprobaron en historia. *I failed history.*
aprovechar *to take advantage (of); to profit; to make use of*
aprovisionamiento *supply*
aproximadamente *approximately*
aproximarse *to approach, to come near*
aptitud *aptitude, ability, fitness; qualifications*
apuesta *bet, wager*
apuntar *to point out; to write down; to aim; to indicate*
apuñalar *to stab*
apurarse *to hurry; to worry, to exert oneself*
   ¡Apúrese! *Hurry up!*
apuro *want, affliction, difficulty*
aquel, aquella, aquellos *that, that one, those; the former*
aquí *here, in this place*
   de aquí en adelante *from now on*
araña *spider; chandelier*
árbol *tree; mast*
archivar *to keep on file, to file*
archivo *file, files, records*
arder *to burn*
ardilla *squirrel*
arena *sand; arena*
argentino *Argentinian*
argumento *reason; argument; plot* (literatura)
aritmética *arithmetic*
arma *weapon; arm*
armario *cabinet, wardrobe*
armisticio *armistice*
aroma *aroma*
arquitecto *architect*
arquitectura *architecture*
arrabal *suburb*
arrancar *to pull out; to tear off*
arrastrar *to drag, to haul*
arreglar *to arrange, to settle; to fix*
arrepentirse *to repent, to regret*
arriba *above; over; upstairs*
   de arriba abajo *from top to bottom, from head to foot*
   patas arriba *upside down*
arrodillarse *to kneel down*
arrojar *to throw, to hurl*
arte *art, skill*
   bellas artes *fine arts*
artículo *article; clause*
   artículo de fondo *editorial*
artificial *artificial*
artista *artist*

arzobispo *archbishop*
as *ace*
asado *roasted; roast meat*
asalto *assault, holdup*
asamblea *assembly*
asar *to roast*
ascender *to ascend, to climb; to amount to; to be promoted*
ascenso *promotion*
ascensor *elevator*
aseado *clean, neat*
asear *to clean, to make neat*
asegurar *to insure; to secure, to fasten; to affirm, to assert*
aseo *cleanliness, neatness*
aserrar *to saw*
asesinar *to assassinate, to murder*
asesinato *assassination, murder*
asesino *assassin, murderer*
asfalto *asphalt, pavement*
así *so, thus, this way; therefore, so that*
    así, así *so-so*
    Más vale así. *It's better this way.*
asiento *seat, chair; entry; registry*
    Tome Ud. asiento. *Have a seat.*
asignar *to assign, to appoint*
asignatura *subject* (escuela)
asilo *asylum, refuge*
asimismo *likewise, exactly so*
asir *to grasp, to hold, to grip*
asirse de *to take hold of*
asistir *to attend, to assist, to help*
asno *donkey, ass*
asociación *association*
asomarse *to lean out; to look out*
    ¡Prohibido asomarse! *Don't lean out of the window!*
asombro *amazement, astonishment*
aspecto *aspect, appearance, look*
aspirina *aspirin*
astuto *cunning, sly*
asunto *subject; matter, business*
asustar *to frighten*
asustarse *to be frightened*
ataque *attack*
atar *to bind, to fasten, to tie*
atardecer *to grow late*
ataúd *coffin*
atemorizar *to frighten, to intimidate*
atención *attention*
atender *to attend; to pay attention; to look after; to wait on*
atentado *attempt*
atento *attentive, courteous*
aterrizaje *landing*
aterrizar *to land*
atestiguar *to testify*
atinar *to guess right; to hit on*

atleta *athlete*
atlético *athletic*
atmósfera *atmosphere*
átomo *atom*
atornillar *to screw*
atracar *to dock, to moor; to hold up*
atraco *assault, holdup*
atractivo *attractive, appealing;* s: *inducement*
atraer *to attract*
atrás *behind, backwards; past*
atrasar *to delay, to be slow* (reloj)
atrasarse *to be late, to remain behind*
atravesar *to cross*
atrayente *attractive*
atrever *to dare, to venture*
atrevido *bold, daring; fresh*
atribuir *to attribute, to impute*
atrocidad *atrocity*
atropellar *to run over; to insult; to abuse*
atropello *trampling; abuse, outrage*
atroz *atrocious, outrageous*
atún *tuna fish*
aturdido *bewildered, stunned, dizzy*
aturdir *to stun*
audición *audition*
audífono *headphone*
auditorio *audience*
aumentar *to augment, to enlarge, to increase*
aumento *increase, raise*
aun *still, even*
    aun cuando *although*
    Aun mis hijos me lo dijeron. *Even my children told me.*
aún *yet*
    Pedro no ha llegado aún. *Peter has not arrived yet.*
anuncio *announcement; adverttisement*
aunque *though, even if*
auricular *headphone*
aurora *dawn, daybreak*
ausencia *absence*
ausentarse *to be absent, to be away*
ausente *absent*
auténtico *authentic, genuine*
auto *automobile, car; sentence, edict*
autobús *bus*
automático *automatic*
automóvil *car*
autor *author*
autoridad *authority*
autorización *authority*
autorizar *to authorize*
auxiliar *to aid, to help*
auxilio *help, aid, assistance*
avance *advance, progress*
ave *bird, fowl*
    aves de corral *fowl, poultry*
avena *oats*

avenida *avenue*
aventura *adventure*
aventurarse *to venture, to risk, to take a chance*
avergonzarse *to be ashamed*
avería *damage, loss*
averiguar *to inquire, to find out, to investigate*
aviación *aviation*
aviador *aviator*
avión *airplane*
avisar *to inform, to notify, to let know; to warn*
aviso *notice, advertisement; warning*
     aviso público *public notice*
ayer *yesterday*
ayuda *help, assistance, aid*
ayudante *assistant; adjutant* (ejército)
ayudar *to help, to assist, to aid*
ayuntamiento *city hall*
azahar *orange blossom*
azar *chance, hazard*
     al azar *at random*
azotar *to whip*
azote *whip; whipping, spanking*
azotea *flat roof, terrace, roof garden*
azúcar *sugar*
azul *blue*

B

bacalao *codfish*
bahía *bay*
bailar *to dance*
baile *dance, ball*
baja *fall; depreciation* (precio); *casualty*
bajar *to go down; to get off; to come down; to lower*
bajo *low; under; below*
bala *bullet*
balance *balance* (cuenta)
balde *bucket*
     de balde *free, for nothing*
     en balde *in vain*
banana *banana*
banco *bank; bench*
banda *band, sash, ribbon; gang*
bandeja *tray; basin*
bandera *flag, banner*
bandido *bandit, outlaw*
banquero *banker*
baño *bath; bathroom*
barato *cheap*
barbería *barbership*
barbero *barber*
barca *small boat*
barómetro *barometer*
barranco *ravine, gully*
barrer *to sweep*

barriada *district, suburb, quarter*
barriga *belly* (animales)
barril *barrel*
barrio *district, quarter, suburb*
barro *mud*
báscula *scale* (de peso)
base *base, basis*
básico *basic*
basquetbol *basketball*
bastante *enough, sufficient*
bastar *to be enough, to suffice*
     ¡Basta, ya! *That's enough!*
bastón *cane, stick*
basura *garbage*
bata *robe, gown*
     bata de baño *bathrobe*
     bata de dormir *nightgown*
batalla *battle, combat, fight*
batallar *to battle, to fight*
batallón *battalion*
batería *battery*
     batería de cocina *kitchen utensils*
batir *to beat*
baúl *trunk, chest*
bautizar *to baptize, to christen*
bebé *baby*
beber *to drink*
bebida *drink, beverage*
becerro *calf, calfskin*
belga *Belgian*
belleza *beauty*
bello *beautiful*
bendecir *to bless*
bendición *blessing, benediction*
bentido *blessed; s: simpleton*
beneficiar *to benefit, to profit*
beneficio *benefit, profit*
besar *to kiss*
beso *kiss*
bestia *beast*
biberón *nursing battle*
bibliografía *bibliography*
biblioteca *library; bookcase*
bicicleta *bicycle*
bicho *insect, vermin*
bien *well, right*
     Está bien. *All right. O.K.*
     ¡Que lo pase Ud. bien! *Good luck to you!*
bienes *property, estate; possessions*
bienestar *well-being, welfare*
bienvenida *welcome*
billete *ticket, bank note*
billetera *wallet, pocketbook*
biombo *screen* (para la casa)
bisabuela *great-grandmother*
bisabuelo *great-grandfather*
blanco *white; mark, target*
blando *soft, smooth*

bobo *foolish, silly;* s: *fool, simpleton*
boca *mouth*
bocacalle *street intersection*
bocadillo *sandwich; snack*
bocado *mouthful, bite*
bocina *horn* (coche)
boda *wedding*
bodega *grocery store; wine cellar; storeroom; hold*
bola *ball; globe*
boleto *ticket*
bolígrafo *pen*
bolsa *purse, bag; stock exchange*
bolsillo *pocket*
bomba *bomb; pump; fire engine*
bombón *chocolate candy*
bondad *kindness, goodness*
    Tenga la bondad de servirse. *Please help yourself.*
bonito *pretty; good; graceful*
boquilla *cigarette holder*
bordado *embroidery*
bordar *to embroider*
borde *border, margin*
bordo *board*
    a bordo *on board*
borracho *drunk, intoxicated;* s: *drunkard*
borrador *eraser; rough draft*
borrar *to erase; to cross out*
borrón *stain, blot*
bosque *wood, forest*
bostezar *to yawn*
bote *boat*
    de bote en bote *jammed, packed*
botella *bottle*
botica *drugstore*
boticario *druggist*
botón *button; bud*
botones *bellboy*
boxear *to box*
bravo *brave; wild; rough* (mar)
brazalete *bracelet*
brazo *arm*
breve *brief, short*
    en breve *shortly, in a little while*
brevedad *briefness, brevity*
brigada *bridge*
brillante *brilliant, sparkling;* s: *diamond*
brillar *to shine, to sparkle*
brindar *to toast; to offer, to invite*
brindis *toast* (bebiendo)
brisa *breeze*
brocha *brush*
broche *pin, clasp*
broma *joke*
    en broma *as a joke*
bromear *to joke, to have fun*
bronce *bronze; brass*

bruma *fog, mist*
brusco *rough; rude*
brutal *brutal*
bruto *brutal; rude*
    peso bruto *gross weight*
bueno *good, satisfactory; kind; fit, suited; well; pleasant*
    de buena gana *willingly*
    ¡Buen viaje! *Have a pleasant trip!*
    Tuve un buen día. *I had a pleasant day.*
bujía *candle; spark plug*
bulto *bundle, parcel, package*
bulla *noise; fun*
bullicio *noise, tumult*
buque *ship, steamer*
burla *mockery, sneering*
burlarse *to make fun of*
burlón *joker*
burro *donkey, ass*
buscar *to look for, to seek, to search; to get*
búsqueda *search*
busto *bust*
butaca *easy chair; orchestra seat* (teátro)
buzón *mailbox*
byte *byte*

C

¡ca! *oh, no!*
cabalgar *to ride on horseback*
caballería *cavalry*
caballero *gentleman; horseman; knight*
cabaña *hut, cabin*
cabecera *head of a bed or table*
cabello *hair*
caber *to fit into; to have enough room; to contain*
cabeza *head*
    de pies a cabeza *from head to foot*
    Me duele la cabeza. *I've got a headache.*
cabina *cabin*
cable *cable, line*
cablegrafiar *to cable*
cabo *tip, extremity, end; cape; rope; corporal*
    llevar a cabo *to accomplish; to carry through*
cabra *goat*
cacahuate *peanut*
cacao *cocoa; cocoa tree*
cacería *hunt, hunting*
cacerola *pan, casserole*
cacharro *pot*
cachetada, cachete *slap in the face*
cachimba *pipe*
cada *each, every*
    cada cual *each one*
    cada hora *every hour*
cadáver *corpse*

cadena *chain*
cadera *hip*
cadete *cadet*
caer *to fall; to drop; to realize*
　　Yo caigo en ello. *I catch on. I see. I get it.*
café *coffee; café; brown*
　　café solo *black coffee*
cafetera *coffee pot*
caída *fall*
calambre *cramp*
caja *box, case; chest, cash*
　　caja fuerte *safe*
　　en caja *cash on hand*
cajero *cashier*
cajón *drawer; box, case*
calabaza *pumpkin, squash*
　　¿Te dieron calabazas? *Did you flunk?*
calabozo *cell, dungeon*
calamidad *calamity, misfortune*
calavera *skull*
calcetín *sock*
calcular *to calculate, to estimate*
cálculo *calculus; computation, estimate*
caldo *broth, soup*
　　caldo de gallina *chicken broth*
calefacción *heating*
calendario *calendar; almanac*
calentador *heater*
calentar *to warm, to heat*
calentura *fever*
calibre *caliber, gauge*
calidad *quality; condition; capacity*
caliente *warm, hot*
calificación *qualification; mark* (examen)
calificar *to qualify; to rate; to describe; to authorize; to attest*
caligrafía *handwriting, calligraphy*
calma *calm; calmness*
　　Tómelo con calma. *Take it easy.*
calmante *sedative*
calmar *to calm, to quiet*
calor *heat, warmth*
　　Hace mucho calor. *It's very hot.*
　　Tengo calor. *I'm warm.*
calumniar *to slander*
caluroso *warm, hot*
calva *bald head*
calvicie *baldness*
calvo *bald; barren*
calzada *footwear*
calzar *to put on shoes; to wedge*
calzoncillos *shorts*
callado *quiet, silent; discreet; reserved*
callar *to keep quiet, to be silent; to conceal*
　　¡Cállate! *Keep quiet!*
calle *street*
　　al otro lado de la calle *across the street*
callejón *alley*

callo *corn, callus*
cama *bed; layer*
　　guardar cama *to be confined in bed*
camarada *comrade*
camarera *chambermaid; waitress*
camarero *steward, waiter*
camarote *stateroom, cabin*
cambiar *to exchange; to change*
cambio *exchange, rate of exchange*
camilla *stretcher*
caminar *to walk*
camino *road, way, highway*
camión *truck; bus* (Mex.)
camisa *shirt*
camisería *haberdashery*
camiseta *undershirt*
camisón *nightshirt, nightgown*
campana *bell*
campeón *champion*
campeonato *championship*
campesino *peasant*
campo *field; country; space*
cana *gray hair*
canal *channel; canal*
canario *canary*
canasta *basket; hamper*
cancelar *to cancel, to annul*
cáncer *cancer*
canción *song*
cancha *athletic field*
candado *padlock*
candelero *candlestick*
candidato *candidate*
candidatura *candidacy*
candidez *candor, simplicity*
canela *cinnamon*
cangrejo *crab, crawfish*
canjear *to exchange*
canoa *canoe*
cansado *tired; tedious; annoying*
cansancio *fatigue*
cansar *to tire; to annoy; to bore*
cantante *singer*
cantar *to sing*
cantidad *quantity, amount, sum*
cantina *canteen*
canto *singing; edge*
caña *cane, reed*
cañada *ravine*
cañería *water pipe*
caño *pipe, tube*
caoba *mahogany*
capa *cape, cloak, coat; layer*
capacidad *capacity*
capataz *foreman*
capaz *capable; apt; spacious*
capital *principal, main; capital*
capitán *captain, commander*

capítulo *chapter*
cara *face, front, facade*
    cara a cara *face to face*
    echar en cara *to reproach*
carbón *charcoal; carbon*
carcajada *hearty laughter*
cárcel *prison, jail*
carecer *to lack*
carestía *scarcity; dearth*
carga *freight, load, cargo, burden*
cargado *loaded*
cargamento *cargo, load*
cargar *to load; to charge; to carry a load*
    cargar en cuenta *to charge to an account*
caricia *caress*
caridad *charity*
cariño *fondness, love, affection*
cariñoso *affectionate, loving*
caritativo *charitable*
carnaval *carnival*
carne *flesh, meat; pulp (fruta)*
    carne asada *roast meat*
carnero *mutton*
carnet *booklet; membership card*
carnicería *butcher shop, meat market*
carnicero *butcher*
caro *dear; expensive*
    cara mitad *better half*
    un amigo caro *a dear friend*
    Es muy caro. *It's very expensive.*
carpintero *carpenter*
carrera *career, race*
carreta *wagon*
carrete *spool, coil, reel*
carretera *road, highway*
carrillo *cheek*
carro *car*
carta *letter; map, chart; playing card*
    carta de crédito *letter of credit*
    carta de entrega especial *special delivery*
        letter
    carta certificada *registered letter*
    tomar cartas *to take sides*
cartel *poster*
cartera *wallet, pocketbook*
carterista *pickpocket*
cartero *mailman*
cartón *cardboard*
casa *house, home; firm, concern*
    casa de huéspedes *boarding house*
casado *married*
casamiento *marriage, wedding*
casar *to marry; to match*
casarse *to get married*
cascanueces *nutcracker*
cáscara *peel, shell, bark*
casero *domestic; s: landlord*
casete *cassette*

casi *almost, nearly*
caso *case, event, accident*
castellano *Castilian; Spanish*
castigar *to punish*
castigo *punishment, penalty*
casual *casual, accidental*
casualidad *chance, coincidence; accident*
    ¡Qué casualidad! *What a coincidence!*
catarata *waterfall*
catarro *cold*
catedral *cathedral*
categoría *category, class*
catolicismo *Catholicism*
católico *Catholic*
catorce *fourteen; fourteenth*
catre *cot*
caudillo *leader*
causa *cause, motive; lawsuit*
causar *to cause*
    causar daño *to do harm*
cautela *caution, prudence*
cauto *cautious, prudent*
cavar *to dig up, to excavate*
caverna *cave, cavern*
cavidad *cavity*
cavilar *to ponder*
caza *hunting; game*
cazador *hunter*
cazar *to hunt, to chase*
cazuela *pot*
cebada *barley*
cebo *bait*
cebolla *onion*
ceder *to grant; to yield, to give in*
cedro *cedar*
cédula *warrant; certificate*
    cédula de identificación *identification papers*
ceguera *blindness*
caja *eyebrow*
celda *cell*
celebrar *to celebrate; to praise; to take place*
celos *jealousy*
celoso *jealous*
célula *cell*
cementerio *cemetery*
cemento *cement*
cena *supper, dinner*
cenar *to dine; to have supper*
cenicero *ash tray*
ceniza *ashes*
censura *censorship; reproach*
censurar *to censure, to criticize; to reproach*
centavo *cent*
centenar *a hundred*
centenario *centenary*
centeno *rye*
centígrado *centigrade*
centímetro *centimeter (2.7 cms. = an inch)*

central *central;* s: *main office*
centro *center, middle, core; social circle, club*
ceñirse *to limit oneself to*
ceño *frown*
cepillar *to brush; to polish*
cepillo *brush*
cera *wax*
cerca *near, close by; about;* s: *fence*
   por aquí cerca *somewhere around here*
cercanías *vicinity, neighborhood*
cercano *nearby*
cercar *to fence, to surround*
cerciorarse *to ascertain, to make sure*
cerco *fence*
cerdo *pig, hog*
cereal *cereal*
cerebro *brain*
ceremonia *ceremony; formality*
cereza *cherry*
cerilla *match*
cero *zero, nought*
cerrado *closed, shut*
cerradura *lock*
cerrar *to close, to lock, to shut; to turn off*
cerro *hill*
cerrojo *bolt, latch*
certeza *certainty, conviction*
certidumbre *certainty*
certificado *certificate*
certificar *to certify; to register* (carta)
cerveza *beer*
cesante *unemployed; dismissed, fired*
cesar *to cease, to stop*
césped *grass; lawn*
cesta *basket*
cicatriz *scar*
ciclón *cyclone*
ciego *blind*
cielo *sky*
cien, ciento *one hundred; one hundredth*
ciencia *science*
científico *scientific*
cierto *certain*
   ¡Sí, por cierto! *Yes, indeed!*
cifra *number; cipher; code*
cigarrillo *cigarette*
cigarro *cigar*
cigüeña *stork*
cima *summit, top*
cimiento *foundation, base*
cinco *five, fifth*
cincuenta *fifty; fiftieth*
cine *movies, motion picture*
cinta *ribbon; tape; film*
   cinta adhesiva *adhesive tape*
cintura *waist*
cinturón *belt*
circo *circus*

circulación *circulation; traffic*
circular *circular*
círculo *circle; circuit; club*
circunferencia *circumference*
circunstancia *circumstance*
ciruela *plum; prune*
cirujano *surgeon*
cisne *swan*
cita *appointment, date; summons; quotation*
   Deseo hacer una cita con Ud. *I'd like to make*
     an appointment with you.
citar *to cite; to summon*
ciudad *city*
   ciudad natal *home town*
ciudadanía *citizenship*
ciudadano *citizen*
civil *civil, courteous, polite*
civilización *civilization*
civilizar *to civilize*
clara *white of an egg*
claridad *clearness; light; plainness*
claro *clear; intelligible; obvious, evident; pure;*
   light; s: *gap; skylight*
   poner en claro *to make something clear*
   ¡Claro que no! *Of course not!*
   ¡Claro que sí! *Of course!*
clase *class; kind; sort; classroom; lesson*
   la clase obrera *the working class*
clavar *to nail; to fasten; to drive in; to pierce; to*
   cheat
clave *key, code*
clavel *carnation*
clavo *nail; clove*
cliente *client, customer*
clientela *patronage*
clima *climate*
clínica *clinic, dispensary*
cloaca *sewer*
cobarde *timid, cowardly;* s: *coward*
cobija *blanket; bed cover*
cobrador *conductor* (autobús)*; collector*
cobrar *to collect; to receive; to charge* (precio)
   cobrar ánimo *to take courage*
cobre *copper*
cocer *to cook; to boil; to bake*
cocina *kitchen; cooking*
cocinar *to cook*
cocinero *cook; chef*
coco *coconut*
coche *car, coach, carriage, taxi*
   coche cama *sleeping car*
   coche comedor *dining car*
   coche salón *parlor car*
codo *elbow*
coger *to catch, to take hold of; to gather, to seize*
cohecho *bribery*
cohete *rocket*
coincidencia *coincidence*

coincidir *to coincide*
cojear *to limp*
cojero *lameness*
cojo *lame*
cola *tail; line* (gente)
   hacer cola *to stand in line*
colaboración *collaboration*
colaborar *to collaborate*
colar *to strain*
colcha *bedspread*
colchón *mattress*
colección *collection*
coleccionar *to collect*
colecta *collection, collect*
colectar *to collect; to solicit*
colegio *college*
cólera *anger, fit of temper; rage; cholera*
colgar *to hang*
   ¡No cuelgue Ud.! *Don't hang up!*
coliflor *cauliflower*
colilla *cigar or cigarrette stub*
colina *small hill*
colmo *heap; climax; limit*
   ¡Es el colmo! *That's the last straw!*
colocación *situation; employment; arrangement*
colocar *to place; to give employment to*
colonia *colony; residential section*
colonial *colonial*
color *color; paint*
   color claro *light color*
   color vivo *bright color*
   de color *colored*
colorado *red*
   ponerse colorado *to blush*
colorete *rouge*
columna *column, pillar*
columpiar *to swing*
columpio *swing*
collar *necklace; collar*
coma *comma*
comadre *godmother*
comandante *commander; major*
comarca *territory; district*
combate *combat*
combatiente *fighter*
combatir *to fight*
combinación *combination; slip* (ropa)
combinar *to combine*
combustible *fuel*
comedia *comedy, play*
comediante *comedian*
comedor *dining room*
comensal *boarder*
comentar *to comment*
comentario *comment, commentary*
   comentarios del día *news commentary*
comenzar *to begin, to start*
comer *to eat*

   ser de buen comer *to have a hearty appetite*
comerciar *to deal, to trade*
comercio *trade, commerce*
cometer *to commit; to make* (una equivocación)
cometido *duty; task; commitment*
comezón *itch, itching*
comida *food; meal; dinner*
   La comida es muy sabrosa. *The food's very tasty.*
   La comida está servida. *Dinner is on the table.*
comienzo *beginning, start*
comillas *quotation marks*
comisaría *police station*
comisario *commisioner*
comisión *commission*
comité *committee*
como *how, like, as well as*
   Como Ud. quiera. *As you wish.*
   Según y como. *It all depends.*
cómo *what? how?*
   ¡Cómo no! *Yes, of course!*
   ¿Cómo no? *Why not?*
cómoda *chest of drawers*
comodidad *comfort; convenience*
cómodo *comfortable; convenient; handy*
compact disc *compact disc*
compadecer *to pity; to sympathize with*
compañero *companion; comrade; pal*
   compañero de cuarto *roommate*
compannía *company; society*
comparación *comparison*
comparar *to compare*
compartir *to share*
compasión *pity, sympathy*
compatible *compatible; consistent with*
compatriota *countryman*
compensación *compensation; reward*
compensar *to compensate; to reward*
competencia *competition; competence*
competente *competent; fit*
competir *to compete; to contend*
complacer *to please; to accommodate*
complacerse *to be pleased*
complaciente *accommodating; agreeable, pleasing*
complemento *complement*
completar *to complete*
completo *full; complete; finished*
   por completo *completely*
complicado *complicated*
complicar *to complicate*
cómplice *accomplish*
complot *conspiracy; plot; intrigue*
componer *to repair, to mend, to fix; to manage*
comportamiento *behavior*
comportarse *to behave*

composición *composition*
compositor *composer; typesetter*
compostura *repair; composure; modesty; neatness*
compra *purchase; shopping*
    ir de compras *to go shopping*
comprador *buyer, purchaser, customer*
comprar *to buy, to shop*
    comprar a crédito *to buy on credit*
    comprar al contado *to buy for cash*
    comprar usado *to buy secondhand*
comprender *to understand; to include*
    ¡Se comprende! *That's understood!*
comprendido *understand; included*
comprensible *comprehensible*
comprensión *comprehension, understanding*
comprensivo *comprehensive; understanding*
comprimirse *to restrain oneself, to control oneself*
comprobante *label; proof; voucher*
comprobar *to prove; to verify*
comprometerse *to commit oneself, to become engaged*
compromiso *engagement; date; compromise; commitment*
compuesto *compound*
computadora *computer*
computar *to compute*
común *common*
    de común acuerdo *by mutual consent*
    por lo común *generally*
    sentido común *common sense*
communicación *communication*
comunicar *to announce; to communicate; to inform*
comunidad *community*
con *with; by*
    con mucho gusto *with great pleasure*
    con tal que *provided that*
concebir *to conceive*
conceder *to grant*
concentración *concentration*
concentrar *to concentrate*
concepto *concept, idea*
concernir *to concern*
concesión *concession*
conciencia *conscience; consciousness*
concierto *concert; agreement*
conciliación *conciliation*
conciliar *to conciliate, to reconcile*
conciso *concise*
concluir *to conclude, to finish, to close*
conclusión *conclusion*
concluso *ended, concluded, closed*
concordancia *concordance, harmony, agreement*
concordar *to agree*
concretarse *to limit or to confine oneself to a*

    subject; to subject oneself to
    Concrétese a la pregunta. *Stick to the point.*
concreto *concrete*
concurrencia *competition; coincidence; attendance*
concurrir *to concur; to attend*
concurso *competition; contest*
concha *shell*
conde *count* (título)
condecoración *decoration, medal*
condena *sentence, penalty*
condenar *to condemn; to convict; to disapprove*
condición *condition, state; term*
    a condición que *on condition that*
condicional *conditional*
condimentar *to season* (comida)
condimento *seasoning*
condiscípulo *schoolmate*
condonar *to forgive, to pardon*
conducir *to drive, to conduct; to carry; to lead*
conducirse *to behave, to conduct oneself*
conducta *behavior, conduct*
conductor *driver; conductor*
conejo *rabbit*
confeccionar *to make; to prepare*
conferencia *conference; lecture*
    conferencia a larga distancia *long distance call*
conferenciante *lecturer*
conferir *to confer, to bestow*
confesar *to confess, to admit*
confesión *confession, acknowledgment*
confianza *confidence; faith; familiarity*
    digno de confianza *reliable*
    en confianza *in confidence*
    tener confianza en *to trust*
confiar *to confide; to entrust; to trust in*
confidencia *confidence*
confidencial *confidential*
confidente *confident*
confirmar *to confirm, to ratify*
confite *candy*
conflicto *conflict; predicament*
conformar *to conform, to fit; to agree; to comply with*
conforme *alike; according to; correct; O.K.*
    estar conforme *to be in agreement*
conformidad *conformity; resemblance*
    de conformidad con *in accordance with*
confort *comfort*
confortable *comfortable*
confortante *comforting*
confortar *to comfort; to cheer*
confundir *to confuse; to mistake*
confundirse *to become confused; to be perplexed*
confusión *confusion; perplexity*
confuso *confused*

congelar *to freeze*
congeniar *to be congenial*
congestión *congestion*
congratulación *congratulation*
congregación *congregation*
congregar *to congregate, to assemble*
conjetura *conjecture, guess*
conjugación *conjugation*
conjugar *to conjugate*
conjunción *conjunction*
conjunto *joint, united; s: the whole*
  en conjunto on the whole, altogether
conmemoración *commemoration*
conmemorar *to commemorate*
conmigo *with myself, with me*
  Venga Ud. conmigo. Come along with me.
conmutador *electric switch*
conocer *to know; to be aquainted with*
  dar a conocer to make known
conocido *well-known; s: acquaintance*
conocimiento *knowledge; acquaintance*
conque *and so; so then; well then*
conquista *conquest*
conquistar *to conquer; to win over*
consciente *conscious*
consecuencia *consequence*
conseguir *to obtain, to get; to attain*
consejero *advisor, counselor*
consejo *advice; council, advisory board*
consentimiento *consent*
consentir *to consent, to agree, to be willing*
conserje *janitor, superintendent*
conserva *preserve; canned food*
conservación *conservation, maintenance*
conservador *preserver; conservative*
conservar *to preserve, to keep, to conserve*
considerable *considerable, large*
consideración *consideration, regard;*
  importance
considerar *to consider, to take into account; to*
  treat well
consigo *with himself; with herself; with oneself;*
  with yourself; with yourselves
consiguiente *consequent, consecutive,*
  consistent; logical
  por consiguiente consequently
consistencia *consistence, consistency; stability;*
  solidity; firmness
consistente *consistent; solid; firm*
consistir *to consist, to be composed of*
consolación *consolation*
consolar *to console, to comfort; to cheer*
conspicuo *conspicuous*
constante *constant*
constitución *constitution*
constituir *to constitute*
construcción *construction; building*
construir *to construct, to build*

cónsul *consul*
consulado *consulate*
consulta *consultation*
consultar *to consult; to seek advice*
consultorio *doctor's office*
contabilidad *bookkeeping, accounting*
contado *rare, scarce; s: cash*
  por de contado of course
  Vendemos solo al contado. We sell only for
  cash.
contador *accountant; meter* (gas, electricidad)
contagiar *to contaminate, to infect*
contagioso *contagious*
contaminación *contamination, pollution*
contaminar *to contaminate*
contar *to count; to tell*
  ¡Me lo cuenta a mí! You're telling me!
  ¿Puedo contar con Ud.? Can I count on you?
contemplación *contemplation*
contemplar *to contemplate; to consider; to have*
  in mind
contener *to contain, to hold*
contenerse *to refrain, to restrain oneself*
contenido *contents*
contentar *to please, to satisfy*
contentarse *to be pleased, to be contented*
contento *glad, happy, pleased; s: contentment*
contestación *answer, reply*
contestar *to answer, to reply*
  No contestan. There's no answer.
contigo *with you; with yourself*
contiguo *contiguous*
continente *moderate; s: continent*
continuación *continuation*
continuar *to continue*
continuo *continuous*
  de continuo continually
  función continua continuous performance
contra *against, contrary to*
contrabando *smuggling*
contradecir *to contradict*
contradicción *contradiction*
contraer *to contract*
  contraer deudas to run into debt
contrahacer *to counterfeit*
contrahecho *counterfeit*
contrariar *to contradict; to annoy, to vex*
contrariedad *disappointment*
contrario *contrary, opposite; s: opponent*
  al contrario on the contrary
contrastar *to contrast*
contraste *contrast*
contrato *contract*
contratar *to engage, to hire; to bargain; to*
  trade; to contract
contratiempo *disappointment*
contribución *contribution; tax*
contribuir *to contribute*

contrincante *opponent; competitor*

control *control*

controlar *to control*

contusión *contusion, bruise*

convalecencia *convalescence*

convaleciente *convalescent*

convencer *to convince*

conveniencia *convenience; fitness; advantage*

conveniente *convenient; suitable; advantageous*

convenio *pact, agreement*

convenir *to agree; to suit; to be advisable*
>Convengo con Ud. *I agree with you.*
>Eso me conviene. *That suits me.*
>No me conviene. *It won't do.*

convento *convent*

conversación *conversation, talk*

conversar *to converse*

convertir *to convert, to change*

convicción *conviction, belief*

convicto *guilty; convicted*

convidado *invited; s: guest*

convidar *to invite; to treat*

cooperación *co-operation*

cooperar *to co-operate*

coordinar *to co-ordinate*

copa *glass* (bebida); *drink*

copia *copy, transcript*

copiar *to copy*

coqueta *coquette, flirt*

coquetear *to flirt*

coraje *courage; anger*

corazón *heart; core* (fruta)

corbata *necktie*

corcho *cork*

cordel *cord, rope*

cordero *lamb*

cordial *affectionate; cordial*

cordillera *mountain range*

cordón *cord; string; lace*

cordura *common sense; judgment*

corona *crown; wreath* (flores)

corral *corral; yard*

correa *leather strap, leash*

corredor *runner; broker*

corregir *to correct*

correo *mail; post office*
>a vuelta de correo *by return mail*
>lista de correos *general delivery*
>por correo aéreo *by air mail*

correr *to run; to flow; to elapse*

correspondencia *correspondence, mail*
>estar en correspondencia *to correspond with*
>llevar la correspondencia *to take care of the mail*

correspondiente *corresponding*

corresponsal *correspondent*

corrida *race; run*
>corrida de toros *bullfight*

corriente *current, present; ordinary; common; s: current, stream, draft*
>corriente alterna *alternating current (A.C.)*
>corriente continua *direct current (D.C.)*
>cuenta corriente *current account*
>estar al corriente *to be acquainted with, to be familiar with*
>poner al corriente *to inform, to acquaint with*
>una corriente de aire *a draft of air*

corroborar *to corroborate*

corromper *to corrupt*

corrupción *corruption*

cortar *to cut; to cut off; to shorten*
>Se ha cortado la leche. *The milk has turned sour.*

corte *cut; edge; court; congress*
>corte de pelo *haircut*

cortejar *to court*

cortés *courteous, polite; gentle*

cortesía *courtesy, politeness*

corteza *bark, peel; crust*

cortina *curtain; screen*

corto *short; shy; stupid, backward*
>Es corto de vista. *He's nearsighted.*

cosa *thing; matter*
>como si tal cosa *as if nothing had happened*
>ninguna cosa *nothing*
>Eso es cosa suya. *That's his business.*
>No es cosa de risa. *It's no laughing matter.*

cosecha *harvest, crop; harvesttime*

cosechar *to reap*

coser *to sew*
>máquina de coser *sewing machine*

cosmético *cosmetic*

cosquillas *tickling*

costa *coast, shore; cost, expense*
>a toda costa *at all costs*

costado *flank, side*

costar *to cost*
>cueste lo que cueste *whatever it costs*

costear *to pay the expenses; to sail along the coast*

costilla *rib*

costo *cost, expense, price*

costoso *dear, expensive*

costumbre *custom; habit*
>de costumbre *usually*
>tener costumbre de *to be used to*

costura *sewing, needlework; seam*

costurera *seamstress*

cotejar *seamstress*

cotejar *to confront; to check*

cotejo *comparison; collation*

cotidiano *daily, everyday*

cotización *quotation* (precios)

cotizar *to quote* (precios)

coyuntura *articulation; joint; opportunity*

coz *kick*

cráneo *skull*
crear *to create*
crecimiento *increase, growth*
credencial *credential*
crédito *credit; reputation; standing*
   comprar a crédito *to buy on credit*
   dar crédito *to give credit*
   vénder a crédito *to sell on credit*
creencia *belief*
creer *to believe, to think*
   Creo que sí. *I think so.*
   Ver y creer. *Seeing is believing.*
   Ya lo creo. *Of course!*
crema *cream*
criada *maid*
criado *valet*
criatura *creature; infant*
cribar *to sift*
crimen *crime; guilt*
criminal *criminal*
criollo *creole*
crisantemo *chrysanthemum*
crisis *crisis*
cristianismo *Christianity*
cristiano *Christian*
criterio *judgment; opinion*
crítica *criticism*
criticar *to criticize*
crítico *critic*
crónica *chronicle*
cronista *reporter*
cruce *crossing, crossroads*
crucero *crossing, cruiser*
crudo *raw, crude*
cruel *cruel; hard*
crueldad *cruelty*
cruz *cross*
cruzar *to cross; to cruise*
cuaderno *notebook*
cuadra *stable; block* (calle)
cuadrado *square*
cuadrilla *crew*
cuadro *painting; picture; frame; scene* (teatro)
cual *which; what; like, as*
   cada cual *each one*
   por lo cual *for that reason*
   tal para cual *tit for tat*
cualquier, cualquiera *any; anyone, anybody*
   un cualquiera *a nobody*
   Cualquiera puede hacer eso. *Anybody can do that.*
   cuando, cuando *when*
   cuando Ud. guste *whenever you wish*
   de vez en cuando *once in a while*
   ¿Hasta cuándo? *Until when?*
cuanto *as much as, as many as*
   cuanto antes *as soon as possible*
   en cuanto a *in regard to*

   por cuanto *whereas, inasmuch as*
cuánto *how much; how long; how far; how*
   ¡Cuánto me alegro! *I'm very glad!*
   ¿Cuánto vale? *How much is it worth?*
cuarenta *forty; fortieth*
cuartel *quarter; barracks*
   cuartel general *headquarters*
cuarto *fourth; quarter;* s: *room*
   Le daré la cuarta parte. *I'll give you a fourth of it.*
cuatro *four; fourth*
cuatrocientos *four hundred*
cubano *Cuban*
cubeta *pail, bucket*
cubierta *cover; deck* (barco)
cubierto *cover; shelter; place at a table*
cubo *bucket; tub*
cubrecama *bedspread*
cubrir *to cover; to roof*
cucaracha *cockroach*
cuchara *spoon*
cucharada *spoonful*
cucharilla, cucharita *teaspoon*
cucharón *ladle*
cuchichear *to whisper*
cuchicheo *whispering*
cuchillo *knife*
cuello *neck; collar*
cuenta *count; account; statement, bill; bead*
   dar cuenta de *to report on*
   darse cuenta *to realize*
cuentagotas *medicine dropper*
cuento *story, tale; gossip*
   cuento corto *short story*
   cuento de hadas *fairy tale*
cuerda *cord, rope; spring* (reloj)
cuerdo *wise, prudent*
cuerno *horn*
cuero *leather; hide; skin*
cuerpo *body; element*
cuervo *crow; raven*
cuesta *slope; hill; grave*
   ir cuesta abajo *to go downhill*
   ir cuesta arriba *to go uphill*
cuestión *question; dispute, quarrel; problem*
cueva *cave*
cuidado *care, attention; anxiety, worry*
   ¡Cuidado! *Be careful!*
   ¡No tenga Ud. cuidado! *Don't worry.*
cuidadoso *careful*
cuidar *to care; to take care; to mind; to look after*
   cuidar de *to take care of*
   ¡Cuídese Ud.! *Take good care of yourself!*
culpa *fault; guilt; sin*
   echar la culpa a *to blame*
   tener la culpa de *to be to blame*
   Es culpa mía. *It's my fault.*

culpable *guilty*
culpar *to accuse, to blame*
cultivar *to cultivate; to improve*
cultivo *farming*
culto *well-read; cultured; polished; s: worship; cult; religion*
    Es un hombre culto. *He's a well-read man.*
cultura *culture*
cultural *cultural*
cumpleaños *birthday*
cumplido *courteous, polite; full; abundant; s: compliment; attention; courtesy*
cumplimiento *compliment; accomplishment; compliance; fulfillment*
cumplir *to carry out, to fulfill; to expire*
cuna *cradle; lineage*
cuña *wedge*
cuñada *sister-in-law*
cuñado *brother-in-law*
cuota *share; quota*
cura *priest, parson; cure; curing*
curable *curable*
curación *healing; cure*
curar *to cure, to heal*
curiosidad *curiosity; neatness; cleanliness*
curioso *curious*
curso *course, direction; succession; current*
curva *curve*
cúspide *summit; top*
custodia *custody; guard; escort*
custodiar *to guard; to take into custody*
cutis *complexion, skin*
cuyo, cuya, cuyos, cuyas *whose; of which; of whom*

CH

chal *shawl*
chaleco *vest*
chalet *chalet, cottage*
chalupa *sloop, launch*
champaña *champagne*
chancear *to joke; to fool*
chantaje *blackmail*
chantajista *blackmailer*
chanza *joke*
chaqueta *jacket, coat*
charco *pond, puddle*
charlar *to chat, to chatter*
charlatán *quack*
charola *tray*
chasco *disappointment*
chasis *chassis*
chato *flat, flat-nosed*
cheque *check*
chica *small, little; s: girl*

chicle *chewing gum*
chico *small, little; s: boy*
chicos *youngsters*
chiflado *silly, crazy*
chileno *Chilean*
chillar *to scream, to screech; to squeak; to creak*
chillido *scream*
chimenea *chimney; fireplace*
chinche *thumbtack; bedbug; boring person*
chino *Chinese*
chiquero *pigpen*
chiquilla *little girl*
chiquillada *childishness*
chiquillo *little boy*
chiquita *small, tiny; s: little girl*
chiquito *small, tiny; s: little boy*
chiripa *luck, bargain*
    de chiripa *by mere chance*
chisme *gossip*
chismear *to gossip*
chispa *spark*
chistar *to mutter, to mumble*
chiste *joke*
chistoso *witty, humorous*
chivo *kid, goat*
chocar *to collide; to strike; to shock; to disgust*
chocolate *chocolate*
choque *collision; clash; shock*
chorizo *sausage*
chorro *gush*
choza *hut, hovel*
chuleta *chop, cutlet*
    chuleta de cordero *lamb chop*
    chuleta de puerco *pork chop*
    chuleta de ternera *veal chop*
chupar *to suck; to absorb*
chusco *amusing; funny*

D

dádiva *gift, present*
dadivoso *liberal, generous*
dados *dice*
dama *lady; dame; queen*
damas *checkers*
daga *dagger*
dañado *spoiled; damaged*
desatornillar *to screw*
desavenencia *disagreement; discord; misunderstanding*
desayunarse *to breakfast*
desayuno *breakfast*
desbarajuste *confusion; disorder*
desbaratar *to upset; to destroy; to spoil, to ruin*
desbarrar *to act or to talk foolishly*
descabellado *crazy; wild, unrestrained*

descalificar *to disqualify*
descalzarse *to take off one's shoes*
descalzo *barefoot*
descansar *to rest*
descanso *rest; landing* (escalera)
    día de descanso *day off*
descarado *impudent*
descarga *unloading; discharge*
descargar *to unload; to discharge; to acquit*
descaro *boldness; impudence*
descarrilamiento *derailment*
descarrilar *to derail*
descartar *to discard; to dismiss*
descendencia *descent*
descender *to descend, to come down; to drop; to decrease*
descendiente *descendant*
descenso *descent; decline; fall*
descifrar *to decipher*
descolgar *to take down; to lift up; to pick up* (teléfono)
descolorido *discolored, faded*
descomponer *to spoil; to break; to disarrange*
descomponerse *to rot, to spoil; to upset, to disturb*
descompuesto *out of order; spoiled; impolite*
desconcertante *confusing, disconcerting*
desconcertar *to disturb; to confuse; to baffle*
desconectar *to disconnect*
desconfianza *distrust*
desconfiar *to distrust, to mistrust*
desconocer *to ignore*
desconocido *unknown;* s: *stranger*
desconocimiento *ignorance; ingratitude*
desconsiderado *thoughtless, inconsiderate*
desconsuelo *affliction; grief*
descontar *to discount; to deduct; to take for granted*
descontento *displeased, unhappy;* s: *dissatisfaction; disgust*
descorrer *to draw* (cortina)*; to retrace one's steps*
descortés *impolite*
descortesía *rudeness, impoliteness*
descoser *to rip, to unstitch*
descrédito *discredit*
describir *to describe*
descripción *description*
descubierto *discovered; uncovered;* s: *deficit*
descubrimiento *discovery*
descubrir *to discover; to find out; to disclose*
descuento *discount*
descuidar *to neglect, to overlook*
descuido *carelessness; negligence; omission*
desde *since, after, from*
    desde entonces *since then*
    desde luego *of course*
    desde que *ever since*

desdecirse *to retract*
desdén *disdain, scorn, contempt*
desdeñar *to scorn, to disdain*
desdicha *misfortune, calamity; unhappiness*
desdichado *wretched; unfortunate; unhappy;* s: *wretch; poor fellow*
deseable *desirable*
desear *to wish, to desire*
desechar *to throw away; to dismiss; to depreciate*
desecho *remainder; refuse; leftovers*
desembarazarse *to rid oneself of, to get rid of*
desembarcadero *wharf, pier, landing place*
desembarcar *to disembark, to go ashore*
desembarco *landing, disembarcation; unloading*
desembarque *landing; unloading*
desembolsar *to pay out, to disburse*
desembolso *expenditure, disbursement*
desembragar *to disengage the clutch*
desempacar *to unpack*
desempeñar *to perform, to accomplish, to carry out; to redeem, to take out of pawn; to free from debt*
desencantar *to disillusion*
desencanto *disillusion*
desengañado *disappointed*
desengañar *to disappoint*
desengaño *disappointment*
desengrasar *to remove the grease; to scour*
desenlace *outcome, result*
desenmascarar *to unmask*
desenrollar *to unwind, to unroll*
desentenderse *to ignore; to pay no attention to*
desentendido *unaware; unmindful*
desenterrar *to dig up*
desenvolver *to unwrap; to unfold; to unravel*
deseo *wish, desire*
deseoso *desirous*
desequilibrado *unbalanced*
desequilibrio *lack of balance*
desertar *to desert*
desertor *deserter*
desesperación *despair; desperation*
desesperado *hopeless; desperate*
desesperarse *to despair, to lose hope*
desfalcar *to embezzle*
desfalco *embezzlement*
desfallecer *to faint; to languish*
desfallecimiento *fainting*
desfigurar *to disfigure; to distort*
desfiladero *defile, gorge*
desfilar *to march, to parade*
desfile *review, parade*
desganarse *to lose interest; to become disgusted*
desgarrar *to tear*
desgastar *to consume; to wear out; to waste*
desgastarse *to wear out*

desgaste *wear and tear; waste*
desgracia *misfortune; sorrow; accident*
desgraciadamente *unfortunately*
desgraciado *unhappy; unfortunate, unlucky; s: wretch; poor fellow*
deshabitado *deserted, vacant*
deshabitar *to move out*
deshacer *to undo; to unwrap; to take apart; to melt*
deshacerse *to get out of order*
    deshacerse en lágrimas *to burst into tears*
deshecho *in pieces; destroyed; melted*
deshelar *to melt, to thaw*
desheredar *to disinherit*
deshielo *thaw, thawing*
deshilar *to unravel*
deshilvanado *incoherent; disconnected; unstitched*
deshonesto *dishonest; immodest; indecent*
deshonra *dishonor, disgrace*
deshonrar *to dishonor, to disgrace*
deshonroso *dishonorable; disgraceful*
deshora *wrong time*
desidia *idleness; indolence*
desierto *deserted; solitary; s: desert*
designar *to appoint; to designate*
designio *intention, design, purpose*
desigualdad *inequality; unevenness*
desilusión *disillusion*
desilusionar *to disillusion*
desinfectante *disinfecting; s: disinfectant*
desinfectar *to disinfect*
desinflar *to deflate*
desinterés *unselfishness*
desistir *to desist*
desleal *disloyal*
deslealtad *disloyalty*
desligar *to untie, to unbind; to free*
desliz *slip, lapse*
deslizar *to slide, to slip; to lapse*
deslumbramiento *glare; bewilderment*
deslumbrar *to dazzle; to bewilder*
desmayarse *to faint*
desmayo *faint*
desmedido *immoderate*
desmejorarse *to grow worse; to decay*
desmemoriado *forgetful*
desmentir *to deny; to contradict*
desmontar *to dismount; to take apart*
desmoralizado *demoralized*
desmoralizar *to demoralize*
desnivel *unevenness*
desnudarse *to undress*
desnudo *naked, nude*
desobedecer *to disobey*
desobediencia *disobedience*
desobediente *disobedient*
desocupación *unemployment; idleness*

desocupado *unemployed*
desocupar *to vacate; to empty*
desoír *to pretend not to hear*
desorden *disorder; excess*
desordenado *disorderly; irregular; unruly*
desorganizar *to disorganize*
desorientar *to confuse*
despachar *to dispatch; to forward; to send; to sell; to wait on; to attend to*
despacho *dispatch; cabinet; office; shipment*
despacio *slowly*
desparramar *to scatter; to squander*
despecho *slowly*
desparramar *to scatter; to squander*
despecho *spite*
despedazar *to tear; to break into pieces*
despegar *to unglue; to detach; to take off*
despegue *take off (avión)*
despeinar *to dishevel*
despejado *clear; cloudless; smart, bright*
despensa *pantry; provisions*
desperdiciar *to waste; to squander*
desperdicio *waste*
desperfecto *defect*
despertador *alarm clock*
despertar *to wake up; to awaken*
despierto *awake; lively*
despilfarrar *to squander; to waste*
despilfarro *waste*
desplazar *to displace*
desplegar *to unfold; to spread; to hoist (bandera)*
desplomarse *to collapse*
despoblado *depopulated*
despojar *to strip*
desposar *to marry*
déspota *despot*
despreciable *contemptible*
despreciar *to despise; to look down on, to have contempt for*
desprecio *contempt, scorn*
desprender *to unfasten; to separate; to get rid of*
desprendido *generous*
despreocupado *unconcerned; unconventional; unprejudiced*
despreocuparse *to ignore; to forget; to pay no attention to*
desproporcionado *disporportionate*
desprovisto *unprovided*
después *after, afterward, later*
desquitarse *to get even*
desquite *revenge*
destacamento *detachment*
destacar *to detach; to emphasize*
destajo *piecework*
destapar *to uncork; to open; to uncover*
destapador *bottle opener*
desterrado *exiled; s: exile*
desterrar *to exile*

destinar *to appoint; to allot; to assign; to station; to address to*
destino *destiny; destination; assignment; position*
destreza *skill*
destrozar *to destroy; to smash*
destrucción *destruction*
destruir *to destroy*
desvanecerse *to vanish; to faint; to swell*
desvelar *to keep awake*
desvelo *to keep awake; sleeplessness; anxiety, concern*
desventaja *disadvantage*
desventajoso *disadvantageous*
desventurado *unfortunate*
desvergonzado *impudent; unashamed*
desvergüenza *impudence*
desvestirse *to undress*
desviación *deviation; deflection; detour*
desviar *to divert; to deviate; to dissuade*
desvío *deviation; detour*
desvivirse *to long for; to be dying for*
desyerbar *to weed*
detallar *to detail; to retail*
detalle *detail; retail*
    vender al detalle *to sell at retail*
detallista *retailer*
detective *detective*
detención *detention; arrest; delay*
detener *to detain; to retain; to withhold; to stop*
detenerse *to stop; to pause*
detenido *under arrest*
detenimiento *detention, care*
deteriorar *to deteriorate*
deterioro *damage, deterioration*
determinación *determination; daring*
determinado *determined, resolute*
determinar *to determine, to decide*
determinarse *to resolve, to make up one's mind*
detestable *detestable*
detestar *to detest, to abhor*
detrás *behind*
deuda *debt*
deudo *relative, kin*
deudor *debtor*
devastación *devastation*
devastar *to devastate, to ruin*
devoción *devotion*
devolver *to return*
devorar *to consume, to devour*
devoto *devoted; pious*
día *day*
    de día *in the daytime*
    día festivo *holiday*
    día laborable *working day*
diablo *devil*
diagnóstico *diagnosis*
diagrama *diagram*

dialecto *dialect*
diálogo *dialogue*
diamante *diamond*
diámetro *diameter*
diario *daily; diary; daily newspaper*
    Nos vemos a diario. *We see each other every day.*
dibujante *designer; draftsman*
dibujar *to draw, to design, to sketch*
dibujo *drawing, design*
diccionario *dictionary*
diciembre *December*
dictado *dictation*
dictar *to dictate; to issue; to pronounce*
dicha *happiness; luck*
    ¡Qué dicha! *What luck!*
dicho *said; s: saying*
    Dicho y hecho. *No sooner said than done.*
dichoso *happy; fortunate*
diecinueve *nineteen; nineteenth*
dieciocho *eighteen; eighteenth*
dieciseis *sixteen; sixteenth*
diecisiete *seventeen; seventeenth*
diente *tooth; pl: teeth*
    cepillo de dientes *toothbrush*
    diente de leche *milk tooth*
diestra *right hand*
diestro *skillful*
dieta *diet*
    Estoy a dieta. *I'm on a diet.*
diez *ten; tenth*
difamación *defamation*
difamar *to defame*
diferencia *difference*
diferente *different*
diferie *to put off; to differ*
difícil *difficult, hard*
dificultad *difficulty*
dificultar *to make difficult*
dificultoso *difficult*
difundir *to diffuse; to divulge; to broadcast*
difunto *deceased, dead; late; s: dead person*
difusión *diffusion, broadcasting*
digerir *to digest*
digestión *digestion*
dignarse *to condescend, to deign*
dignidad *dignity*
digno *worthy, deserving, dignified*
digresión *digression*
dilación *delay*
dilatar *to delay; to put off; to expand*
dilecto *loved, beloved*
dilema *dilemma*
diligencia *diligence; haste; business; errand*
diligente *diligent; prompt*
diluir *to dilute*
dimensión *dimension*
diminutivo *diminutive*

diminuto *small*
dimisión *resignation*
dimitir *to resign; to retire*
dinamita *dynamite*
dínamo *dynamo*
dinero *money, currency*
   dinero contante *ready money*
   persona de dinero *a well-to-do person*
   Ando mal de dinero. *I'm short of money.*
Dios *God*
   ¡Por Dios! *For heaven's sake!*
diploma *diploma*
diplomacia *diplomacy*
diplomático *diplomatic; s: diplomat*
diputado *deputy; delegate; representative*
dirección *address; direction, way; control; management; administration*
directamente *directly*
directivo *managing; s: board of directors*
dirigente *leading, directing; s: leader*
dirigir *to address; to direct; to guide; to drive*
dirigirse *to address*
discernimiento *discernment*
discernir *to discern; to distinguish*
disciplina *discipline*
disciplinar *to discipline*
discípulo *disciple; pupil*
disco *disk, record; telephone dial*
disco compacto *compact disc*
discordante *discordant*
discordia *discord; disagreement, dissension*
discreción *discretion*
discrepancia *discrepancy*
discrepar *to disagree; to differ from*
discreto *discreet*
disculpa *excuse; apology*
disculpar *to excuse*
discurrir *to wander about; to think over*
discurso *speech*
discusión *discussion*
discutible *debatable*
discutir *to discuss*
diseminar *to disseminate; to scatter*
disensión *dissension, strife*
diseñar *to draw, to design, to sketch*
diseño *drawing; sketch; outline*
disfraz *disguise; mask*
disfrazar *to disguise*
disfrutar *to enjoy*
disfrute *enjoyment*
disgustar *to disgust; to displease; to offend*
disgustarse *to be displeased; to be disgusted; to quarrel*
   a disgusto *against one's will*
disidente *dissident*
disimulado *dissembling*
disimular *to dissimulate; to overlook*
disimulo *dissimulation; tolerance*

dislocación *lessening, diminishing*
disminuir *to diminish, to decrease*
disolver *to dissolve; to melt*
dispar *different, unlike; unmatched*
disparar *to shoot; to fire*
disparatar *to talk nonsense; to blunder*
disparate *nonsense; blunder*
disparo *discharge; shot*
dispensar *to excuse; to dispense; to exempt*
   Dispénseme. *Excuse me.*
dispensario *dispensary*
disperso *dispersed; scattered*
disponer *to dispose; to arrange; to provide for; to prepare; to determine*
disponible *available*
disposición *disposition; service; state of mind; regulation*
   Estoy a su disposición. *I'm at your service.*
dispuesto *disposed; ready; arranged; inclined*
   bien dispuesto *favorably inclined*
disputa *dispute; contest; quarrel*
distancia *distance*
distante *distant, far off*
distar *to be distant, to be far*
distinción *distinction; discrimination; difference*
distinguido *distinguished*
distinguir *to distinguish; to discriminate*
distinguirse *to distinguish oneself; to excel*
distintivo *distinctive; s: badge, insignia*
distinto *distinct; different*
distracción *distraction; oversight, absence of mind; entertainment, pastime*
   Lo hizo por distracción. *He did it absentmindedly.*
distraer *to distract; to entertain*
distraerse *to enjoy oneself, to have fun; to be absent-minded*
distraído *absent-minded*
distribución *distribution*
distribuidor *distributing; s: distributor*
distribuir *to distribute; to divide; to allocate*
distrito *district; region*
disturbar *to disturb*
disturbio *disturbance*
disuadir *to dissuade*
divagación *wandering; digression*
divagar *to wander*
diván *couch*
divergencia *divergence*
divergente *divergent*
diversidad *diversity; variety*
diversión *diversion; amusement*
diverso *diverse; various; several*
divertido *amusing, funny, entertaining*
divertir *to distract, to amuse*
divertirse *to amuse oneself; to have a good time, to have fun*
   ¡Que se divierta! *Have a good time!*

dividendo *dividend*
dividido *divide*
divinamente *splendidly; divinely; heavenly*
divinidad *divinity*
divino *divine; excellent; heavenly*
divisa *motto; emblem*
divisar *to perceive, to catch sight of*
división *division; partition; compartment*
divorciarse *to divorce*
divorcio *divorce*
divulgar *to divulge; to publish; to disclose*
dobladillo *hem*
doblar *to double; to turn; to fold; to bend*
    doblar la esquina *to turn the corner*
    Doble a la derecha. *Turn to the right.*
doble *double, twofold; two-faced, deceitful*
doblez *fold; crease; duplicity*
doce *twelve; twelfth*
docena *dozen*
por docena *by the dozen*
dócil *docile; obedient; gentle*
doctor *doctor*
doctrina *doctrine*
documentación *documentation; documents*
documento *document*
dólar *dollar*
dolencia *ailment*
doler *to ache, to hurt*
    Me duele una muela. *My tooth aches.*
dolerse de *to be sorry for; to regret; to pity; to complain*
dolor *ache, pain; sorrow* (tristeza)
    dolor de garganta *sore throat*
    tener dolor *to have a pain*
doloroso *sorrowful; painful*
domar *to tame, to subdue*
doméstico *domestic*
domicilio *residence; home; address*
dominación *domination*
dominate *dominant*
dominar *to dominate; to master*
dominarse *to control oneself*
domingo *Sunday*
dominio *dominion; command; control*
don *Don; natural gift*
    don de gentes *wordly wisdom; tact*
donación *gift, donation; grant*
donar *to donate; to give*
donativo *donation, gift*
donde *where*
    ¿Por dónde? *Which way?*
dondequiera *anywhere; wherever*
doña *lady; madam*
dorado *gilt, gilded*
dormir *to sleep*
dormirse *to fall asleep*
    Se ha quedado dormido. *He's fallen asleep.*
dormitar *to doze, to be half asleep*

dormitorio *dormitory; bedroom*
dos *two; second*
    entre los dos *between you and me*
    Está a dos pasos de aquí. *It's only a few steps from here.*
doscientos *two hundred*
dosis *dose*
dotación *allocation; crew; equipment*
dotar *to give a dowry; to allocate*
dote *dowry; talents; gifts*
drama *drama*
dramático *dramatic*
dramatizar *to dramatize*
droga *drug*
droguería *drugstore*
ducha *shower* (baño)
duda *doubt*
    sin lugar a dudas *without any doubt*
dudar *to doubt*
dudoso *doubtful; uncertain*
duelo *duel; affliction; grief; mourning*
duende *ghost*
dueña *owner; landlady; mistress*
dueño *owner; landlord; master*
dulce *sweet; gentle;* s: *candy*
dulcería *candy store*
dulzura *sweetness; gentleness*
dúo *duo; duet*
duodécimo *twelfth*
duplicado *duplicate, copy*
duplicar *to duplicate; to repeat*
duque *duke*
duquesa *duchess*
durable *durable, lasting*
duración *duration*
duradero *durable, lasting*
durante *during; for*
    durante algún tiempo *for some time*
durar *to last, to continue*
durazno *peach*
dureza *hardness; harshness*
durmiente *sleeping;* s: *sleeper*
duro *hard; harsh; obstinate; stingy*

E

e *and*
ebanista *cabinetmaker*
ebrio *intoxicated, drunk*
economía *economy, saving*
económico *economical, economic*
economizar *to economize; to save*
echar *to throw; to throw out; to fire; to shoot; to start to; to lay down*
    echar a perder *to spoil*
    echar de menos *to miss*

echar la culpa a alguien *to put the blame on someone*
Echó la carta al correo. *He mailed the letter.*
Lo echaron a puntapiés. *They kicked him out.*
echarse *to throw oneself; to lie down; to rush; to dash*
Se echó a reír. *He burst out laughing.*
edad *age; era, epoch; time*
Edad Media *Middle Ages*
ser mayor de edad *to be of age*
ser menor de edad *to be a minor*
¿Qué edad tiene Ud.? *How old are you?*
edición *edition, issue; publication*
edificar *to construct, to build*
edificio *building*
editor *publisher*
casa editora *publishing house*
editorial *editorial; publishing house*
educación *education; up bringing*
educar *to educate; to bring up*
educativo *educational*
efectivo *effective; certain; real; s: cash*
pagar en efectivo *to pay in cash*
valor efectivo *real value*
efecto *effect, result; goods; belongings*
a cuyo efecto *to which end*
a tal efecto *for this purpose*
dejar sin efecto *to cancel*
efectos personales *personal belongings*
eficaz *effective; efficient*
eficiente *effective; efficient*
eje *axis*
ejecución *execution; performance*
ejecutar *to execute; to carry out; to perform*
ejecutivo *executive*
ejemplar *exemplary; s: copy; sample*
ejemplo *example*
ejercer *to exercise, to practice; to perform*
ejercicio *exercise, drill*
ejército *army*
el *the*
él *he, him*
Dígaselo a él. *Tell it to him.*
elaboración *elaboration; working out*
elaborado *elaborate; manufactured*
elaborar *to elaborate; to work out; to manufacture*
elasticidad *elasticity*
elástico *elastic*
elección *election; choice*
electricidad *electricity*
eléctrico *electric*
luz eléctrica *electric light*
elefante *elephant*
elegancia *elegance; refinement*
elegante *elegant; refined; well-dressed*
elegir *to elect, to choose*
elemental *elementary, elemental*

elemento *element*
elenco *catalogue; table, index, list*
elevación *elevation*
elevador *elevator*
elevar *to elevate; to lift up*
elevarse *to rise*
eliminación *elimination*
eliminar *to eliminate*
elocuencia *eloquence*
elocuente *eloquent*
elogiar *to praise*
elogio *praise*
eludir *to elude, to evade*
ella *she, her*
Le preguntó a ella. *He asked her.*
ellas *they, them*
ello *it*
ellos *they, them*
embajada *embassy*
embajador *ambassador*
embalaje *packing; packing box*
embalar *to pack*
embarcación *embarkation*
embarcadero *wharf*
embarcar *to embark*
embargo *embargo*
sin embargo *nevertheless*
embarque *shipment; shipping*
emborracharse *to get drunk*
emboscar *to ambush*
embotellar *to bottle*
embrollo *tangle, fix, jam*
embrutecerse *to become stupid*
embustero *liar*
emergencia *emergency*
emigración *emigration*
emigrante *emigrant*
emigrar *to emigrate*
eminente *eminent*
emisora *broadcasting station*
emitir *to emit; to send forth; to issue* (bonos); *to express; to broadcast*
emoción *emotion*
emocionante *touching*
empacar *to pack*
empachar *to overeat; to cram; to embarrass*
empacho *indigestion; embarrassment*
sin empacho *without ceremony*
empalmar *to join; to splice*
empanada *meat pie*
empañar *to blur*
empapar *to soak*
empaparse *to be soaked, to be drenched*
empapelar *to paper*
emparedado *sandwich*
emparentado *related*
emparentar *to become related*
empastar *to paste; to bind* (libros); *to fill* (muela)

empatar *to equal*
empeñar *to pawn; to pledge; to engage*
    Empeñé mi palabra. *I gave my word.*
empeñarse *to get into debt*
empeño *pledge; obligation; determination; persistence; pawn*
empezar *to begin, to start*
empinar *to raise*
empleado *employee, clerk*
emplear *to employ, to hire; to use, to spend*
    Se acaba de emplear. *He just got a job.*
empleo *employment, job, occupation; use*
emprender *to undertake*
empresa *undertaking, enterprise; company*
empresario *impresario, manager*
empréstito *loan*
empujar *to push*
empuje *push, impulse*
en *in, into, on, at, by*
    en cambio *on the other hand*
    en medio de *in the middle of*
    en todas partes *everywhere*
    en vez de *instead of*
enamorado *in love*
enamorarse *to fall in love*
enano *dwarf, midget*
encabezar *to register, to enroll*
encadenar *to chain, to link together*
encajar *to fit in; to inlay; to hit*
encaminar *to guide; to direct*
encaminarse *to be on the way*
encantador *charming; delightful*
encantar *to delight; to fascinate*
    Me encanta la música. *I love music.*
    Quedaré encantado. *I'll be delighted.*
encanto *charm; delight; fascination*
encarcelar *to imprison*
encarecer *to raise the price; to beg*
encargado *in charge of;* s: *person in charge*
encargar *to ask; to entrust; to undertake*
encargarse *to take care of; to take charge of*
encargo *request; errand; order; charge*
encarnado *red*
encendedor *cigarette lighter*
encender *to light; to incite*
encerar *to wax*
encerrar *to close in, to confine; to contain*
encerrarse *to lock oneself in; to live in seclusion*
encía *gum*
encima *above, over, at the top*
    por encima *superficially*
    por encima de todo *above all*
encolar *to glue*
encomendar *to recommend; to commend; to entrust; to praise*
encomendarse *to place oneself into the hands of*
encomienda *charge; parcel*
encono *irritation; rancor*

encontrar *to find; to meet*
encontrarse *to meet; to come across; to feel*
encorvado *bent; curved*
encrespar *to curl*
encubrir *to hide; to conceal*
encuentra *meeting; encounter*
endeudarse *to get into debt*
endosar *to endorse*
endurecer *to harden, to make hard*
enemigo *unfriendly, hostile;* s: *enemy*
enemistad *hatred*
energía *energy, power*
enérgico *energetic*
enero *January*
enfadar *to annoy; to vex; to make someone angry*
enfadarse *to get angry*
enfado *anger*
enfermar *to get ill; to fall sick*
enfermizo *infirm; sickly*
enfermo *ill, sick;* s: *patient*
    Me siento enfermo. *I don't feel well.*
enfocar *to focus*
enfrentar *to face, to confront*
enfrente *in front of, opposite*
enfriamiento *cooling, refrigeration*
enfriar *to cool*
enfriarse *to cool off; to get cool*
enfurecer *to infuriate; to enrage*
enganchar *to hook; to get caught; to recruit*
engañar *to deceive, to fool*
engañarse *to make a mistake; to deceive oneself*
engañoso *deceitful, tricky*
engendrar *to create; to produce*
engordar *to fatten, to get fat*
engranaje *gear*
engrasar *to grease, to lubricate*
engreído *conceited, haughty*
engreír *to spoil*
engrudo *paste, glue*
enhorabuena *congratulations*
enjabonar *to soap; to wash with soap*
enjaular *to imprison; to cage*
enjuagar *to rinse*
enjugar *to dry; to wipe off*
enlace *connection; marriage*
enlazar *to join, to bind, to connect*
enmendar *to correct; to amend; to reform*
enmudecer *to silence*
enojado *angry, cross, mad*
enojar *to irritate, to make angry*
enojarse *to get angry*
enredar *to upset; to make trouble; to entangle*
enredo *entanglement*
enriquecer *to enrich; to improve*
enrollar *to roll, to coil, to wind*
ensalada *salad*
ensayar *to try, to test; to rehearse*

ensayo *trial; rehearsal*
enseñanza *teaching; instruction*
enseñar *to teach; to show*
   Enséñele el camino. *Show him the way.*
enseñarse *to accustom oneself*
ensordecer *to deafen*
ensordecimiento *deafness*
ensuciar *to dirty; to soil*
entender *understanding; opinion*
   a mi entender *in my opinion*
entender *to understand*
   entender de *to be familiar with*
   entender en *to be in charge of; to deal with*
   según tenemos entendido *as far as we know*
   Entendido. *It's understood.*
entenderse *to understand one another; to agree*
   entenderse con *to have to do with; to deal with*
entendimiento *understanding*
enteramente *entirely, completely, fully; quite*
enterar *to inform; to acquaint*
enterarse *to learn; to find out*
enternecer *to soften; to move; to touch*
entero *entire, whole, complete*
   por entero *entirely, completely*
enterrar *to bury*
entidad *entity*
entierro *burial, funeral*
entonación *intonation, tone*
entrada *entrance, entry; admission; ticket*
   Entrada Libre *Free Admission*
   Se Prohíbe la Entrada *No Admittance*
entrante *coming; entering; next*
   el entrante *next month*
entrar *to enter, to go in; to fit in*
entre *between, among, in*
   entre manos *in hand*
   por entre *through*
entreacto *intermission*
entrega *delivery; surrender*
   entrega especial *special delivery*
entregar *to deliver; to surrender*
entregarse *to give oneself up; to abandon oneself to*
entremeter *to place between, to insert*
entremeterse *to intrude, to interfere*
entremetido *intruder*
entrenador *coach, trainer*
entrenamiento *training*
entrenar *to train, to coach*
entresuelo *mezzanine*
entretanto *meanwhile*
entretener *to entertain, to amuse; to delay*
entretendido *pleasant; amusing*
entretenimiento *amusement, entertainment*
entrevista *interview; conference*
entristecerse *to become sad*
entusiasmarse *to become enthusiastic*

entusiasmo *enthusiasm*
entusiasta *enthusiastic;* s: *enthusiast*
envasar *to can; to bottle*
envejecer *to grow old*
enviar *to send, to dispatch*
envidia *envy*
envidiable *enviable*
envidiar *to envy*
envidioso *envious, jealous*
envío *sending; remittance; shipment*
enviudar *to become a widow or widower*
envoltorio *bundle*
envolver *to wrap up, to envelop; to disguise*
época *epoch, age, era*
equipaje *baggage; crew* (barco)
equipar *to equip, to furnish*
equipo *equipment; team* (deportes)
equivocación *mistake*
equivocado *mistaken, wrong*
   Estoy equivocado. *I'm mistaken.*
equivocarse *to be wrong; to make a mistake*
era *era*
erario *public funds*
erguir *to straighten; to raise*
erigir *to erect; to build; to establish*
errar *to err, to make a mistake; to wonder*
   errar el tiro *to miss the target*
error *error, fault, mistake*
erudición *erudition, learning*
erudito *learned, erudite;* s: *scholar, erudite person*
esa *that*
ésa *that one*
esas *those*
ésas *those*
esbelto *slim, slender*
escabeche *pickled fish*
escabroso *rugged; harsh*
escala *stepladder; scale; port of call*
escalera *staircase; ladder*
escalofrío *chill*
escamoteo *swindling*
escampar *to clear up* (cielo)*; to stop raining*
escapar *to escape; to flee*
escaparate *show window; glass case*
escape *escape*
escarbar *to scratch; to dig; to poke*
escarcha *frost*
escarmentar *to learn by experience; to take warning*
escaso *scarce, short of*
escena *scene; stage; episode*
   poner en la escena *to stage a play*
escenario *stage*
escéptico *skeptical;* s: *skeptic*
esclavitud *slavery*
esclavo *slave*
escoba *broom*

escoger *to choose, to pick out*
escogido *selected, choice*
escolta *escort*
escoltar *to escort*
escombro *rubbish*
esconder *to hide, to conceal*
escopeta *shotgun*
escribano *notary*
escribir *to write*
    escribir a máquina *to type*
escrito *written;* s: *writing*
    por escrito *in writing*
escritor *writer, author*
escritorio *desk*
escritera *writing; deed*
escrutinio *scrutiny; election returns*
escuadra *fleet, squad*
escuchar *to listen; to heed*
escuela *school*
escupir *to spit*
escurrir *to drain; to wring; to slip; to glide*
ese *that*
ése *that one*
esencia *essence*
esencial *essential*
esfera *sphere*
esforzar *to strengthen; to force, to strain*
esforzarse *to strive, to endeavor*
esfuerzo *effort; endeavor*
esgrima *fencing*
eslabón *link*
esmalte *enamel*
esmaltar *to enamel*
esmeradamente *nicely*
esmerado *carefully done*
esmerar *to polish*
esmerarse *to put on one's best clothes*
eso *that, it*
esos *those*
ésos *those*
espacio *space, room; distance*
espada *sword; spade* (barajas)
espalda *back*
espantar *to frighten; to chase out*
espantarse *to be frightened*
espanto *fright*
espantosamente *frightfully*
espantoso *frightful*
español *Spanish, Spaniard*
esparadrapo *adhesive tape*
esparcir *to scatter; to divulge; to make public*
especial *special, particular*
    en especial *in particular*
especialidad *specialty*
especie *species; motive; kind, sort*
espectáculo *spectacle, show*
espectador *spectator*
especulación *speculation*

especular *to speculate*
espejo *mirror, looking glass*
espera *waiting; pause; adjournment*
    la sala de espera *the waiting room*
esperanza *hope*
esperar *to hope; to expect; to wait for*
    Dígale que espere. *Ask him to wait.*
    Espero que no. *I hope not.*
espeso *thick, dense*
espía *spy*
espiga *tassel*
espina *thorn; splinter; fishbone; spine*
espinaca *spinach*
espíritu *spirit, soul*
espiritual *spiritual*
espléndido *splendid, magnificent; brilliant*
esplendor *splendor, magnificence*
esposa *wife*
esposas *handcuffs*
esposo *husband*
espuela *spur; incentive*
espuma *foam, froth*
esquela *note; slip of paper*
esquí *ski*
esquina *corner*
    a la vuelta de la esquina *around the corner*
esta *this*
ésta *this one; the latter*
estas *these*
éstas *these*
establecer *to establish*
establo *stable*
estación *station; railroad station; season* (ano)
estacionamiento *parking*
estacionar *to stop; to park*
estado *state, condition*
    hombre de estadon *statesman*
    en buen estado *in good condition*
estadounidense *American*
estafa *fraud, swindle*
estampa *picture, print*
estampilla *stamp*
estanco *tight*
estanque *pond; reservoir*
estante *shelf*
    estante para libros *bookcase*
estaño *tin*
estar *to be*
    estar de pie *to stand*
    estar de viaje *to be on a trip*
    ¡Qué estás haciendo? *What are you doing?*
estatua *statue*
estatura *stature*
estatuto *statute*
este *east*
este *this*
éste *this one*
estenógrafa *stenographer*

estibador *longshoreman*
estilar *to be customary; to be in the habit of*
estilarse *to be in style*
estilo *style; manner; method; way*
　　por el estilo *of the kind, like that*
　　y así por el estilo *and so forth*
estima *esteem, respect; dead reckoning* (barco)
estimación *estimation, valuation*
estimar *to esteem; to estimate*
estimular *to stimulate*
estímulo *stimulus*
estirar *to stretch; to pull*
estirpe *race, stock, origin*
esto *this*
　　con esto *herewith*
　　en esto *at this time*
　　esto es *that is, namely*
　　por esto *therefore; hereby*
estocada *stab*
estofado *stew*
estorbar *to hinder; to be in the way*
estómago *stomach*
estornudar *to sneeze*
estornudo *sneeze*
estos *these*
éstos *these*
estrategia *strategy*
estratégico *strategic*
estrechar *to tighten; to narrow; to squeeze*
　　estrechar la mano *to shake hands*
estrechez *tightness; narrowness*
estrecho *tight; narrow*
estrella *star*
estrellar *to dash to pieces, to smash*
estremecer *to shake, to tremble*
estremecimiento *trembling, shaking; thrill*
estrenarse *to make one's debut*
estreno *première*
estribo *stirrup, running board*
estricto *strict*
estropear *to ruin; to damage; to spoil*
estructura *structure*
estruendo *turmoil*
estrujar *to squeeze, to press*
estuche *case; small box; kit*
estudiante *student*
estudiar *to study*
estudio *study; examination; studio*
estudioso *studious*
estufa *stove; heater*
estupendo *stupendous, wonderful*
estupidez *stupidity*
estúpido *stupid*
éter *ether*
eternidad *eternity*
eterno *eternal, everlasting*
ética *ethics*
ético *ethical*

etiqueta *etiquette; label*
　　vestido de etiqueta *evening dress*
evacuación *evacuation*
evacuar *to evacuate; evacate; to dispose of*
evadir *to evade; to avoid*
evaluación *evaluation*
evaluar *to appraise, to value*
evangelio *gospel*
evaporar *to evaporate*
evasión *evasion; escape*
evasiva *pretext, excuse*
evasivo *elusive*
evento *event*
eventual *eventual*
evidencia *evidence*
evidente *evident*
evitable *avoidable*
evitar *to avoid; to spare*
evocar *to evoke*
evolución *evolution*
exactamente *exactly*
exactitud *accuracy*
exacto *exact; just; accurate; correct*
exageración *exaggeration*
exagerar *to exaggerate*
exaltación *exaltation*
exaltar *to exalt, to praise*
exaltarse *to become excited*
examen *examination, test*
examinar *to examine; to investigate; to study*
exasperación *exasperation*
exasperar *to exasperate*
excedente *excessive*
exceder *to exceed*
excederse *to overstep, to go too far*
exceléncia *excellence*
excelente *excellent*
excelso *lofty, exalted*
excepción *exception*
exceptional *exceptional, unusual*
excepto *except that, excepting*
exceptuar *to except, to exempt*
excesivo *excessive, too much*
exceso *excess; surplus*
　　en exceso *in excess*
　　exceso de equipaje *aexcess baggage*
excitable *excitable*
excitación *excitement*
excitante *exciting*
excitar *to excite; to stir up*
exclamación *exclamation*
exclamar *to exclaim*
excluir *to exclude, to keep out*
exclusión *exclusion*
exclusiva *exclusive right; refusal*
exclusivamente *exclusively*
excursión *excursion*
excusa *excuse, apology*

excusable *excusable*

excusado *excused, exempted;* s: *toilet*

excusar *to excuse; to apologize; to exempt*

exención *exemption*

exento *exempt, free; duty free*
  estar exento de *to be exempt from*

exhalar *to exhale*

exhibición *exhibition*

exhibir *to exhibit*

exhortar *to exhort, to admonish*

exigencia *exigency*

exigente *demanding; particular*

exigir *to demand; to require*

exiguo *small, exiguous*

existencia *existence; stock, supply*

existente *existing, existent*

existir *to exist, to be*

éxito *end, outcome, success*

expedición *expedition; shipment*

expedidor *sender*

expediente *expedient; document*

expedir *to dispatch; to send; to issue*

expeler *to expel*

expendedor *dealer; charges; costs*

expensas *expense*
  a expensas de *at the expense of*

experiencia *experience; trial*

experimentar *to experience; to experiment*

experto *experienced, able;* s: *expert*

explicable *explainable*

explicación *explanation*

explicar *to explain*

explicarse *to explain oneself, to account for*

explicativo *explanatory*

explícito *explicit*

exploración *exploration*

explorador *explorer*

explorar *to explore*

explosión *explosion; outburst*

explotar *to exploit*

exponente *exponent*

exponer *to explain; to expose*

exportación *exportation*

exportador *exporter*
  casa exportadora *export firm*

exportar *to export*

exposición *exposition, show; explanation; statement*

expresar *to express, to state*

expresión *expression*

expresivo *expressive*

expreso *express; clear,* s: *express* (tren)

exprimidor *squeeze; wringer*

exprimir *to squeeze*

expuesto *explained, stated; liable to*
  Todos estamos expuestos a equivocarnos.
    Anyone is liable to make a mistake.

expulsar *to expel, to eject, to throw out*

expulsión *expulsion*

exquisito *exquisite; excellent; choice*

extender *to extend, to stretch out*

extensión *extension, extent*
  en toda su extensión *to the full extent, in every sense*

extensivo, extenso *extensive, far-reaching*

extenuación *extenuation*

extenuar *to extenuate*

exterior *exterior; foreign*
  comercio exterior *foreign trade*

externo *external; on the outside*

extinguir *to extinguish, to put out*

extra *extra*

extractar *to extract; to abridge; to summarize*

extracto *extract; abridgment; summary*

extraer *to extract, to pull out*

extranjero *foreign;* s: *foreigner, alien*
  estar en el extranjero *to be abroad*

extrañar *to wonder; to miss*
  No es de extrañar que . . . *It's not surprising that . . .*

extrañarse *to be surprised*

extraño *strange, rare, odd, queer*

extraoficial *unofficial*

extraordinario *extraordinary*

extravagancia *folly; extravagance*

extravagante *queer; extravagant*

extraviado *missing; mislaid; astray*

extraviar *to mislead; to mislay*

extraviarse *to go astray, to get lost*

extravío *straying; deviation*

extremadamente *extremely, exceedingly*

extremar *to go to extremes*

extremidad *extremity*

extremo *extreme, last;* s: *(the) very end*
  al extremo que *to such an extent that*
  en caso extremo *as a last resort*

F

fábrica *factory; mill; plant; structure*

fabricación *manufacturing*

fabricante *manufacturer*

fabricar *to manufacture, to make; to build*

fábula *fable, story, tale*

fabuloso *fabulous; incredible*

fácil *easy*

facilidad *ease, facility*
  con facilidad *easily*

facilitar *acilitate; to supply, to provide*

fácilmente *easily*

facsímil *facsimile; fax*

factor *factor; element; agent*

factura *bill; invoice*

facturar *to bill, to invoice; to check* (equipaje)

facultad *faculty*
facultar *to authorize, to empower*
facha *appearance, look*
fachada *facade*
faena *work, task, labor*
faja *band; girdle*
fajo *bundle*
falda *skirt; lap; slope* (colina)
falsear *to falsify; to forge; to distract*
falsedad *falsehood*
falsificación *falsification, forgery*
falso *false, incorrect; deceitful; counterfeit*
falta *fault; defect; need; lack; absence*
    falta de pago *nonpayment*
    hacer falta *to be necessary*
    por falta de *for lack of*
    ¡Qué le hace falta? *What do you need?*
faltar *to be lacking; to miss; to fail; to offend; to be rude*
    faltar a la verdad *to lie*
    Faltó a su palabra. *He did not keep his word.*
    No faltaba más. *That's the last straw.*
falto *lacking, short of*
    falto de peso *underweight*
falla *failure; fault*
fallecer *to die*
fallo *sentence, verdict, judgment, finding, decision*
fama *fame; reputation; rumor*
familia *family; household*
familiar *familiar; s: relative*
famoso *famous; excellent*
fanático *fanatic*
fanfarrón *boaster, braggart*
fanfarronada *boast; bluff*
fanfarronear *to boast, to brag*
fango *mud*
fangoso *muddy*
fantasía *fantasy; fancy*
fantasma *phantom, ghost*
fantástico *fantastic*
fardo *bale, bundle*
farmacéutico *pharmacist*
farmacia *pharmacy, drugstore*
faro *lighthouse; beacon; headlight* (coche)
farol *lantern; street lamp; light*
farsa *farce*
farsante *imposter*
fascinar *to fascinate; to charm*
fase *phase, aspect*
fastidiar *to annoy; to disgust*
fastidio *disgust; annoyance; boredom*
fastidioso *annoying; disgusting; tiresome*
fatal *fatal*
fatiga *fatigue, weariness*
fatigado *tired*
fatigar *to tire; to annoy*
fatigoso *tiring, tiresome*

fatuo *vain; infatuated*
fausto *happy, fortunate;* s: *splendor*
favor *favor; service*
    a favor de *in favor of*
    por favor *please*
favorable *favorable*
favorecer *to favor; to help*
favorito *favorite*
fax *fax*
fe *faith; credit*
    a fe mía *upon my word*
    dar fe *to attest, to certify*
febrero *February*
fecundo *fertile, prolific, fruitful*
fecha *date*
    a dos meses de la fecha *two months from today*
    hasta la fecha *to date*
fechar *to date*
fechoría *misdeed*
federación *federation*
felicidad *happiness*
    ¡Muchas felicidades! *Congratulations!*
felicitación *congratulations*
felicitar *to congratulate, to felicitate*
feliz *happy, fortunate*
    feliz idea *clever idea*
    ¡Feliz Año Nuevo! *Happy New Year!*
femenino *feminine*
fenómeno *phenomenon*
feo *ugly; unpleasant, bad*
feria *fair, show*
feriado
    día feriado *holiday*
fermentación *fermentation*
fermentar *to ferment*
fermento *ferment*
feroz *ferocious, fierce; cruel*
ferretería *hardware; hardware store*
ferrocarril *railway, railroad*
fértil *fertile*
fervor *fervor*
festejar *to celebrate*
festividad *festivity; holiday*
festivo *festive, gay, merry*
fiado *on credit*
    comprar al fiado *to buy on credit*
fiador *guarantor; stop, catch*
fianza *guarantee, security; bail; bond*
fiar *to trust; to confide; to sell on credit*
    No me fío de ella. *I don't trust her.*
ficha *chip; token, tag*
fideo *vermicelli*
fiebre *fever; rush; excitement*
fiel *faithful, true, loyal; right*
fiera *wild beast*
fiero *fierce, cruel*
fiesta *feast; party; holiday*

figura *figure, form; appearance; image*
figurar *to figure; to appear*
figurarse *to imagine; to fancy*
fijar *to fix; to set; to post* (anuncio)
fijarse *to pay attention to, to take notice, to look at; to imagine*
    ¡Fíjese! *Just imagine!*
fijo *firm, fixed, fast; permanent*
    precio fijo *fixed price*
fila *row, line, rank*
    en fila *in line; in a row*
filete *fillet*
filiación *relationship; file, record; personal description* (pasaportes)
filial *filial; s: branch*
film *film, movie*
filmar *to film, to make a movie*
filosofía *philosophy*
filósofo *philosopher*
filtrar *to filter, to strain*
filtrarse *to leak out, to leak through*
filtro *filter*
fin *end; aim, object, purpose*
    a fin de *in order that*
    al fin *at last*
    por fin *finally*
    sin fin *endless*
finado *deceased, late*
final *final, last; s: end*
    final de trayecto *last stop*
    punto final *period, full stop*
finalizar *to finish, to conclude, to expire*
finalmente *finally, at last*
financiero *financial; s: financier*
finca *farm; real estate, property*
fineza *delicacy; courtesy*
fingir *to pretend*
fino *fine, delicate; cunning, keen; polite*
firma *signature; firm*
firmar *to sign*
firme *firm, fast, stable; resolute*
    color firme *fast color*
fiscal *fiscal; s: public prosecutor*
física *physics*
físico *physical; s: physicist; physique*
fisiología *physiology*
fisonomía *features*
flaco *lean, thin; weak; s: weak point*
flagrante *flagrant*
    en flagrante *in the very act*
flamear *to flame; to flutter* (bandera)
flan *custard*
flaqueza *weakness*
flauta *flute*
fleco *fringe*
flecha *arrow, dart*
fletar *to charter* (barco)
flete *freight*

flexible *flexible, pliable*
flirtear *to flirt*
flojo *lax, lazy; loose; light*
flor *flower*
    echar flores *to flatter*
florecer *to blossom, to bloom*
florero *flower vase*
florista *florist*
flota *fleet*
flote *floating*
    a flote *afloat*
fluído *fluid; fluent*
foco *focus*
fogón *fireplace; stove*
fogonazo *flash*
fogoso *fiery; impetuous*
folio *leaf, folio*
folletín *serial*
folleto *pamphlet*
fomentar *to foment*
fonda *inn*
fondo *bottom; background*
    conocer a fondo *to know well*
    irse a fondo *to sink*
fonética *phonetics*
fonógrafo *phonograph*
forastero *strange; foreign; s: stranger, foreigner*
forjar *to forge; to frame*
forma *form, shape; s: mold; manner, way*
    en forma *in due form*
formación *formation*
formal *formal; proper; serious*
formalidad *formality*
formar *to form; to shape*
formarse *to develop, to grow*
formidable *formidable*
fórmula *formula, recipe*
formular *to formulate*
formulario *formulary; s: form; blank*
forrar *to line* (ropa); *to cover* (libros)
fortalecer *to fortify, to strengthen*
fortaleza *fortress, stronghold*
fortificación *fortification*
fortificar *to fortify*
fortuito *fortuitous, accidental*
fortuna *fortune*
    por fortuna *fortunately, luckily*
forzar *to force, to compel; to oblige*
forzosamente *necessarily*
forzoso *compulsory; compelling*
forzudo *strong, robust*
fosa *pit, hole; grave*
fósforo *phosphorus; match*
foto *photo, picture*
fotografía *photography; photograph, picture*
fotografiar *to photograph*
frac *dress coat*
fracasar *to fail*

fracaso *failure*
fracción *fraction*
fragancia *fragrance*
fragante *fragrant*
frágil *fragile, weak, full*
fragmento *fragment*
fragua *forge*
fraguar *to forge; to scheme, to plot*
fraile *friar*
frambuesa *raspberry*
francamente *frankly, openly*
francés *French; Frenchman*
franco *frank, free, open; plain*
    franco de porte *freight prepaid*
    puerto franco *free port*
franela *flannel*
franquear *to put a stamp on a letter, to prepay postage*
franqueo *postage*
franqueza *frankness; sincerity*
franquicia *franchise*
frasco *bottle*
frase *sentence*
fraternidad *fraternity, brotherhood*
frazada *blanket*
frecuencia *frequency*
frecuentar *to frequent*
frecuente *frequent*
frecuentemente *often, frequently*
fregar *to scrub; to wash dishes*
freír *to fry*
frenar *to put on the brakes; to slow up; to curb; to bridle*
frenético *mad; frantic*
freno *brake; bridle; bit; curb*
    quite el freno *release the brake*
frente *forehead; face; s: front, facade*
    estar al frente de *to be in charge of*
    frente a frente *face to face*
    hacer frente a *to cope with*
fresa *strawberry*
fresco *cool; fresh; recent; bold; forward; s: breeze; fresh person*
    tomar el fresco *to go out for some fresh air*
    un fresco agradable *a nice breeze*
frescura *freshness*
fricción *friction, rubbing*
frijol *bean*
frío *cold*
    Está frío. *It's cold.*
    Hace frío. *It's cold.*
    Tengo mucho frío. *I'm very cold.*
friolera *trifle*
frito *fried*
frontera *border*
frotar *to rub*
fructífero *fruitful*
fructificar *to bear fruit; to yield profit*

frugal *frugal, thrifty*
fruncir *to pleat*
frustrar *to frustrate*
fruta *fruit*
frutería *fruit store*
fuego *fire*
    armas de fuego *firearms*
    fuegos artificiales *fireworks*
    prender fuego a *to set fire to*
fuente *spring, fountain; source; s: platter*
fuera *out, outside*
    estar fuera *to be absent, to be out*
    fuera de eso *besides, moreover*
    fuera de sí *beside oneself*
    por fuera *on the outside*
fuerte *strong, powerful; loud (voz); excessive; firm; s: fortress*
fuerza *force, strength, power*
    a fuerza de *by dint of*
    fuerzas armadas *armed forces*
fuga *escape; flight*
fugarse *to escape, to run away, to flee*
fugaz *fleeting, brief*
fugitivo *fugitive*
fulano *so-and-so, what's-his-name*
    El señor fulano de tal *Mr. So-and-So*
fumador *smoker*
fumar *to smoke*
    Se prohíbe fumar. *No smoking.*
función *function; performance, play, feature*
funcionar *to function, to work; to run (máquina)*
    funcionar bien *to be in good working condition*
funcionario *official, officer*
funda *pillowcase; sheath*
fundación *foundation*
fundador *founder*
fundamental *fundamental*
fundamento *foundation, base; ground; cause*
    sin fundamento *groundless*
fundar *to found; to base*
fundición *foundary; casting; melting*
fundir *to melt; to burn out (foco)*
fúnebre *mournful, sad*
funeral *funeral*
furgón *wagon*
furia *fury, rage*
furioso *furious, mad*
furor *fury*
fusible *fuse*
fusil *rifle*
fusilar *to shoot*
fútbol *football*
futuro *future; s: future; fiancé*
    en lo futuro *in the future*

G

gabán *overcoat*
gabardina *gabardine*
gabinete *cabinet; study, laboratory*
gaceta *newspaper*
gacetilla *newspaper column*
gafas *glasses*
gajo *branch*
gala *gala*
   de gala *full dress*
galán *gallant*
galante *gallant; generous*
galantear *to court*
galantería *gallantry*
galería *gallery*
galgo *greyhound*
galón *stripe; gallon*
galopar *to gallop*
galope *gallop*
galvanizar *to galvanize*
gallardo *gallant; brave, daring; handsome*
galleta *cookie, biscuit*
gallina *hen*
gallinero *chicken coop; top gallery (teatro)*
gallo *cock, rooster*
gamuza *suede; chamois*
gana *appetite, hunger; desire; inclination; will*
   comer con gana *to eat with an appetite*
   de buena gana *willingly, with pleasure*
   de mala gana *unwillingly, reluctantly*
   tener ganas de *to feel like*
   No me da la gana. *I don't feel like it.*
ganadería *cattle raising; livestock*
ganadero *cattle dealer; rancher*
ganado *cattle; livestock*
ganador *winner*
ganancia *gain, profit*
ganar *to gain; to earn; to win*
gancho *hook; hairpin; clip*
ganga *bargain; bargain sale*
gansa *goose (pl. geese)*
ganso *gander; simpleton*
ganzúa *skeleton key*
garaje *garage*
garantía *guarantee; bond*
garantizar *to guarantee, to vouch*
gardenia *gardenia*
garganta *throat; neck*
gárgara *gargle; gargling*
garra *claw; clutch*
garrafa *carafe, decanter*
garrocha *pole; stock*
gas *gas*
gasa *gauze*
gasolina *gasoline*
gastar *to spend; to wear out; to waste; to use*
   gastar bromas *to make jokes, to joke*

gasto *expense, cost, expenditure*
gatillo *trigger*
gato *cat; jack (coche)*
gaveta *drawer; locker*
gavilán *hawk*
gavilla *sheaf*
gaviota *sea gull*
gelatina *gelatine; jelly*
gema *gem; bud*
gemelo *twin; binoculars; handcuffs*
gemido *groan, moan*
gemir *to groan, to moan*
generación *generation*
general *general, usual; s: general*
género *cloth, material, stuff; class, kind, sort, gender, sex*
   género humano *humankind*
generosidad *generosity*
generoso *generous*
genial *outstanding; brilliant; gifted*
genio *genius; nature; disposition, temper*
gente *people; crowd*
gentil *courteous; graceful*
gentileza *politeness, courtesy; kindness*
gentío *crowd*
genuino *genuine, real*
geografía *geography*
geometría *geometry*
gerencia *management*
gerente *manager*
germen *germ*
germinar *to germinate, to sprout*
gerundio *gerund; present participle*
gesticular *to gesticulate, to make gestures*
gestión *management; negotiation*
gestionar *to manage, to negotiate; to try*
gesto *gesture; faces*
gigante *gigantic; s: giant*
gimnasia *gymnastics; exercise*
gimnasio *gymnasium*
ginebra *gin*
girar *to rotate, to turn; to operate*
   girar contra *to draw on*
giro *turn; rotation; draft, money order*
   giro bancario *bank draft*
   giro postal *money order*
gitano *gypsy*
glacial *icy*
globo *globe; balloon*
gloria *glory; pleasure; delight*
gloriarse *to be proud of; to boast*
glorioso *glorious*
gobernación *administration, government*
gobernador *governor*
gobernante *ruler*
gobernar *to govern, to rule; to control, to regulate, to direct*
gobierno *government; control*

goce *enjoyment; possession*
golf *golf*
golondrina *swallow*
golosina *dainty; delicacy*
goloso *fond of sweets*
golpe *blow, stroke, hit; knock, shock*
    de golpe *suddenly, all at once*
    de un golpe *with one blow*
golpear *to strike, to hit, to beat; to knock*
goma *gum, glue; rubber; eraser*
gordo *fat, stout; big;* s: *lard*
gordura *stoutness, obesity*
gorra *cap*
gorrión *sparrow*
gota *drop; gout*
gotear *to drip; to leak*
gotera *drip, leak; gutter*
gozar *to enjoy*
gozarse *to rejoice*
gozo *joy; pleasure*
gozoso *cheerful, glad, merry*
grabado *picture, illustration; engraving*
grabar *to engrave*
gracia *grace; favor; pardon; wit, humor*
    dar gracias *to thank*
    Eso tiene gracia. *That's funny.*
    ¡Gracias a Dios! *Thank God!*
gracioso *graceful; witty, funny*
grada *step*
grado *degree; rank; grade; will; pleasure*
gradual *gradual*
graduar *to graduate; to adjust*
gráfico *graphic;* s: *diagram*
gramática *grammar*
gran *big, great*
granada *grenade; shell*
grande *great, large, big*
    en grande *on a large scale*
grandeza *greatness*
grandioso *grand, magnificent*
granero *granary; barn*
granizar *to hail*
granizo *hail*
granja *grange; farm; country house*
granjear *to gain; to win*
grano *grain; bean* (café); *pimple*
grasa *grease, fat*
grasoso *greasy*
gratamente *gratefully*
gratifición *gratuity, bonus, tip, reward; allowance*
gratificar *to reward, to tip*
gratis *gratis, free*
gratitud *gratitude; thankfulness; gratefulness*
grato *pleasing, gratifying, pleasant*
    su grata del 5 de mayo *your letter of May 5*
gratuito *gratis, free*
grave *grave, serious*

gravedad *gravity, seriousness*
gremio *trade union, guild*
griego *Grecian, Greek*
grieta *crack; chap* (piel)
grifo *faucet; griffin*
grillo *cricket*
gripe *grippe, flu*
gris *gray*
grito *cry, scream, shout*
    poner el grito en el cielo *to make a big fuss*
grosella *currant*
grosería *rudeness, coarseness*
grosero *coarse, rude, impolite*
grúa *crane, derrick, hoist*
gruesa s: *gross*
grueso *fat, thick*
gruñido *grunt*
gruñir *to grumble, to grunt*
grupo *group*
gruta *grotto, cavern*
guante *glove*
guapo *good-looking, pretty* (mujer), *handsome* (hombre); *courageous, bold, brave*
guarda *guard, watchman, keeper; custody*
guardapelo *locket*
guardar *to keep, to guard, to take care of*
    No le guardo ningún rencor. *I don't bear him any grudge.*
guardarropa *wardrobe;* s: *checkroom*
guardia *guard; watch*
    Está de guardia. *He's on duty.*
guarecer *to shelter, to protect*
guarnecer *to trim, to garnish; to garrison*
guarnición *trimming, garnish*
guasa *nonsense; joke, fun*
guasón *humorous, playful;* s: *teaser, joker*
guerra *war, trouble*
guerrero *warlike;* s: *warrior*
guía *guide;* s: *guidebook, directory*
guiar *to guide; to direct; to drive*
guijarro *pebble*
guiñar *to wink*
guión *hyphen*
guisar *to cook*
guiso *stew*
guitarra *guitar*
gusano *worm*
gustar *to taste; to like*
    si Ud. gusta *if you wish*
    ¿Le gusta a Ud. eso? *Do you like that?*
    No me gusta. *I don't like it.*
gusto *taste; pleasure; liking*
    a mi gusto *to my liking*
    con mucho gusto *with pleasure*
    tener gusto en *to take pleasure in*
    Me siento a gusto aquí. *I feel at home here.*
gustoso *tasty; glad; willing*

H

haber s: *credit; assets*
haber *to have*
   habérselas con *to cope with*
   poco ha *a little while ago*
haberes *possessions, property*
hábil *able; clever; skillful; capable*
   día hábil *working day*
habilidad *ability, skill*
habilitado *paymaster*
habilitar *to qualify; to enable; to provide; to supply with*
habitación *room; dwelling*
habitante *inhabitant, tenant*
habitar *to inhabit, to reside*
hábito *habit, custom*
habituar *to accustom*
habla *speech; talk*
   Perdió el habla. *He was speechless.*
hablador *talkative;* s: *chatterbox; talker*
hablar *to speak, to talk*
   hablar hasta por los codos *to be a chatterbox*
   hablar por demás *to talk too much*
hacendoso *diligent, industrious*
hacer *to make; to do; to cause*
   hacer de cuenta *to pretend*
   hacer la corte *to court*
   hacer saber *to make known*
   hacer ver *to show*
   me hace Ud. el favor de *please*
   no hace mucho *not long ago*
   ropa hecha *ready-made clothes*
hacerse *to become; to pretend; to be able to*
   hacerse cargo de *to take charge of*
   hacerse de *to get*
   hacerse el tonto *to play the fool*
   Me hice un lío. *I was all mixed up.*
hacia *toward, in the direction of*
   hacia abajo *downwards*
   hacia adelante *forward*
   hacia arriba *upwards*
hacienda *ranch; plantation; property; lands*
hacha *ax*
hada *fairy*
halagar *to flatter; to please*
halago *flattery*
halagüeño *pleasing; nice; flattering*
halar *to pull, to tow*
hallar *to find; to meet with*
hallazgo *finding*
hamaca *hammock*
hambre *hunger*
   Me estoy muriendo de hambre. *I'm starving.*
hambriento *hungry; starved*
hangar *hangar*
haragán *lazy, indolent;* s: *loafer*
harapo *rag*

harina *flour*
hartarse *to stuff oneself*
harto *satiated, full; fed up*
hasta *until; as far as; up to; also; even*
   hasta ahora *up to now*
   hasta cierto punto *to a certain point*
   Hasta luego. *So long. See you later.*
hay *there is, there are*
   ¡No hay de qué! *Don't mention it!*
   No hay novedad. *The same as usual.*
   ¿Qué hay? *What's the matter? What's up?*
   ¿Qué hay de nuevo? *What's new?*
haz *sheaf*
hazaña *feat, exploit*
hebilla *buckle*
hebra *thread; fiber*
hechicero *fascinating; charming;* s: *wizard*
hechizar *to fascinate; to charm; to bewitch*
hecho *made, done;* s: *fact; deed; action; event*
   bien hecho *well done*
   de hecho *in fact, actually*
   mal hecho *poorly made*
hechura *workmanship; cut, shape*
heder *to stink*
helada *frost*
helado *frozen; icy; astonished, amazed, astounded;* s: *ice cream*
helar *to freeze; to astonish*
hélice *propeller*
hembra *female; woman; eye of a hook*
heno *hay*
heredad *property; land; farm*
heredera *heiress*
heredero *heir*
hereditario *hereditary*
herencia *inheritance, legacy; heritage*
herida *wound, injury*
herido *wounded, injured;* s: *wounded man*
herir *to wound, to hurt*
hermana *sister*
hermanastro *stepbrother*
hermano *brother*
hermoso *beautiful; lovely; fine*
hermosura *beauty*
héroe *hero*
heroico *heroic*
herradura *horseshoe*
herramienta *tool; set of tools*
herrero *blacksmith*
hervir *to boil*
hidroplano *seaplane*
hiedra *ivy*
hiel *gall; bile*
hielo *ice; frost; indifference*
hierba *herb; weed; grass*
hierro *iron; poker*
hígado *liver*
higiene *hygiene*

higiénico *hygienic, sanitary*
higo *fig*
hija *daughter*
hijastro *stepchild*
hijo *son*
hijos *children*
hilar *to spin*
hilo *thread; string; linen; wire*
hilvanar *to tack; to baste*
himno *hymn*
hinchar *to swell; to inflate*
hinchazón *swelling; vanity*
hindu *Indian, Hindu*
hipnotismo *hypnotism*
hipo *hiccup*
hipocresía *hypocrisy*
hipócrita *hypocritical; s: hypocrite*
hipódromo *racetrack; hippodrome*
hipoteca *mortgage*
hipotecar *to mortgage*
hipótesis *hypothesis*
hispano *Hispanic, Spanish*
hispanoamericano *Spanish American*
histerico *hysterical*
historia *history; story*
historiador *historian*
histórico *historic*
historieta *short story; anecdote*
hocico *snout; muzzle*
hogar *fireplace; home*
hoguera *bonfire; blaze*
hoja *leaf; blade; sheet*
    hoja de afeitar *razor blade*
    hoja en blanco *blank sheet*
¡hola! *Hello!*
holandés *Dutch*
holgar *to rest; to be idle; to go on strike*
holgazán *lazy; idle; s: lazy person, idler*
hombre *man*
hombro *shoulder*
    arrimar el hombro *to give a hand*
homenaje *homage; honor; respect*
homosexual *homosexual, gay*
hondo *profound; deep*
honesto *decent, honest*
honor *honor*
honra *honor, respect*
honradez *honesty, integrity*
honrado *honest, honorable*
honrar *to honor*
hora *hour; time*
hora punta *rush hour*
    a estas horas *by now*
    a la hora *on time*
    a la hora en punto *on the dot*
horario *hourly; s: timetable, schedule*
horizontal *horizontal*
horizonte *horizon*

horma *form; model; mold*
hormiga *ant*
horno *oven, furnace*
horrible *horrible*
horror *horror*
horroroso *horrible, frightful, dreadful*
hortaliza *vegetable garden*
hosco *sullen, gloomy*
hospedaje *lodging; board*
hospedar *to lodge; to entertain*
hospicio *poorhouse*
hospital *hospital*
hospitalizar *to hospitalize*
hostelero *innkeeper*
hotel *hotel*
hoy *today*
hoyo *hole, pit, excavation*
hoz *sickle*
hueco *hole; hollow; empty space*
huelga *strike*
huelguista *striker*
huella *track, footprint, trail*
    huellas digitales *fingerprints*
huérfano *orphan*
huerta *orchard*
hueso *bone; stone*
huésped *guest; innkeeper, host*
huevo *egg*
    huevos fritos *fried eggs*
    huevos pasados por agua *soft-boiled eggs*
    huevos revueltos *scrambled eggs*
    huevos y tocino *bacon and eggs*
huída *flight, escape*
huir *to flee, to escape, to run away*
hule *rubber*
humanidad *mankind, humanity*
humanitario *humane, humanitarian;*
    philanthropic
humano *human*
    ser humano *human being*
humear *to smoke*
humedad *humidity; moisture*
humedecer *to moisten; to dampen*
húmedo *humid, moist, damp*
humildad *humility*
humilde *poor; humble; unaffected*
humillación *humiliation*
humillante *humiliating*
humillar *to humiliate, to lower*
humo *smoke; fume*
humor *humor, disposition, temper*
    estar de buen humor *to be in a good mood*
    estar de mal humor *to be in a bad mood*
humorada *witticism*
humorista *humorist*
hundir *to sink*
huraño *shy, not sociable*
hurtar *to steal, to rob*
hurto *stealing; thef*

I

ida *going; one-way trip; trip*
    billete de ida *one-way ticket*
    billete de ida y vuelta *round-trip ticket*
idea *idea; mind*
    No es mala idea. *That's not a bad idea.*
    No tengo la menor idea. *I don't have the
       slightest idea.*
ideal *ideal*
idealizar *to idealize*
idear *to think of; to conceive; to devise; to plan*
idem *the same, ditto*
idéntico *identical, the same*
identidad *identity*
identificación *identification*
identificar *to identify*
idioma *language*
idiota *idiotic;* s: *idiot*
ídolo *idol*
iglesia *church*
ignorancia *ignorance*
ignorante *ignorant; unaware*
ignorar *to be ignorant of; not to know*
igual *equal; similar, like; even*
    igual a la muestra *like the sample*
    por igual *equally*
    Me da igual. *It's all the same to me.*
igualar *to equalize; to compare; to make even*
igualdad *equality*
ilegal *illegal, unlawful*
ilegible *illegible*
ilegítimo *illegitimate*
ileso *unhurt*
ilimitado *unlimited*
iluminación *illumination*
iluminar *to illuminate*
ilusión *illusion*
ilustración *illustration*
ilustrar *to illustrate; to explain*
ilustre *illustrious, celebrated*
imagen *image; figure*
imaginación *imagination*
imaginar *to imagine; to think; to suspect*
imán *magnet*
imbécil *imbecile*
imbecilidad *imbecility, stupidity*
imitación *imitation*
imitar *to imitate, to mimic*
impaciencia *impatience*
impacientar *to irritate*
impacientarse *to become impatient*
impaciente *impatient, restless*
impar *odd, uneven*
imparcial *impartial*
impedimento *impediment, hindrance*
impedir *to hinder, to prevent, to keep from*
impenetrable *inscrutable, mysterious*

imperativo *imperative*
imperfecto *imperfect, faulty;* s: *imperfect*
imperio *empire; dominion*
impermeable *rainproof;* s: *raincoat*
impersonal *impersonal*
impertinente *impertinent*
ímpetu *impulse*
impetuoso *impulsive, impetuous*
impío *impious; wicked*
implicar *to implicate; to imply*
implícito *implicit*
implorar *to implore, to beg*
imponer *to impose; to acquaint with*
importancia *importance*
importante *important*
importar *to import; to matter; to amount to*
    No importa. *Never mind.*
    ¿Qué importa? *What difference does it make?*
importe *amount; value; cost*
importunar *to importune; to annoy*
imposibilidad *impossibility*
imposible *impossible*
imposición *imposition*
impostor *impostor, deceiver*
impotencia *inability; impotence*
impotente *powerless, helpless, impotent*
impracticable *not practical*
imprenta *printing; print shop*
impresión *impression; print; printing*
impresionar *to impress; to move; to affect*
impreso *printed; stamped;* s: *printed matter*
impresor *printer*
imprevisto *unforeseen, unexpected; sudden*
imprimir *to print; to imprint*
impropio *improper, incorrect; unfit*
improvisar *to improvise*
improviso *unexpected*
    de improviso *unexpectedly*
imprudencia *imprudence*
imprudente *imprudent; indiscreet*
impuesto *imposed; informed;* s: *tax, duty*
    estar impuesto de *to be informed of*
impulsar *to impel; to drive; to urge*
    dar impulsos a *to get something going*
impunidad *impunity*
impureza *impurity; contamination*
impuro *impure*
imputar *to impute; to blame; to attribute*
inaceptable *not acceptable*
inactivo *inactive, idle*
inadaptable *not adaptable*
inadecuado *inadequate*
inadmisible *objectionable*
inadvertido *unnoticed*
inalámbrico *wireless*
inalterable *changeless, unalterable*
inauguración *inauguration*
inaugurar *to inaugurate; to begin*

incansable *untiring*
incapacidad *incapacity; inability*
incapaz *incapable; inefficient, incompetent*
incautación *seizure, taking over*
incautarse *to take over, to seize*
incendiar *to set on fire*
incendio *fire*
incertidumbre *uncertainty*
incesante *incessant, continual*
incidente *incidental; s: incident*
incierto *uncertain*
incisión *incision*
inciso *cut*
incitar *to incite, to stimulate*
inclemencia *inclemency; severity*
inclinación *inclination; tendency*
inclinar *to incline, to bend*
incluir *to include; to enclose*
inclusive *including; inclusive*
incluso *enclosed; including*
incógnito *unknown; incognito*
incoherente *incoherent; disconnected*
incombustible *incombustible*
incomodar *to disturb; to inconvenience*
incómodo *uncomfortable; inconvenient*
incomparable *matchless*
incompatible *incompatible*
incompetencia *incompetence*
incompleto *incomplete, unfinished*
incomprénsible *incomprehensible*
incomunicar *to isolate*
inconcebible *inconceivable; incredible*
incondicional *unconditional*
inconsciencia *unconsciousness*
inconsciente *unconscious*
inconstancia *inconstancy, unsteadiness*
inconveniente *inconvenient*
  no tener inconveniente en *not to mind*
incorporar *to incorporate; to join*
incorrección *inaccuracy*
incorrecto *incorrect, inaccurate, improper*
incorregible *incorrigible*
incredulidad *incredulity*
incrédulo *incredulous*
increíble *incredible*
incremento *increment; increase*
increpar *to reproach, to rebuke*
inculcar *to inculcate*
inculpar *to inculpate; to blame*
inculto *uncultured; uneducated*
incumbencia *duty; concern*
incumbir *to concern; to pertain*
incumplimiento *nonfulfillment*
incurable *incurable; hopeless*
incurrir *to run into; to get into*
  incurrir en deudas *to get into debt*
indagar *to inquire; to investigate*
indebidamente *improperly; unduly; wrongly*

indebido *improper; wrong; illegal*
indecente *indecent; unbecoming*
indecisión *indecision; hesitation*
indeciso *undecided; hesitant*
indefenso *defenseless*
indefinido *indefinite*
indemnización *indemnity, compensation*
indemnizar *to compensate*
independencia *independence*
independiente *independent*
indeseable *undesirable*
indeterminado *indeterminate; doubtful;*
  undecided
indicación *indication; hint; sign; suggestion; s:*
  instructions
indicador *indicator*
indicar *to indicate; to point out*
índice *index; hand*
indicio *indication, mark, clue*
indiferencia *indifference*
indiferente *indifferent*
indígena *native*
indigencia *poverty, indigence*
indigente *poor, indigent*
indigestión *indigestion*
indigesto *hard to digest*
indignación *indignation, anger*
indignar *to irritate, to annoy*
indignidad *indignity*
indigno *unworthy, disgraceful*
indio *Indian*
indirecta *hint*
indirecto *indirect*
indiscreción *indiscretion*
indiscreto *indiscreet, imprudent*
indiscutible *unquestionable*
indispensable *essential*
indisponer *to indispose*
indisposición *indisposition*
individual *individual*
individualmente *individually*
individuo *individual*
índole *disposition; character; kind; class*
inducir *to induce; to persuade*
indudable *indubitable, certain*
indulgencia *indulgence*
indulgente *indulgent, lenient*
industria *industry; diligence*
industrial *industrial; manufacturing; s:*
  industrialist
ineficacia *inefficiency*
ineficaz *inefficient*
ineludible *unavoidable*
ineptitud *inability; unfitness*
inepto *inept, incompetent; unfit*
inequívoco *unmistakable*
inesperadamente *unexpectedly*
inesperado *unexpected, unforeseen*

inevitable *inevitable, unavoidable*
inexactitud *inaccuracy*
inexacto *inexact, inaccurate*
inexperto *inexperienced, inexpert*
inexplicable *inexplicable*
infalible *infallible*
infamar *to disgrace, to dishonor*
infame *infamous, shameful*
infamia *infamy, disgrace*
infancia *childhood*
infantería *infantry*
infantil *infantile; childish*
infatigable *tireless, untiring*
infección *infection*
infectar *to infect*
infeliz *unhappy; unfortunate*
inferior *inferior; lower, subordinate;* s: *inferior, subordinate*
inferioridad *inferiority*
inferir *to infer; to imply; to inflict*
infiel *unfaithful*
infierno *hell, inferno*
ínfimo *lowest; least*
infinidad *infinity*
infinitamente *infinitely, immensely*
infinitivo *infinitive*
infinito *infinite*
inflación *inflation*
inflamable *inflammable*
inflamación *inflammation*
inflamar *to inflame; to catch fire*
inflar *to inflate*
influencia *influence*
influir *to influence*
información *information; inquiry; investigation*
informal *unreliable*
informalidad *informality*
informar *to report; to inform; to plead*
informática *computer science*
informe *shapeless;* s: *information; report; plea*
    dar un informe *to give information*
infortunado *unlucky, unfortunate*
infracción *infraction, violation*
infranqueable *insurmountable*
infringir *to infringe, to violate*
infructuoso *unsuccessful; vain*
infundado *unfounded, groundless*
infundir *to instil, to infuse*
    infundir ánimo *to give courage*
ingeniería *engineering*
ingeniero *engineer*
ingenio *ingenuity; talent; mill*
ingenioso *ingenious, clever*
ingenuidad *simplicity*
ingenuo *naïve, simple*
inglés *English; Englishman*
ingratitud *ingratitude*
ingrato *ungrateful*

ingresar *to enter*
ingreso *entry; returns, profit*
inhábil *incapable; unfit, unqualified*
inhalar *to inhale*
inhospitalario *inhospitable*
inhumación *burial*
inhumano *inhuman*
inicial *initial;* s: *initial*
iniciar *to initiate; to begin*
iniciativa *initiative*
inicuo *wicked*
iniquidad *wickedness, iniquity*
injuria *insult; injury; offense*
injustamente *unjustly*
injusticia *injustice*
injusto *unjust; unfair*
inmediación *contiguity, nearness; vicinity*
inmediatamente *immediately*
inmediato *immediate; contiguous*
inmejorable *unsurpassable*
inmensamente *immensely*
inmenso *immense, huge*
inmerecido *undeserved*
inmesurable *boundless*
inmiscuirse *to meddle, to interfere*
inmoderado *immoderate*
inmoral *immoral*
inmortal *immortal*
inmóvil *immovable, fixed*
inmovilizar *to immobilize*
inmueble *property, real estate*
inmundicia *filth, dirt*
inmundo *filthy, dirty, unclean*
inmutable *unchangeable*
innecesario *unnecessary*
innegable *undeniable; unquestionable*
inocencia *innocence*
inocente *innocent*
inodoro *odorless;* s: *toilet*
inofensivo *inoffensive, harmless*
inoportuno *inopportune*
inquietar *to disturb*
inquieto *restless; uneasy; worried*
inquietud *uneasiness; anxiety; restlessness*
inquilino *tenant*
inquirir *to inquire*
insalubre *unhealthful*
insano *insane, mad*
inscribir *to inscribe, to register, to record*
inscripción *inscription*
insecticida *insecticide*
insecto *insect*
inseguro *uncertain*
insensatez *foolishness, stupidity*
insensato *stupid, foolish*
insensible *insensitive, heartless*
inseparable *inseparable*
insertar *to insert; to introduce*

---

inservible *useless, good-for-nothing*
insidioso *insidious, sly*
insigne *famous, noted*
insignia *badge, insignia*
insignificante *insignificant*
insinuar *to insinuate, to hint*
insipidez *insipidity*
insípido *insipid, tasteless*
insistencia *insistence*
insistir *to insist*
insolación *sunstroke*
insolencia *insolence, rudeness*
insolente *insolent, rude*
insomnio *insomnia*
inspección *inspection*
inspeccionar *to inspect, to examine*
inspector *inspector; superintendent*
inspiración *inspiration*
inspirar *to inspire; to inhale*
instalación *installation; fixtures*
    instalación eléctrica *electric fixtures*
instalar *to install; to set up*
instancia *instance; request*
instantánea *snapshot*
instantáneamente *instantly, at once*
instante *instant*
instaurar *to establish*
instintivamente *instinctively*
instinto *instinct*
institución *institution*
instituir *to institute; to establish*
instituto *institute*
instrucción *instruction; education; directions*
instructivo *instructive*
instructor *instructor; teacher*
instruir *to instruct; to teach*
instrumento *instrument*
insubordinado *insubordinate*
insubordinarse *to rebel*
insuficiencia *insufficiency*
insuficiente *insufficient*
insufrible *unbearable*
insultar *to insult*
insulto *insult, offense*
intacto *intact, untouched, whole*
intachable *faultless*
integral *integral, whole*
integrar *to integrate*
integridad *integrity*
íntegro *entire, whole; in full*
intelectual *intellectual*
inteligencia *intelligence; understanding*
inteligente *intelligent*
inteligible *intelligible*
intemperio *bad weather*
intención *intention, meaning; mind*
    tener buena intención *to mean well*
intendencia *administration, management*

intendente *superintendent*
intensidad *intensity*
intenso *intense*
intentar *to try, to attempt; to intend*
intento *intent, purpose*
intercalar *to insert*
intercambio *interchange; exchange*
interceder *to intercede*
interceptar *to intercept; to block*
interés *interest*
interesado *interested, concerned*
interesante *interesting*
interesar *to interest, to concern*
interesarse *to be concerned; to be interested*
interino *provisional; temporary*
interior *interior; internal; s: interior; inside*
    ropa interior *underwear*
intermediar *to mediate*
intermediario *intermediary*
intermedio *intermediate; s: interval, recess*
internacional *international*
internar *to intern; to confine*
interno *internal; interior; s: intern*
interpretación *interpretation; meaning*
interpretar *to interpret; to understand*
intérprete *interpreter*
interrogación *interrogation, questioning,*
    inquiry; question mark
interrogar *to interrogate, to question*
interrogatorio *cross-examination*
interrumpir *to interrupt*
interrupción *interruption; stop*
interruptor *switch*
intervalo *interval*
intervenir *to intervene, to mediate*
intimar *to intimate; to hint; to order*
intimidad *intimacy*
intimidar *to intimidate; to frighten*
íntimo *intimate, close*
intolerable *intolerable, unbearable*
intolerante *intolerant*
intolerancia *intolerance*
intoxicación *intoxication, poisoning*
intranquilo *worried*
intransigencia *intransigence*
intransitable *impassable*
intratable *hard to deal with*
intrépido *intrepid, fearless*
intriga *intrigue, plot*
intrigante *intriguing; s: intriguer*
intrincado *intricate; entangled; complicated*
introducción *introduction*
introducir *to introduce; to put in*
intromisión *interference*
intruso *intruding; s: intruder*
intuición *intuition*
inundar *to inundate, to flood*
inútil *useless, fruitless, unnecessary*

inutilizar *to spoil, to ruin; to disable*
inútilmente *uselessly, vainly*
invadir *to invade*
invalidar *to invalidate, to nullify*
inválido *invalid, null, crippled;* s: *invalid, cripple*
invariable *unchangeable, invalid*
invasión *invasion*
invención *invention*
inventar *to invent*
inventario *inventory*
invento *invention*
invernar *to hibernate*
inverosímil *improbable, unlikely; incredible*
invertir *to invest*
investigación *investigation*
investigar *to investigate*
invierno *winter*
invisible *invisible*
invitación *invitation*
invitado *invited;* s: *guest*
invitar *to invite*
inyección *injection*
inyectar *to inject*
iodo *iodine*
ir *to go; to concern*
    ir a caballo *to ride, to go horseback*
    ir a medias *to go half-and-half*
    ir a pie *to walk, to go on foot*
    ir en coche *to drive*
    ¿Cómo le va? *How are you?*
    ¡Que va! *Nonsense!*
    ¡Vámonos! *Let's go!*
    ¡Voy! *I'm coming!*
ira *anger, rage, fury*
iracundo *angry, mad*
ironía *irony*
irradiar *to radiate*
irreal *unreal*
irreflexivo *thoughtless*
irregular *irregular*
irrespetuoso *disrespectful*
irresponsabilidad *irresponsibility*
irresponsable *irresponsible*
irrigar *to irrigate*
irritar *to irritate, to exasperate*
irrompible *unbreakable*
isla *isle, island*
italiano *Italian*
itinerario *itinerary; route; timetable*
izquierda *left; left hand*
    a la izquierda *to the left*
izquierdo *left*

J

jabón *soap*
jabonar *to soap*
jactancia *boasting*
jactarse *to boast, to brag*
jalea *jelly*
jalón *pole*
jamás *never, ever*
    para siempre jámas *for ever and ever*
jamón *ham*
japonés *Japanese*
jaque *check; boaster*
    jaque mate *checkmate*
jaqueca *headache, migraine*
jarabe *syrup*
jardín *garden*
jardinero *gardener*
jarra *jug, pitcher*
jarrón *vase; jar*
jaula *cage*
jefatura *headquarters; leadership*
jefe *chief; head, leader; boss; employer*
    jefe de taller *foreman*
jerarquía *hierarchy*
jerez *sherry*
jeringa *syringe*
jinete *horseman, rider*
jira *outing, excursion; tour*
jornada *trip, journey*
jornal *day's pay; wages*
jornalero *day laborer*
joroba *hump*
jorobado *hunchback*
jorobar *to importune; to annoy*
joven *young;* s: *young man*
joya *jewel, gem*
jubilar *to pension off*
judío *Jewish;* s: *Jew*
juego *play, game; gambling; set; movement*
    hacer juego *to match*
    juego de té *tea set*
jueves *Thursday*
juez *judge*
    juez de paz *justice of the peace*
jugada *play; turn* (barajas)
jugador *gambler; player*
jugar *to play; to gamble; to stake; to take part*
jugarreta *bad play; bad trick*
jugo *juice*
jugoso *juicy*
juguete *toy*
juicio *judgment; opinion; mind; lawsuit; trial*
    pedir en juicio *to sue*
juicioso *sensible, wise*
julio *July*
junio *June*
junta *board, council, committee; meeting*

juntar *to join, to write; to assemble, to gather; to pile up*
junto *near, close; together*
jurado *jury*
jurar *to swear*
justicia *justice*
justificación *justification*
justificar *to justify*
justo *just; fair; exact; scarce;* s: *just*
juvenil *juvenile, youthful*
juventud *youth, youthfulness*
juzgado *tribunal, court*
juzgar *to judge; to think*

K

kilo *kilo (1 kilo = 2.205 pounds)*
kilogramo *kilogram*
kilómetro *kilometer (1.800 kms = one mile)*
kiosco *kiosk, stand, newsstand*

L

la *the; you, her, it*
labio *lip*
    lápiz de labios *lipstick*
labor *labor, task; needlework, embroidery*
laborable *workable, working*
laborar *to labor, to work*
laboratorio *laboratory*
laborioso *laborious; hardworking*
labrador *farmer, peasant*
labranza *farming*
labrar *to cultivate*
lacio *withered; languid*
lacónico *laconic; brief*
lacrar *to injure; to impair; to damage*
lacre *sealing wax*
lado *side; party; faction*
    por un lado *on one side*
    Conozco muy bien su lado flaco. *I know his weakness very well.*
ladrar *to bark*
ladrido *barking; criticism; slander*
ladrillo *brick, tile*
ladrón *thief, robber*
lago *lake*
lágrima *tear; drop*
laguna *pond; gap; blank*
lamentable *deplorable, regrettable*
lamentar *to regret; to deplore; to mourn*
lamer *to lick*
lámina *plate, sheet of metal; engraving*
lámpara *lamp*
lana *wool*

lance *trouble; accident; quarrel*
lancha *launch, boat*
langosta *lobster*
lánguido *languid; faint; weak*
lanzamiento *launching*
lanzar *to throw; to launch*
lapicero *pencil holder*
lápida *gravestone*
lápiz *pencil*
lapso *lapse*
larga *delay; adjournment*
largar *to loosen; to let go*
largo *long; lengthy;* s: *length*
    a la larga *later on*
    a lo largo de *along*
larva *larva*
las *the*
láser *laser*
lástima *pity; compassion*
    ¡Qué lástima! *What a pity!*
lastimar *to hurt, to injure*
lastre *ballast*
lata *tin, tin can; nuisance*
lateral *lateral*
latido *beat; throbbing*
latigazo *lash; crack*
látigo *whip*
latín *Latin*
latino *Latin*
latir *to palpitate, to beat*
latoso *boring, tiresome*
lava *lava*
lavable *washable*
lavabo *washstand; washroom*
lavadero *washing*
lavandera *laundress, washwoman*
lavandería *laundry*
lavaplatos *dishwasher*
lavar *to wash, to launder*
lavarse *to wash oneself*
lazo *bow; loop*
le *him, her, it; you; to him; to her; to it; to you*
leal *loyal*
lealtad *loyalty*
lección *lesson*
lector *reader*
lectura *reading*
leche *milk*
lechería *dairy*
lechero *milkman*
lecho *bed*
lechuga *lettuce*
leer *to read*
legal *legal, lawful*
legalizar *to legalize*
legar *to bequeath; to delegate*
legendario *legendary*
legible *legible*

legión *legion*
legislación *legislation*
legislar *to legislate*
legislatura *legislature*
legitimar *to legalize*
legítimo *legitimate; authentic*
legua *league*
legumbre *vegetable*
leído *well-read, well-educated*
lejano *distant, remote, far*
lejos *far, far away, distant*
   algo lejos *rather far*
   más lejos *farther*
lema *motto*
lencería *linen goods; linen shop*
lengua *tongue; language*
   morderse la lengua *to hold one's tongue*
lenguaje *language; style*
lentamente *slowly*
lente *lens; glasses*
lenteja *lentil*
lentitud *slowness*
lento *slow; sluggish*
leña *firewood*
leñador *woodcutter*
leño *log, block*
león *lion*
les *to them; to you; them; you*
lesbiana *lesbian*
lesión *lesion, injury, wound*
lesionar *to hurt, to wound, to injure*
letra *letter; handwriting; printing type; words*
   (canción); *draft* (negocio)
   a la letra *literally*
letrado *learned, erudite; s: lawyer*
letrero *inscription; sign; label*
levadura *leaven; yeast*
levantar *to raise, to lift, to pick up; to remove; to*
   draw (mapa)
levantarse *to get up, to rise*
leve *light; slight*
ley *law, act*
   de ley *standard*
leyenda *legend; inscription*
liar *to tie, to bind; to embroil*
liberación *liberation*
liberal *liberal*
libertad *liberty; freedom*
libertador *liberating; s: liberator*
libertar *to liberate, to free*
libra *pound*
libranza *draft; money order*
libre *free*
   libre a bordo *free on board (f.o.b.)*
librería *bookstore; library; bookcase*
librero *bookseller*
libreta *memorandum book*
libro *book*

licencia *license; leave; permit; certificate*
licenciado *lawyer, or one who holds a*
   postgraduate degree
licenciar *to license; to allow; to discharge*
lícito *legal, lawful; just; fair*
licor *liquor*
licorería *liquor store*
líder *leader*
lidiar *to combat, to fight, to contend*
liebre *hare*
lienzo *canvas*
liga *garter; league; rubber band*
ligar *to bind, to tie; to alloy* (metal)
ligereza *lightness; fickleness; hastiness*
ligero *light; quick, swift; hasty*
lija *sandpaper*
lila *lilac*
lima *lime; file*
limar *to file; to polish*
limitación *limitation, limit*
limitado *limited*
limitar *to limit; to restrain*
límite *limit; boundary, border*
limón *lemon*
limonada *lemonade*
limosna *alms, charity*
limpiador *cleaner, cleanser*
limpiar *to clean; to cleanse*
limpiaúñas *nail cleaner*
limpieza *cleaning; cleanliness; honesty*
limpio *clean; neat; pure*
   sacar en limpio *to make out; to conclude*
lince *keen, sharp-sighted; s: lynx*
linchar *to lynch*
lindar *to adjoin, to border*
linde *limit, boundary; landmark*
lindo *pretty*
línea *line*
   línea férrea *railway*
   La línea está ocupada. *The line is busy.*
lingüista *linguist*
linimento *liniment*
lino *flax; linen*
linterna *lantern; flashlight*
lío *bundle, parcel; mess*
   Me hice un lío. *I was all mixed up.*
liquidación *liquidation*
liquidar *to liquidate*
líquido *liquid; clear; s: liquid, fluid*
lírico *lyric; lyrical*
lirio *lily*
lisiado *crippled*
liso *smooth, even; plain*
lisonja *flattery*
lisonjear *to flatter; to please*
linsonjero *flattering; pleasing; s: flatterer*
lista *list, roll; stripe; menu*
   lista de correos *general delivery*

listado *striped*
listo *ready; quick; bright, clever, smart*
litera *litter*
literario *literary*
literato *learned man*
literatura *literature*
litigio *litigation, lawsuit*
litoral *littoral;* s: *coast; seacoast*
litro *liter*
liviano *light; fickle*
lívido *livid; pale*
lo *the; it, him, you*
     a lo lejos *in the distance*
     lo mío y lo tuyo *mine and yours*
lobo *wolf*
lóbrego *dark; sad*
local *local;* s: *place, quarters*
localidad *locality, place; seat* (teatro)
localizar *to localize, to locate*
loción *lotion, wash*
loco *mad, insane, crazy;* s: *mad*
     volverse loco *to lose one's mind*
locomoción *locomotion*
locura *insanity, madness; folly*
lodo *mud*
lógica *logic*
lógico *logical*
lograr *to obtain, to get; to attain; to manage; to succeed*
     Nada lograba influenciarle. *Nothing could influence him.*
logro *gain; achievement*
loma *hillock*
lomo *loin; back*
lona *canvas*
longitud *longitude*
lonja *slice; stock market*
loro *parrot*
los *the; them; you*
lote *lot; portion, share*
loza *chinaware; crockery*
lozanía *vigor; liveliness*
lozano *healthy; lively*
lubricación *lubrication*
lubricante *lubricating;* s: *lubricant*
lubricar *to lubricate*
lucidez *lucidity, clearness*
lúcido *lucid, brilliant*
lucir *to shine; to show off*
lucrativo *lucrative, profitable*
lucro *gain, profit*
lucha *fight, struggle*
luchador *wrestler, fighter*
luchar *to fight; to wrestle; to struggle*
luego *immediately; soon; afterwards*
     desde luego *of course*
lugar *place; time; occasion; motive*
     dar lugar a *to lead up to*

     en lugar de *instead of*
lujo *luxurious*
lujuria *lust; excess*
lumbre *fire; light*
luminoso *shining, luminous*
luna *moon*
     luna de miel *honeymoon*
lunático *eccentric;* s: *lunatic*
lunes *Monday*
lustrar *to polish, to shine*
lustre *gloss; splendor*
luto *mourning; grief, sorrow*
luz *light; daylight*
     a todas luces *in every respect*
     luz eléctrica *electric light*
     salir a luz *to be published; to appear*

LL

llaga *ulcer; wound*
llama *flame; llama*
llamada *call; marginal note*
llamamiento *calling; call; appeal*
llamar *to call; to appeal; to name; to send for; to knock*
     llamar por teléfono *to phone*
     mandar llamar *to send for*
llamarada *blaze; flushing* (cara)
llamarse *to be called, to be named*
     ¿Cómo se llama Ud.? *What's your name?*
     Me llamo . . . *My name is . . .*
llamativo *striking, attractive, showy*
llanamente *simply; plainly, clearly; sincerely; frankly*
llaneza *simplicity; plainness*
llano *even, smooth; flat; frank;* s: *plain*
llanta *tire; rim*
llanto *weeping, crying*
llanura *plain, flatlands*
llave *key; wrench; faucet*
     cerrar con llave *to lock*
llavero *key ring*
llegada *arrival, coming*
llegar *to arrive; to come; to reach, to succeed; to amount*
     llegar a las manos *to come to blows*
     llegar a ser *to become*
     Llegó a hacerlo. *He managed to do it.*
llenar *to fill, to stuff; to occupy; to satisfy; to fulfill*
     llenar completamente *to fill up*
lleno *full; complete;* s: *fullness; abundance*
llevadero *bearable, tolerable*
llevar *to carry; to take; to take away; to set* (precio); *to wear*
     llevar a cabo *to carry out*

llevar la delantera *to lead; to be ahead*
llevar lo mejor *to get the best part of*
Lléveme allí. *Take me there.*
Llevamos un tanto por ciento de interés. *We charge so much interest.*
llevarse *to take away; to carry away; to get along*
    llevarse bien *to get along well*
    llevarse mal *to be on bad terms*
llorar *to weep, to cry; to lament*
llover *to rain, to shower*
    Está lloviendo. *It's raining.*
    Llueve a cántaros. *It's pouring.*
llovizna *drizzle*
lloviznar *to drizzle*
lluvia *rain, shower*

M

macarrones *macaroni*
maceta *flowerpot; mallet*
macizo *solid; massive; firm*
machacar *to crush; to harp on a subject*
macho *male, masculine; vigorous;* s: *male*
machucar *to bruise*
madeja *lock of hair; skein*
madera *wood, lumber, timber*
maderero *dealer in lumber*
madero *beam; timber*
madrastra *stepmother*
madre *mother*
madreselva *honeysuckle*
madrina *godmother; bridesmaid; sponsor; patroness*
madrugada *dawn; early morning*
    de madrugada *at dawn*
madrugar *to get up early; to get ahead of*
    ¡Ud. es muy madrugador! *You're an early-bird!*
madurar *to ripen; to mature*
madurez *maturity; ripeness*
maduro *ripe; mature*
maestro *masterly; master;* s: *teacher, master*
magia *magic*
mágico *magic; marvelous*
magisterio *teaching profession*
magistrado *magistrate*
magnánimo *magnanimous*
magnesia *magnesia*
magnético *magnetic*
magnífico *magnificent; fine; splendid; wonderful*
magnitud *magnitude; importance; greatness*
magno *great*
magnolia *magnolia*
mago *magician, wizard*

maicena *cornstarch*
maíz *maize, Indian corn*
maizal *cornfield*
majadero *silly;* s: *bore; pest*
majestad *majesty*
majestuoso *majestic, imposing*
mal *bad; badly, poorly;* s: *evil; harm; disease, illness*
    de mal en peor *worse and worse*
    hacer mal *to do harm; to do wrong*
    mal de su grado *unwillingly*
    mal hecho *badly done*
    Ando mal de dinero. *I'm short of money.*
    Hace mal tiempo. *The weather is bad.*
    No está mal. *It's not bad.*
malagradecido *ungrateful*
malaria *malaria*
malbaratar *to undersell*
malcriado *ill-bred; naughty*
maldad *wickedness*
maldecir *to damn, to curse*
maldición *curse*
maldito *wicked; damned, cursed*
maleficio *witchcraft; enchantment*
malestar *indisposition, discomfort*
maleta *suitcase, valise*
maleza *underbrush, thicket*
malgastar *to waste; to squander*
malhechor *criminal*
malhumorado *ill-humored, peevish*
malicia *malice; suspicion*
malicioso *malicious; suspicious*
malintencionado *ill-disposed*
malo *bad; wicked; ill; difficult; poorly*
    de mala gana *unwillingly*
    Está muy malo. *He's very sick.*
malsano *unhealthy*
maltratar *to mistreat, to abuse, to harm*
maltrato *ill-treatment*
malvado *wicked*
mamar *to suck*
manantial *spring; source*
manar *to flow; to ooze*
mancomunar *to associate*
mancha *stain, spot; blemish*
manchado *stained, spotted*
manchar *to stain, to spot, to soil*
mandadero *messenger; errand boy*
mandado *errand*
mandamiento *mandate; commandment*
mandar *to send; to will, to bequeath; to order, to command; to govern*
    mandar decir *to send word*
mandarina *tangerine*
mandato *mandate, order*
mandíbula *jaw; jawbone*
mando *command; authority; control*
mandón *domineering, bossy*

manecilla *small hand*

manejar *to handle; to drive; to govern; to manage*

manejo *management; handling; driving*

manera *manner, way, method*
    de manera que *so that; so as to*
    de ninguna manera *by no means*
    de todas maneras *anyway*
    en cierta manera *to a certain extent*

manga *sleeve; hose* (por agua)

mango *handle; mango* (fruta)

manía *mania, frenzy; whim*

maniático *maniac*

manicomio *insane asylum*

manifestación *manifestation, demonstration*

manifestar *to manifest; to state; to reveal*

manifiesto *manifest; clear, obvious*

maniobra *maneuver; handiwork*

manipulación *handling, manipulation*

manipular *to handle, to manipulate; to manage*

maniquí *mannikin*

manivela *crank*

manjar *dish; food; s: victuals*

mano *hand; coat* (pintura)
    a mano *at hand, nearby*
    hecho a mano *handmade*
    mano a mano *even*

manojo *handful, bunch*

manosear *to handle; to feel*

mansión *mansion; residence*

manso *tame; gentle*

manta *blanket*

manteca *lard; fat; butter*

mantel *tablecloth*

mantener *to feed; to support, to maintain, to keep up*

mantenerse *to support oneself; to remain; to stay*

mantenimiento *maintenance, support*

mantequilla *butter*

mantequillera *butter dish*

manto *mantle, cloak*

manual *manual; handbook*

manufacturar *to manufacture*

manuscrito *manuscript*

manutención *support, maintenance*

manzana *apple; block of houses*

manzano *apple tree*

maña *dexterity; skill; trick*

mañana *morning; tomorrow*
    mañana por la mañana *tomorrow morning*
    pasado mañana *the day after tomorrow*
    Hasta mañana. *See you tomorrow.*

mañoso *handy; skillful; cunning*

mapa *map, chart*

máquina *machine, engine*

maquinaria *machinery*

maquinista *machinist; engineer*

mar *sea*
    en el mar *at sea*
    viaje por mar *sea voyage*

maraña *puzzle; perplexity; entanglement*

maravilla *marvel, wonder*

maravillarse *to marvel; to admire*

maravilloso *marvelous, wonderful*

marca *mark; brand; make*
    Es una marca renombrada. *It's a well-known brand.*

marcar *to mark; to brand; to register*

marco *frame*

marcha *march*

marchante *customer, client*

marchar *to go; to go off, to leave; to march*
    ¿Se marcha Ud. ya? *Are you leaving already?*

marchitar *to wither, to fade*

marchito *faded, withered*

marea *tide*

mareado *seasick*

marearse *to get seasick*

marfil *ivory*

margarina *margarine*

margen *margin, border; bank* (río)

marido *husband*

marina *navy*

marinero *sailor*

marino *seaman*

mariposa *butterfly*

marítimo *maritime*

marmita *kettle*

mármol *marble*

marqués *marquis*

marquesa *marchioness*

marrano *pig*

martes *Tuesday*

martillar *to hammer*

martillo *hammer*

martir *martyr*

marzo *March*

mas *but, yet, however*

más *more; most; over; besides; plus*
    a más tardar *at the latest*
    lo más pronto posible *as soon as possible*
    más bien *rather*
    más o menos *more or less*
    ¡Más vale así! *So much the better!*
    ¿Nada más? *Is that all? Nothing else?*

masa *dough; mass; crowd*

masaje *massage*

masajista *masseur, masseuse*

mascar *to chew*

máscara *mask; disguise*

mascota *mascot*

masculino *masculine*

masticar *to chew, to masticate*

mástil *mast, post*

mata *plant, shrub*

matadero *slaughterhouse*
matanza *slaughter, massacre*
matar *to kill; to murder*
mate *dull*
matemáticas *mathematics*
matemático *mathematician*
materia *matter; material; subject*
    materia prima *raw material*
material *material; s: material; equipment*
materializar *to materialize; to realize*
maternal *maternal*
maternidad *maternity*
materno *maternal, motherly*
matorral *thicket, bush*
matrícula *register, list; matriculation*
matricular *to matriculate; to register*
matrimonio *married couple; marriage,*
    matrimony
máxima *rule; proverb, maxim*
máximo *maximum; highest; chief, principal*
mayo *May*
mayonesa *mayonnaise*
mayor *greater, greatest; larger, largest; elder,*
    eldest; older, oldest; s: major
    ser mayor de edad *to be of age*
mayoría *majority; plurality*
mayúscula *capital letter*
mazapán *marzipan*
mazorca *cob of corn*
me *me; to me; myself*
    Me dije para mis adentros . . . *I said to*
      myself . . .
mecánica *mechanics*
mecánico *mechanical; s: mechanic*
mecanismo *mechanism*
mecanógrafo *typist*
mecha *wick; fuse; lock* (pelo)
mechar *to lard*
medalla *medal*
media *stocking; mean* (aritmético)
mediación *mediation; intervention*
mediador *mediator*
mediados *about the middle*
mediano *medium; mediocre*
medianoche *midnight*
mediante *by means of, by virtue of*
mediar *to mediate, to intercede*
medicina *medicine; remedy*
médico *medical; s: physician*
medida *measure, measurement*
    a la medida *made to order*
    a medida de su deseo *according to your wish*
medio *half; halfway; midway; average; s:*
    middle, center; way, method; means
    en medio *in the middle*
    en un término medio *on an average*
    medio asado *medium*
    ¡Quítese de en medio! *Get out of the way!*

mediocre *mediocre*
mediocridad *mediocrity*
mediodía *midday; noon; south*
    al mediodía *at noon*
medir *to measure*
meditación *meditation*
meditar *to meditate*
médula *marrow; pitch*
mejilla *cheek*
mejor *better; rather*
    cuanto antes mejor *the sooner the better*
    tanto mejor *so much the better*
mejora *improvement*
mejorar *to improve; to outbid*
mejoría *improvement; recovery*
melaza *molasses*
melocotón *peach*
melodía *melody*
melón *melon*
mella *notch; gap*
mellizo *twin*
membrete *letterhead*
membrillo *quince*
memorable *memorable*
memoria *memory; memoir; report; pl. regards,*
    compliments
    Haga Ud. memoria. *Try to remember.*
menaje *household goods, furnishings, furniture*
mencionar *to mention*
mendigar *to beg, to ask charity*
mendigo *beggar*
menear *to move; to stir*
menester *need; occupation*
menesteroso *needy*
mengua *decrease; decline; poverty; disgrace*
menguar *to decay; to diminish; to wane*
menor *less; smaller; younger; s: minor*
menos *less; least; minus; except*
    echar de menos *to miss someone or*
      something
menoscabo *damage; loss; detriment*
menospreciar *to underrate; to despise; to slight*
mensaje *message*
mensajero *messenger*
mensual *monthly*
mensualidad *monthly salary*
menta *mint, peppermint*
mentalidad *mentality*
mentar *to mention*
mente *mind; understanding*
mentecato *silly; stupid; s: fool*
mentir *to lie*
mentira *lie, falsehood*
mentiroso *lying, false, deceitful; s: liar*
menudeo *detail; retail trade*
menudillos *giblet*
menudo *small; minute; s: change* (dinero)
    a menudo *often*

meñique *little finger*
mercader *merchant, dealer*
mercadería *merchandise, goods*
mercado *market; market place*
mercancía *merchandise, goods*
mercante *merchant; mercantile*
merced *gift; favor; mercy*
    a la merced de *at the mercy of*
    merced a *thanks to*
mercenario *mercenary*
mercería *haberdashery*
merecer *to deserve, to merit*
merecido *deserved punishment*
merendar *to have a snack or light meal*
mérito *merit; worth; value*
merma *decrease; waste; drop; loss*
mermar *to decrease, to diminish*
mermelada *marmalade*
mero *mere; only; pure; simple*
mes *month; monthly wages*
mesa *table; chair*
meseta *plateau; landing* (escalera)
mesura *moderation; politeness*
meta *object, end, goal*
metal *metal*
metálico *metallic*
meter *to put in; insert*
    meter la pata *to put one's foot in it*
meterse *to meddle, to interfere; to give oneself to; to get oneself into*
    meterse en la cama *to get into bed*
metódico *methodical*
método *method*
metro *meter*
mexicano *Mexican*
mezcla *mixture; blending; mortar*
mezclar *to mix; to blend; to mingle*
mezquino *stingy; mean; petty*
mi *my*
mí *me*
    ¡Me lo cuenta a mí! *You're telling me!*
mía *mine*
microbio *microbe*
microcomputadora *microcomputer*
micrófono *microphone*
microonda *microwave*
microordenador *microcomputer*
microscópico *microscopic*
microscopio *microscope*
miedo *fear, dread*
    tener miedo *to be afraid*
miedoso *fearful*
miel *honey*
miembro *member; limb*
mientras *in the meantime, while*
    mientras tanto *in the meantime*
miércoles *Wednesday*
miga *crumb, fragment, bit*

mil *thousand*
milagro *miracle; wonder*
milagroso *miraculous; marvelous*
milésimo *thousandth*
miligramo *milligram*
milímetro *millimeter*
militante *militant*
militar *military;* s: *soldier*
milla *mile*
millar *thousand*
millón *million*
millonario *millionaire*
mimado *spoiled*
mimar *to spoil*
mina *mine*
mineral *mineral*
minería *mining; working of a mine*
miniatura *miniature*
mínimo *minimum, least, smallest*
ministerio *cabinet, ministry*
ministro *minister*
minuta *minutes, records*
minutero *minute hand*
minuto *minute*
mío *mine*
    Muy señor mío: *Dear Sir:*
miope *nearsighted*
mirada *glance, look*
mirar *to look at, to behold, to observe, to watch; to consider*
    bien mirado *well-considered*
    ¡Mire Ud.! *Look!*
mirarse *to look at oneself; to look at each other*
misa *mass*
miserable *miserable, wretched*
miseria *misery; trifle*
misericordia *mercy*
misión *mission, errand*
misionero *missionary*
misma, mismo *same, equal; similar; self*
    ahora mismo *right now*
    así mismo *just like this*
    lo mismo que si *just as if*
misterio *mystery*
misterioso *mysterious*
mitad *half; middle, center*
    mi cara mitad *my better half*
mitigar *to mitigate; to quench*
mitin *meeting*
mito *myth*
mitología *mythology*
mixto *mixed, mingled*
mobiliario *furniture*
mocedad *youth*
moción *motion*
moda *fashion, style*
    la última moda *the latest style*
modales *manners, breeding*

modalidad *modality, form*
modelo *model, pattern; style*
moderación *moderation*
moderado *moderate, mild*
moderar *to moderate; to restrain; to slow up*
modernista *modernist*
moderno *modern*
modestia *modesty*
modesto *modest*
módico *moderate; s: reasonable price*
modificar *to modify; to alter*
modismo *idiom*
modista *dressmaker; milliner*
modo *mode, method, manner; mood*
    de este modo *this way*
    de modo que *so that*
    de ningún modo *by no means*
    do todos modos *anyway*
mofa *mockery; sneer*
mofarse *to mock; to sneer*
mojar *to wet, to moisten, to dampen*
molde *mold, pattern, model*
moldura *molding*
moler *to grind; to mill; to boil*
molestar *to disturb, to trouble; to bother, to annoy; to tease; to inconvenience*
    ¡Deje Ud. de molestarme! *Stop bothering me!*
molestia *trouble; bother; annoyance*
molesto *bothersome, annoying; uncomfortable; boring*
molino *mill*
momentáneo *momentary*
momento *moment*
    al momento *immediately*
monarca *monarch*
monarquía *monarchy*
mondadientes *toothpick*
mondar *to clean; to husk; to peel*
moneda *coin; money*
monja *nun*
monje *monk*
mono *cute; pretty; nice; s: monkey, ape*
    ¡Qué mono! ¿Verdad? *Isn't it cute!*
monólogo *monologue, soliloquy*
monopolio *monopoly*
monopolizar *to monopolize*
monotonía *monotony*
monótono *monotonous*
monstruo *monster*
monstruosidad *monstrosity*
monstruoso *monstrous, huge*
monta *amount, total sum*
montacargas *hoist; dumb-waiter*
montaña *mountain*
montar *to mount; to ride; to amount to; to set* (diamante); *to put together, to assemble*
monte *mount; wood; forest*
montón *heap, mass*

montura *mount, saddle horse*
monumental *monumental*
monumento *monument*
mora *delay*
morada *dwelling*
morado *purple*
morador *resident; inhabitant*
moral *moral; ethics; morale*
morar *to reside*
mordedura *bite*
morder *to bite*
mordida *bite, biting; bribe*
morena *brunette*
moreno *brown; dark*
moribundo *dying*
morir *to die*
    morirse de frió *to freeze to death*
    morirse de hambre *to starve*
mortaja *shroud*
mortal *mortal, fatal*
mortalidad *mortality; death rate*
mortero *mortar*
mortificación *mortification; humiliation*
mortificar *to humiliate; to vex*
mosca *fly*
moscatel *muscatel*
mosquito *mosquito*
mostaza *mustard*
mosto *grape juice*
mostrador *counter*
mostrar *to show, to exhibit; to prove*
motivo *motive, reason*
motocicleta *motorcycle*
motociclista *motorcyclist*
motor *motor, engine*
mover *to move; to stir up; to shake*
móvil *movable; mobile; s: motive*
movilización *mobilization*
movilizar *to mobilize*
movimiento *movement, motion; traffic*
moza *girl; maid, servant*
mozo *young; s: young man; waiter, porter; boy*
mucha *much; very much; a great deal, a lot; very; many, a great many*
    muchas cosas *many things*
    muchas veces *many times*
    Muchísimas gracias. *Thank you very much.*
muchacha *girl; servant, maid*
muchacho *boy, lad; servant*
muchedumbre *multitude, crowd*
mucho *much; very much; a great deal of, a lot; very; many, a great many*
    con mucho gusto *gladly*
    mucho dinero *a lot of money*
    mucho tiempo *a long time*
mudanza *change; moving out*
mudar *to change; to alter; to remove; to move*
mudo *dumb, mute; silent*

mueble *piece of furniture*
muela *millstone; molar tooth*
muelle *tender, soft; easy; s: pier, dock, wharf; spring* (maquinaria)
muerte *death*
muerto *dead; languid; s: corpse*
muestra *sample, specimen*
muestrario *collection of samples*
mujer *woman; wife*
mula *she-mule*
muleta *crutch*
mulo *mule*
multa *fine, penalty*
multar *to fine*
múltiple *multiple*
multiplicar *to multiply*
multitud *multitude, crowd*
mundo *world; great multitude*
    el mundo entero *the whole world*
    todo el mundo *everybody*
munición *ammunition*
municipal *municipal*
muñeca *wrist; doll*
muñeco *puppet; doll; comics*
muralla *wall, rampart*
murmullo *murmur; whisper*
murmurar *to murmur; to whisper*
músculo *muscle*
museo *museum*
música *music*
musical *musical*
músico *musician*
muslo *thigh*
mutilar *to mutilate*
mutuo *mutual*
muy *very; greatly*

N

nabo *turnip*
nacer *to be born; to sprout; to rise, to originate*
nacimiento *birth; origin; source*
nación *nation*
nacional *national*
nacionalidad *nationality*
nada *nothing*
    por nada *for nothing*
    De nada. *Don't mention it.*
    No vale nada. *It's worthless.*
nadador *swimmer*
nadar *to swim; to float*
nadie *nobody; anybody; no one; anyone; none*
naipe *playing card*
naranja *orange*
narcótico *narcotic*
nariz *nose, nostril*

narración *narration, account, story*
narrar *to narrate, to relate*
nata *cream*
natación *swimming*
natal *natal, native*
natalidad *birth rate*
nativo *native*
natural *natural, native*
naturaleza *nature*
naturalmente *of course; naturally*
naufragar *to be shipwrecked; to fail*
naufragio *shipwreck; failure*
náusea *nausea, nauseousness*
náutica *navigation*
naval *naval*
nave *ship*
navegable *navigable*
navegación *navigation; shipping*
navegante *navigator*
navegar *to navigate, to sail*
navidad *nativity; Christmas*
    ¡Feliz Navidad! *Merry Christmas!*
naviero *shipowner*
navío *ship; warship*
neblina *mist, light fog*
necesariamente *necessarily*
necesario *necessary*
necesidad *necesity, need, want*
necesitado *very poor*
necesitar *to need; to be in need of*
    Se necesita una mecanógrafa. *Typist wanted.*
necio *stupid; foolish, ignorant; s: fool*
necrología *obituary*
negar *to deny, to refuse*
negativa *refusal*
negativo *negative*
negligente *negligent, careless*
negociado *department, office*
negociante *merchant, trader, businessman*
negociar *to negotiate*
negocio *business; affairs; transaction*
    hombre de negocios *businessman*
    mujer de negocios *businesswoman*
negro *black; s: Negro*
nervio *nerve*
nervioso *nervous*
neto *neat; pure; net*
neumático *tire*
neurótico *neurotic*
neutral *neutral*
nevar *to snow*
nevera *refrigerator*
ni *neither; either; nor*
    ni . . . ni . . . *neither . . . nor . . .*
    ni siquiera eso *not even that*
nicotina *nicotine*
nido *nest*
niebla *fog, haze*

nieta *granddaughter*
nieto *grandson*
nieve *snow*
ningún *no; none; any*
    ningún hombre *no man*
ninguna *no; none; any; no one; nobody*
    de ninguna manera *by no means*
ninguno *no; none; not one; any; no one; nobody*
    No tengo ninguno. *I don't have any.*
niña *girl; pupil* (del ojo)
niño *child;* pl: *children*
níquel *nickel*
no *no; not*
noble *noble, nobelman*
nobleza *nobility*
noción *notion, idea*
nocivo *harmful*
nocturno *nocturnal; night; in the night*
noche *night*
    esta noche *tonight*
    pasar la noche *to spend the night*
    por la noche *at night*
    Buenas noches. *Good night.*
nochebuena *Christmas Eve*
nombramiento *nomination; appointment*
nombrar *to appoint; to nominate; to name*
nombre *name, noun*
nómina *payroll*
norma *rule; standard; model*
normal *normal*
normalidad *normality*
norte *north*
nos *we; us; to us; ourselves*
nosotras, nosotros *we; us*
nostalgia *homesickness*
nota *note*
notable *notable, worthy of notice*
notar *to note; to notice*
notario *notary*
noticia *piece of news; information; notice*
notificación *notification*
notificar *to notify; to inform*
notorio *notorious*
novato *novice, beginner*
novecientos *nine hundred*
novedad *novelty, latest news or fashion*
novela *novel*
novelista *novelist*
noventa *ninety*
novia *girl friend; fiancée; bride*
noviazgo *engagement, betrothal*
novicio *novice; apprentice*
novio *boy friend; fiancé; bridegroom*
nube *cloud*
nublado *cloudy*
nuca *nape*
nudo *knot*
nuera *daughter-in-law*

nuestra, nuestro *our; ours*
nueve *nine*
nuevo *new*
    ¡Feliz año neuvo! *Happy New Year!*
    Hágalo de nuevo. *Do it again.*
    ¿Qué hay de nuevo? *What's new?*
nuez *nut; walnut*
nulidad *incompetent person*
nulo *null, void*
numerar *to number*
número *number, figure*
nunca *never, ever*
    Más vale tarde que nunca. *Better late than never.*
nupcial *nuptial*
nupcias *nuptials, wedding*
nutrición *nutrition, nourishment*
nutrir *to nourish, to feed*
nutritivo *nutritious, nourishing*

Ñ

ñame *yam, sweet potato*

O

o *or, either*
obcecado *stubborn*
obedecer *to obey*
obediencia *obedience*
obediente *obedient*
obeso *obese, fat*
obispo *bishop*
objetar *to object; to oppose*
objetivo *objective; aim*
objeto *object; thing, article; purpose; aim*
oblicuo *oblique*
obligación *obligation, duty; liability*
obligar *to oblige; to compel; to obligate*
obligatorio *obligatory; compulsory*
obra *work, labor; book; play; building; repairs; means; deed; action*
    obra maestra *masterpiece*
obrar *to work; to act*
obrero *worker, workman*
obscurecer *to darken, to get dark*
obscuridad *obscurity, darkness*
obscuro *obscure, dark*
obsequiar *to entertain; to treat; to make a present*
obsequio *entertainment; gift; present*
observación *observation; remark*
observar *to observe, to notice; to keep; to follow; to make a remark*
observatorio *observatory*

obsesión obsession
obstáculo obstacle
obstinación obstinacy, stubbornness
obstinado obstinate
obstruir to obstruct, to block
obtención accomplishment
obtener to obtain, to get; to attain
obturador shutter; plug; stopper
obtuso obtuse
obvio obvious; evident
ocasión occasion; opportunity
   de ocasión secondhand
ocasionar to cause, to bring about
occidental western, occidental; s: Occidental
occidente occident, west
océano ocean
ocio idleness, leisure; pastime
ociosidad idleness, leisure
ocioso idle; useless
octavo eight
octubre October
oculista oculist
ocultar to conceal, to hide
oculto concealed, hidden
ocupación occupation, business, trade
ocupado occupied, busy, engaged
ocupar to occupy; to take possession of; to give
   work to; to hold a position
ocuparse to pay attention to; to be concerned
   about; to attempt to
ocurrencia occurrence, incident; wisecrack
ocurrir to occur; to happen
ochenta eighty; eightieth
ocho eight
ochocientos eight hundred
odiar to hate
odio hatred, hate
odioso hateful
oeste west
ofender to offend
ofenderse to be offended, to take offense
ofensa offense
ofensiva offensive
oferta offer, offering
oficial official; officer
oficialmente officially
oficina office, workshop
oficio occupation; work; trade, business
ofrecer to offer; to present
ofrecimiento offer
oído hearing; ear
oír to hear, to listen
   ¡Qué Dios le oiga! Let's hope so!
ojal buttonhole
¡ojalá! May . . .; That'll be the day!
ojo eye; attention; care; keyhole
ola wave
oler to smell

olfatear to smell
olfato sense of smell
oliva olive
   aceite de oliva olive oil
olor scent, odor
oloroso fragrant
olvidar to forget
   ¡Ah, se me olvidaba! Oh, I almost forgot!
olvido forgetfulness; oversight
olla pot
ombligo nave; center, middle
omisión omission
omitir to omit, to leave out
once eleven
onda wave, ripple
onza ounce
opaco opaque, dull, not transparent
opción option, choice
ópera opera
operación operation
operar to operate; to act; to take effect
operario worker, operator
opinar to give an opinion
opinión opinion
oponer to oppose, to go against
oponerse to be against; to object to
oportunamente opportunely; in good time
oportunidad opportunity; good chance
oportuno opportune
oposición opposition
opositor opponent; competitor
opresión oppression
opresivo oppressive
opresor oppressor
oprimir to press, to squeeze; to oppress
optar to choose, to pick up
óptico optic, optical; s: optician
optimismo optimism
optimista optimist
opuesto opposed, opposite, contrary
ora whether; either; now; then
oración prayer; sentence
orador orator, speaker
oral oral
orar to pray
orden order, arrangement; command;
   brotherhood, society
   a sus órdenes at your service
   el orden del día agenda
ordenador computer
ordenanza order; statute, ordinance
ordenar to arrange; to order, to command
ordeñar to milk
ordinariamente ordinarily
ordinario ordinary; vulgar; unrefined
oreja ear
orfandad orphanage
orgánico organic

organismo *organism*
organización *organization*
organizar *to organize; to form; to arrange*
órgano *organ; means; agency*
orgullo *pride*
orgulloso *proud*
oriental *oriental, eastern;* s: *Oriental*
orientar *to orient*
orientarse *to find one's bearings; to find one's way around*
oriente *orient, east*
origen *origin, source*
original *original*
originalidad *originality*
originar *to cause, to originate*
orilla *border, edge; shore; bank (río)*
ornamento *ornament, decoration*
ornar *to adorn*
oro *gold; diamonds (pl.: baraja)*
orquesta *orchestra, band*
ortografía *spelling*
oruga *caterpillar*
os *you, to you*
oso *bear*
ostentar *to display; to show off; to boast*
otoño *autumn, fall*
otorgar *to consent, to agree to; to grant*
otra *other, another*
    otra vez *again, once more*
otro *other, another*
    algún otro *someone else*
    otro día *another day*
ovación *ovation*
oval *oval*
oveja *sheep*
oyente *hearer, listener; audience*

p

pabellón *pavilion; flag, colors*
pacer *to pasture; to graze*
paciencia *patience*
paciente *patient;* s: *patient*
pacífico *peaceful; mild*
pactar *to reach an agreement; to sign a pact; to agree upon*
pacto *pact, agreement*
padecer *to suffer; to be liable to*
padecimiento *suffering*
padrastro *stepfather*
padre *father;* pl: *parents*
padrino *godfather; sponsor*
paga *payment; wages; fee*
pagadero *payable*
pagador *payer, paymaster*
pagaduría *paymaster's office*

pagano *pagan*
pagar *to pay*
    pagar una visita *to pay a visit*
pagaré *promissory note (IOU)*
página *page*
pago *payment; reward*
    en pago de *in payment of*
país *country*
paisaje *landscape*
paisano *countryman, fellow citizen*
paja *straw*
pájaro *bird*
palabra *word; promise*
    empeñar la palabra *to give one's word*
    No entiendo palabra. *I don't understand a word.*
    Palabra. *Upon my word.*
    Pido la palabra. *May I have the floor?*
palacio *palace*
paladar *palate; taste*
palanca *lever; crowbar*
palangana *washbowl; basin*
palco *grandstand; box*
palidecer *to turn pale*
pálido *pale*
palillo *toothpick*
paliza *spanking; beating*
palma *palm tree; palm leaf*
palmada *pat, clap; clapping*
palo *stick; timber; blow; suit (barajas)*
    palo de escoba *broomstick*
paloma *pigeon, dove*
palpable *palpable; evident*
palpar *to feel, to touch*
palpitar *to beat, to throb, to palpitate*
pampa *pampas*
pan *bread; loaf*
    pan con mantequilla *bread and butter*
panadería *bakery*
panadero *baker*
pandilla *gang*
panecillo *roll*
panera *granary*
pánico *panicky;* s: *panic*
panorama *landscape; view*
pantalón *trousers*
pantalla *lampshade; screen* (cine)
pantano *swamp*
pantorrilla *calf*
pañal *diaper*
paño *cloth, fabric*
pañuelo *handkerchief*
papa *potato; Pope*
papá *daddy*
papagayo *parrot*
papel *paper; role; part* (teatro)
    hacer un papel *to play a part*
    papel de estraza *wrapping paper*
    papel de seda *tissue paper*

papelera *writing desk*
papelería *stationery store*
papuete *package, parcel*
par *equal; even; s: pair, couple; team*
   Es una mujer sin par. *There's nobody like her.*
para *for; to; until; about; in order to; toward*
   para siempre *forever*
   trabajar para comer *to work for a living*
   Déjelo para mañana. *Leave it until tomorrow.*
parabién *congratulations*
parábola *parable; parabola*
parabrisa *windshield*
paracaídas *parachute*
paracaidista *parachutist*
parada *stop; pause; halt; parade*
paradero *end; termius; whereabouts*
parado *unemployed; s: standstill*
paradoja *paradox*
paraguas *umbrella*
paraíso *paradise*
paraje *place, spot*
paralelo *parallel*
parálisis *paralysis*
paralítico *paralytic*
paralizar *to paralyze; to impede, to hinder*
parar *to stop, to halt, to stay; to bet; to stand*
   ¿Dónde irá a parar todo esto? *How's all this going to end?*
   ¿Paramos aquí? *Do we stop here?*
pararrayos *lightning rod*
parásito *parasite*
parcela *parcel; piece of land*
parcialidad *partiality, bias*
parcialmente *partially, partly*
pardo *brown; dark*
parecer *to appear, to show up, to turn up; to seem; to look; to be like, to resemble; s: opinion; appearance*
   ¿Qué le parece? *What do you think of it?*
   También soy yo del mismo parecer. *I'm also of the same opinion.*
parecerse *to look alike, to resemble*
parecido *like, similar, resembling; s: likeness*
pared *wall*
pareja *pair, couple; team*
paréntesis *parenthesis*
pariente *relative, relation*
parir *to give birth*
parlamento *parliament*
párpado *eyelid*
parque *park*
parra *grapevine*
párrafo *paragraph*
parrilla *hot plate*
parroquia *parish; clientele; customers*
parroquiano *parishioner; customer*
parte *part; portion; share; side; role; report, communication*

   dar parte *to inform; to notify*
   en gran parte *largely*
   en parte *in part*
   en todas partes *everywhere*
   por mi parte *as far as I'm concerned*
   por otra parte *on the other hand*
partera *midwife*
participación *participation; share*
participar *to participate, to take part; to share; to inform, to notify*
particular *particular; unusual, peculiar; s: individual*
particularidad *peculiarity*
particularmente *particularly, especially*
partida *departure; entry, item; lot; certificate*
   partida de nacimiento *birth certificate*
partidario *partisan, follower; supporter*
partido *divided, split, broken; s: party; game*
partir *to divide, to split, to cut; to break; to leave*
parto *childbirth*
párvulo *child*
pasa *raisin*
pasado *past; past tense*
   lo pasado *the past*
   pasado mañana *the day after tomorrow*
pasaje *passage; fare; strait*
   ¿Cuánto cuesta el pasaje? *What's the fare?*
pasajero *passing, transitory; s: passenger*
pasaporte *passport*
pasar *to pass, to go by; to go across; to come over; to come in, to call; to spend (tiempo); to get along; to be taken for; to put on; to pretend; to overlook; to surpass; to happen*
   Pase Ud. por aquí. *Come this way.*
   ¿Qué pasa? *What's the matter?*
   Ya se le pasará. *He'll get over it.*
pasatiempo *pastime, amusement*
Pascua *Christmas; Easter; Passover*
pase *pass, permit*
paseante *stroller*
pasear *to walk, to take a walk; to ride*
pasearse *to go for a walk*
paseo *walk, stroll; ride, drive*
   dar un paseo *to take a walk*
pasillo *corridor, hall; aisle*
pasión *passion*
pasivo *passive; s: liabilities*
paso *step; pass; passage; place*
   de paso *by the way, incidentally*
   paso a paso *step by step*
   salir de paso *to get out of a difficulty*
   Prohibido el paso. *Keep Out.*
pasta *paste; dough; binding*
   pasta dentífrica *toothpaste*
pastel *pie, cake*
pastelería *pastry shop; pastry*
pastelero *pastry cook*
pastilla *drop, tablet*

pastillas de menta *mint drops*
pastillas para la tos *cough drops*
pastor *shepherd; pastor*
pata *leg; duck*
 patas arriba *upside down*
patalear *to stamp one's feet*
patata *potato*
patente *patent; obvious; s: patent, grant;*
 privilege
patín *skate*
 patín de ruedas *roller skates*
patinar *to skate; to skid*
patio *patio; yard; pit (teatro)*
pato *drake, duck*
patraña *falsehood, fib*
patria *native country, fatherland*
patriota *patriot*
patriótico *patriotic*
patriotismo *patriotism*
patrocinar *to patronize*
patrón *master; employer, boss*
patrono *employer; patron saint*
patrulla *patrol*
paulatinamente *slowly, by degrees*
paulatino *slow, gradual*
pausa *pause*
pauta *paper ruler; model*
pavo *turkey*
 pavo real *peacock*
pavor *fear, terror*
payaso *clown*
paz *peace*
 en paz *on even terms*
 Déjame en paz. *Let me alone.*
peatón *pedestrian*
pecado *sin, trespass*
pecar *to sin*
peculiar *peculiar*
peculiaridad *peculiarity*
peculio *pocket money*
pecho *chest, breast, bosom*
 dar el pecho *to suckle*
pechuga *breast of a foul*
pedal *pedal*
pedazo *bit, piece; morsel*
 hacer pedazos *to break into pieces*
pedestal *pedestal, support*
pedido *order; request*
 a pedido de *at the request of*
pedir *to ask for; to beg; to demand; to wish; to*
 order (negocio)
 pedir informes *to inquire, to ask for*
 information
pegajoso *sticky, viscous; contagious*
pegar *to paste, to glue; to sew on; to hit, to beat;*
 to stop
 pegar fuego a *to set fire to*
peinado *hairdressing; hair style, coiffure*

peinar *to comb*
peinarse *to comb one's hair*
peine *comb*
pelado *bare; bald; broke*
pelar *to peel; to pluck; to rob; to cheat*
peldaño *step*
pelea *fight, struggle*
pelear *to fight*
peletería *fur shop*
película *film*
peligro *peril, danger*
peligroso *dangerous*
pelo *hair*
 ¡No me tome Ud. el pelo! *Don't make fun of*
 me!
pelota *ball*
peluca *wig*
peluquería *barbershop*
peluquero *barber*
pellejo *skin; peel; rawhide*
pellizcar *to pinch*
pena *penalty, punishment; grief, sorrow;*
 hardship
 pena capital *death penalty*
 sobre pena de *under penalty of*
penal *penal; s: prison*
penalidad *hardship; penalty*
penar *to suffer; to be in agony*
pender *to hang; to be pending*
pendiente *pendent, pending; s: earrings; slope*
 deuda pendiente *balance due*
penetrante *penetrating; piercing*
penetrar *to penetrate; to comprehend*
península *peninsula*
penitente *penitent*
penoso *painful, distressing; difficult, arduous*
pensado *deliberate*
pensador *thinker*
pensamiento *thought, idea; pansy*
pensar *to think; to consider; to intend*
 Lo hice sin pensar. *I did it without thinking.*
pensativo *pensive; thoughtful*
pensión *pension; board; boarding house*
pensionista *pensioner; boarder*
peña *rock, large stone*
peñón *cliff; rocky mountain*
peón *peon; pedestrian*
peor *worse; worst*
 Sigue peor. *He's getting worse.*
 Tanto peor. *Too bad.*
pepinillos *pickles*
pepino *cucumber*
pequeñez *trifle; pettiness*
pequeño *little, small, tiny; young; s: child*
pera *pear*
percance *misfortune, mishap, accident*
percepción *perception*
perceptible *perceptible, perceivable*

percibir *to perceive, to get*
percha *perch; pole; staff*
perder *to lose*
   perder el habla *to become speechless*
   ratos perdidos *spare time*
   No lo pierdas de vista. *Don't lose sight of him.*
perderse *to get lost; to spoil; to get spoiled*
perdición *perdition; ruin*
pérdida *loss; damage; leakage*
perdidamente *desperately*
perdiz *partridge*
perdón *pardon*
perdonar *to excuse, to pardon, to forgive*
   Perdóneme Ud. *Excuse me.*
perecer *to perish, to die*
peregrino *odd, strange*
perejil *parsley*
pereza *laziness; idleness*
perezoso *lazy, indolent*
perfección *perfection, improvement, perfecting*
perfeccionar *to improve*
perfecto *perfect*
perfidia *perfidy*
perfil *profile, outline*
perfume *perfume, scent, fragrance*
perfumería *perfume store*
pericia *skill; knowledge*
perilla *knob, doorknob*
periódico *periodical;* s: *newspaper, magazine, periodical*
periodismo *journalism*
periodista *journalist; newspaperman*
período *period, time*
perito *experienced; skillful;* s: *expert; appraiser*
perjudicar *to damage, to injure, to hurt*
perjudicial *prejudicial; harmful*
perjuicio *prejudice; damage, harm*
perjuro *perjured;* s: *perjurer*
perla *pearl*
permanecer *to remain, to stay*
permanencia *permanence; stay*
permanente *permanent*
permeable *permeable, penetrable*
permiso *permission; permit, authorization; consent*
   tener permiso de *to have permission to*
permitir *to permit, to let, to allow*
   ¿Me permite Ud. que fume? *May I smoke?*
permuta *permutation; exchange*
permutar *to change*
pernicioso *pernicious, harmful*
pero *but; yet; except;* s: *defect, fault*
   poner peros *to find fault*
   No hay "pero" que valga. *No "buts."*
perpendicular *perpendicular*
perpetuar *to perpetuate*
perpetuidad *perpetuity*
perpetuo *perpetual, everlasting*

perplejo *perplexed, bewildered, puzzled*
perra *bitch*
perro *dog*
persecución *persecution*
perseguir *to persecute; to pursue*
perseverancia *perseverance*
perseverar *to persevere, to persist*
persiana *blind; Venetian blind*
persistencia *persistence, obstinacy*
persistente *persistent, firm*
persistir *to persist*
persona *person*
personaje *personage; character* (teatro)
personal *personal;* s: *personnel, staff*
personalidad *personality*
perspectiva *perspective*
perspicacia *perspicacity*
perspicaz *perspicacious, acute*
persuadir *to persuade, to convince*
persuasión *persuasion*
pertenecer *to belong*
pertinente *pertinent*
perturbar *to perturb, to agitate*
perversidad *perversity; wickedness*
perversión *perversion*
perverso *perverse*
pervertir *to pervert*
pesadilla *nightmare*
pesado *heavy; tedious, tiresome;* s: *bore*
   Es pesado. *He's a bore.*
pésame *condolence*
pesar *to weigh; to cause regret;* s: *grief, sorrow, regret*
   Vale lo que pesa. *It's worth its weight in gold.*
pesca *fishing; fishery*
pescado *fish*
pescar *to fish; to catch*
pesebre *crib; manger*
peseta *peseta*
pesimismo *pessimism*
pesimista *pessimistic;* s: *pessimist*
pésimo *very bad*
peso *weight; weighing; scales; importance; burden; peso*
   peso neto *net weight*
pestaña *eyelash; fringe; edging*
peste *plague; pestilence*
petición *petition; claim; demand; plea*
petróleo *petroleum; mineral oil*
pez *fish*
pezuña *hoof*
piadoso *pious; merciful*
pianista *pianist*
piano *piano*
picadillo *hash; minced meat*
picadura *prick; punctual; bite; cut tobacco*
picante *hot; highly seasoned; cutting; sarcastic; pungent*

picaporte *latch*

picar *to bite; to sting; to prick; to itch; to chop; to nimble; to spur*
　　Esta pimienta pica mucho. *This pepper is very hot.*

picarse *to begin to rot, to decay*

pico; s: *beak; pick; spout; peak*
　　Pagué solamente doce dólares y picos por este traje. *I paid only twelve dollars or so for this dress.*
　　treinta y pico *thirty odd*

pie *foot (pl. feet); leg; footing, basis*
　　a pie *on foot*
　　al pie de la letra *literally*
　　de pie *standing*

piedad *mercy, pity*

piedra *stone, gravel; hail*

piel *skin, hide, fur*

pierna *leg*

pieza *piece, part; room; play*

pijamas *pajamas*

pila *pile, battery*

pilar *pillar, column, post*

píldora *pill*

piloto *pilot; first mate*

pillo *rogue, rascal*

pimienta *pepper*

pimiento *pimento*

pincel *brush*

pinchar *to prick; to puncture*

pino *pine*

pintado *painted; spotted; exact*

pintar *to paint; to describe; to begin; to ripen*

pintor *painter*

pintura *painting*

piña *pineapple*

piojo *louse (pl: lice)*

pipa *pipe; cask; barrel*

pirámide *pyramid*

pirata *pirate*

pisada *footsteps; footprints*

pisar *to tread, to step on; to press; to cover*

piscina *swimming pool*

piso *floor; pavement; story; apartment*

pisotón *tread*

pista *trail, track; footprint; trace; race track*

pistola *pistol*

pitillera *cigarette case*

pitillo *cigarette*

pito *whistle*

pivote *pivot*

pizarra *slate; blackboard*

pizca *bit, pinch*

placa *plate; plaque, tablet; badge*

placer *pleasure; enjoyment*

placer *to please*

plaga *plague; epidemic*

plan *plan; scheme; drawing*

plancha *plate* (de hierro); *iron* (para planchar); *blunder*

planchado *ironing*

planchar *to iron, to press* (ropa)

planeta *planet*

planicie *plain*

plano *level, flat;* s: *map; plain*

planta *plant; sole*

plantación *plantation; planting*

plantar *to plant; to drive in; to hit, to punch; to throw out*

plantilla *payroll; pattern*

plástico *plastic*

plata *silver; silver coin*

plátano *banana*

platillo *saucer*

platino *platinum* **plato** *dish, plate; course*

playa *shore, beach*

plaza *plaza, square; market; fortified place*
　　plaza de toros *bull ring*

plaza fuerte *stronghold*

plazo *term, time; credit*

plegable *folding; pliable*

plegar *to fold*

pleito *litigation, lawsuit; dispute, quarrel*

plenamente *full; complete*

pliego *sheet of paper*

pliegue *crease, fold*

plomo *lead; bore*

pluma *pen; feather*

plural *plural*

población *population; town*

poblado *town, village; inhabited place*

poblar *to populate, to colonize, to inhabit; to bud*

pobre *poor;* s: *beggar*

pobreza *poverty*

poco *little, small; scanty;* s: *a little, a small part; a few*
　　pocas veces *a few times*
　　poco a poco *little by little*
　　Poco importa. *It's not very important.*
　　Por poco se muere. *He almost died.*

poder *to be able; can, may;* s: *power, authority; capacity*
　　¿En qué puedo servirle? *What can I do for you?*
　　No puedo con él. *I can't stand him.*
　　¿Puedo entrar? *May I come in?*
　　¿Puedo ir? *May I go?*

poderosa *mighty, powerful; wealthy*

poema *poem*

poesía *poetry*

poeta *poet*

polémica *polemics; controversy*

policía *police; public order; policeman*

polígamo *polygamist*

polilla *moth*

política *politics; policy*

político *politic, political;* s: *politician*
póliza *policy*
polo *pole; polo*
polución *pollution, contamination*
polvera *compact; powder box*
polvo *dust; powder*
pólvora *gunpowder*
pollo *chicken*
    arroz con pollo *chicken and rice*
    pollo asado *roast chicken*
    pollo frito *fried chicken*
pomada *pomade, salve, lotion, cream*
ponche *punch*
ponderación *weighing; consideration;*
    prudence; exaggeration; description
ponderar *to ponder; to weigh; to praise highly*
poner *to put; to set* (mesa); *to suppose; to lay*
    (huevos); *to write*
    poner al corriente *to inform*
    poner precio *to set a price*
    poner un telegrama *to send a telegram*
ponerse *to set* (sol); *to put on; to become; to*
    reach; to start to
    ponerse a trabajar *to start working*
    ponerse al día *to be up-to-date*
    ponerse de acuerdo *to agree, to come to an*
        agreement
    ponerse de pie *to stand up*
    ponerse en marcha *to start*
    Se puso a reír. *She began to laugh.*
poniente *west*
popular *popular*
popularidad *popularity*
por *for; by; through; about*
    pasar por la casa *to pass by the house*
    por adelantado *in advance*
    por correo aéreo *by air mail*
    por dicha *fortunately*
    por fin *finally*
    por lo demás *furthermore*
    por lo visto *apparently*
    por mucho tiempo *for a long time*
    por otra parte *on the other hand*
    ¿Por qué? *Why?*
porcelana *chinaware; porcelain*
porción *portion, part; a great many*
pordiosero *beggar*
porfía *insistence; obstinacy*
porfiado *stubborn, obstinate*
porfiar *to persist*
pormenor *detail; particulars*
porque *because, on account of; for; as*
porqué *cause, reason*
por qué *why*
    No sé por qué. *I don't know why.*
porquería *filth; nastiness; worthless thing*
porrazo *blow*
portaaviones *aircraft carrier*

portador *bearer, carrier; holder*
portal *hall; entrance, doorway*
portamonedas *pocketbook, purse*
portarse *to behave, to act*
portátil *portable*
portazo *banging* (puerta)
porte *carriage; postage; freight*
    franco de porte *free delivery*
portento *wonder, prodigy*
portería *doorkeeper's lodge*
portero *doorman; janitor*
portorriqueño *Puerto Rican*
porvenir *future*
    en lo porvenir *in the future*
pos *after; in pursuit of*
    ir en pos de *to go after*
posada *inn; pre-Christmas party* (Mex.)
posadero *innkeeper*
posar *to pose; to lodge*
poseer *to possess, to have; to master*
posesión *possession*
posesionarse *to take possession*
posibilidad *possibility*
posible *possible;* s: *means; wealth*
posición *position; status; situation*
positivamente *positively*
positivo *positive, sure, certain*
postal *postal*
    giro postal *money order*
postergar *to defer, to put off, to delay*
posteridad *posterity*
posterior *rear, back; later, subsequent*
posteriormente *subsequently*
postizo *artificial, false*
postor *bidder*
postración *depression; exhaustion*
postrado *depressed; exhausted*
postre *last;* s: *dessert*
    a la postre *in the long run*
postrer *last*
    un postrer deseo *a last wish*
postrero *last*
póstumo *posthumous*
postura *posture; position; bid*
potable *drinkable*
potaje *pottage*
potencia *power, strength; force; faculty*
potentado *potentate, monarch*
pontente *potent, powerful, mighty*
potro *colt*
pozo *well; pit*
práctica *practice; exercise*
practicante *practising;* s: *practitioner; hospital*
    intern; nurse
práctico *practical; skillful*
pradera *meadow, pasture*
prado *lawn*
preámbulo *preamble, introduction*

precario *precarious*
precaución *precaution; prudence*
precaver *to prevent*
precaverse *to take precautions*
precedencia *precedence*
precedente *preceding;* s: *precedent*
preceder *to precede*
precepto *precept; order*
preciar *to value; to appraise*
preciarse *to take pride*
precio *price; value*
   a ningún precio *not at any price*
   precio corriente *regular price*
   precio de fábrica *cost price*
   último precio *lowest price*
preciosidad *preciousness; a beauty*
   Es una preciosidad. *She's a beauty.*
precioso *precious; beautiful*
precipicio *precipice; ruin*
precipitación *haste*
precipitadamente *hastily; in a rush*
precipitar *to precipitate; to hasten, to rush; to hurl*
precisamente *precisely*
precisar *to fix; to set; to compel*
precisión *precision, accuracy; necessity; compulsion*
preciso *necessary; precise; clear*
precoz *precocious*
predecir *to predict, to foretell*
predecesor *predecessor*
predicar *to preach*
predicción *prediction*
predilección *predilection, preference*
predilecto *favorite*
predispuesto *predisposed*
predominar *to prevail; to predominate*
prefacio *preface*
prefecto *prefect*
prefectura *prefecture*
preferencia *preference, choice*
preferible *preferable*
preferir *to prefer; to like best*
prefijo *prefix;*
   prefijo de zona *area code*
pregonar *to proclaim in public, to make known*
pregunta *question*
preguntar *to ask; to inquire*
preguntarse *to wonder*
prejuicio *prejudice*
preliminar *preliminary*
preludio *introduction; prelude*
prematuro *premature*
premeditación *premeditation*
premeditar *to premeditate; to think out*
premiar *to reward, to remunerate*
premio *prize, reward*
premura *haste; hurry; urgency*

prenda *security, pawn; token; qualities*
prendar *to pledge*
prendarse *to take a fancy to; to become fond of; to fall in love*
prendedor *clasp; pin*
prender *to clasp; to grasp; to catch; to burn*
prensa *press*
preñada *pregnant*
preocupación *preoccupation, concern, worry*
preocupar *to preoccupy; to prejudice; to cause concern*
preocuparse *to be worried, to care about, to be concerned*
preparación *preparation*
preparado *prepared;* s: *preparation*
preparar *to prepare, to get ready*
prepararse *to prepare oneself; to be prepared*
preparativo *preparation*
preparatorio *preparatory*
preponderancia *preponderance*
preponderar *to prevail*
preposición *preposition*
presa *capture; prey; dam*
presagiar *to predict; to give warning*
presagio *omen; prediction*
prescindir *to do without*
prescribir *to prescribe*
prescripción *prescription*
presencia *presence*
   presencia de ánimo *presence of mind*
presenciar *to be present; to witness; to see*
presentar *to present; to introduce; to show*
presentarse *to show up*
presente *present,* s: *gift; present*
presentimiento *presentiment*
preservación *preservation*
preservar *to preserve; to maintain; to keep*
presidencia *presidency; chair* (de presidente)
presidente *president; chairman*
presidiario *convict*
presidio *penitentiary, prison*
presidir *to preside; to direct; to lead*
preso *imprisoned;* s: *prisoner*
prestado *lent, loaned*
   dar prestado *to lend*
   tomar prestado *to borrow*
prestamista *money lender; pawnbroker*
préstamo *loan*
prestar *to lend; to aid*
   prestar atención *to pay attention*
prestarse *to offer to; to be apt to*
presteza *speed, haste*
   con presteza *quickly*
prestigio *prestige; good name*
prestigioso *famous*
presto *quick, prompt; ready; quickly; soon*
presumido *vain, conceited;* s: *conceited person*
presumir *to presume; to assume; to be conceited*

presunción *presumption; conceit*
presunto *presumed; apparent*
presuntuoso *presumptuous; vain*
presuponer *to take for granted; to assume*
presupuestar *to estimate*
presupuesto *budget; estimate*
pretencioso *presumptuous; conceited*
pretender *to pretend; to apply for; to try*
pretendiente *pretender; suitor; candidate*
pretensión *pretension; contention*
pretexto *pretext*
prevalecer *to prevail*
prevención *prevention; foresight; prejudice*
prevenir *to prepare; to prevent; to foresee; to warn*
prever *to foresee; to anticipate; to provide for*
    Es de prever. *It's to be expected.*
previamente *previously*
previo *previous; prior to*
    previo pago de *upon payment of*
previsto *foreseen*
prima *cousin; premium*
primario *primary*
primavera *spring*
primer *first*
    en primer lugar *in the first place*
primeramente *first, firstly, in the first place*
primero *first; former*
    de primera *highest grade*
    de primera clase *first class*
    primeros auxilios *first aid*
primitivo *primitive*
primo *cousin*
    primo hermano *first cousin*
primor *dexterity, skill; beauty*
princesa *princess*
principal *principal, main, chief, most important; s: capital; head; first floor*
príncipe *prince; ruler*
principiante *beginner; apprentice*
principiar *to begin; to commence*
principio *beginning, origin; principle*
    al principio *at the beginning, at first*
    dar principio *to begin*
prioridad *priority*
prisa *haste, hurry; urgency*
    No corre prisa. *There's no hurry.*
    ¿Por qué tanta prisa? *Why such a hurry?*
prisión *imprisonment; prison*
prisionero *prisoner*
privación *privation, want*
privado *private, intimate, personal*
    en privado *confidentially*
privar *to deprive, to forbid*
    privado del conocimiento *unconscious*
    privarse de *to do without*
privilegiado *privileged*
privilegio *privilige*

pro *profit; advantage; pro*
    en pro de *in favor of*
proa *prow, bow*
probabilidad *probability; likelihood*
probable *probable; likely*
probablemente *probably; likely*
probado *proved, tried*
probar *to try; to taste; to prove; to try on*
problema *problem*
procaz *insolent, impudent, bold*
procedencia *origin; place of sailing*
procedente *proceeding from; according to law*
proceder *to proceed; to act; to behave; s: behavior, conduct*
    proceder a *to proceed with*
    No me gusta su proceder. *I don't like his behavior.*
procedimiento *procedure; method*
procesado *defendant*
procesador de textos *word processor*
procesar *to sue; to indict*
procesión *procession*
proceso *process; lawsuit*
proclamación *proclamation*
proclamar *to proclaim; to promulgate*
procrear *to procreate*
procurar *to try*
    Procure no faltar. *Don't fail to come.*
prodigar *to squander; to lavish*
prodigio *wonder, marvel*
prodigioso *prodigious; marvelous*
pródigo *prodigal, wasteful; lavish*
producción *production; output*
producir *to produce, to yield, to bear; to bring to evidence*
producirse *to be produced*
productivo *productive*
producto *product; amount*
profanación *profanation*
profanar *to profane*
profano *profane; irreverant*
profecía *prophecy*
proferir *to utter, to say*
profesar *to profess, to declare openly*
profesión *profession*
profesional *professional*
profesor *professor, teacher*
profeta *prophet*
prófugo *fugitive*
profundamente *deeply, soundly* (sueño)
profundidad *profundity, depth*
profundizar *to deepen; to delve into; to fathom*
profundo *profound, deep; intense*
programa *program, plan; curriculum*
progresar *to progress, to make progress*
progreso *progress*
prohibición *prohibition*
prohibido *forbidden*

Prohibido fumar. *No smoking.*
Prohibida la entrada. *No admittance.*
prohibir *to prohibit, to forbid*
Se prohíbe la entrada. *No admittance.*
prójimo *fellow man, neighbor*
proletariado *proletariat, working class*
proletario *proletarian*
prolijo *prolix, protracted*
prólogo *prologue, preface, introduction*
prolongación *prolongation, lengthening*
prolongar *to prolong, to extend*
promedio *average, mean*
promesa *promise, assurance*
prometer *to promise*
prometido *promised;* s: *fiancé*
prominencia *prominence; protuberance*
prominente *prominent; conspicuous*
promover *to promote; to advance*
promulgar *to promulgate; to publish*
pronombre *pronoun*
pronosticar *to forecast*
pronóstico *forecast, prediction*
prontitud *promptness, swiftness*
pronto *prompt; quick; ready; promptly; quickly;*
s: *impulse*
de pronto *suddenly*
por de pronto *for the time being*
¡Venga pronto! *Come right away!*
pronunciación *pronunciation*
pronunciar *to pronounce; to utter; to deliver*
(discurso)
propagación *propagation; dissemination*
propaganda *propaganda*
propagandista *propagandist*
propagar *to propagate; to spread*
propender *to tend, to incline to*
propensión *propensity, inclination*
propenso *inclined to, disposed to*
propiamente *properly*
propicio *propitious, favorable*
propiedad *ownership; property*
propietario *proprietor, owner, landlord*
propina *tip; gratuity*
propio *own; self; proper, fit, suitable*
amor propio *self-respect*
estimación propia *self-esteem*
proponer *to propose, to suggest; to move*
proporción *proportion*
proporcional *proportional*
proporcionar *to provide, to furnish, to supply; to proportion; to fit*
proposición *proposition, proposal; motion*
propósito *purpose, intention*
a propósito *by the way*
a propósito de *regarding*
propuesta *proposal, offer; nomination*
prórroga *extension of time; renewal*
prorrogar *to extend (tiempo); to prolong*

prosa *prose*
prosaico *prosaic*
proseguir *to pursue, to carry on, to continue; to proceed*
prospecto *prospectus, catalogue*
prosperar *to prosper, to thrive, to be successful; to get rich*
próspero *prosperous*
protagonista *protagonist*
protección *protection; support*
protector *protector*
proteger *to protect; to support*
protesta *protest*
protestante *protesting; Protestant*
protestar *to protest*
provecho *profit; benefit, advantage*
en su provecho *in your favor*
ser de provecho *to be useful*
provechoso *profitable, beneficial*
proveer *to provide, to furnish, to supply; to dispose*
provenir *to be due; to derive from, to come from*
proverbio *proverb*
providencia *providence*
provincia *province*
provisión *provision; stock, supply*
provisional *provisional, temporary*
provisionalmente *provisionally, temporarily*
provisto *provided for; supplied*
provocación *provocation*
provocador *troublemaker*
próximo *near; next, neighboring*
la semana próxima *next week*
proyecto *project, plan, scheme, design*
prudencia *prudence; moderation*
prudente *prudent, cautious*
prueba *proof; test; fitting*
psicología *psychology*
psicológico *psychological*
psiquiatra *psychiatrist*
psiquiatría *psychiatry*
púa *sharp point*
publicación *publication*
publicar *to publish; to announce*
publicidad *publicity; advertising*
público *public;* s: *public; crowd; audience*
pudiente *powerful; wealthy, rich*
pudín *pudding*
pudor *modesty; shyness*
pudrir *to rot*
pueblo *village, town; population; people*
pueblo natal *native town*
puente *bridge*
puerco *filthy; dirty;* s: *hog*
puerta *door, doorway; gate*
puerto *port, harbor; haven*
puerto de destino *port of destination*
pues *since; so; well; then; why; now; indeed*

¡Pues sí! *Yes, indeed!*
¿Y pues? *So what?*
puesta *set; setting*
la puesta de sol *sunset*
puesto *put, placed; set* (mesa); *s: place; stand;*
    post, position, employment
    puesto a bordo *free on board (f.o.b.)*
    puesto que *since, inasmuch as*
púgil, pugilista *prizefighter*
pugna *struggle*
pulcro *neat, tidy*
pulga *flea*
pulgada *inch*
pulgar *thumb*
pulir *to polish*
pulmón *lung*
pulmonía *pneumonia*
pulpa *pulp*
pulsera *bracelet*
pulso *pulse; tact*
punta *point; tip; edge; cape*
puntada *stitch*
puntapié *kick*
puntería *aim; aiming; marksmanship*
puntiagundo *sharp-pointed*
punto *point; dot; period; place; stitch; loop*
    a la hora en punto *on the dot*
    dos puntos *colon*
    punto por punto *point by point*
    punto y coma *semicolon*
    trabajo de punto *knitting*
    No sé a punto fijo. *I don't know for certain.*
puntuación *punctuation*
puntual *punctual, prompt, on time; exact*
puntualizar *to emphasize*
puntualmente *punctually, on time*
punzada *puncture, prick; acute pain*
punzar *to prick, to stick, to puncture*
puñado *handful; a few*
puñal *dagger*
puñetazo *punch*
puño *fist; cuff; handle*
pupila *pupil*
pupilo *ward; s: day student*
pupitre *writing desk*
puré *purée, thick soup*
    puré de papas *mashed potatoes*
pureza *purity*
purga *purge, physic*
purgante *laxative, purgative*
purgatorio *purgatory*
purificar *to purify*
puro *pure; clean; plain; s: cigar*
    aire puro *pure air*
pútrido *putrid, rotten*

Q

que *that; which; who; whom; than; whether*
    el que *he who*
    Que le guste o no. *Whether he likes or not.*
¿Qué? *what? how?*
    ¿Qué es esto? *What's this?*
    ¿Qué pasa? *What's going on?*
    ¿Qué sé yo? *How do I know?*
quebrada *ravine, gorge*
quebradizo *brittle, fragile*
quebrado *broken; ruptured; s: fraction*
quebradura *fracture; rupture; hernia*
quebrantado *broken down*
    salud quebrantada *failing health*
quebrantamiento *breaking; breach*
quebrantar *to break; to crash; to trespass*
quebranto *weakness; failure; damage*
quebrar *to break; to become bankrupt*
quedar *to remain; to stop; to fit; to agree*
    quedarse con *to keep; to take*
    quedarse sin dinero *to be left penniless*
quehacer *occupation, work*
    quehaceres domésticos *housework*
queja *complaint; resentment; groan*
quejarse *to complain*
quejoso *complaining; plaintive*
quemado *burnt*
quemadura *burn*
quemar *to burn; to be very hot*
querella *complaint; quarrel*
querellarse *to complain*
querencia *affection, fondness*
querer *to wish, to want, to desire; to like; to love*
    como quieras *as you like*
    si Ud. quiere *if you like*
    Haz lo que quieras. *Do as you please.*
querido *beloved, dear; s: lover, mistress*
queso *cheese*
quien (quienes) *who, whom; which*
¿quién? (¿quiénes?) *who? whom? which?*
    ¡Quién sabe! *Who knows!*
    ¿Quién va? *Who's there?*
quienquiera *whoever, whomever*
quieto *quiet, still*
quietud *quietness, tranquillity*
quilla *keel*
química *chemistry*
químico *chemical; s: chemist*
quince *fifteen; fifteenth*
quincena *fortnight; two-week period*
quinientos *five hundred*
quinina *quinine*
quinta *country house*
quintal *quintal*
quinto *fifth*
quintuplicar *to quintuplicate*
quíntuplo *quintuple*

quiosco *kiosk, stand*
quirúrgico *surgical*
quisquilloso *touchy, too sensitive; difficult*
quitar *to remove, to take away; to rob*
    Quite el freno. *Release the brake.*
quitarse *to get rid of; to take off*
quizá, quizás *perhaps, maybe*

R

rábano *radish*
rabia *rabies; rage, anger*
rabiar *to be furious, to be angry, to rage*
rabioso *furious*
rabo *tail*
racimo *bunch, cluster*
ración *ration*
racional *rational; reasonable*
racionar *to ration*
radiador *radiator*
radiar *to radiate; to broadcast*
radical *radical*
radio *radium; radio*
radiodifusión *broadcasting*
radioemisora *broadcasting station*
radioescucha *radio listener*
radiografía *X-ray photograph*
radiograma *radiogram*
radiooyente *radio listener*
raid *raid*
raíz *root; foundation*
rajar *to split*
rajarse *to crack; to back out*
rallador *grater*
rallar *to grate*
rama *branch; chase*
ramal *strand; halter; branch; line*
ramificación *ramification*
ramillete *bouquet*
ramo *branch; line; bunch; bouquet*
rampa *ramp, slope*
rana *frog*
rancio *rancid, stale*
ranchero *rancher*
rancho *ranch; mess* (comedor); *hut; hamlet*
rango *rank; position*
ranura *slot, groove*
rapidamente *rapidly*
rapidez *rapidly*
rápido *rapid, fast, swift; s: express train*
rapiña *robbery; plundering*
raptar *to abduct, to kidnap*
rapto *kidnapping, abduction*
raqueta *racket*
raramente *seldom*
rareza *rarity*

raro *rare; unusual; odd, queer*
    raras veces *seldom*
rascacielos *skyscraper*
rascar *to scratch*
rasgo *dash; stroke; feature; characteristic; deed, feat*
    rasgo característico *outstanding feature*
    rasgo de pluma *a stroke of the pen*
rasguño *scratch*
raso *clear, plain; flat; s: satin*
    soldado raso *private*
raspador *scraper; eraser*
raspar *to scrape; to rasp; to erase*
rastrillo *rake*
rastro *track; trail; trace, sign; rake*
rata *rat*
ratero *pickpocket*
ratificación *ratification*
ratificar *to ratify, to sanction*
rato *little while; short time*
ratón *mouse*
ratonera *mousetrap*
raya *dash; stripe; part* (pelo)
rayado *striped*
rayar *to draw lines; to drawn*
rayo *ray, beam; thunderbolt; flash of lightning*
    rayo de sol *sunbeam*
    rayos X *X-rays*
raza *race*
razón *reason; cause; rate; right*
    a razón de *at the rate of*
    dar la razón *to agree with*
    no tener razón *to be wrong*
    tener razón *to be right*
razonable *reasonable, fair*
razonamiento *reasoning*
razonar *to reason; to argue*
reacción *reaction*
reaccionar *to react*
reaccionario *reactionary*
reacio *obstinate; stubborn*
real *real, actual; royal*
realidad *reality; truth*
    en realidad *in reality, actually*
reanudar *to renew, to resume*
reaparecer *to reappear*
rebaja *reduction, diminution; deduction*
rebajar *to reduce, to diminish; to lower*
rebajarse *to lower oneself*
rebanada *slice of bread*
rebanar *to slice*
rebaño *flock; herd of cattle*
rebatir *to repel; to refute*
rebelarse *to rebel; to revolt*
rebelde *rebellious; stubborn; s: rebel*
rebelión *rebellion*
rebosar *to overflow*
rebotar *to bounce, to rebound*

rebuscar *to search*
recado *message; gift; compliment; errand*
racaer *to fall back; to relapse; to devolve*
recaída *relapse*
recalcar *to emphasize, to stress*
recalentar *to heat again*
recámara *dressing room*
recapacitar *to think over; to recollect, to recall*
recargo *overload; overcharge*
recargar *to overload; to overcharge*
recatado *circumspect, prudent, cautious*
recatarse *to act carefully, to be cautious*
recaudación *collection*
recaudar *to collect*
recelar *to suspect, to distrust*
recelo *misgiving; suspicion, mistrust*
recepción *reception*
receptor *receiver*
receta *prescription; recipe*
recetar *to prescribe a medicine*
recibir *to receive, to accept*
recibirse *to graduate*
recibo *receipt*
recién *recently, lately*
   recién casado *newlywed*
reciente *recent, new, fresh; modern*
recientemente *recently*
recinto *precinct; inclosure; place*
recio *strong, vigorous; loud; thick; severe*
   de recio *strongly, violently*
recipiente *receiving; s: container*
reciprocar *to reciprocate*
recíproco *reciprocal, mutual*
   a la recíproca *reciprocally*
reclamación *reclamation; complaint*
reclamante *claimant*
reclamar *to reclaim; to claim*
reclamo *advertisement; claim*
recluir *to shut up, to confine*
recluso *imprisoned; s: recluse; convict*
recluta *recruiting; s: recruit*
reclutar *to recruit*
recobrar *to recover; to regain*
recoger *to pick up; to call for someone; to gather; to collect; to shelter*
recogerse *to retire; to go home; to take a rest*
recolección *gathering, compilation; harvest; summary*
recolectar *to gather, to harvest*
recomendable *recommendable*
recomendación *recommendation; praise*
recomendar *to recommend; to comment; to advise*
recompensa *reward, compensation*
recompensar *to recompense, to reward, to make up for*
reconciliación *reconciliation*
reconciliar *to reconcile*

reconocer *to recognize; to admit; to inspect; to consider; to appreciate*
reconocimiento *recognition; appreciation; gratitude*
reconstituyente *tonic*
reconstrucción *reconstruction*
reconstruir *to reconstruct, to rebuild*
recopilar *to compile, to collect*
record *record*
recordar *to remind*
recordatorio *reminder*
recorrer *to travel over; to look over*
recorrido *distance traveled; run, way, line*
recortar *to cut, to trim, to clip, to shorten*
recorte *clipping; outline*
recostar *to lean against*
recostarse *to lean back, to recline*
recreación *recreation, diversion, amusement*
recrear *to entertain, to amuse; to delight*
recreo *recreation, diversion, amusement*
rectángulo *rectangle*
rectificar *to rectify; to correct*
rectitud *rectitude, honesty*
recto *straight; just; upright*
rector *rector*
recuento *checking, inventory*
recuerdo *recollection, memory; souvenir*
recuperar *to recuperate, to recover*
recurrir *to appeal; to resort to; to turn to*
recurso *recourse; appeal; means*
rechazar *to reject; to refuse*
red *net; network; trap, snare*
redacción *working; editing*
redactar *to edit; to word; to write*
redactor *editor*
rededor *surroundings*
   al rededor *around*
   al rededor de *around, about, more or less*
redención *redemption; recovery*
redimir *to redeem, to buy back; to recover*
rédito *interest; revenue*
redoblar *to double; to redouble; to toll (campana)*
redondo *round*
reducción *reduction; decrease*
reducir *to reduce, to cut down; to subdue*
   reducir a polvo *to pulverize*
redundancia *redundance*
redundante *redundant*
redundar *to turn to; to result*
reelección *re-election*
reeligir *to re-elect*
reembolsar *to get a refund*
reembolso *refund*
reemplazar *to replace; to restore*
reemplazo *replacement; substitution; substitute*
reexpedir *to forward*
referencia *reference; account; report*

referente *referring; relating*
referir *to refer; to relate; to report*
referirse *to refer to*
refinado *refined; polished*
refinería *refinery*
reflector *reflecting;* s: *searchlight*
reflejar *to reflect*
reflejo *reflex; glare*
reflexión *reflection*
reflexionar *to think over; to reflect*
reflexivo *reflexive*
reforma *reform; reformation; alteration*
reformar *to reform; to correct; to alter*
reformatorio *reforming;* s: *reformatory*
reforzar *to reinforce; to strengthen*
refrán *proverb; saying*
refrenar *to restrain, to curb; to refrain*
refrendar *to legalize; to countersign*
refrescar *to refresh; to cool; to brush up*
refresco *refreshment; cold drink*
refrigerador *refrigerator*
refrigerar *to refrigerate; to cool*
refuerzo *refugee*
refugiar *to shelter*
refugiarse *to take shelter*
refugio *refuge, shelter, haven*
refunfuñar *to growl; to grumble*
regadera *sprinkler; watering can; shower bath*
regalado *free; cheap*
regalar *to make a gift; to entertain; to treat; to caress*
regalo *gift, present; good living*
regañar *to scold; to quarrel; to growl*
regaño *reprimand, scolding*
regar *to water, to irrigate*
regata *boat race, regatta*
regatear *to bargain; to dodge, to evade*
regeneracón *regeneration*
regenerar *to regenerate*
regente *regent*
régimen *regime; diet*
regimiento *regiment*
regio *royal, regal; splendid; magnificent*
región *region*
regional *regional, local*
regir *to rule, to govern; to prevail*
registrar *to inspect; to examine; to search; to register*
registro *inspection; search; record, register*
regla *ruler; rule; principle*
    por regla general as a general rule
reglamentario *usual, customary*
reglamento *rules, regulations*
regocijar *to make glad*
regocijarse *to rejoice; to be glad*
regocijo *rejoicing; pleasure*
regresar *to return; to come back*
regreso *return; coming back*

    a mi regreso on my return
regular *to regulate; to adjust*
regular *fair; moderate; medium*
    Estoy regular. I'm so-so.
regularmente *regularly*
rehabilitación *rehabilitation*
rehabilitar *to rehabilitate; to restore*
rehacer *to make over; to refit*
rehacerse *to recover; to regain strength*
rehuir *to withdraw; to avoid; to refuse*
rehusar *to refuse; to reject*
reimprimir *to reprint*
reina *queen*
reinado *reign*
reinar *to reign; to predominate; to prevail; to exist*
reincidir *to backslide*
reino *kingdom; reign*
reintegrar *to restore; to refund*
reintegrarse *to recuperate; to return*
reintegro *restitution; refund*
reír *to laugh*
    Se echó a reír. He burst out laughing.
reírse *to make fun (of); to laugh*
reiterar *to reiterate*
reja *grate; railing; iron fence*
rejuvenecer *to rejuvenate*
relación *relation, connection; report, account*
relacionado *acquainted; related; well-connected*
relacionar *to relate; to connect; to be acquainted*
relacionarse *to associate oneself with; to get acquainted*
relámpago *lightning*
relampaguear *to lighten*
relatar *to tell, to relate*
relativo *relative*
    relativo a with regard to
relato *account; statement; story*
releer *to read over again*
relieve *relief*
religión *religion*
religioso *religious*
reloj *clock; watch*
    reloj de pulsera wrist watch
relojero *watchmaker*
relucir *to shine, to sparkle, to glitter; to excel*
relumbrar *to shine; to sparkle, to glitter*
rellenar *to refill; to stuff, to pad*
relleno *stuffed, filled;* s: *stuffing*
remar *to row; to paddle*
rematar *to complete*
remate *end, conclusion; auction; liquidation*
    de remate utterly, irremediably
remedar *to imitate; to mimic*
remediar *to remedy; to help; to avoid*
remedio *remedy, medicine; resource; resort*
    sin remedio inevitable

remendar *to mend; to patch; to darn*
remesa *remittance; shipment*
remiendo *patch; repair*
remitente *remittent; s: sender, shipper*
remitir *to remit; to send, to forward, to ship*
remo *oar*
remojar *to soak; to steep; to dip*
remojo *soaking; steeping*
remolcador *tugboat; lighter* (barco)
remolcar *to tow; to haul*
remolino *whirlpool; cowlick*
remolque *towing*
   llevar a remolque *to tow*
remontarse *to date back to*
remorder *to feel remorse*
remordimiento *remorse*
remover *to remove; to stir; to dismiss*
remuneración *remuneration; reward*
remunerar *to reward; to remunerate*
renacer *to be reborn; to grow again*
rencilla *quarrel; grudge*
rencor *rancor; grudge*
rencoroso *resentful, spiteful*
rendición *rendering; surrendering*
rendido *tired, worn out, exhausted*
rendija *slit, crevice, crack*
rendir *to subdue; to surrender; to produce, to yield; to tire out*
rendirse *to give up, to surrender; to be tired*
renegado *renegade*
renglón *line*
renombre *renown, fame; surname*
renovación *renovation; renewal*
renovar *to renovate; to renew; to reform; to transform*
renta *rent; income; profit; annuity*
renuncia *resignation; renunciation, giving up*
renunciar *to renounce; to resign; to waive; to refuse*
reñir *to quarrel, to fight; to scold*
reo *guilty; s: convict*
reojo *askance*
reorganización *reorganization*
reorganizar *to reorganize*
reparable *reparable, remediable*
reparación *reparation, repair; satisfaction*
reparar *to repair; to notice; to make up for*
reparo *remark; hint; consideration; objection*
repartición *distribution; partition*
repartidor *distributor, deliveryman*
repartir *to distribute; to divide; to deliver*
reparto *distribution; delivery; cast* (teatro)
repasar *to check; to look over; to go over; to mend* (ropa)
repaso *review*
repatriar *to repatriate*
repente *sudden movement*
   de repente *suddenly, all of a sudden*

repentino *sudden*
repercusión *repercussion; reaction*
repercutir *to have a repercussion; to echo*
repetición *repetition; encore*
repetir *to repeat*
repisa *shelf*
repleto *full*
réplica *reply; answer*
replicar *to reply; to retort, to talk back*
reponer *to replace; to restore*
reponerse *to recover, to retrieve*
repórter, reportero *reporter*
reposar *to rest; to lie down*
reposarse *to settle*
reposo *rest*
reprender *to reprimand, to reprehend*
reprensión *reproach, reprimand*
representación *representation; play, performance*
representante *representing; s: representative, agent*
representar *to represent; to stage*
reprimir *to repress, to check*
reprobación *reprobation*
reprobar *to reprove, to condemn*
reprochar *to reproach*
reproducción *reproduction*
reproducir *to reproduce*
reptil *reptile*
república *republic*
republicano *republican*
repudiar *to repudiate*
repuesto *recovered; s: supply*
   de repuesto *spare, extra*
   repuestos *spare parts*
repugnante *repugnant; distasteful*
repugnar *to detest; to oppose*
repulsión *repulsion; aversion*
repulsivo *repulsive; repelling*
reputación *reputation; name*
requerimiento *request; summons*
requerir *to summon; to notify; to require*
requisito *requisite, requirement*
res *steer, cow*
   carne de res *beef*
resaltar *to rebound; to stand out; to be conspicuous*
resbaladizo *slippery*
resbalar *to slip, to slide*
resbalarse *to slip*
resbaloso *slippery*
rescatar *to ransom; to redeem*
resentirse *to begin; to give way; to fail; to resent; to hurt*
reseña *sketch; brief account*
reseñar *to outline*
reserva *reserve; reservation; caution; secret*
   sin reserva *openly*

reservadamente *secretly; confidentially*
reservado *reserved; cautious; confidential*
reservar *to reserve, to save; to keep; to conceal*
resfriado *cold*
resfriar *to cool, to cool off*
resfriarse *to catch a cold*
resfrío *cold*
resguardar *to reserve; to protect*
resguardarse *to take care of oneself*
resguardo *security*
residencia *residence*
residente *residing; resident, inhabitant*
residir *to reside; to live*
residuo *residue, remainder*
resignación *resignation; patience*
resignarse *to be resigned; to resign oneself to*
resistencia *resistance*
resistente *resistant; strong*
resistir *to resist, to hold out; to endure*
resistirse *to refuse*
resolución *resolution, determination; decision; solution*
resoluto *resolute*
resolver *to resolve, to determine, to decide; to dissolve; to settle*
resolverse *to resolve, to make up one's mind*
resonancia *resonance*
resonante *resonant, resounding*
resonar *to resound*
resorte *spring; means, resources*
respaldo *back, reserve; endorsement*
respectivamente *respectively*
respectivo *respective*
respecto *relation; respect; reference*
  al respecto *relative to*
  con respecto a *with regard to*
respetable *respectable; honorable*
respetar *to respect; to honor*
respeto *respect, regard, consideration*
  por respeto a *out of consideration for*
respetuoso *respectful, polite*
respiración *respiration, breathing*
respirar *to breathe*
respiro *respite*
resplandor *splendor; glare*
responder *to answer; to respond*
responsabilidad *responsibility*
responsable *responsible; reliable*
respuesta *answer, reply, response*
  respuesta pagada *reply prepaid*
resquebrajar *to crack, to split*
resta *subtraction; remainder*
restablecer *to restore; to re-establish*
restablecerse *to recover*
restante *remaining;* s: *remainder*
restar *to subtract, to deduct; to remain*
restauración *restoration*
restaurant, restaurante *restaurant*

restaurar *to restore; to recover*
restitución *restitution*
restituir *to restore*
resto *rest, remainder, residue; remains, leftovers*
restricción *restriction*
restringir *to restrain; to restrict, to limit*
resucitar *to resurrect; to revive*
resuelto *resolute, daring; determined; prompt*
resulta *result, effect, consequence*
  de resultas *consequently*
resultado *result, score*
resultar *to result*
  Esto no me resulta. *This doesn't suit me.*
resumen *summary; recapitulation*
resumido *abridged*
resumir *to abridge; to summarize*
resurgimiento *revival*
resurgir *to reappear*
retar *to challenge; to reprimand*
retardar *to retard, to delay*
retardo *delay*
retazo *remnant, piece* (tela)
retener *to retain; to withhold; to hold; to keep; to remember*
retirada *retreat, withdrawal*
retirarse *to go away; to retire; to retreat*
retocar *to retouch; to improve*
retoñar *to reappear; to sprout*
retoño *shoot, sprout*
retoque *retouching; finishing touch*
retorcer *to twist, to distort; to report*
retornar *to return; to repay, to reciprocate*
retorno *return; repayment; exchange*
retractor *to retract, to withdraw*
retraer *to dissuade; to draw back*
retraerse *to retire, to withdraw from*
retraído *solitary; aloof*
retraimiento *shyness; reserve; retreat; seclusion*
retrasar *to retard, to delay; to set back*
  Mi reloj se retrasa. *My watch is slow.*
retrasarse *to be late; to be backward*
retraso *delay*
  con retraso *late*
retratar *to portray; to photograph; to take a picture*
retrato *portrait; photograph; picture; image*
retribución *retribution, reward*
retribuir *to repay; to reward*
retroceder *to back up; to move backward; to draw back*
reuma, reumatismo *rheumatism*
reunión *reunion; meeting, assembly*
reunir *to gather; to collect; to bring together*
reunirse *to get together, to meet, to unite, to join*
revelación *revelation*
revelar *to reveal, to show, to disclose; to develop*
revendedor *retailer*

revender *to retail; to resell*
reventar *to burst, to blow up; to blow out; to blossom; to exhaust*
    Reventó el neumático. *The tire blew out.*
reventón *blowout; explosion*
reverencia *reverence*
reverso *reverse*
revés *reverse; wrong side; misfortune*
    Este es al revés. *This is the wrong side.*
revisar *to look over; to check; to examine*
revisión *checking, verification*
revisor *conductor*
revista *review; parade; magazine*
revivir *to revive*
revocación *revocation, repeal*
revocar *to revoke, to repeal; to cancel*
revolcar *to knock down; to confuse*
revoltoso *rebellious*
revolución *revolution*
revolucionario *revolutionary*
revolver *to revolve; to turn upside down*
revólver *revolver*
revoque *plaster*
revuelta *revolt*
revuelto *commotion, sensation*
revuelto *turned upside down*
    huevos revueltos *scrambled eggs*
rey *king*
reyerta *quarrel*
rezagar *to leave behind; to defer*
rezar *to pray*
ría *estuary*
ribera *shore; bank*
ribete *border, trimming; pretense*
rico *rich, wealthy; delicious*
ridiculizar *to ridicule*
ridículo *ridiculous; odd; queer; s: ridicule*
riego *irrigation*
riel *rail, track*
rienda *rein; restraint*
rifa *quarrel*
rifar *to raffle*
rifle *raffle*
rigidez *rigidity; sternness*
rígido *rigid; severe; hard; stern*
rigor *rigor*
riguroso *rigorous, severe; strict*
rima *rhyme*
rincón *corner; nook*
riña *quarrel, fight*
riñón *kidney*
río *river*
riqueza *wealth; fertility*
risa *laugh; laughter*
risco *cliff*
risible *laughable*
risueño *smiling; pleasing*
ritmo *rhythm*

rito *rite, ceremony*
rival *rival*
rivalidad *rivalry*
rivalizar *to compete*
rizo *curl; frizzle*
robar *to rob, to steal*
roble *oak*
robo *robbery, theft*
robusto *strong, robust*
roca *rock*
roce *friction*
rociar *to spray; to sprinkle*
rocío *dew*
rodada *rut*
rodar *to roll*
rodear *to surround, to encircle*
rodeo *turn; roundup*
rodilla *knee*
rodillo *roller; rolling pin*
roer *to nibble*
rogar *to pray; to beg, to entreat; to request*
rojo *red*
rollo *roll, list*
rollizo *plump; s: log*
romántico *romantic*
rompecabezas *riddle; puzzle*
romper *to break; to smash; to tear; to start; to begin*
ron *rum*
roncar *to snore; to roar; to brag*
ronco *hoarse*
ronda *round; patrol*
ronquido *snore; roaring*
roña *filth; dirt*
ropa *clothes*
    ropa hecha *ready-made clothes*
    ropa interior *underwear*
    ropa sucia *dirty clothes*
ropero *closet*
rosa *rose*
rosado *pink; rosy*
rosal *rosebush*
rosario *rosary*
rostro *face; countenance*
roto *torn; broken*
rotular *to label*
rótulo *label; poster, placard*
rotura *breaking; rupture; crack*
rozar *to clear; to graze*
rubí *ruby*
rubio *blond*
rubor *blush; bashfulness*
ruborizarse *to blush*
rudeza *coarseness, roughness*
rudimente *rudiment*
rudo *rude; rough; severe*
rueda *wheel*
ruego *request, petition*
    a ruego de *at the request of*

rugido *roar; rumbling*
rugir *to roar; to bellow*
ruido *noise*
> meter ruido *to make noise; to create a sensation*

ruin *mean, low*
ruina *ruin; downfall; bankruptcy*
ruinoso *in ruins*
rulseñor *nightingale*
ruleta *roulette*
rumbo *road, route*
> con rumbo a *bound for*

rumiar *to ponder*
rumor *rumor*
ruptura *rupture; breaking off*
rural *rural, rustic*
ruso *Russian*
ruta *route; course*
rutina *routine, habit*
rutinario *mechanical*

S

sábado *Saturday*
sábana *bed sheet*
saber *learning, knowledge*
saber *to know; can; to be able to; to find out*
> que yo sepa *as far as I know*
> ¿Qué sé yo? *How should I know?*
> ¡Quién sabe! *Who knows!*
> ¿Sabe la noticia? *Do you know the news?*
> ¿Sabe Ud. nadar? *Can you swim?*
> ¡Ya lo sé! *I know it!*

sabiduría *learning; knowledge, wisdom*
sabio *wise, learned;* s: *scholar*
sable *saber*
sabor *savor, taste, flavor*
saborear *to flavor; to savor*
sabotaje *sabotage*
sabroso *delicious, tasty*
sacacorchos *corkscrew*
sacar *to take out; to pull out; to get out; to draw; to remove; to publish; to win; to take; to buy*
> sacar a luz *to publish*
> sacar una copia *to make a copy*
> sacar una foto *to take a picture*

saco *sack; bag; coat*
> Quítese el saco. *Take off your coat.*

sacrificar *to sacrifice*
sacrilegio *sacrilege*
sacudida *shock; shake; beating*
sacudir *to shake; to jerk; to beat; to dust; to shake off*
sacudirse *to get rid of; to object*
saeta *arrow; shaft*
sagacidad *sagacity; shrewdness*

sagaz *sagacious; shrewd*
sagrado *sacred*
sainete *farce*
sal *salt; wit, humor; charm*
sala *living room, parlor; room*
> sala de pruebas *fitting room*

salado *witty*
salario *salary, wages*
salchicha *sausage*
salchichón *sausage*
saldo *balance, remainder; sale; bargain*
salero *salt shaker; charm*
salida *departure; exit; sale; witty remark*
> dar salida *to sell, to dispose of*
> tener salida *to sell well*

salir *to go out, to leave, to depart; to appear; to come out; to get out; to come off*
> El tren está para salir. *The train is about to leave.*
> Estas manchas no salen. *These spots don't come off.*
> Salió hace un rato. *He left a while ago.*
> Todo le salía al revés. *Everything he did went wrong.*

salirse *to leak; to overflow*
saliva *saliva*
salmón *salmon*
salón *hall; salon; parlor*
> salón de baile *dance hall*

salpicar *to splash*
salsa *sauce, gravy, dressing*
saltar *to jump, to leap; to hop; to skip; to omit*
> hacer saltar *to blow up*
> saltar a la vista *to be obvious*

salto *jump, leap; waterfall*
> de un salto *at one jump*
> salto mortal *somersault*

salud *health*
> estar bien de salud *to be in good health*
> estar mal de salud *to be in poor health*
> ¡Salud! *To your health!*

saludable *healthful, salutary; beneficial*
saludar *to salute, to greet*
> Salude a Juan de mi parte. *Give John my regards.*

saludo *salute; greetings*
> saludos a *greetings to*

salva *salvo*
salvación *salvation*
salvaje *savage; wild*
salvamento *salvage; rescue*
salvar *to salvage, to save; to avoid; to jump over*
salvarse *to escape from danger; to be saved*
salvavidas *lifesaver; life preserver; life belt*
salvedad *reserve; exception; qualification*
salvo *saved; safe; excepted; unless; but*
> en salvo *safely*
> salvo que *unless*

salvoconducto *pass, safe-conduct*
sanar *to cure; to heal; to recover*
sanatorio *sanatorium*
sanción *sanction*
sancionar *to sanction; to ratify, to confirm*
sandalia *sandal*
sandía *watermelon*
saneamiento *sanitation; surety; bail*
sanear *to drain; to improve; to indemnify*
sangrar *to bleed; to drain*
sangre *blood*
    a sangre fría *in cold blood*
sangriento *bloody*
sanidad *health*
sanitario *sanitary*
sano *sound, healthy; sane; safe*
    sano y salvo *safe and sound*
santiamén *instant; jiffy*
santo *holy, sacred;* s: *saint*
    Semana Santa *Holy Week*
saña *rage, fury, anger, passion*
sapo *toad*
saquear *to plunder*
sarampión *measles*
sarcasmo *sarcasm*
sardina *sardine*
sargento *sergeant*
sarpullido *rash*
satélite *satellite*
sartén *frying pan*
sastre *tailor*
sastrería *tailor shop, tailoring*
sátira *satire*
satírico *satirical*
satisfacción *satisfaction; pleasure*
    a satisfacción *satisfactorily*
    dar satisfacciones *to apologize*
satisfacer *to satisfy; to please; to gratify*
    satisfacer una deuda *to pay a debt*
satisfactorio *satisfactory*
satisfecho *satisfied, content*
sazón *maturity; seasoning, taste, flavor;*
    opportunity
    en sazón *in season*
se *self, oneself, himself, herself, itself, yourself,*
    yourselves, themselves; to him, to her, to it, to
    you, to them; each other, one another
    Déselo. *Give it to him.*
    Se alquila. *For rent.*
    Se conocen. *They know each other.*
    Se dice . . . *It's said . . .*
    Se engañan. *They're fooling themselves.*
    Se sabe . . . *It's known . . .*
seca *drought*
secante *blotter*
secar *to dry, to wipe*
    secar los platos *to dry the dishes*
sección *section; division; department*

seco *dry; rude; curt*
    Consérvese seco. *Keep dry.*
secretamente *secretly*
secretaria *secretary*
secretaría *secretary's office; ministry*
secreto *secret, private;* s: *secret; secrecy;*
    mystery
secuestro *kidnaping*
secundar *to second, to back up*
secundario *secondary, subsidiary*
sed *thirst; desire; craving*
    Tengo sed. *I'm thirsty.*
seda *silk*
sedería *silk goods*
sedición *sedition, mutiny*
sediento *thirsty*
seducir *to seduce; to tempt; to fascinate*
segar *to reap; to mow*
segregar *to segregate; to separate*
seguida *succession, continuation*
    en seguida *right away, immediately*
seguidamente *successively; then*
seguido *continued; straight ahead*
seguir *to follow, to continue, to go on, to keep on*
    como sigue: *as follows:*
    Siga derecho. *Keep straight ahead.*
    Sigo sin comprender. *I still don't understand.*
según *according to; just as; it depends*
    Según y conforme. *That depends.*
segundo *second*
    de segunda mano *secondhand*
    en segundo lugar *on second thought*
seguramente *certainly, surely*
seguridad *security; safely*
    para mayor seguridad *for safety's sake*
seguro *sure, safe, certain;* s: *insurance; safety*
    seguro de vida *life insurance*
    ¡Seguro! *Surely!*
seis *six; sixth*
sellar *to seal*
sello *seal; stamp*
semáforo *semaphore*
semana *week*
    a la semana *per week*
    la semana pasada *last week*
semanal *weekly*
    una revista semanal *a weekly magazine*
semanalmente *weekly; by the week; every week*
semanario *weekly; every week*
semblante *countenance; look; aspect*
sembrar *to sow; to scatter; to spread*
semejante *similar; such;* s: *fellow man*
semejanza *similarity, resemblance, likeness*
semejar *to resemble, to be like*
semestral *semi-annually*
semestre *semester*
semi *semi, half; partially*
semilla *seed*

seminario *seminary*
sempiterno *everlasting*
senado *senate*
senador *senator*
sencillez *simplicity; plainness; candor*
sencillo *simple; plain; single*
senda *path*
sendero *path*
seno *breast, bosom*
sensación *sensation*
sensacional *sensational*
sensatez *common sense*
sensato *sensible, discreet*
sensibilidad *sensibility; sensitivity*
sensible *sensitive*
    una pérdida sensible *a regrettable loss*
sensual *sensual*
sensualidad *sensuality*
sentado *seated; judicious*
sentar *to fit; to be becoming; to agree with; to seat*
    sentar plaza *to enlist*
sentarse *to sit down, to take a seat*
sentencia *sentence, verdict*
sentenciar *to sentence* **sentencioso** *sententious*
sentido *felt; offended; disgusted; s: meaning; understanding*
    en el sentido de *in the sense of*
    perder el sentido *to become unconscious*
    sin sentido *meaningless*
    Está muy sentida. *She is very much offended.*
sentimental *sentimental*
sentimiento *sentiment; feeling; opinion*
sentir *to feel; to be sorry; to grieve; s: feeling, opinion*
    dar que sentir *to hurt one's feelings*
    es de sentir *to be regrettable*
    Lo siento muchísimo. *I'm very sorry.*
    Siento no poder ir. *I'm sorry I can't go.*
sentirse *to resent; to feel; to ache*
    Me siento mal. *I don't feel well.*
seña *signal; sign*
    hacer señas *to motion, to signal*
señas *directions; address*
señal *sign; mark; signal; trace; scar*
    en señal de *as a token of*
    la señal de alarma *the alarm signal*
señalado *distinguished; noted; marked*
señalar *to mark; to signal; to point*
señor *Mr.; sir; gentleman; lord*
    los señores de Sucre *Mrs. and Mrs. Sucre*
señora *Mrs.; madam; lady*
    ¿Cómo está su señora? *How is your wife?*
señorita *Miss; Ms.; young lady*
separación *separation*
separar *to separate*
septiembre *September*
séptimo *seventh*

sepulcro *grave; tomb*
sepultura *burial; grave; tomb*
sequedad *dryness*
sequía *drought*
ser *being, creature*
    ser humano *human being*
ser *to be*
    ¿Cuánto es? *How much is it?*
    ¿Qué es Ud.? *What are you?*
    ¿Quién será? *Who can it be?*
    ¡Sé bueno! *Be good!*
serenamente *coolly; calmly*
serenar *to clear up; to calm down*
    ¡Serénese Ud.! *Calm down!*
serenata *serenade*
serenidad *serenity; coolness*
sereno *serene, calm, clear; s: dew*
serie *series*
seriedad *seriousness, reliability*
serio *serious; earnest*
    tomar en serio *to take seriously*
sermón *sermon*
serpiente *serpent*
servicial *serviceable; obliging*
servicio *service; favor; setting*
    de servicio *on duty*
    servicio de mesa *table service*
servidor *servant, waiter*
    ¡Servidor de Ud.! *At your service!*
servir *to serve; to do a favor; to be useful; to wait on*
    No sirve. *It's no good.*
    Sírvase. *Please.*
sesenta *sixty; sixtieth*
sesgo *sloped, oblique; s: slope, slant*
sesión *session; meeting*
seso *brain; brains*
    perder el seso *to lose one's head*
seta *mushroom*
setecientos *seven hundred*
setenta *seventy; seventieth*
seudónimo *pseudonym*
severidad *severity; strictness*
severo *severe; strict*
sexo *sex*
sexto *sixth*
si *if; whether*
    por si acaso *in case*
    si Ud. gusta *if you like*
    No estoy seguro que vaya. *I'm not sure if I'll go.*
sí *yes; p: himself, herself, itself, oneself, yourself, yourselves, themselves; s: consent; assent*
    dar el sí *to give one's consent*
    Creo que sí. *I think so.*
    Lo quiere para sí. *He wants it for himself.*
SIDA *AIDS*
sidra *cider*

siega *harvest*
siembra *sowing*
sien *temple*
sierra *saw; sierra; mountain range*
siesta *nap*
siete *seven; seventh*
sigilo *seal; secrecy; discretion; caution*
sigiloso *reserved*
siglo *century; age*
   el Siglo de Oro *the Golden Age*
significación *meaning; significance*
significado *significant;* s: *significance, meaning*
significar *to mean, to signify*
signo *sign; mark*
siguiente *following; next*
   al día siguiente *on the following day*
   lo siguiente: *the following:*
sílaba *syllable*
silbar *to whistle; to hiss; to boo*
silbido *whistling*
silencio *silence*
silencioso *silent, noiseless*
silvestre *wild; rustic*
silla *chair; saddle* (caballo)
sillón *armchair*
simbólico *symbolic*
simbolizar *to symbolize*
símbolo *symbol*
simétrico *symmetrical*
similar *similar, resembling*
similitud *similitude, similarity*
simpatía *sympathy; liking*
simpático *nice; pleasant*
simpatizar *to sympathize; to like*
simple *simple; plain; silly, foolish;* s: *fool*
simplemente *simply, merely*
simpleza *foolishness*
simplicidad *simplicity*
simplificar *to simplify*
simulación *simulation; fake*
simulado *simulated*
simular *to simulate*
simultáneo *simultaneous*
sin *without; besides*
   sin duda *undoubtedly*
   sin embargo *nevertheless*
   sin falta *without fail*
   sin novedad *nothing new*
sinceridad *sincerity*
sincero *sincere*
síncope *faint, fainting spell*
sincronizar *to synchronize*
sindicato *trade union; syndicate*
sinfonía *symphony*
sinfónico *symphonic*
singular *singular, unusual; exceptional; strange; odd*
   Es un hombre singular. *He's a unique man.*

singularidad *singularity, peculiarity*
siniestro *sinister; unfortunate;* s: *damage; shipwreck*
   lado siniestro *left side*
sinnúmero *a great many; too many; endless number*
sino *but; except; only; instead;* s: *fate; luck*
sinónimo *synonymous;* s: *synonym*
sintético *synthetic*
síntoma *symptom*
sintonizar *to tune in*
sinvergüenza *shameless person*
siquiera *at least; even*
   ni siquiera eso *not even that*
sirena *siren*
sirviente *servant*
sistema *system*
sistemático *systematic*
sitio *place, space, room; siege*
   hacer sitio *to make room*
situación *situation, position; circumstances; site, location*
situado *situated, located;* s: *allowance*
situar *to place, to locate, to situate*
so *under; below*
   so pena de *under penalty of*
sobar *to knead; to soften; to beat; to whip*
soberanía *sovereignty*
soberano *sovereign*
soberbia *pride; haughtiness*
soberbio *proud; haughty; magnificent*
sobornar *to bribe*
soborno *bribe*
sobra *too much, too many*
   Hay de sobra. *There's more than enough.*
sobradamente *abundantly*
sobrante *remaining;* s: *remainder, surplus, leftover*
sobrar *to have more than enough; to remain; to be left*
   sobra uno *one too many*
sobre *on; over; above; about;* s: *envelope*
   sobre las tres *at about three o'clock*
sobrecama *bedspread*
sobrecarga *to overload; to overcharge*
sobreentenderse *to go without saying*
sobrellevar *to endure*
sobremanera *excessively; exceedingly*
sobremesa *table cover; dessert*
sobrenatural *supernatural*
sobrepaga *extra pay*
sobrepasar *to exceed, to surpass*
sobreponer *to place over; to overlap*
sobresaliente *outstanding*
sobresalir *to stand out; to excel*
sobresaltar *to startle*
sobresalto *start; shock*
sobrevenir *to happen; to take place*

sobriedad *sobriety, temperance, moderation*
sobrina *niece*
sobrino *nephew*
sobrio *sober*
sociable *sociable*
social *social*
socialismo *socialism*
socialista *socialistic;* s: *socialist*
socializar *to socialize*
sociedad *society; social life; company*
 sociedad anónima *corporation*
socio *partner associate*
sociología *sociology*
socorrer *to aid, to help, to assist; to rescue*
socorro *aid, help*
soez *indecent, obscene; rude*
sofá *sofa*
sofocante *soffocating*
sofocar *to suffocate; to put out* (fuego)
soga *rope; cord*
sol *sun, sunshine*
 Hace sol. *The sun is shining.*
solamente *only*
solapa *label*
solar *lot*
soldado *soldier*
soldar *to solder; to weld*
soledad *solitude; loneliness*
solemne *solemn, serious; grave*
solemnidad *solemnity*
soler *to be unusual; to be accustomed to*
 como suele acontecer *as often happens*
solicitar *to solicit; to ask for; to apply for*
 Solicitó su mano. *He proposed to her.*
solicitud *application; request*
solidaridad *solidarity*
solidario *solidary*
solidez *solidity; firmness; soundness*
sólidio *solid; sound; strong; firm*
solitario *solitary, lonely;* s: *hermit*
solo *alone; lonely; single;* s: *solo*
 Estoy muy solo. *I'm very lucky.*
 Vive solo. *He lives alone.*
sólo *only*
 Sólo para adultos. *Adults only.*
soltar *to untie; to loosen; to let out*
 ¡No lo suelte Ud.! *Hold it!*
soltarse *to get loose; to start*
 Se soltó a correr. *He started to run.*
soltero *single, unmarried;* s: *bachelor*
soltura *ease, ability; agility; release*
soluble *soluble*
solución *solution, answer; outcome*
sollozar *to sob*
sollozo *sob*
sombra *shade; shadow; darkness*
sombrera *hatbox*
sombrerería *millinery shop*

sombrero *hat*
sombrilla *parasol*
sombrío *shady; gloomy*
someter *to subject; to subdue; to submit*
somnámbulo *sleepwalker*
son *sound; tune*
 en son de broma *as a joke*
 sin son ni ton *without rhyme or reason*
sonar *to sound; to ring; to sound familiar*
sonarse *to blow one's nose*
sondear *to sound, to find out*
sonido *sound*
sonoro *sonorous; sounding*
sonreír *to smile*
sonrisa *smile*
soñador *dreamer*
soñar *to dream*
soñoliento *sleepy, drowsy*
sopa *soup*
sopapo *slap*
sopetón *blow*
soplar *to blow; to inflate; to steal*
soplo *blowing; hint; denunciation*
soplón *informer*
sopor *stupor; drowsiness*
soportar *to stand, to endure, to bear*
sorber *to sip; to swallow; to absorb*
sorbete *sherbet, sipper*
sorbo *sip, draught, gulp*
sordera *deafness*
sordo *deaf; silent*
sordomudo *deaf-mute*
sorprender *to surprise*
sorpresa *surprise*
 de sorpresa *by surprise*
sortear *to raffle; to avoid; to evade*
sorteo *lottery, raffle*
sortija *ring; lock of hair*
sosegar *to appease; to calm; to rest*
sosiego *peace, calmness*
soso *insipid, tasteless; simple*
sospecha *suspicion*
sospechar *to suspect*
sospechoso *suspicious*
sostén *support; brassiere*
sostener *to support, to sustain, to maintain; to*
 hold
sostenido *sustained*
sostenimiento *support, maintenance; upkeep*
sótano *cellar*
su *his; her; its; their; your*
suave *soft; smooth; mild; gentle; mellow*
suavemente *smoothly; softly; gently; sweetly*
suavidad *softness; suavity*
suavizar *to soften*
subalterno *subordinate, subaltern*
subarrendar *to sublet*
subasta *auction*

subconsciente *subconscious*
subdirector *assistant director*
subdivisión *subdivision*
subido *bright; loud*
subir *to go up, to ascend, to rise; to climb; to mount; to take up; to bring up*
   subir de punto *to increase*
súbitamente *suddenly*
súbito *sudden*
   de súbito *suddenly*
subjefe *chief assistant*
subjetivo *subjective*
sublevación *insurrection, uprising*
sublevar *to stir up, to excite*
sublevarse *to revolt*
sublime *sublime*
submarino *submarine*
subordinado *subordinate*
subordinar *to subordinate*
subrayar *to underline, to emphasize*
subsanar *to rectify, to repair; to excuse*
subscribir *to subscribe*
subscripción *subscription*
subscriptor *subscriber*
subsecretario *undersecretary; assistant manager*
subsecuente *subsequent*
subsidio *subsidy, aid*
subsistencia *subsistence*
subsistente *subsistent; subsisting*
subsistir *to subsist, to exist; to last*
substancia *substance; essence*
substancial *substantial*
substanciar *to substantiate*
substancioso *substantial; juicy, nourishing*
substantivo *substantive*
substitución *substitution*
substituir *to substitute*
substituto *substitute*
substracción *subtraction*
substraer *to subtract*
subterráneo *subway*
subtítulo *subtitle*
suburbio *suburb*
subvención *subsidy*
subvencionar *to subsidize*
subyugar *to subdue, to subjugate*
suceder *to happen; to succeed; to inherit*
   ¿Qué sucedió después? *What happened next?*
sucesión *succession; estate; inheritance*
sucesivamente *successively*
sucesivo *successive*
suceso *successor*
suciedad *dirt, filth*
sucio *dirty, filthy; nasty*
sucumbir *to die; to succumb, to yield*
sucursal *subsidiary;* s: *branch, annex*
sud *south*

sudar *to sweat, to perspire*
sudeste *southeast*
sudoeste *southwest*
sudor *sweat, perspiration*
suegra *mother-in-law*
suegro *father-in-law*
suela *sole*
sueldo *salary*
suelo *soil; ground; floor*
suelto *loose; swift; free; fluent; single; odd;* s: *change*
   suelto de lengua *outspoken*
sueño *sleep; dream*
   ¿Tiene Ud. sueño? *Are you sleepy?*
suero *serum*
suerte *chance; lot; fortune; luck; manner*
   de la misma suerte *the same way*
   de suerte que *so that*
   mala suerte *bad luck*
   ¡Buena suerte! *Good luck!*
suficiencia *sufficiency; capacity*
suficiente *enough; sufficient*
sufijo *suffix*
sufragar *to pay; to aid*
sufragio *suffrage, vote; aid*
sufrido *patient, enduring; practical* (color)
sufrimiento *suffering*
sufrir *to suffer, to stand*
sugerir *to suggest; to hint*
sugestión *suggestion; hint*
sugestionar *to influence*
sugestivo *suggestive*
suicida *suicide*
suicidarse *to commit suicide*
suicidio *suicide*
sujetapapeles *paper clip*
sujetar *to fasten; to hold; to subdue, to subject*
sujeto *subject, liable, likely;* s: *subject*
   estar sujeto a *to be subject to*
suma *sum, amount; addition*
   en suma *in short*
   una suma crecida *a large sum of money*
sumamente *extremely, exceedingly*
sumar *to add; to sum up*
   sumarse a *to join*
sumario *summary;* s: *summary*
sumergir *to submerge*
sumidero *sewer, drain; sink*
suministrar *to supply, to furnish*
suministro *supply*
sumisión *submission, resignation, obedience*
sumiso *submissive, obedient*
sumo *high, great*
   a lo sumo *at the most*
   con sumo gusto *with the greatest pleasure*
suntuosidad *sumptuousness*
suntuoso *sumptuous, magnificent*
supeditar *to subject*

superar *to exceed, to excel, to surpass; to overcome*
superchería *deceit, fraud*
superficial *superficial*
superficialidad *superficiality*
superficie *surface; area*
superfluo *superfluous*
superintendente *superintendent; supervisor*
superior *superior, better; higher, above;* s: *superior*
    labio superior *upper lip*
superioridad *superiority; higher authority*
superstición *superstition*
supersticioso *superstitious*
superviviente *survivor*
suplantar *to supplant; to displace*
suplementario *supplementary*
suplemento *supplement*
suplente *substituting, replacing, alternate*
súplica *request; petition*
suplicación *supplication; request; petition*
suplicar *to beg, to implore*
suplicio *ordeal; torture; execution*
suplir *to supply; to make up; to substitute*
suponer *to imagine, to suppose, to surmise; to expect*
suposición *supposition, conjecture; assumption; falsehood*
supremacía *supremacy*
supremo *supreme*
supresión *suppression*
suprimir *to suppress; to abolish; to omit; to leave out*
supuesto *supposed, assumed;* s: *supposition, assumption*
    por supuesto *of course*
sur *south*
surco *furrow; wrinkle* (tela)
surgir *to arise; to appear*
surtido *assorted;* s: *assortment; stock; supply*
    un surtido selecto *a selection*
surtidor *jet; spout*
surtir *to supply, to furnish*
susceptibilidad *susceptibility*
susceptible *susceptible; sensitive to*
suscitar *to stir up, to excite*
susodicho *above-mentioned; aforesaid*
suspender *to suspend, to discontinue; to postpone, to adjourn*
    suspender los pagos *to stop payment*
suspensión *suspension; cessation; stop*
suspensivo *suspensive*
suspenso *suspended, hung;* s: *suspense*
    en suspenso *pending*
suspicacia *suspicion; distrust*
suspicaz *suspicious; distrustful*
suspirar *to sigh*
    suspirar por *to crave for*

suspiro *sigh*
sustentar *to support, to sustain; to feed*
sustento *maintenance, support*
susto *fright*
    dar un susto *to scare*
sutil *subtle*
sutileza *sublety*
suya, suyo, suyas, suyos *yours; his; hers; its; theirs;* s: *view, way*
    salirse con la suya *to have one's way*
    una amiga suya *a friend of hers*
    ¿Cómo está Ud. y los suyos? *How are you and your family?*
    Es el suyo. *It's yours.*

T

tabaco *tobacco*
tabaquería *cigar store*
tabique *partition*
tabla *table; board; stage*
tablado *platform; stage; scaffold*
tablero *panel, board*
tableta *tablet*
tablilla *slab; bulletin board*
taburete *stool*
tacañería *stinginess*
tacaño *stingy, miserly*
tácito *tacit*
taciturno *taciturn*
taco *plug; stopper; pad*
tacón *heel*
táctica *tactics*
tacto *touch; tact; skill; feeling*
tacha *fault, blemish*
tachar *to find fault with; to erase; to cross out*
tachuela *tack*
tajada *slice, cut*
tajo *cut, incision*
tal *such; so; as*
    tal para cual *two of a kind*
    tal vez *maybe*
    No hay tal. *There is no such thing.*
    ¿Qué tal? *How are you?*
taladrar *to drill, to bore*
taladro *drill, bore*
talar *to fell; to destroy*
talco *talcum; tinsel*
talego *bag, sack*
talento *talent; cleverness*
talón *stub, receipt; check; heel*
talonario *stub; checkbook*
talla *stature, size; sculpture; engraving*
tallador *engraver*
tallar *to carve; to engrave*
talle *waist; size; shape; figure*

taller *workshop*
    taller de sastre *tailor shop*
tallo *stem; stalk*
tamaño *size*
    de gran tamaño *very large*
    de poco tamaño *small*
    ¿De qué tamaño es? *What size is it?*
también *also, too; as well; likewise*
    yo también *I also*
tambor *drum*
tamiz *sifter*
tamizar *to sift*
tampoco *neither*
    Eso no me gusta.--A mí tampoco. *I don't like it.--Neither do I.*
tan *so; as; so much; as well; as much*
    tan bien *so well, as well*
    tan largo tiempo *such a long time*
    tan mal *so bad, as bad*
tanda *rotation; turn; shift* (obreros)
tanque *tank*
tantear *to measure; to try; to estimate*
tanteo *estimate; score*
tanto *so much, as much, so;* s: *score*
    algún tanto *somewhat*
    entre tanto *meanwhile*
    ni tanto, ni tan poco *neither too much nor too little*
    otros tantos *just as many*
    tanto como *as much as*
    tanta gente *so many people*
    ¡Lo siento tanto! *I'm so sorry.*
tapa *cover, lid, cap*
tapadera *cover, lid*
tapia *fence*
tapicería *tapestry; upholstery*
tapiz *tapestry*
tapizar *to upholster*
tapón *cork; plug*
taponar *to plug*
taquígrafo *stenographer*
taquilla *ticket window*
tardanza *slowness, delay*
tardar *to delay; to be late; to be slow*
    a más tardar *at the latest*
    No tardará en volver. *He'll be back before long.*
tarde *late;* s: *afternoon*
    en la tarde *in the afternoon*
    Más vale tarde que nunca. *Better late than never.*
tardío *tardy, late; slow*
tardo *slow; sluggish; dull*
tarea *job, task, work, homework* (escuela)
tarifa *tariff, rate; fare*
tarjeta *card*
    tarjeta de visita *calling card*
    tarjeta postal *post card*

tarro *jar; can; pot*
tartamudear *to stammer, to stutter*
tartamudo *stammering, stuttering; stammerer, stutterer*
tasa *appraisal, measure, valuation*
tasar *to appraise, to value*
tatarabuela *great-great-grandmother*
tatarabuelo *great-great-grandfather*
tataranieta *great-great-granddaughter*
tataranieto *great-great-grandson*
tatuaje *tattoo*
tatuar *to tattoo*
tauromaquia *bullfighting*
taxi *taxi, taxicab*
taza *cup; bowl*
te *you; to you; yourself*
té *tea*
teatral *theatrical*
teatro *theater; playhouse*
tecla *key*
teclado *keyboard*
técnica *technique*
técnico *technical;* s: *technician*
techo *roof; ceiling*
tedio *boredom, tediousness*
tedioso *tiresome, tedious*
teja *tile*
tejado *roof*
tejer *to weave; to knit*
tejido *texture; fabric; tissue*
tela *cloth, material; web*
telaraña *cobweb*
telecomunicaciones *telecommunications*
telefonear *to phone*
telefónico *telephone*
    cabina telefónica *telephone booth*
    guía telefónica *telephone book*
telefonista *telephone operator*
teléfono *telephone*
telegrafiar *to telegraph, to wire*
telegrafista *telegraph operator*
telégrafo *telegraph*
telegrama *telegram*
telemercado *telemarketing*
televisión *television*
telón *curtain*
tema *theme; subject*
temblar *to tremble, to shake; to shiver*
temblor *trembling, tremor; earthquake*
temer *to fear, to dread, to be afraid*
temerario *reckless, rash*
temeridad *temerity, recklessness*
temeroso *timid, fearful, afraid*
temible *dreadful, terrible*
temor *fear, dread*
temperamento *temperament, temper, nature*
temperatura *temperature*
tempestad *tempest, storm*

templado *temperate, lukewarm*
templo *temple; church*
temporada *season; period*
temporal *temporary; s: storm*
temprano *early*
tenacidad *tenacity*
tenaz *tenacious; stubborn*
tenazas *pincers, tongs, pliers*
tender *to hang; to stretch out; to spread out*
tendero *storekeeper*
tenebroso *dark; gloomy*
tenedor *fork; holder*
teneduría *bookkeeping*
tener *to have, to possess; to keep; to hold, to contain; to take*
    tener en cuenta *to bear in mind*
    tener lugar *to take place*
    tener prisa *to be in a hurry*
    No tenga Ud. miedo. *Don't be afraid.*
    ¿Qué edad tiene Ud.? *How old are you?*
    Tengo hambre. *I'm hungry.*
    Tengo mucho frío. *I'm very cold.*
    Tengo que irme. *I have to go.*
    Tengo sed. *I'm thirsty.*
tenis *tennis*
tensión *tension; voltage*
tentación *temptation*
tentar *to touch, to feel; to tempt; to try, to attempt*
tentativa *attempt*
tenue *tenuous, thin, delicate*
teñir *to dye*
teoría *theory*
teórico *theoretical*
tercer *third*
tercero *third; s: mediator, intermediary*
tercio *one third*
terciopelo *velvet*
terco *stubborn, headstrong*
terminación *termination, ending*
terminar *to end, to terminate, to finish*
término *term; manner; end; word; boundary*
    en un término medio *on an average*
termómetro *thermometer*
ternera *veal*
ternero *calf*
ternura *tenderness; fondness*
terrateniente *landowner*
terraza *terrace*
terremoto *earthquake*
terreno *land; soil; field*
terrible *terrible, dreadful*
territorio *territory*
terrón *lump*
terror *terror*
tesis *thesis*
tesorería *treasury*
tesorerío *treasury*

tesorero *treasurer*
tesoro *treasure*
testamento *testament, will*
testar *to make a will, to bequeath*
testarudo *stubborn, obstinate*
testigo *witness*
testimonio *testimony, evidence, deposition*
tetera *teapot*
textil *textile*
texto *text*
tez *complexion, skin*
ti *you*
tía *aunt*
tibio *lukewarm, indifferent*
tiburón *shark*
tiempo *time; tense; weather; tempo*
    darse buen tiempo *to have a good time*
    El tiempo es oro. *Time is money.*
    Hace mal tiempo. *The weather's bad.*
    Hace mucho tiempo. *It's been a long time.*
tienda *store, shop; tent*
tierno *tender; soft; affectionate; young*
tierra *earth; soil; land; ground; native country*
    en tierra *on land, ashore*
tieso *stiff, hard; firm; stubborn*
tiesto *flowerpot*
tijeras *scissors*
timador *swindler*
timar *to swindle, to cheat*
timbre *stamp, seal; tone*
timidez *timidity; shyness*
tímido *timid; shy*
tina *bathtub*
tino *skill; judgment, tact*
tinta *ink; dye*
tinte *dye; tint; hue*
tintero *inkwell*
tintorería *dry cleaner's shop*
tintorero *dry cleaner*
tintura *dyeing; tint; dye*
    tintura para el pelo *hair dye*
tío *uncle*
típico *typical, characteristic; s: fellow*
tipo *type; rate; standard*
tipografía *printing; printing shop*
tipógrafo *printer, typesetter*
tira *strip; stripe*
tirabuzón *corkscrew; curl of hair*
tirada *edition, issue, printing; distance; stretch*
tiranía *tyranny*
tirano *tyrant*
tirante *strained; tight; s: suspenders*
tirar *to throw, to toss, to cast; to shoot; to pool; to draw; to print*
    tirar los dados *to shoot dice*
tiritar *to shiver*
tiro *shot; throw; fling; ranch; reach*
tísico *consumptive*

títere *puppet*
titubear *to hesitate; to doubt*
titular *to title, to entitle;* s: *head; holder; headline*
título *title; diploma; degree; heading; headline; inscription; shares*
toalla *towel*
tobillo *ankle*
tocador *dressing table*
tocante *touching, respecting, concerning*
tocar *to touch; to play* (instrumento); *to ring; to toll; to concern; to interest*
    Le toca jugar. *It's your turn to play.*
    ¡No tocar! *Don't touch.*
    Toque el timbre. *Ring the bell.*
tocino *bacon*
todavía *yet, still*
todo *all; each, every; the whole; everything; everyone*
    todo el año *all year around*
    todo el día *all day long*
    todos los días *everyday*
    una vez por todas *once and for all*
toldo *owning*
tolerable *tolerable*
tolerancia *tolerance*
tolerante *tolerant*
tolerar *to tolerate*
toma *seizure, capture; dose; tap; intake*
tomar *to take; to get; to seize*
    tomar el pelo *to make fun of*
    ¿Qué toma Ud.? *What will you have?*
tomate *tomato*
tomo *volume*
ton *tone*
tonel *barrel, cask*
tonelada *ton*
tónico *tonic*
tono *tone; tune; accent; manner; conceit; shade*
tontería *foolishness, nonsense*
tonto *silly, stupid, foolish;* s: *fool*
tope *top; butt; stop*
toque *touch; ringing; call*
torcedura *twisting; sprain*
torcer *to twist; to turn; to sprain; to distort*
torcido *twisted, crooked*
toreo *bullfighting*
torear *to fight bulls in the ring*
torero *bullfighter*
tormenta *storm, tempest*
tormentoso *stormy*
tornar *to return; to repeat; to change*
torneo *tournament*
tornillo *screw*
torno *winch; spindle*
toro *bull*
toronja *grapefruit*
torpe *clumsy, awkward; slow*

torpeza *clumsiness, awkwardness*
torre *tower*
torrente *torrent*
torrido *torrid*
torta *cake*
tortilla *omelet*
tórtola *dove*
tortuga *turtle*
tortura *torture*
torturar *to torture*
tos *cough*
tosco *rough, coarse*
toser *to cough*
tostada *toast*
tostado *toasted; tanned*
tostar *to toast; to roast; to tan*
total *total, whole*
tóxico *toxic, poisonous;* s: *poison*
traba *obstacle, hindrance*
trabajador *hardworking, industrious;* s: *worker, laborer*
trabajar *to work, to labor*
trabajo *work, labor, toil; workmanship; trouble, hardship*
    sin trabajo *unemployed*
tradición *tradition*
tradicional *traditional*
traducción *translation*
traducir *to translate*
traductor *translator*
traer *to bring, to carry; to wear*
    traer a cuento *to bring into the conversation*
traficante *trading; trader*
traficar *to traffic, to trade, to do business*
tráfico *traffic, trading; trade*
tragaluz *skylight*
tragar *to swallow*
tragedia *tragedy*
trágico *tragic*
trago *gulp; drink*
traición *treason*
traicionar *to betray*
traidor *treacherous;* s: *traitor*
traje *suit; dress, gown*
    traje de baño *bathing suit*
    traje de etiqueta *evening dress*
trajinar *to carry, to convey; to trouble about*
trama *web; plot, conspiracy*
tramar *to plot*
tramitar *to conduct, to transact*
trámite *transaction; procedure, formalities*
trampa *trap; fraud*
tramposo *deceitful;* s: *cheater*
tranca *crossbar*
tranquilida *tranquility, quietness*
tranquilizar *to calm*
tranquilo *quiet, calm; at ease*
transacción *transaction; compromise*

transatlántico *transatlantic;* s: *liner* (vapor)
transbordar *to transfer, to change*
transbordo *transfer*
transcurrir *to pass; to elapse*
transcurso *pause, lapse*
transferencia *transfer*
transformación *transformation*
transformador *transforming;* s: *transformer*
transformar *to transform*
transfusión *transfusion*
transitar *to pass by; to walk along; to travel*
tránsito *traffic; transit; transition*
transitorio *transitory*
transmisor *transmitter; transmitting*
transmitir *to transmit; to convey*
transparente *transparent; window shade*
transpiración *perspiration*
transportar *to transport, to convey*
transporte *transport; transportation*
tranvía *streetcar*
trapo *rag*
tras *after, behind; besides*
transcendencia *importance*
trasladar *to move, to transport, to transfer; to postpone; to transcribe, to translate*
traspasar *to cross; to transfer; to trespass*
traspié *slip; trip*
trasquilar *to clip; to shear*
trastienda *back room*
trasto *trash*
trastornar *to turn upside down; to upset, to disturb, to disarrange*
trastorno *upsetting, disturbance*
tratable *sociable*
tratado *treaty; treatise*
tratamiento *treatment*
tratar *to treat, to deal; to try; to discuss*
    tratándose de Ud. *in your case*
trato *treatment; agreement, deal*
través *bias; misfortune; crossbeam*
travesía *crossing; voyage*
travesura *mischief, prank, trick*
travieso *mischievous, naughty*
trayecto *distance, stretch; route*
trayectoria *trajectory*
trazar *to draw; to plan, to outline*
trebol *clover*
trece *thirteen; thirteenth*
trecho *distance*
tregua *trust*
treinta *thirty; thirtieth*
tren *train; equipment; ostentation*
trenza *braid*
trenzar *to braid*
trepar *to climb; to creep*
tres *three; third*
trescientos *three hundred; three hundredth*
treta *trick*

triángulo *triangle*
tribu *tribe*
tribuna *platform; grandstand*
tribunal *court*
trigo *wheat*
trillar *to thresh*
trimestral *quarterly*
trimestre *quarter*
trinchar *to carve*
trinchera *trench*
trineo *sleigh, sled*
trío *trio*
triple *triple*
tripulación *crew*
tripular *to equip*
triste *sad, gloomy*
tristeza *sadness, gloom*
triturar *to grind, to pound*
triunfal *triumphal*
triunfar *to triumph, to succeed*
triunfo *triumph; trump card*
trocar *to change; to barter*
trofeo *trophy; price*
trompa *trunk*
trompeta *trumpet*
trompo *top*
tronar *to thunder*
tronco *trunk; log; stem*
trono *throne*
tropa *troop*
tropezar *to stumble, to trip; to come across; to run into*
tropical *tropical*
trópico *tropic*
trozo *bit, piece, morsel*
truco *trick*
trucha *trout*
tu *your*
tú *you*
tubería *pipeline; tubing*
tubo *tube; pipe*
tuerca *nut; bolt*
tulipán *tulip*
tullido *crippled*
tumba *tomb, grave*
tumor *tumor*
tumulto *tumult*
túnel *tunnel*
turba *mob, crowd*
turbante *turban*
turbar *to disturb, to upset; to embarrass*
turismo *tourism*
    agencia de turismo *travel agency*
turnar *to alternate, to take turns*
turno *turn*
tutela *guardianship; tutelage*
tutor *tutor; guardian*
tuya, tuyo, tuyas, tuyos *yours*
    los tuyos *yours*

U

últimamente *lately*
ultimátum *ultimatum*
último *last; latest; late; later; final; lowest*
    a última hora *at the last moment*
    última moda *latest style*
un *a, an; one*
    un poco *a little*
una *a, an; one; someone; some, a few*
    una vez *once*
    unas veces *sometimes*
ungüento *ointment, liniment*
únicamente *only; simply; nearly*
único *only; singular, unique; alone*
unidad *unity; conformity; unit*
unido *united, joined*
unificar *to unify*
uniforme *uniform*
uniformidad *uniformity*
unión *union, unity; joint*
unir *to unite, to join together*
unirse *to merge, to become united*
universal *universal*
universidad *university*
universitario *collegiate*
universo *universe*
uno *one, someone; some, a few*
    cada uno *each one*
    uno a uno *one by one*
    uno y otro *both*
    unos cuantos *some, a few*
untar *to grease, to rub; to bribe*
unto *grease, fat*
uña *nail; claw; hoof*
urbanidad *urbanity; good manners*
urbane *urban; refined; polite*
urbe *large city*
urdir *to plot, to scheme*
urgencia *urgency, pressure*
urgente *urgent*
urgir *to urge, to be pressing*
usado *used; secondhand; worn out*
usar *to use, to wear; to be accustomed to*
uso *use, usage; wearing; wear*
    en buen uso *in good condition*
    para uso externo *for external use*
usted *you*
ustedes *you*
usual *usual, customary*
usura *usury*
usurero *usurer, moneylender*
usurpación *usurpation*
utensilio *utensil*
útil *useful, profitable; s: implement; tools, equipment*
utilidad *utility, usefulness; profit*
utilizar *to utilize*
uvas *grapes*

V

vaca *cow*
vacación *vacation, holiday*
vacante *vacant; s: vacancy*
vaciar *to empty; to cast, to mold*
vacilación *hesitation*
vacilar *to vacillate, to waver, to hesitate*
vacío *empty, vacant; s: void, vacuum*
vacuna *vaccination; vaccine*
vacunar *to vaccinate*
vadear *to ford*
vado *ford*
vagabundo *vagabond, tramp*
vagar *to roam, to wander about; to be idle*
vagón *coach, car, wagon; freight car*
vahído *vertigo, dizziness*
vaho *exhalation; vapor, steam*
vajilla *china, dinner set, table service*
vale *promissory note; voucher; IOU*
valer *to be worth; to amount to; to be valid, to hold good*
    Más valiera . . . *It would be better . . .*
    Vale la pena. *It's worth while.*
valerse *to avail oneself of; to make use of*
valeroso *courageous, brave, valiant*
validar *to make valid*
validez *validity*
valija *suitcase; valise; grip; sack; mailbag*
valioso *valuable; of great influence*
valor *value; price; courage, valor; bond; share*
    sin valor *worthless*
valorar *to value, to appraise*
valuar *to rate; to price; to appraise; to value*
válvula *valve*
valla *fence; obstacle*
valle *valley*
vanamente *vainly; in vain*
vanguardia *vanguard*
vanidad *vanity*
vanidoso *vain, conceited*
vano *vain; of no use*
vapor *vapor, steam; steamer* (barco)
vaquero *cowboy*
vara *rod, pole; stick; twig*
varar *to be stranded; to launch*
variable *variable, changeable*
variación *variation, change*
variar *to vary, to change*
variedad *variety*
varón *man, male*
varonil *manly*
vaselina *vaseline*
vasija *vessel*
vaso *glass*
vástago *stem; shoot, offspring*
vasto *vast, immense*
vaticinar *to forecast, to predict, to foretell*

vaticinio *forecast, prediction*
vecindad *vicinity, neighborhood*
vecindario *neighborhood*
vecino *neighbor; resident*
veda *prohibition; interdiction by law*
vegetación *vegetation*
vegetal *vegetal,* s: *vegetable*
vegetariano *vegetarian*
vehemencia *vehemence*
vehemente *vehement*
vehículo *vehicle*
veinte *twenty; twentieth*
veintena *a group of twenty, a score*
vejez *old age*
vela *candle; vigil, watch; wake; sail, sailboat;*
    nightwork
velador *watchman; lamp table; lampstand*
velar *to watch, to keep vigil; to veil; to work at*
    night
velo *veil*
velocidad *velocity, speed; gear*
veloz *swift, fast*
vello *hair*
velludo *hairy, shaggy*
vena *vein*
venado *deer; venison*
vencedor *victorious;* s: *winner, victor*
vencer *to vanquish; to conquer*
vencerse *to control oneself*
vencido *defeated; due*
    Me doy por vencido. *I give up.*
vencimiento *maturity; falling due; expiration;*
    victory
venda *bandaging*
vendaje *bandage*
vendar *to bandage*
vendedor *seller, trader, dealer*
vender *to sell*
    vender al pormenor *to sell retail*
    vender por mayor *to sell wholesale*
veneno *venom, poison*
venenoso *venomous, poisonous*
venerable *venerable*
veneración *veneration*
venerar *to venerate*
vengador *avenger*
venganza *vengeance*
vengar *to avenge, to revenge*
venir *to come; to fit; to suit*
    venir al pelo *to fit the case*
    venga lo que venga *come what may*
venta *sale; selling*
ventaja *advantage; profit; odds; handicap*
ventana *window; nostril*
ventanilla *ticket window*
ventilación *ventilation*
ventilador *ventilator; electric fan*
ventilar *to ventilate, to air; to winnow; to discuss*

ventura *happiness; fortune, chance, venture*
venturoso *lucky, fortunate*
ver *to see; to look at; to look into;* s: *sight;*
    seeing; look; opinion
    hacer ver *to show*
    verse *to see each other; to be seen; to find*
        oneself
    Vamos a ver. *Let's see.*
    Ya se ve. *It's obvious.*
verano *summer*
veras *truth, reality; earnestness*
    de veras *of course*
veraz *truthful*
verbal *verbal, oral*
verbo *verb*
verdad *truth*
    ¿Verdad? *Isn't it?, Don't you?, Is that so?,*
        etc.
verdaderamente *truly, really, in fact, indeed*
verdadero *true, real; sincere*
verde *green; immature; unripe*
verdura *green; vegetables*
vereda *path, trail; sidewalk*
veredicto *verdict*
vergonzoso *bashful, shy; shameful, disgraceful*
vergüenza *shame, disgrace*
verídico *truthful, veracious*
verificación *verification*
verificar *to check up, to verify; to take place*
verosímil *likely, probable; credible*
verja *grate; iron gate*
versión *version*
verso *verse, poetry, poem*
vertical *vertical*
vértice *top, highest point*
vértigo *dizziness*
vestíbulo *hall; lobby*
vestido *dressed;* s: *dress; garment; clothing*
vestir *to dress; to put on; to cover*
vestirse *to get dressed; to wear*
veterano *veteran*
veto *veto*
vez *time; turn*
    de una vez *at once*
    dos veces *twice*
    muchas veces *often*
    otra vez *again*
    rara vez *seldom*
    una vez *once*
vía *road, way, track, line*
    vía aérea *airway*
viajar *to travel*
viaje *trip, voyage, journey, travel*
    viaje redondo *round trip*
viajero *traveler, passenger*
víbora *viper*
vibración *vibration*
vibrar *to vibrate, to throb*

viciar *to spoil; to corrupt*
vicio *vice; habit; defect*
víctima *victim*
victoria *victory*
victorioso *victorious*
vida *life; living*
    dar mala vida *to mistreat, to abuse*
    ganarse la vida *to earn a living*
video *video*
    grabadora de video *video recorder*
vidriera *show case; show window*
vidrio *glass*
viejo *old, ancient; worn out*
viento *wind; scent; airs*
viernes *Friday*
viga *beam*
vigésimo *twentieth*
vigilancia *vigilance*
vigilante *vigilant;* s: *watchman*
vigilar *to watch over; to look after*
vigilia *vigil; fast; eve*
vigor *vigor, strength*
vigoroso *vigorous, strong*
vil *mean, low, vile*
vileza *meanness*
villa *village; villa*
vinagre *vinegar*
vino *wine*
    vino tinto *red wine*
viña *vineyard*
violar *to violate; to offend; to rape*
violencia *violence*
violento *violent*
violeta *violet*
violín *violin*
violinista *violinist*
virar *to turn*
viril *manly, virile*
virilidad *virility*
virtud *virtue*
visar *to stamp; to approve*
visibilidad *visibility*
visible *visible*
visión *vision, revelation; sight*
visita *visit, call*
visitar *to visit, to call on*
víspera *eve*
vista *sight, view; plans, looks, trial; customhouse officer*
    a la vista *on sight*
    Hasta la vista. *See you soon.*
visto *seen; obvious, clear*
    nunca visto *unheard of*
vistoso *beautiful; showy, dressy*
visual *visual*
viuda *widow*
viudo *widower*
viva *long live! Hurrah!*

¡Viva Méjico! *Long live Mexico!*
vivamente *vividly; deeply; very much*
vivero *nursery*
viveza *liveliness; vividness*
vivir *to live; to last;* s: *life, living*
    vivir para ver *to live and learn*
vivo *living, alive; lively; smart*
vocablo *word; term*
vocabulario *vocabulary*
vocación *vocation*
vocal *vocal, oral;* s: *vowel*
volante *steering wheel* (automóvil); *pamphlet*
volar *to fly; to blow up; to blast*
volcán *volcano*
volcar *to turn upside down*
voltear *to tumble; to roll over*
volubilidad *volubility*
voluble *voluble; fickle; changeable*
volumen *volume; size, bulk*
voluminoso *voluminous, bulky*
voluntad *will, desire; consent*
    de buena voluntad *willingly*
    última voluntad *last will*
voluntariamente *voluntarily*
voluntario *voluntary, willing*
voluptuoso *voluptuous*
volver *to turn; to come back, to return; to put back*
    volver en sí *to recover one's senses*
    Vuelva la página. *Turn the page.*
    Vuelva mañana. *Come back tomorrow.*
volverse *to become*
voracidad *voracity*
voraz *voracious*
vos *you*
vosotras, vosotros *you*
votación *voting*
votante *to vote; elector*
votar *to vote; to vow*
voto *vote; ballot; vow; wish*
voz *voice; word; rumor*
    a media voz *in an undertone*
    en voz alta *aloud*
vuelco *tumble*
vuelo *flight; fullness* (vestido)
vuelta *turn, turning; return, reverse, back; walk*
    dar una vuelta *to take a walk*
vuelto *money, change*
    Quédese con el vuelto. *Keep the change.*
vuestra, vuestro, vuestras, vuestros *your, yours*
    Es el vuestro. *It's yours.*
vulgar *vulgar; common, ordinary*
vulgaridad *vulgarity*
vulgo *mob*
vulnerable *vulnerable*

Y

y *and*
ya *already, now, finally*
   ya lo creo *of course*
   Ya es tarde. *It's late.*
   Ya veremos. *We'll see.*
   Ya voy. *I'm coming.*
yema *bud; shoot; yolk* (huevo): *fingertip*
yerba *herb; weed; grass*
yermo *waste; desert*
yerno *son-in-law*
yerro *error, mistake, fault*
yeso *cast*
yo *I*
yodo *iodine*
yugo *yoke; bondage, slavery*
yute *jute*

Z

zafar *to get rid of*
zaguán *hall; foyer*
zalamería *flattery*
zanahoria *carrot*
zancada *stride*
zanja *ditch*
zanjar *to ditch; to settle in a friendly manner*
zapatería *shoe store; shoemaker's; shoemaking*
zapatero *shoe dealer, shoemaker*
zapatilla *slipper; pump* (zapato)
zapato *shoe*
zarpar *to sail*
zodíaco *zodiac*
zorro *fox*
zumbar *to ring*
zumo *juice*
   zumo de limón *lemon juice*
zurdo *left-handed*

LISTA DE NOMBRES PROPIOS

Adolfo *Adolf*
Alberto *Albert*
Alejandro *Alexander*
Alfonso *Alphonse*
Alfredo *Alfred*
Alicia *Alice*
Ana *Ann, Anne, Anna*
Andrés *Andrew*
Antonio *Anthony*
Arturo *Arthur*

Bernardo *Bernard*

Carlos *Charles*
Carlota *Charlotte*
Carmen *Carmen*
Carolina *Caroline*
Catalina *Katherine, Catharine, Kay, Kate*
Clara *Clara, Claire*

Diego *James*
Dorotea *Dorothy*

Eduardo *Edward*
Elena *Helen, Ellen*
Emilia *Emily*
Enrique *Henry*
Ernesto *Ernest*
Eva *Eve, Eva*

Federico *Frederick*
Felipe *Philip*
Fernando *Ferdinand*
Francisco *Francis*

Guillermo *William*

Inés *Agnes, Inez*
Isabel *Elizabeth, Isabel*

Jaime *James*
Javier *Xavier*
Jesús *Jesus*
Jorge *George*
José *Joseph*
Josefa, Josefina *Josephine*
Juan *John*
Juana *Jane, Joan, Jean*
Juanita *Jennie*
Julia *Julie, Julia*
Julio *Jules, Julius*

León *Leo, Leon*
Leonardo *Leonard*
Luis *Lewis, Louis*
Luisa *Louise*

Manuel *Emmanuel*
Margarita *Margaret, Margery*
María *Mary, Maria, Marie*
Marta *Martha*
Mauricio *Maurice*
Miguel *Michael*

Pablo *Paul*
Pedro *Peter*
Pepe *Joe*

Rafael *Raphael*
Raimundo *Raymond*
Ramón *Raymond*
Raúl *Ralph*
Ricardo *Richard*
Roberto *Robert*
Rodolfo *Rudolph*
Rosa *Rose*
Rosalía *Rosalie*

Santiago *James, St. James*
Susana *Susan, Susanna*

Teresa *Theresa*

Vicente *Vincent*
Violeta *Violet*

LISTA DE VOCABLOS GEOGRAFICOS

Africa *Africa*
Alemania *Germany*
América Central *Central America*
América del Norte *North America*
América del Sur *South America*
América Latina *Latin America*
Andalucía *Andalusia*
Antillas *West Indies*
Argentina *Argentina*
Asia *Asia*
Atlántico *Atlantic*

Bélgica *Belgium*
Brasil *Brazil*
Bolivia *Bolivia*

Castilla *Castille*
Cataluña *Catalonia*
Chile *Chile*
China *China*
Colombia *Colombia*
Comunidad de Estados Independientes
    Commonwealth of Independent States (CIS)
Costa Rica *Costa Rica*
Cuba *Cuba*

Ecuador *Ecuador*
Egipto *Egypt*
El Salvador *El Salvador*
Escandinavia *Scandinavia*
Escocia *Scotland*
España *Spain*
Estados Unidos de América *United States of
    America*
Europa *Europe*

Filipinas *Philippines*
Francia *France*

Grecia *Greece*
Guatemala *Guatemala*

Habana *Havana*
Hispanoamérica *Spanish America*
Holanda *Holland*
Honduras *Honduras*
Hungría *Hungary*

India *India*
Inglaterra *England*
Irlanda *Ireland*
Italia *Italy*

Japón *Japan*

Lisboa *Lisbon*

Londres *London*

Madrid *Madrid*
Mediterráneo *Mediterranean*
México *Mexico*
Moscú *Moscow*

Navarra *Navarre*
Nicaragua *Nicaragua*
Noruega *Norway*
Nueva York *New York*

Pacífico *Pacific*
Países Bajos *Netherlands*
Paraguay *Paraguay*
Perú *Peru*
Pirineos *Pyrenees*
Polonia *Poland*
Portugal *Portugal*
Puerto Rico *Puerto Rico*

República Dominicana *Dominican Republic*
Roma *Rome*
Rumania *Romania*
Rusia *Russia*

Sevilla *Seville*
Sicilia *Sicily*
Suecia *Sweden*
Suiza *Switzerland*
Sudamérica, *Suirmérica*

Tejas *Texas*
Turquía *Turkey*

Uruguay *Uruguay*

Venezuela *Venezuela*